Eckhard Henscheid
Denkwürdigkeiten

Aus meinem Leben

1941–2011

Schöffling & Co.

Erste Auflage 2013
© Schöffling & Co. Verlagsbuchhandlung GmbH,
Frankfurt am Main 2013
Alle Rechte vorbehalten
Satz: Reinhard Amann, Aichstetten
Druck & Bindung: Pustet, Regensburg
ISBN 978-3-89561-387-6

www.schoeffling.de

»… und Dichter sind schwatzhaft.«
(Goethe)

»Ist der Mensch nicht mehr im Bilde,
bleibt ihm doch die Altersmilde.«
(Robert Gernhardt)

»Alt schon, aber gut.«
(Karl Valentin)

»Es würde den Rahmen sprengen,
würde ich alles erwähnen.«
(Heino Jaeger)

1941–1951

Ö ga – Bier!« soll der ein- oder zweijährige Eckhard in heimatlichen Biergärten von Tisch zu Tisch wackelnd gerufen bzw. schon kraftvoll gefordert haben; eine frühe und etwas täppische Leidenschaft, die bis zum ca. 40. Geburtstag stark anhielt, ehe sich diese (sagen wir es etwas deutlicher) Sucht dann immer entschiedener »dem Weine« (Heino Jaeger) zuwandte, um in ihm usw. –

Essentieller und mir erinnerlicher sind aber noch die drei kindlichen Geschmacks- bzw. Geruchssensationen, die das gewiß nicht arme, jedoch auch nicht allzu privilegierte Kriegskind heimsuchten; abermals und wie beim Bier dergestalt, daß es sich Schöneres nicht mehr zu denken vermochte: Erst mit acht Jahren, gegen Ende der ersten Eisenbahnfahrt in des Vaters Heimat, das Rheinland, zum mir in der Folge sehr nahegehenden »alten Vater Rhein« (Robert Schumann), lernte ich im Bahnhof von Godesberg das damals wohl wirklich seltene kohlensäurehaltige Heilquellensprudelwasser kennen und traute, von hochsommerlichem Durst ohnehin halb verschmachtend, angesichts dieser Mundhöhlenpitzeleien meinen Geschmacksknospen oder jedenfalls meinem damals allzu gesunden Menschenverstand nicht mehr. Vorher schon hatte ich, gleichfalls vollends hingerissen, den Geschmack von Kokosnüssen kennengelernt; und wäre dann von der ersten Hl. Kommunion mit Manna-Oblaten sehr enttäuscht gewesen, hätte ich nicht als überbegabtes

Kind den Schwindel von wegen sinnlich/übersinnlich bereits ziemlich durchschaut gehabt.

Und hatte aber damals etwa gleichzeitig auch noch die gleichfalls recht seltene Orange geschmeckt bzw. in der davon richtiggehend betäubten Nase erduftet.

Kein Wunder, daß mir gut zehn Jahre später die Textstelle »Siente, siè 'sti sciure arance, nu profumo accussi fino« aus der neapolitanischen Canzone »Torna a Surriento«, also der Preis des Orangenduftes, immer besonders heftig, ja von Haus auf einleuchtete.

*

Die Sprache von Babyfotos, allesamt natürlich noch einheitlich schwarzweiß:

1. Ein rundherum heiterster, vor Lachen tendenziell berstender Kugelkopf ohnegleichen des vielleicht neun Wochen alten Buben. Den konnte der Frohsinn nie ganz verlassen.
2. Der noch immer restlos haarfreie und noch gewaltiger ausladende Rundkopf des knapp Einjährigen gottselig auf den Armen der Mutter: Eigentlich war dieser Kopf doch aber eine Widerlegung der Kulturnation und des Menschengeschlechts.
3. Wäre da nicht die unwiderstehliche Hose gewesen, die, gemeint eigentlich als Kurzhose, vom Knie bis direkt unter den Hals reichte. Ein klarer Vorab-Konter der späteren Jugendmode, wo die Hose bereits zu tief sitzt und dann möglichst konturlos nach hinten dem Boden entgegen zu hängen kommt.
4. Wenn ich heute schon mal die Bilanz meines Lebens ziehe, so überragt fast allen späteren Glanz ein Weihnachtsfoto

des dem Babyalter lang Entwachsenen, des vielleicht bereits Dreijährigen; der da mit angespannter Miene auch schon zu lesen versteht, nämlich in einem Bilderbuch »Kikeriki« über seinen Freund, den Gockelhahn. Mit dem Blick, der deutlich besagt, so was Schönes dürfe es doch gar nicht geben.

Meine frühe Maler- und die viel spätere literarische Begabung waren da schon unverhinderbar und nicht mehr aufzuhalten.

*

»Wer ist stärker, Löwe oder Tiger?«

Wenn meine Mutter Glück hatte, dann hörte sie auf ihre Antwort (»Löwe bzw. »Tiger«) die heftig kopfnickend einverständige Antwort des ca. Vierjährigen:

»Isaa!« Meint: Ist auch, ist richtig.

Hatte sie weniger Glück, kriegte sie bei der Antwort »Löwe« ein triumphal rechthaberisches »Nein, Tiger!« zu hören. Und genauso penetrant umgekehrt, natürlich, je nach Bedarf.

Zu vermuten steht, daß sich aus diesem frühen Widerspruchs- und Rechthabergeist bereits so onto- wie phylogenetisch meine spätere Existenz als widerborstiger Kritiker, Satiriker, als humoristischer Romancier herschreibt. Das Konziliante war mir wohl mein ganzes Leben auch nicht fremd; das affirmativ Akzeptanzfreudige und seelenruhig mit Gott und Welt Einverständige weniger, fast nie gegeben.

*

Hitlers Hinschied am 30.4.1945 kurz vor halb vier Uhr sah mich als 3,5jähriger noch kaum auf dem Posten. Allerdings, etwa ein halbes Jahr früher hißte ich zusammen mit meiner Mutter für irgendeinen Parteistraßenumzug noch recht überzeugt eine Hakenkreuzfahne; in jenem noch im Jahr 2010 existenten Schaft am Schlafzimmerfenster, der später auch für die schönen junigelben Wimpel des Fronleichnamsumzugs herhalten sollte. Sodaß mein persönliches »Heraustreten aus dem Schatten Hitlers« (Franz Josef Strauß) zwar mählich und im Prinzip gewährleistet war, sich aber naturgemäß noch eine Weile hinzog.

Wiedergutmachung leistete ich 1968 ff. mit der mehrfachen Teilnahme an Anti-NPD-Aufläufen wider die Besuche der Bundes- und Landesvorsitzenden Thadden und Pöhlmann. Um, wahrnehmend die fortschreitende historische Ahnungslosigkeit der Nachwachsenden, dereinst aber nun doch mal Nägel mit Köpfen draus zu machen. Mit der Behauptung nämlich, z. B. gegenüber zulauschenden Studenten, ich sei am 20.7.1944 bei Stauffenbergs Anschlag im Führerhauptquartier leitend mit von der Partie wenn schon nicht Partei gewesen.

Nämlich genaugenommen als rechtzeitig seit 1942 »dem weiteren Widerstandskreis der ‹Weißen Rose› zugehöriger« (Hildeg. Hamm-Brücher in ihrer Kurzbiografie von 1970) Kämpfer gegen den sog. Hitler-Ungeist und die sog. Nazi-Barbarei. Ja, weißgott, in diesem Verein war ich ab Ende 1941 auch schon, was denn sonst.

*

Das Gefühlsinteresse des etwa Fünfjährigen und bereits wintersportbegeisterten Kindes an gefrorenen Bächen und Rinnsalen, namentlich an den kleinen Eisschollen und an den rundlichen oder länglichen Schlieren ihres Geäders unter der weißgrauen Decke, es läßt mir keine andere Deutung zu, als daß ich damals schon das innerste Thema der Schubertschen »Winterreise« wenn nicht gemütsmäßig vorausimaginiert, so doch halbkünstlerisch vorausgeahnt habe.

*

Für Kleist erfüllte sich die »Gegenwart Gottes« in der Stille der Wälder wie im Geschwätz der Quelle (Brief an die Braut Wilhelmine vom 3.9.1800); für Goethe im Zusammenhang mit Eckermanns stark penetranten Belehrungen über den Kuckuck vor den Toren Weimars, welche der alte Dichter zuerst noch etwas verbittert mit Lob quittiert: »Ich sehe, man mag in die Natur eindringen, von welcher Seite man wolle, man kommt immer auf einige Weisheit« (26.9.1827); dann aber (8.10.1827) sich aufrappelnd oder schon grimmig oder halt einfach nur machtvoll angezwitschert als Bilanzurteil über das Benehmen des inkommensurablen Kuckucks: »Das ist es nun, was ich die Allgegenwart Gottes nenne!«

So weit würde ich nicht gehen, dem Kuckuck das ausgerechnet zuzuvermuten – die Gegenwart enthüllte sich *mir* zeitlebens wohl auch nie als All-, sondern allenfalls als Teilgegenwart Gottes, und auch die mehr als zweischneidig. Ja für mich ziemlich blamabel. In der Adventszeit 1947 dürfte es gewesen sein, da wurde mir Gott halbwegs gegenwärtig, er kam als gottkongruentes Christkind zu mir, wie schwere- und gewichtlos, aber doch in kleiner Menschengestalt, kam er in die elterliche Küche geschneit und stellte lautlos irgendetwas Gnadenreiches auf dem Tisch ab, um mich ebenso schwere- und lautlos wieder zu verlassen. Als ich eine halbe Stunde danach meiner seltsamerweise aushäusigen Schwester von dem Wunder berichtete, noch immer erregt und gleichzeitig aber auch wie gebannt, betäubt, windelweich seligkeitsbetäubt, ja wohl erstarrt vor Glück oder vielmehr eben höherer Seligkeit, vor dem, was ich später »das Numinose« zu nennen lernte, vor dem wie auf Engels- bzw. eben Christusschwingen Erschienenen, verzaubert vom ganz und gar noch unbekannten Extraterrestrisch-Metaphysischen: Da zeigte sie, die ältere und bübische Schwester, sich erstaunlich ungerührt, weil klar, *sie* war ja das Christkind gewesen. Was ich erst später erfuhr, zu meinem Leidwesen erfuhr, denn bis dahin hatte ich an meiner kleinen Gottbegegnung unangefochten festgehalten – und wenn ich heute überlege, welche spätere Begegnung dieser des Sechsjährigen gleichgekommen wäre, dann gerate ich in Verlegenheit – die Stille der Wälder war es jedenfalls nicht und der Kuckuck schon gleich gar nicht; eher schon einmal 1999 zu Weimar der mitternächtliche Gesang einer Nachtigall –

Eine – Frau? Eine Kantilene? Nein. Genug, wenn mir im Verlauf dieses Buchs noch etwas sowohl mir als Gott einigermaßen Äquivalentes und Brauchbares einfällt, trag ich's nach. Versprochen.

»Das Gefühl der schlechthinnigen Abhängigkeit von Gott« (Friedrich Daniel Ernst Schleiermacher) als der unentrinnbare Grund des Religiösen, Göttlichen – der ist mir aber öfter begegnet. Davon gleichfalls später, vielleicht.

*

»Manche schöne Erscheinung des Glaubens und der Gemüt-
lichkeit« (Heine, Wintermärchen) kreuzte und prägte damals
oder etwas später die religiöse Werdung der durchaus emp-
fänglichen Knabenseele. Ja freilich, keine wirklich religiösen,
aber doch sehr para- und protoreligiöse Gestalten und Gesellen, Geistliche, die sich aufs Errichten von Zeltlagern oder
auch nur auf die helfende, im Gegensatz zur heiligmachen-
den Gnade verstanden, andererseits aber auch aufs immer-
fortige Schafkopfspielen, katholische Geistliche und Wür-
denträger und Eiferer, und die empfindsame Knabenseele
verstand sie nur allzu gut und allzu willig, ich ministrierte
nicht bloß annähernd täglich in zwei bis drei Kirchen, sondern im Überschwang auch noch zuhause auf einem im Kin-
derzimmer errichteten Altar und später gar Nebenaltar, und
die Mutter mußte den Meßdiener machen, während der derart religiös Empfängliche die Liturgie sogar auf lateinisch
herunterbetete. Ob sich der kuriose Knabe dabei gleichsam
hochgestimmt als Quasi-Priester ohne Priesterweihe dünkte,
das entzieht sich meiner Erinnerung. Es war eher so etwas
wie unbremsbare Autodynamik, was mich da im eigentümlich Spirituellen an- und vorwärtstrieb – so oder so war jene
Knabenseele damals wohl noch religiöser als es selbst Joseph
Ratzinger zu Marktl in diesem Alter und jemals danach zu
sein vergönnt war; es war romantisch-schleiermacherische, ja
schleierhafte Gefühlsreligion rein und reinstens, allein, es
war doch auch wie – –

Genug. Daß der ganze zaubrische Spuk dann späterhin
noch einige brauchbare Früchte trug, im novellistischen Ma-
ria-Schnee-Kirchlein wie im schwer katholischen Kerzenhändler Lattern, der im Roman zwar den leidenden Bischof,
ja den Papst mit »geweihten Körnlein« gegen die Gicht ver-

›13‹

sorgt, im Kern aber, alles was recht ist, doch mehr dem Gott-
seibeiuns im Verband der satanisch weitverzweigten Familie
dient –: ganz umsonst jedenfalls waren frühes Leid und vor
allem frohe Freud ums Kreuz herum nicht, im Sinne einer
ontopsychologischen Werdung des in seinem Sinnen und
Trachten durchaus Beeindruckbaren und – – aber lassen wir
das.

Den Deifi (vulgo: Teufel) habe ich allerdings auch einmal
erlebt, mit circa fünf. Nämlich medial, durch einen Bericht in
der Heimatpresse: In Mitterteich, nahe der tschechisch-kom-
munistischen Grenze, habe er sich, abgefeimt heimlich aus
dem Eisenbahn-Zug aussteigend, einmal gezeigt, mit verräte-
rischem Pferdefuß natürlich. Mindestens eine Woche lang
überwölbten mich sanftgruselige Angstschauer, und ich traute
mich nicht mehr aufs finstere, noch unelektrisierte Klo der
mütterlichen Wohnung (der Vater kam um 1948 aus der Ge-
fangenschaft zurück).

Erst mit dem Eintritt in die Aufklärung (vulgo: Max-Josef-
Schule) 1947 wurde es wieder besser. Daß wir mit der von mir
anfangs unsicher beäugten Rückkunft des Vaters allesamt bis
mindestens 1960 immer schön zusammenhausten – Eltern,
Großeltern, zwei Kinder – und niemals fliehen o. dgl. mußten, das hat wohl auch zu dieser meiner frühen und ersten
Teufelsüberwindung beigetragen.

*

Das kleine Tier als immerwährender Partner in Robert Gernhardts Nilpferd-Strip belehrt Schnuffi, als der im todchic
künstlermäßigen Rollkragenpulli eine Weihnachtsgeschichte
in der Redaktion abliefern möchte:

»Schade! Nichts für uns. Fing verheißungsvoll an, doch
dann haben Sie wie üblich zu viel hineingepackt: Die Geburt
und die Hirten *und* die Engel. Merken Sie sich doch endlich:
In der Literatur ist *mehr* oft *weniger*!«

Schade, mir hat immer das Viele und Durcheinanderne am
besten gefallen, nicht viel anders als Walter Jens, der nicht
müde wurde, diese Idyllen-Ikonologie beim Bethlehem-Pa-
storal am unverbrüchlichsten zu bewundern und es auch allzu
endlos wortreich niederzuschreiben. Ich war wohl immer
mehr Idylliker bis hin zum Kitschier; ein Feind des Ein-
fachen, ein Freund des Vielen und Wesenden und Wuseln-
den – so wie ich am Hl. Abend immer auf drei Bescherungen
aus war: bei den Großeltern, bei der Schwester und mir und
endlich bei den Eltern. Bei mir aber fand die große Krippen-
idylle statt, mit Geburt und Hirten und Ochs und Esel und
Engel, und dieser sogar angestrahlt und die Hirten mit einem
Herdfeuer ausgestattet, aus der gleichen Batterie, die auch
fürs Lampenfunzellicht überm Krippen-Jesuskind sorgte.
Das erste- und letztemal in meinem Leben, daß ich mich um
hochraffiniert elektrische Dinge gekümmert habe.

*

Es muß im harten Nachkriegswinter 1945/46 gewesen sein,
da gab ich im Zuge eines Krippenspiels des heimischen
St. Georg-Notkindergartens den führenden Oberhirten, der
aber auch – erstmals machte sich da mein nachmals gerühm-
tes Wort- und Reimgedächtnis verdient – den Text aller übrigen Hirten u. dgl. auswendig konnte und den vielfach ratlos
stockenden »Kindkollegen« (G. Polt) so laut einsagte, daß
für leicht verlegenen Stolz bei meiner Mutter und Heiterkeit

rund um den Stall von Bethlehem gesorgt war. Mühen hatte
der Frühbegabte gleichwohl mit der ihm noch unvertrauten
Bildung »Himmelvater in deiner Hut«. Zuerst machte ich »in
deinem Hut« draus und fand dann, gemahnt von der regie-
führenden Klosterschwester, zu der mich schon eher über-
zeugenden Version »Himmelvater in deiner Wut«.

Die nämlich schien mir angesichts der schändlich rassisti-
schen Herbergsverweigerung als entsprechendes Gefühl
auch von Maria und Josef durchaus so überzeugend, wie sie,
die Wut, was ich da aber vielleicht nur ahnte, tatsächlich ja im
2. Buch Moses 20,1–18 sowie etwas später bei Hildegard von
Bingen steht.

*

Wissen täte ich gern, wie ich als vermutlich Vorschulkind
beim ersten zerebralen Zusammentreffen mit den mir nachmals so bedeutsamen »Alpen« reagiert, auf die Sache wie aufs
Wort »mental« (Boris Becker), also spirituell und gemütsmäßig geechot habe. Neugier? Wißgier, wie damals auf alles
und jedes? Mit Gewißheit war es die tiefbraune, alles andere
an Bräune in den Halbschatten stellende Alpenfarbe, die
mich beim inständigen Blick in den Diercke-Atlas fesselte, ja
bannte. Verband damit sich eine Vorstellung? Die etwa eines
locus horribilis, wie ich sie später nachlas? Waren sie, die
Alpen, mir via Atlas ungeschaut und unbesehen bereits jenes
»geheimnisvolle Mächtige«, als das sie zwei Jahrhunderte
vorher bei Haller und Gessner beraunt worden waren? Wan-
delte mich bei der Tiefbräune bereits der »erhabene Eindruck
der Heiligkeit der Öde« an, wie ihn Richard Wagner nach-
buchstabierte, aus der mehrfachen begeisterten Anschauung

heraus feiernd das »wonnevoll Schöne« (Brief an Minna 16.12.1854)?

Oder erahnte ich die Alpen mehr als Lebens-Schicksals-Landschaft, als die sie der seitens meiner Tante Grete sehr geschätzte Ludwig Ganghofer (»ein schwärer Autor«) deutet?

Zu entsinnen meine ich mich, daß ich beim Blick in den Diercke im Falle der Alpen etwas weitläufig Schartiges imaginierte, etwas bräunlich Schokoladenkantiges auch, gewissermaßen einen leicht gebogenen Betonblockschokoladenklotz –

Wie immer, sehen tat ich die Alpen erst recht spät, mit zehn, bei einer damals sogenannten Queralpenfahrt im türkisgrünen Großraumschlitten meines amerikanischen Onkels Peter aus Phoenix/Arizona. Einer Autofahrt von Berchtesgaden bis Mittenwald und Garmisch zur Zugspitze und an die Partnachklamm-Wasserfälle – da war aber die Grundfarbe Braun bereits mehr ins ewig Gräuliche verwichen und überhaupt nicht mehr allzu seelenbetäubend. Prägender das Zwischenstadium, das ich mit dem Erlernen der Buchstaben erklommen hatte und das mich mit sechs schon allzeit beim »Schweizer Kurort« mit fünf Buchstaben herzhaft ein mir sehr unbekanntes und geheimniszart rosenprangend Fastüberirdisches ins Kreuzworträtsel eingravieren hieß: »Arosa«.

Mein erschütterndes und gleichzeitig unerschütterliches Ahnungsvermögen war eben damals schon rothornspitze.

*

»Ehrliche Leute, aber schlechte Musikanten« (Karl Simrock, 1846). Und umgekehrt: Von einer gewissen Korruptivität war ich schon ganz zu Beginn meiner künstlerischen Aktivitäten schwerlich freizusprechen. Immer wenn ich meinem Großvater, einem Ideal-Opa, auf dem Akkordeon das damals noch recht bekannte Lied »Tief drin im Böhmerwald«, aus dem er abstammte, vorspielte, bekam ich 1 Deutsche Mark. Nicht weiter verwunderlich, daß ich dann häufig, wenn ich gerade 1 Mark brauchte, den Großvater zaunpfahlwinkend zu mir bat, ihm das Lied vorspielte und zuweilen wohl auch – sang. Mit sicherem Erfolg.

Späterhin war es mir dann zwar ein erstaunlich Leichtes, so manchen üppigen Geldpreis für literarische Meriten abzulehnen und zugunsten Bedürftigerer zurückzutreten. Aber für die kleinen Mark- und Eurobeträge hatte und habe ich noch immer triftig ein offenes Herz und Ohr.

*

Wenn es stimmt, und es stimmt, was in meiner Helmut-Kohl-Jugendbiographie von 1985, S. 38, steht, dann war mein erster literaturgeschichtlich relevanter Text als Zeitzeugnis aus dem Jahr 1948 dieser:

»Liebes Christkind! Ich wünsche mir eine Straßenbahn, einen Kaufladen, einen Christbaum, Plätzchen, ein Spiel, Griffeln, eine Tafel mit 2. Klasser Zeilen, einen Zeichenblock, einen Bleistift, einen Spitzer, eine Hose und Gesundheit. Hans Eckhard.«

Offen wird zwar im Buch an gleicher Stelle sofort eingestanden, daß im Vergleich mit dem großlinig ambitionierten, ja tendenziell schon weltherrscherlichen Christkindbrief des 9jährigen Kohl vom Winter 1939 der meinige klar den kürzeren zieht und füglich ziehen muß. Zu beachten ist aber doch die visionäre Kraft in mir, die es da vermochte,

seitwärts einer Hose und Gesundheit schon mein Hand-
werkszeug als Schriftsteller seit ca. genau 1995 zu bezeichnen: Einen Bleistift und einen Spitzer – dazu traten dann
etwa zehn ca. 7 × 9 cm große Zettel und Papierfetzen in
meiner linken Hemdbrusttasche. Reicht auch völlig aus. Ist
mein Laptop, mein Stecken und mein Stab, von diesen will
ich störrisch niemals lassen.

*

Daß ich 1948 bei meiner ersten Reise ins väterlicherseits hei-
matliche Rheinland, an den von mir schon vorbewußt geliebten Rhein, den grüngoldenen Strom bereits zehn Minuten
nach der spätabendlichen Zugabfahrt von Amberg/Ober-
pfalz in den nebeligen Flußauen unserer Vils wie in einem
sehnsuchtsvisionären Willensakt wahrzunehmen glaubte,
das sei hier nur der Ordnung halber festgehalten; ehe wir es
zu unserer Schonung jetzt auch gleich wieder vergessen.

*

Unsere Haus- und Familiencombo: Akkordeon (ich), Geige
(meine Schwester) und Posaune (mein Vater) – muß bayern-
weit ziemlich einzigartig gewesen sein: Wir boten u. v. a. die
Amboßpolka, die Annenpolka, den Haushamer Plattler, den
Schlittschuhwalzer und allerdings auch schon allerlei aus der
späteren Lieblingsoperette vom krakauischen Bettelstudenten, etwa »Ich knüpfte manche zarte Bande« und das in Text
und Weise gleich zauberische Duett »Ich setz den Fall« –
die Schwester oft mehr widerwillig kratzend und entsprechend mißmutig dreinschauend, ich schwer entschlossen

quetschend, der ältere und trainiertere Posaunist meist, damit das Ganze nicht rhythmisch strauchle, den dürftigen »Wöpp-wupp-wöpp«-Generalbaß markierend; alles zusammen wild und schwer erträglich und summa summarum schaurigschön; und darüber hinaus möge auch dieser Fall hiermit aber schon wieder dringend in beklommenes Schweigen versenkt werden.

*

Wörter und Wendungen, welche mich als Kind (zwischen 4 und 10) minuten-, manchmal wochen- und monatelang zum Nachdenken zwangen und die ich trotzdem nicht kapiert habe, z. T. bis heute nicht:

> Kasematte
> Kasserolle
> Balustrade
> Zisterne
> Piedestal
> Kothurn
> Parnass

Nicht richtig aussprechen konnte – und kann – ich das Wort »Pullover«. Es klingt immer wie »Blower«, und das ist ja auch gar nicht so falsch.

Desgleichen vermag ich bis heute nicht »Akupunktur« zu sagen. Immer wird »aka« draus.

Falsch verstand ich – nach dem Modell »O wie lacht« / »Gottes Sohn Owi lacht« des bekannten Weihnachtslieds – den wohl von Hans Albers vorgetragenen Schlager »Auf der Reeperbahn nachts um halb eins« mit einer von mir mißlich gehörten und gedeuteten Schlußpointe:

»Auch nicht mit Fürsten und Grafen

Tauschen wir Jungens, ahoi!«

– die ich süddeutsch als »a Heu« (ein Heu) interpretierte und also vor einem unlösbaren, aber offenbar erotischen, ja sexuellen Rätsel stand.

Auch das Fahrtenlied des Bundes Neudeutschland mit der Zeile »Dschingis Khan, der lahme Reiter« überstieg lange Zeit meine Deutfähigkeit: »Jimmy ist kaum der lahme Reiter«.

In der damaligen Eisenbahn las ich, dabei immer nachdenklicher werdend, das Schild: »Türe nicht öffnen, Gefahr, der Zug hält«. Statt korrekt: »bevor der Zug hält«.

Und mit einem Verhörer begann auch meine spätere Passion für die Verdi-Oper »Der Troubadour«: Statt »Ihres Auges himmlisch Strahlen« hörte ich tatsächlich und wohl früh wie nicht ganz dicht »Ehre sei Gott in der Höhe« – gut, daß ich, dergleichen zu vermeiden, Leonoras wundervolle Dur-Moll-Kantilene besser gleich auf italienisch mir einprägte: »Tacea la notte placida …«

*

Stark und bedeutend, weit früher erkennbar als das für Musik oder gar fürs Wort, zeigte sich das Talent fürs Zeichnen und Malen. Ich erinnere eine Farbstiftzeichnung für die heftig ins Herz geschlossene Kinderkrankenschwester nach der Blinddarmoperation von 1949. Und, unterfertigend mit »1953«, also mit zwölf, bewältigte ich zwei bleistiftgezeichnete Madonnen nach Dürer und Raffael, die mir Dürer und Raffael im gleichen Alter an Perfektion und vor allem Weiblichkeitszauber erst einmal nachmachen müßten. Wäre dies nicht ein geradezu spartanisch-seriöses Buch, ohne weiteres könnte ich hier per Reprint die Beweise vorlegen.

›21‹

Nicht schlecht auch die circa zwölf Ölgemälde, die ich nach langer Schaffenspause ab 1975 vor mich hin fabrizierte. Und mit einem von ihnen nicht allein als Titelbildner meines Romans »Dolce Madonna Bionda« (1983) die Welt in Erstaunen versetzte; sondern damit auch zwei Anfragen von professionellen Galerien einholte.

Vorgeblich bescheiden lehnte ich ab. In Wahrheit, weil ich den Galeristen nicht vors Fait accompli stellen wollte, daß die Bilder lediglich pour mon plaisir fabriziert, also unverkäuflich, nämlich unbezahlbar seien.

Die Antwort kam prompt schon im Jahr darauf. Bei einer Gruppenausstellung in Nürnberg 1987 wurde eins dieser kostbaren Gemälde einfach ganz gemein gestohlen. Eine sehr zarte Halligen-Schnee-Gräber-Komposition. Wer weiß was davon? Treffe ich hier in diesen Zeilen gar den Räuber, mit inzwischen immerhin nachgewachsener Reuescham?

*

»Cum angelis et archangelis« – »et dimitte nobis debita nostra« – »ecclesiae suae sanctae« – »cumque omni militia caelestis exercibus (exercitus?)« – »sine fine dicentes« –

Es war bei den lateinischen Meß- und Ministrantenresponsorien, wie sie sich heute noch gut im Kopf bewahrt haben, wohl vorzüglich innerhalb der allseits bekannten Magie des Archaischen und also Heiligmäßigen die spezielle durch Wortwiederholung und Echoklang, die mich für die Sache schwer einnahm; ehe ich etwas später, befördert durch den Lateinunterricht, auch nur einen schwachen Schimmer, eine auratische Ahnung haben konnte, was die Wörtlein, die Formeln so ungefähr bedeuten mochten.

»Ordentlich religiöse Schauer« (Schleiermacher 9.9.1818) waren es wohl nicht, was das empfängliche Kind überrieselte. Sondern eher schon die Ahnung einer Ahnung einer ziemlichen Affinität von Klangquatsch und Religion. Und umgekehrt natürlich.

Was allerdings die israelitische »Bundeslade« des Alten Testaments (der Moses-Zeit? Jakobs? Ich weiß nicht mehr) in meinem Religions- und Bibelbuch der zweiten Klasse sei, das habe ich in der Kontinuität dessen bis heute trotzdem nicht begriffen. Und begriff es konsequent schon 1948 nicht. »Bundeslade«. Was ein Unding.

*

Ähnlich der vielbeschriebenen Magie von Fußball-Mannschaftsaufstellungen, wie sie von Ror Wolf bis hin zu mir die an sich konsistentesten Köpfe verzaubern oder, genauer, in eine Art Erstarrung zu versetzen vermag oder jedenfalls früher mal vermochte: ganz ähnlich belegte den wohl knapp Zehnjährigen mit fast erstarrter Verzauberung und nahm ihn wie epiphanisch in Beschlag ein Plakat, das ein Freundschaftsspiel »FC Amberg – 1. FC Nürnberg« ankündigte. Der Einser im »1. FC« kündete von etwas Außerirdischem, Gottnahem; das sich dann, vermutlich als pure Analogiebildung, auch auf den Torwart des 1. FC Nürnberg, Edi Schaffer (»der im grünen Pulli«), als einen praktisch Unschlagbaren übertrug. Waren die Matadore der heimischen Landesliga schon Halbgötter, so mußten zumindest einige der Spieler der damaligen Oberliga Süd praktisch Unsterbliche sein.

In der Erinnerung haftet aber auch noch, daß der ca. Zwölfjährige und phasenweise sogar Spitzenschüler an manchen Tagen und zumal Abenddämmerungen nichts Besseres zu tun hatte als mit dem Fahrrad durch die halbe Stadt zu kurven, um in den damaligen sog. »Vereinskästen« (heute wohl durch Internet usw. gegenstandslos geworden) Mannschaftsaufstellungen zu lesen, wie besessen von Fußball- bzw. Namensdämonie zu studieren, Ersatzspieler auch noch mitzunehmen, Veränderungen gegenüber der Vorwoche festzustellen. Aufstellungen allerdings nur von Männern, von der Ersten bis zur 2. Schülermannschaft. Frauenfußballmannschaften interessiert gleichfalls zu berücksichtigen, wie Hermann, der Held von »Maria Schnee«, es tut? Gab es damals noch nicht, jedenfalls nicht in der Provinz. Vermutlich hätte ich sie sonst schon im Übermaß erregt auch noch gelesen. »Tor: Streber Liesl, rechte Verteidigung: Schimank Inge, linke Verteidigung: Weiß Ilona ...«

*

Als Fußballtorwart zwischen zwei Eichen im Amberger Stadtgraben machte ich mit sieben so manche sog. Bombe »unschädlich« und ahnte nicht, daß das ebenso Heydrich-Deutsch wider Polen aus dem Jahr 1939 gewesen war, wie es noch die gesamten fünfziger Jahre über als gleichermaßen besinnungsloses wie beliebtes Sportreporter-Metaphernmonster weiterlebte. Knapp ein Jahr nach meiner Geburt 1941 war es dann zur Unschädlichmachung Heydrichs gekommen, ich aber ließ mich's nicht verdrießen, sondern mich ab 1950 zum Halbstürmer umschulen, als der ich dann zum Spielmacher entschärft jahrelang mehr spirituell die Fäden zog.

*

Die Genese des Geistes, der Big Bang durchs Bücherlesen oder wie immer das großmächtig heißen mag:

1949, mit acht, war ich im Sommer erstmals Übernachtungsgast auf dem Dachsriegel (827 Meter) bei Furth im Wald, einquartiert nach Art der Zeit und Eisenbahnerkinder in eine sehr spartanische Logishütte. Ein halbes Jahr später sprang mir aus dem Lesebuch der 3. Klasse im Zuge einer Herbstgeschichte der Satz »… schied die Sonne hinterm Dachsriegel« entgegen.

Es war ein Urknall, ein Blitzeinschlag, ein Coup de coïncidence, ein Einschlag direttissima ins wie betäubte, wie überrumpelte Herz. Ein Blitz aus Überraschung, Welterahnung und auch Stolz. Stolz darauf, daß ich diesen Berg ja doch – »wirklich« kannte!

Erstmals wohl waren Primär- und Sekundärwirklichkeit, Erlebnis- und Druckwelt aufeinandergetroffen, hatten sich ineinander verschränkt. Dagegen, gegen diesen Choc d'amour, hatten viel später Goethe und Kafka keine Chance mehr. Nicht einmal ganz die drei jäh herzbrechenden Worte aus dem dritten »Winnetou«-Band: »Er war tot.«

Über sie weinte ich allerdings geschätzte vier Stunden lang. Und immer wieder auf. Aber ich las den Roman einfach viel zu spät, mit etwa 15. Da war die Ur-Druckbuchstaben-Empfindung schon nicht mehr lapidar genug. Der Schmerzerguß rührte da nicht mehr aus einem Wort (»Dachsriegel«), sondern aus dem Entgleiten, dem Vergehen, ja Verschwinden einer ganzen Welt.

*

Es war ein bißchen früher schon, vielleicht zu Schulzeitbeginn, es steht bereits in den »Sudelblättern« von 1986, – und ich bin froh, daß ich die Langzeiterinnerung heute unverändert wiederholen und absegnen kann:

»Margeriten; Margeriten zu Sträußen gesammelt, des Abends Ende Mai, Anfang Juni, ein wilddurchwachsener Erzberghang mit drei kleinen Weihern; Margeriten und ein paar rötliche Blumen, langsamer Sonnenuntergang, Segen schöner Abendkühle, Margeriten von drei, vier Kindern gesammelt, für den anderen Tag, die Fronleichnamsprozession, auf dem schon schattigen, schwalbenübersegelten Heimweg, die Margeritensträuße schwingend; selig wie die Sonne meines Glückes lacht, Morgen voller Wonne – – das wär's wohl schon gewesen, der Hochtag dieses Lebens.«

*

»Der Mensch wird frei geboren, und überall liegt er in Ketten.« Der bekannte Beginn eines inzwischen fast unbekannten Buchs von 1762 hat in meinem Fall eine gewisse Umkehrung erfahren dürfen insofern, als ich im Jahr 1941 unter der leidigen Knute Hüttlers rechtschaffen unfrei geboren wurde, jedoch seit meinem Eintritt in den katholischen Kindergarten 1945 schon kurz nach dem 8. Mai aller Ketten ledig bin, außer der Ketten der Wollust (luxuria) und Völlerei (gula) natürlich. Diese fesselten mich ab ca. 1954 erheblich, und noch heute finde ich das Joachim Kaisersche »fesselnd« (für Horowitz, Handke, Rubinstein, Beethoven, Carlos Kleiber, Furtwängler usw.) immerhin »aufregender« (Kaiser) als das ubiquitär multilateral omnipräsente bzw. völlig besinnungsfrei vor sich hingackernde hanebüchene »spannend«.

»Aufregend« umgekehrt ist allerdings fast genau so span-
nungs- und gehaltlos, da wäre ja selbst »erregend« noch einen
Hauch aufpeitschender und sinniger, wären nicht inzwischen
aller Sinn und alle Aufpeitschkraft restlos auf der Strecke geblieben, samt der frühen oben skizzierten mir nicht unlieb-
samen Wollüstigkeit. »Da ich ein Knabe war« (Hölderlin)
bzw., um genau zu sein, »als ich noch ein Knabe war« (Heine,
Harzreise) und damals, wie beteuert, schon so vollkommen
ohne Ketten lebte, ja vor mich hinlebte in »selbstverschul-
deter Unmündigkeit« (Imm. Kant), doch auch was diese
Unmündigkeit angeht, die hatte ich recht eigentlich mit drei
Jahren schon ad acta gelegt zugunsten großräumiger Projekte und wahrhaft wahnhaft universalistischer Visionen und
(Fragment)

*

»Die erste Person in der Gottheit und Jupiter, Calypso und
die Madam Guion, der Himmel und Elysium, die Hölle und
der Tartarus, Pluto und der Teufel machten bei ihm die son-
derbarste Ideenkombination, die wohl je in einem menschlichen Gehirn mag existiert haben« (Moritz, Anton Reiser,
1785).
    Da kann ich nicht ganz mithalten. Meine Götter, so weit es
die guten betrifft, waren um 1950 als Ideenkombination Gottes eingeborener Sohn Jesus, Edi Schaffer (1. FC Nürnberg),
Albrecht Dürer (gleichfalls Nürnberg), Gottvater, König
David, Maria in der Darstellung Raffaels, Heiner Fleisch-
mann (Motorradrennfahrer auf NSU), Johannes (Jünger),
Rudolf Meßmann (FC Amberg) und Johann Strauß Sohn,
dieser mit dem »Kaiserwalzer« – und daran hat sich bis heute

›27‹

nicht viel geändert, heute werden von mir die »G'schichten aus dem Wienerwald« als noch etwas himmlischer, elysäischer, gottnäher ästimiert und präferiert.

*

Von Literatur und ihren höheren Zusammenhängen hatte ich als Kind naturgemäß keinen Schimmer, beinahe noch weniger als heute, nur eins leuchtete mir als ca. siebenjährigem Leser voll ein: In der häuslichen Volksausgabe des alten Till Eulenspiegel-Buchs wurde mir berichtet, daß der mir auch sonst wohlgefällige Erzschelm auf seinen Wanderungen steile Berge immer flott und munter nimmt (meint: Freude auf den baldigen Abstieg); langsam und leidvoll aber den Abstieg hinter sich bringt (meint: Angst vor dem Wiederanstieg).

Die genotypische Ausstattung muß uns beiden ganz gleich gewesen sein. Erst heute wieder, dem 6. Juni 2011, rannte ich wie ein Wilder zum Schwellisee hoch; träg und traurig ließ ich mich dann wieder ins Dorf zurückfallen.

Beides zudem: gleich sinnlos.

Wenn ich heute, von Lesern angemahnt, Rechenschaft über diese meine vielleicht gar nicht so seltene Grundbefindlichkeit ablegen müßte, ich geriete wohl rasch in Verlegenheit. Wenig fruchtete der scheinbar geschmeidige, in Wahrheit zutiefst ungebührlich insistierende Hinweis auf die Dialektik allen Seins, jener bzw. jenes, dem da oder derzufolge ich es mir sodann auch nicht versage, hier noch die gottweiß nur allzu bekannte Lehre des Nikolaus Cusanus, ursprünglich auch Nikolaus von Kues (meint: Nicolaus de Cusa), Bischof von Brixen und mithin von der hochgebirglich verstiegen kontingenten Koinzidenz allen Seins und

Bergsteigens vertrauensvoll überzeugt und zudem (noch ein Fragment)

*

Preisen muß ich meine gute Mutter, daß sie mir am 14. September 1941 – gegen den vom Vater favorisierten Siegfried – den Namen »Eckhard« gegeben hat, nicht weiter achtend der ephemerisch unbeholfenen Einrede Adornos, der um 1945 neben dem Jürgen den Eckhard als »typischen Antisemitennamen« (Frankfurter Adorno-Blätter 1992, VIII, S. 85) denunzierte; wobei der angeblich kritische Theoretiker in seinem finsterlingischen Ressentimentschwurbel zweifellos weniger den allseits geschätzten Meister Eckart, vielmehr offenbar den Nazi Dietrich (»Deutschland erwache!«) Eckart, den sehr frühen Hüttler-Gefährten, im rundlichen und damals allmählich auch schon haarlos werdenden Hinterkopf hatte.

Meine liebe Mutter scherte sich bei ihrer Wahl aber auch wenig um den Befund Alfred Rosenbergs (Mythos des 20. Jahrhunderts, 1930, S. 223), in Eckart, dem Meister, erkenne man »das schönste Bekenntnis des germanischen Persönlichkeitsbewußtseins« (ein, wenn ich's recht zähle, Wort für Wort fünffacher Stuß) – eher hielt sie sich da schon an Lenau, wenn dieser den einstmals auch sogenannten »süßen Meister« Eckart zu Recht so zitiert: »Die Stätte, aus der ich geboren bin, ist die Gottheit. Die Gottheit ist mein Vaterland« (Fragmente, Werke 2, S. 1147). Nicht schlecht traf es nach der Mutter Meinung auch Alfred Polgar mit: »Die treuen Ekkeharde, die Hüter der Kunst, die sorglichen Parkwächter im Kurpark« (Ödipus in Wien). Jedoch am kompetentesten zeigt sich noch knapp vor Viktor v. Scheffel wie immer Goethe, wo dieser in der Folge der Grimmschen Sage per Ballade »den alten, getreuen, den Eckart« feiert sowie in der nächsten Zeile den »Aldermann«, dem zu dienen sich durchaus lohne: »Dann füllt sich das Bier in den Krügen.«

Der jüngere Eckhard trank es dann, s. v., jeweils früh und zügig weg.

Sehr recht hatte Adorno allerdings damals schon vielahnend im folgenschweren Fall Jürgen. Und gut 60 Jahre später stellte sich heraus, daß bei meiner im Zuge wohl des vielen zügig genossenen Biers ohnehinnigen und energisch betriebenen Rechtsradikalwerdung der manchmal schon sehr törichte Adorno gleichfalls wieder mal glatt richtig gelegen hatte. Der Zeitschrift »konkret« blieb es im Jahr 2002 vorbehalten, sein Wort zu erfüllen und mich als »Antisemiten« zu entlarven.

»Parkwächter« – oder wahlweise Müllabfuhr – wäre allerdings tatsächlich ein Alternativberuf für den und diesen ganz speziellen Ec(k)kard. Ein beschaulicher, ein nützlicher, ein, ach, so nervschonender Beruf.

*

»Großer Gott, wir loben dich,
Herr, wir preisen deine Stärke,
Vor dir neigt die Erde sich
Und bewundert deine Werke ...«

Das vermutlich alte Kirchenlied, das mächtige Gotteslob, ward orgelumbraust und daher besonders pastos daherwalzend gesungen von allem Volke der Pfarrei St. Georg am Silvesternachmittag beim festlichen und jeweils rammelvollen Jahresschlußgottesdienst mit innerkirchlicher Prozession –

und ich, mittendrin im Gewoge und Gewürge, möchte hier
nicht behaupten, daß ich die humangeschichtliche und theo-
logische Obskurität dieser Art von Gottespreisung, ja -an-
biederung schon vorkritisch durchschaut hätte; durchaus
aber, so erinnere ich mich, daß mir bei den nächsten beiden
Zeilen

>»Wie du warst *vor* aller Zeit,
So bleibst du in Ewigkeit!«

die Fraglichkeit, ja Tiefenproblematik der Sache ahnungs-
weise sehr wohl aufgegangen war: Die Grundfrage nämlich
dahingehend, ob das denn geht im Verbund dessen, was
wenig später allseits (nur freilich nicht in der Welt der Catto-
lica) Big Bang genannt wurde; ob also *vor* diesem logisch
und naturwissenschaftlich immerhin sehr gut denkbaren, ja
wegen der Hintergrundstrahlung recht wahrscheinlichen
Urknall, sprich »*vor* aller Zeit«, auch schon irgendetwas
gewesen sein könnte – und sei es Gott.
    Allerdings hatte ich ja noch keine Zeit, die Sache weiter
und zu Ende zu verfolgen, ich hatte damals Wichtigeres
zu tun: Nach dem Silvesterandachtsgelärme nicht gerade
Fußball zu spielen, sondern – Tischfußball. Nämlich am
Küchentisch der eigenen Mutter oder befreundeter Kinder-
Mütter; einem Tisch, der mit meist 70 mal 110 Zentimetern
im Maßstab von 1:100 ziemlich genau dem damals üblichen
Landesligafußballfeld entsprach. Tischfußball mit zwei über-
einander geklebten Flohhüpfern, laubgesägten Toren mit
Tüllnetz (gleichfalls im Maßstab 1:100) – und elf Spielern,
die sich jeweils zur persönlichen Lieblingsmannschaft ver-
banden.

»Schnippen« nannten wir das, und spielten es faktisch alle Tage zu jeder Uhrzeit. »Schnippen« war die wichtigste Sache und vielleicht auch das wichtigste Wort zwischen dem 10. und 13. Lebensjahr, wichtiger als der erwähnte Gott, ja praktisch eben dieser.

Man denke.

1951–1961

Der Duft der frühen, der beinahe noch ganz frühen Jugend gleich nach der Kindheit und Knabenära war der Duft der Katholizität, meist in Verbindung mit dem Amt des Ministranten. Ein Duft von gleichsam alltäglicher Spiritualität, sich konstituierend aus Kerzen und Weihrauch und Myrrhe, vielleicht auch dem immer ein wenig gleichwie feuchten Mauerwerk der Stadtpfarrkirche St. Georg, von altem Holz und geöltem Gestühl wohl auch, möglicherweise von Bohnerwachs und Natronlauge, im Frühling das Ganze dann durchmischt mit den Düften von Lindenblüten und Wacholder, von Mai und Maiandacht, im Sommer von Sonne und Schatten, im Oktober dann von Rosenkranz, falls der denn wirklich duften kann –

Ich fürchte, wer neugierig geworden nachspüren möchte, was ich genau meine, hat keine Chance mehr dazu: Der besagte spirituelle, spirituosige Duft scheint aus unseren Kirchen verschwunden zu sein – verlorengegangen wie der vorkonziliare lateinische Liturgietext, die noch in starken Spuren tridentinische Gefühlsgeistigkeit, von der wiederholt Schleiermacher und die anderen Romantiker reden – verloren und versungen und vertan, Ratzinger hat im entscheidenden Augenblick wieder mal nicht aufgepaßt, und Mosebach kann es schon gleich gar nicht wiedergutmachen und restituieren, seine katholische Spiritualität ist mir einfach zu frankfurterisch, zu wenig mariaschneebayerisch.

Es ist nicht gerade »eine physisch schmerzende Sehnsucht nach dem Geruch« (Nabokov) der Heimat und Kindheit oder in diesem Fall der frühen Religion. Aber einmal im Monat, im Vierteljahr würde man diese alten Kirchen doch wieder gern atmen, einschnaufen. Samt ihrer gleichfalls verschollenen Religion. Diese nämlich ist, wiederum laut Schleiermacher, »Sinn und Geschmack für die Unendlichkeit«. Geschmack – und Geruch!

*

»Der Katholizismus«, meint Heinrich Heine anläßlich einer italienischen Reise im Jahr 1828 vermuten zu sollen, »ist eine gute Sommerreligion.«

Nein, natürlich nicht. Sondern Frühlingsreligion, präziser: Spätfrühling. Die Karwoche samt Palmsonntag, Ostern, Maiandacht, Pfingsten, Fronleichnam – alles tendiert, wie schwächer bereits im Advent, in »die Erwartung« (G. Polt), ins Hoffnungsvollere, Bessere, ins Hibbelige, spirituell Fickrige – doch, die Brüder wußten dieses ewige Menschheitsbedürfnis schon extra gut zu nutzen. Heraus aus dem allg. Ungemach und Schlendrian in einem fort, heraus, sich irgendwie zu erheitern, und sei's mit den albernsten Wetterwechselkonditionen als Versprechen an die zumindest katholisch kreuzbrav gläubige Humanität – ob der Ratzinger jetzt auf seine älteren Tage hier mal weiter und genauer drüber nachdenkt und eventuell eine Erklärung, ja eine Enzyklika –?

*

›34‹

Die Familie, die recht große Kleinfamilie: Der Vater Johann
kam erst 1948 aus sowjetrussischer Kriegsgefangenschaft
heim in die Oberpfalz, er war damit mehr oder weniger von
vornherein im Hintertreffen bei mir, dem Schulkind. Auch
wenn er ihm schon zufrieden das zweite Schulzeugnis unter-
schrieb: Wir wurden, ohne daß es je die später so beliebt
üblichen Generationsauseinandersetzungen betr. Nazi-Väter
o. dgl. gesetzt hätte, nie mehr ganz warm miteinander. Der
Vater litt darunter wohl auch nicht gar zu heftig und spürbar,
daß er unter den nunmehr vier erwachsenen Bezugspersonen
immer nur die Nummer 4 war. Und konnte sich auch niemals
dazu verstehen, etwa von seinen beiden musisch-musikalisch
begabten und ehrgeizigen Kindern auch nur einen Klacks
dazuzulernen. Er war wohl weder im fördernden noch im
hinderlich-verdrießlichen Sinn ein allzu interessierter oder
gar penetrant ambitionierter Erzieher; und auch nur in min-
derem Maße das, was man etwas später Autorität oder gar
autoritärer Charakter nennen sollte. Könnte sein, daß er damit unwillentlich zu meiner Prägung und meiner späteren
Berufsrichtungswahl beitrug: dem Kritiker-Satiriker. Auch
wenn der immerzu den Gegendruck der dummen und reak-
tionären und autoritativ gesinnten Welt braucht, ist ja wohl
noch bestimmender das Elementargefühl der unreglemen-
tierten Persönlichkeits- und zumal Kopfentfaltung obligat.
Und meiner entfaltete sich und wuchs, wie Fotos beweisen,
unverzüglich und unentwegt.

Auch die Mutter Maria hatte Pech, sogar unverdientes
Pech. Lange Zeit stand sie als prägende Kraft – deutlicher sogar als die ältere Schwester, die mich vor allem in die Welt der
klassischen Musik, der Oper geleitete – sozusagen im zweiten Glied. Es war eine gute, sehr gute, manchmal auch tapfere

Mutter, eine getreue und zuweilen etwas treudeutsche – erst in ihren späteren Lebensjahren, sie starb mit 78, wurde sie mir fühlbar erheblicher, erheblich interessant, als Zeitgeistgestalt wie auch als latente Kunstliebhaberin und -verständige; die da nur von vielerlei Zeitungunst vom ernstlichen Zugang zur Kunst, von der Künstlerin abgehalten worden war. Erkennbar ihre Talente als Zeichnerin und Malerin, weniger als Geigerin. Da war es nur so, daß sie, wenn es nach ihr gegangen wäre, knapp vor der Eheschließung, statt einen Bahnbeamten zu nehmen, gern mit einem Zigeuner und Zigeunergeiger durchgegangen wäre, wie sie mir später gestand. Ich hätte es ihr nie verziehen, wenn ich dann wohl gar nicht geboren worden wäre, ja werden hätte können dürfen.

Als Kind war sie der verhätschelte Liebling ihres Vaters Alois gewesen, eines Bierbrauers, der nun wiederum als rundum unübertrefflicher Bilderbuchidealgroßvater mein Herzensliebling geworden und gewesen wäre, hätte da, vor allem zwischen 1955 und ihrem Todesjahr 1967, nicht seine Frau allmählich und dann immer bezwingender ihren molligen Leib doch noch an ihm vorbei nach vorne zu mir hin geschoben: Meine Großmutter Monika Ruhland, die Brauersgattin, eine potentiell auch sehr potente Geschäftsfrau, eine Bauerntochter, ein Gewächs vom Bayerischen Wald, sozusagen eine Aufsteigerin, bei der die ländliche Herkunft ganz mühelos naturhaft zur Urbanität, zur wahrlich souveränen Weltläufigkeit aus- und umgeschlagen war. Die als Frau mittleren Alters mehr gestrenge und versierte Familienwahrerin und -wartin gewesen war, so etwas, was in Goethes Idylle wohl noch Schaffnerin hieß, – der mit fortschreitendem Alter eine fortschreitend anrührende Drolligkeit eigen wurde, etwas ganz Singulär-Komisches, freiwillig und unfreiwillig, eine Komik, die auch bei den noch späteren Gravuren von Demenz so gut wie nie lastend wurde. Sondern nochmals berührender, ja zuweilen beseligend, begeisternd gedieh.

In dieser Art und Eigenschaft ging die Großmutter gleich in drei meiner literarischen Großarbeiten als Hauptgestalt ein: ins Hörspiel »Großmutter rückt ein«, in die spätere und partiell kongruente Erzählung »Frau Killermann greift ein« und, wiederum ganz ähnlich, als Schwiegermutter Winterhalder-Sandrelli in den dicken »Mätresse«-Roman von 1978; da u. a. als Beherrscherin der von ihr anläßlich der Inspektion des Schulrats in Gleißenberg einst auswendig gelernten »Städte an der Donau«, der glitzernden Perlenschnur namens »Ulm-Neu-Ulm-Leibheim-Günzburg-Gundelfingen-Lauingen-Dillingen-Höchstädt-Donauwörth-Neuburg-Ingolstadt-Kelheim-Regensburg-Stadtamhof-Straubing-Deggendorf-Osterhofen-Vilshofen(Ein- und Ausschnaufer der Erleichterung)-Passau!«

Monika Ruhland war ein Naturtalent, nein, ein Genie als gemütvolle Plauderin wie als vorzüglich disponierende Erzählerin; und darin wohl mir, lange Zeit mehr unerkannt, Maßstab, Leitbild. Auf einem schon mehrfach veröffentlichten Familienbild sieht man das dicke Altbaby Eckhard, hochgehalten von der zarten Mutter, und daneben die noch nicht greisenhafte, stattliche Großmutter. »Nebeneinander und auf gleicher Höhe« schmeichelt mir Oliver Schmitt in seiner 57 Jahre später erschienenen Geschichte der Neuen Frankfurter Schule generös. Allzu generös. Ganz erreichte ich die Großmutter wohl nie.

*

Daß ich als älteres Kind schon in winzigen Dosen der Sprachkritik bzw. der höheren Wortempfindsamkeit fähig war, mich im Nachdenken über Wörter nicht ganz untalentiert zeigte, beweist mein Grübeln über die »Sommerfrische«, in der ich mich manchmal im Verbund mit allerlei ländlichen Verwandten befand.

Denn das schöne, eigenreferentiell sommerfrische, inzwischen wie fast alles Schöne fast vergessene, ausgestorbene Wort mahnte mich damals wie heute als etwas halb Paradoxes, wußte ich doch, daß das inkludierte Wandern im Sommer und um die Sommerfrische herum eher das Gegenteil von frisch, nämlich verschwitzt macht – allerdings war mir dann auch wieder so, daß nach dem endlichen Abkühlen und Abwaschen (Duschen gab es damals noch kaum) das Sitzen oder Liegen in Pensions- oder Wirtsgärten unter schattigem Grün und in lieblicher Verträumnis doch erneut etwas besonders nomenestomenmäßig Sommerfrisches und Einladendes atme, ja hauche – ganz anders als die, so wußte ich aber noch nicht, späteren Konkurrenzen und Verschlimmbesserungen wie Urlaub auf dem Lande oder gar Fun-Vacances und dergleichen Barbareien.

Wo das Positive bleibt? Es geht offenbar doch nie so ganz verloren. 2011 hab ich die »Sommerfrische« wieder etwas häufiger gehört und gelesen.

*

Auf eine beinahe erhabene Weise war ich als Jungmann leider Wirrkopf. Annähernd das ganze erste Schulhalbjahr 1955 hatten wir im Physikunterricht gelernt und eingetrichtert gekriegt, daß sich alle Gegenstände bei Hitze ausdehnen.

Prompt schrieb ich, der kurz vorher mit einem kleinen bayerischen Begabtenstipendium begabt worden war, in die erste Schulaufgabe rein, daß sie sich zusammenziehen. Weil nämlich Wasser bei 4 Grad plus oder minus (ich weiß nicht mehr) besonderen Regeln gehorcht und außerdem das Wasser bei Hitze verdunstet und ergo eh weniger wird. Also sich quasi zusammenzieht.

Trottelhaftigkeiten dieser harmvollen Art begleiteten hartnäckig auch sonst vielfach mein an sich mehr zurechnungsfähiges Leben. Leider. Und mir nicht ganz erklärlich. Adornos »technologischer Schleier« von 1960 bei mir schon verschleiernd 1955? Nein, manchmal führt mich so was wirklich zu der aufgebrachten Meinung, daß ich keineswegs so ganz dicht bin.

Einfacher erklärbar als die Physik-Sache der Fall meiner Notenfolge im Mathematikunterricht der 2. (heutigen 6.) Klasse. Bei fünf Notenstufen hatte der Elf- bis Zwölfjährige hintereinander die Noten 511115. Meine Deutung: Der Lehrer hatte mir nach dem 4. Einser eröffnet, noch so ein Einser und ich kriegte entgegen der Durchschnittsregel auch einen Einser ins Schlußzeugnis. Ich aber war da doch lieber für klare Verhältnisse und (fünfzehn Jahre später trat ich dann ja auch schon in die SPD ein) für soziale Gerechtigkeit, auch bei Hochbegabten gegenüber den Minderbegabten. Und ich kriegte – jetzt erst recht – einen Fünfer; und also einen nunmehr sogar schon wieder wackligen Zweier ins Zeugnis.

*

»Aus der Knabenzeit« (Gutzkow, 1852) ist ferner zu berichten ein schon vorne gestreiftes, praktisch Tag für Tag geübtes, wie schon besessen geübtes Tischfußballspiel, das, wie schon skizziert, auf den Namen »Schnippen« hörte, aus zweimal elf übereinandergeklebten Doppel-Flohhüpfern bestand, bunten Plastikscheibchen von der Größe eines Zehnpfennigstücks, und auf verschiedener Mütter Küchentisch, ziemlich genau im Verhältnis 1:100 zu den wirklichen Fußballfeldern, statthatte; das ganz offenbar alle, alle süchtig machte lang vor Alkohol, Nikotin und den schönsten Frauen der Region und – aber nein, es war gar nicht die Knabenzeit, sondern frühe Jugend, nämlich so 12 bis 14, und in dem Alter hatte ja Mozart schon seine Waisenhausmesse zuwege gebracht, und Korngold sogar noch etwas früher sein erstes Klaviertrio, und also decken wir lieber gleich wieder den Mantel der schweigenden Scham samt dem Schal der Nachsicht über die Sache, über die im Prinzip aber sehr schöne und sportliche und sogar geistreiche Sache; denn siehe, jeder von uns hatte, wie schon erwähnt, seine spezielle Oberliga-Mannschaft der Jahre 1951 ff.; nachdem der Nürnberger Club bereits an den Erfinder des Spiels, einen Mitschüler und sogar Klassenprimus namens Willi Bartlmeß, vergeben war, griff ich in der Not zu Eintracht Frankfurt, daraus und aus keinem anderen Quell speiste sich dann die fast lebenslange Freundschaft und phasenweise sogar Passion für diese Mannschaft. Meine Schnippmannschaft hörte noch nicht auf die Namen der späteren deutschen Meisterspieler von 1959, also Loy-Lutz-Höfer, Weilbächer, Eigenbrodt, Kress usw. – sondern noch auf die vorherige Generation, also Henig-Bechtold, Kudras, Wloka usw. Aber: Pfaff war da schon dabei! Alfred Pfaff auf Linksaußen wie noch in der späteren Meistermannschaft und ums Haar auch in der Herbergerschen Endspielmannschaft von 1954 in Bern – Pfaff, ein unten dunkel-, oben mehr hellblauer Flohhüpfer, unten am Rand mit der Nagelfeile ein bißchen zugeschliffen, damit er den Ball, ein Stanniolkügelchen, sogar über den Torwart heben konnte – ja, hätte Herberger damals auf mich gehört, er hätte Pfaff für das Spiel gegen Ungarn nominiert, meinetwegen neben den Brüdern Walter, und Morlock hätte eben dann ins Mittelfeld zurückrutschen müssen, statt Eckel oder Mai – aber diesen Fall, diese nachgeholte Diskussion mit Sepp Herberger, Regensburg 1968, habe ich ja schon anderswo in meinen so wie wenige andere üppig welthaltigen Werken dargestellt.

*

Daß und wie meine Seele, also ich, dem deutschen Schlager bis zum ca. 13. Lebensjahr hörig – und zeitweise dauerhörend – ergeben war, das wiederum habe ich in meinem früheren Essay über René Carols »Rote Rosen, rote Lippen, roter Wein« ausschweifend dargetan.

Nebenhauptleidenschaften waren seinerzeit mehr schrulligkomisch gemeinte Exempel wie »Die süßesten Früchte«, »In einer Bar in Mexiko«, »Das Haus von Rocky Docky« oder »Es hängt ein Pferdehalfter an der Wand« – dieses wiederum mehr der dümmlich sentimentalen Gattung (mit gesprochenem Rezitativ!) angehörend wie auch mein diesbezüglicher Favorit »Ich habe sonst nichts als dich und deine Liebe auf der Welt« – ich bin mir heute nur nicht mehr sicher, ob dieses gewaltige Gefühl meiner Cousine Christa, einer gewissen Ilona, meiner Mutter, Christa II, Inge oder gar schon einer ländlich gottfriedkellerartigen Streber Liesl galt, ja, dieser wohl vor allem.

Sei's drum. Wie und wann ich dann den Übergang oder auch Sprung »in die Klassik« geschafft und gemeistert habe, ist mir nicht mehr ganz klar. Es hing aber wohl weniger von Streber Liesl ab und vielleicht auch nicht von Millöcker, Verdi, Mozart und Johann Strauß als Transit-Posten. Sondern von meiner offenbar genetisch begründeten Sammelleidenschaft, in diesem Fall von Schallplatten, die aber damals noch elend teuer waren, die Gesamtaufnahme der »Zauberflöte« sage und glaub's nicht 75 Mark im Jahr 1955! Das entspräche heutigen 300 Euro! »Der stumme Zwang der ökonomischen Verhältnisse« (Karl Marx, den ich aber erst ca. fünfzehn Jahre später genauer kennenlernte) trieb mich ebendeshalb zu allerlei Kleinverdienstarbeitsmöglichkeiten; es möchte aber auch sein, daß ich hier fälschlich den Schwanz mit dem Pferd aufzäume, daß es das Geldzusammenkratzen selber war, was mir die allergrößte Freude bereitete und den mächtigsten Gewinn einbrachte, nicht so sehr Mozart und Rita Streich und bald auch die erste Puccini-LP, die wurde mir eh von einem stark Ahnungsreichen geschenkt – die ökonomischen Verhältnisse wären also gar kein Zwang gewesen, sondern allerweil und vorzüglich Genuß, zumindest bei besonders hohen oder meinetwegen auch inferioren Charakteren wie mir. Warum auch nicht gar.

Jedenfalls, »so war das damals« (Heino Jaeger) – und aber wie trotzdem genau? Ich weiß es selber nicht mehr? Oho! Nun, vielleicht werden es mir dereinst die Todesbettlaken wieder einflüstern und bekanntgeben, verflucht nochmal, ja, in meiner Todesstunde werde ich natürlich klüger sein, aber ehe die gar zu schnell heranrückt und es dann zu spät ist, denke ich über diesen wichtigen, diesen würdigen Gegenstand jetzt schon mal erneut nach. Heute abend, und wenn was dabei herauskommt, teile ich es euch morgen schnurgrad mit.

*

Froh bin ich im nachhinein schon, daß mich mit 15 auf dem Gymnasium fast nichts von Ilias und Troja und herrlichen Helden, von Peliden und Atreus' Söhnen und Hektor und Patroklos und Agamemnon heimsuchte, wenig erfuhr ich vom »Donnerer« noch vom dostojewskinahen »Väterchen« Zeus. Denn Griechisch hatte und konnte ich nicht.

Und der Lateinlehrer erzählte weniger von Punischen und Gallischen Kriegen als begeistert von denen Hitlers gegen den Rest der Welt, von eigenen Flak- und Stuka-Erlebnissen aus seinem unversieglichen Schatzbrünnlein. Anders als meiner Erinnerung nach alle anderen Schüler samt und sonders hörte ich aber da mißvergnügt beinahe nicht hin, ich verstand genaugenommen auch gar nichts, wie insgesamt »im Fache Geschichte« (G. Polt, Der Kaiser Nero) wenig, ja nichts. Und so fiel es mir auch recht leicht, lebenslang Pazifist zu werden und, anders als Jockel Fischer, es auch zu bleiben. Der Krieg, ob als gerechter oder weniger gerechter, ist scheint's nicht meine Heimat, liegt in all seinen Formen und Dimensionen außerhalb meiner Möglichkeiten, meiner Denkmöglichkeiten – und so möge es denn auch bis zum seligen Ende bleiben und sein »gesinnungs-, nicht verantwortungsethisches« (Franz Josef Strauß so ungefähr nach Max Weber) Bewenden haben.

Gern und gerührt gestimmt las ich allerdings später beim antikisch interessierten Gustav Schwab wenn schon nicht von Achill und Odysseus, so doch von einer zur Kuh verwandelten pelasgischen Königstochter namens »Io«, vom »flehentlichen Brüllen der Kuh, das zum Olymp emporstieg«. Und hätte es ggf. schon als 12–15jähriger genau so gern gelesen wie meine anderweitige damalige Lieblingsprosa: Sentimentale Tiergeschichten vornehmlich von Mäusen und

Maikäfern, die da getrost fast ebensoviele Tränen hervortrieben wie etwa gleichzeitig (und auch das entwicklungstechnisch arg verspätet) Winnetous Tod.

*

Im ziemlich nahen Zürich/Kilchberg bekam, den grandios gerontokratischen Tagebüchern nach zu schließen, der berühmte Remigrant und Neuschweizer und Altrepublikanerdeutsche Thomas Mann offenbar gar nicht mit, daß am 4.7.1954 in Bern ein Fußballweltmeisterschaftsendspiel Ungarn – Deutschland statthatte, mit Deutschland als sogenanntem Überraschungssieger. Aber war vielleicht sogar besser so. Neun Jahre nach Hitlers Abgang war die allgemeine nationale und kulturelle Gesinnung noch immer oder schon wieder unverändert altbewährt barbarisch-kitschig, ja in Wort und Ton ganz lästerlich hitler-goebbelshaft. Gleich, ob Fritz Walters »3:2«-Erinnerungsbuch, das ich selber im Jahr drauf las und kürzlich nicht ohne Neugier wiederlas, mehr die Mentalität des deutschen Spielführers oder die eines ghostwritenden journalistischen Gauners spiegelt; mehr die im »Geist von Spiez« sich manifestierende halbwegs wirkliche Atmosphäre wiedergibt oder eine angebliche, postum präfabrizierte, dem dummen Leser suggerierte aus schierer Infantilität und Regression; mit dem Höhepunkt unter vielen, daß das Buch zwei Seiten nach dem 3:2-Spiel-Schlußpfiff bereits dreifach sinnlos, ja wahrlich wahnsinnig geworden Toni Tureks »himmelschreiende Ruhe« als Gewähr für den Sieg bekräht. Ob dem faselnden Mann – kaum Fritz Walter, das mag ich einfach nicht glauben – da irgendein frühes expressionistisches Lyrikidol vonwegen gellende Stille unterm auguststrammhaft verräterischen Himmel ins Kleinhirn geschliddert ist?

Phrasen und Dümmlichkeiten und Unsäglichkeiten und Gemeinheiten begleiteten, von mir damals schwerlich schon gewittert, »Deutschlands Wiederaufstieg ins Konzert der Weltmächte« (der seinerzeit beliebteste unter den kriminellen Sprüchen) – aber ich darf hier schon mal gar nichts sagen: Ganz koscher war ich zu der Zeit und Lebensphase sicher auch nicht, mit 13. Wohl weiß ich heute noch ohne jedes Training ernstlich sämtliche 22 deutschen und ungarischen Akteure samt Ersatzspielern auswendig herzuschnurren; weiß es als vermutlich einziger lebender von 82 Milliarden oder jedenfalls Millionen Deutschen und dazu noch 10 Millionen Ungarn. Aber es fiel mir, ähnlich also doch Th. Mann, trotzdem gar nicht ein, das Endspiel im Radio anzuhören oder auf einem der immerhin schon sporadisch präsenten Fernseher zu verfolgen. Vielmehr zog ich es vor, am Nachmittag zu einer lokalen Rollschuhstraßenmeisterschaft zu preschen, um dort quasi nebenher Rahns Ausgleichs- und auch Siegestor in der 84. Minute im Radio durch eine offene VW-Tür zu erhaschen.

Zu erinnern meine ich mich, ich war nach dem Schlußpfiff nicht einmal besonders erregt oder hochgestimmt oder dergleichen. Seltsam widersprüchlich genug. Denn ich habe heute wohl auch noch sämtliche Ergebnisse und Tore der WM-Vor- und Zwischen- und Vorendrunde im Kopf. Der aber damals in seiner unermeßlichen Belastbarkeit auch noch ganz andere Dinge zu bewältigen hatte: Fußball, aber auch Handball, Faustball, Leichtathletik, eben im Notfall sogar komplett deplaciert Rollschuh – mein allgemeiner Sportwahnsinn muß zwischen dem ca. 11. und 14. Jahre ein gigantischer gewesen sein.

Sich zeitlich damals schon partiell überlappend mit einem
überspannt religiösen oder parareligiösen, nämlich liturgie-
süchtigen. Und etwas später dann dominiert von dem für
Musik, Oper zumal.

Und gleichviel und obwohl ich es selber im Fußball wegen
fehlender Schnelligkeit, Härte und Kondition nie weit gebracht habe, weiß ich heute noch alles – Namen, Resultate,
Aufstellungen – besser und genauer als selbst der von mir
1968, wie schon erwähnt, anläßlich einer Reise nach Regensburg in meiner Eigenschaft als Jungreporter heimgesuchte
Trainer Josef (»der Chef«) Herberger. Wenn das kein Beweis
ist! Daß ich eben ein zutiefst literarisches Naturell bin! Und
immer war.

*

Daß der Mensch vom Genom bis zum Euklid und Pascal so
vieles vergißt, so viel Wissbares und Wissenswertes wieder
glatt vergißt, vergißt sogar in meinem relativ gedächtnisstar-
ken Falle – und dabei aber doch auch den Namen des Über-
raschungssiegers bei der Olympiade 1952 von Helsinki im
1500 Meter-Lauf heute, nach neunundfünfzig verdrießlichen
Jahren, mondsüchtigerweise noch weiß: des Schweizers Bar-
tels – das zumindest sollte aber verboten sein.

Vergangenheit, die nie vergehen will? Blochsche Hoffnung
träufelt immerhin ein, daß ich den Vornamen nicht mehr
weiß.

*

Ein zweifellos nicht sonderlich zu höheren Weihen geborener Mitschüler am Amberger Gymnasium war mit etwa 12 derart ausschließlich vom Fußball, Provinzfußball wohlgemerkt, eingenommen, daß er – der offenbar morgens im Dorf die Heimatpresse nicht mehr rechtzeitig studieren konnte – einen gleichgesinnten und gleichmütig respondierenden Kombattanten kurz vor Unterrichtsbeginn nur noch so fix wie gründlich wohlpräpariert abfragte:

A: »Hahnbach – Gebenbach?«

B: »3:2«

A: »Halbzeit?«

B: »2:1«

A: »Hirschau – Mimbach?«

B: »6:0«

A: »Halbzeit?«

B: »0:0«

A: »Echt?«

B: »Ja« –

Bei mir, der ich zu der Zeit mehr als eifriger Musterschüler galt, war es aber kaum besser, wurde es später sogar noch etwas törichter. Wie ich im Roman »Die Vollidioten« (1973) nicht zu erwähnen verfehlte, wußte ich nach Einführung der Bundesliga (1963) ein volles Jahr sämtliche Ergebnisse auswendig und zeigte diese kümmerliche Kunst gelegentlich auch gegen Geld – es war offenbar die Magie der schieren Zahlen, der bekannten und schon erwähnten von Mannschaftsaufstellungen wohl gleichwertig, der nicht nur Ror Wolf und ich, sondern auch ansonsten trübe Tassen wie Walter Jens und Peter Handke phasenweise unterlagen.

Vermutlich war da die Fußballerregung bei den Mitschülern wie bei mir schon als amour idiotique literarisiert, wie ehedem in älteren Generationen die Kriegserregung via Homer und Schwab und Mommsen usf. Primär funktionierte sie ein bißchen anders nach drei-vier Ersterfahrungen beim Heimatverein FC Amberg: Als ich, woran ich mich kürzlich wieder sehnsuchtsvoll anläßlich des mich leider weniger aufpeitschenden Besuchs des Spiels Nürnberg – Kaiserslautern: 1:3, Halbzeit: 0:3, erinnerte, vor Angst und Sorge bei gefährlichen Angriffen der Gastmannschaft aus Ingolstadt auf unser Tor mich jeweils unter den Holzbarrieren hinter diesem Tor versteckt hielt und mir, mit Blick in die Gegenrichtung, berichten ließ, ob denn die Gefahr endlich vorbei sei. Auf daß das Herzklopfen nachlasse.

*

Und indessen der Klassensprecher (und, wie sich bald herausstellen sollte, auch schon Bluff-Großmeister) Peter R. im Jahr 1957 bereits einen imposanten Vortrag über die Ungarische Revolution vom Oktober 1956 und speziell über den Ministerpräsidenten Imre Nagy sowie den »tapferen General Pal Maléter« (die Formulierung kam immer wieder vor und hat sich lebenslang eingegraben nicht weniger als der Pythagoras) zu halten vermochte, war bei mir offenbar schon Hopfen und Malz verloren. Obwohl zeitweise Klassenprimus oder -subprimus, las ich mit 16 immer noch ganz gemächlich Pucki und Nesthäkchen. Stalin, Eisenhower, Adenauer und Ollenhauer kannte ich kaum vom Hörensagen. Juckten mich nicht.

Möglicherweise hat die alte Legende von einem damals verweigerten Politik- und Zeitgeschichtsunterricht einige Wahrheit für sich, verweigert von schlechten und zumal unwilligen und mit allerlei zappendusterem biografischen Dreck belasteten Lehrern – es entgeht mir heute gleichwohl nicht, daß ich zu der Zeit vor allem aber schon selber eine ziemlich rückständige Existenz gewesen sein muß. Dem sich der Ernst, die höheren Dinge des Lebens noch keineswegs mitgeteilt hatten, der einigermaßen bräsig und aufgeschmissen in die Jahre hinein aufs Abitur hinluderte; der letztlich noch ein Depperl war.

Meinen damaligen Deutschaufsatz über die wünschenswerte und allseits gewünschte Wiedervereinigung möchte ich um Gotteswillen niemals zu Gesicht kriegen. Man ahnt richtig, daß mir diese Wiedervereingung damals egaler war als jede personelle Verstärkung des Nürnberger Clubs im Mittelfeld. Bzw. der Frankfurter Eintracht, die war dazumal schon längst meine Mannschaft. Um den Club – nicht Bayern, nicht 1860! – hatten sich zu diesen Oberligazeiten schon allzu viele als Anhänger, als Beschwärmer beworben.

*

Es muß zwischen 1952 und 1957 gewesen sein, das heißt die ganzen Jahre über, da hörte man einen jeden, ja jeglichen Werktag zwischen 12 und 13 Uhr aus dem Radio (Bayern 1, es gab da aber vielleicht auch bloß diesen einen Kanal) Musik herauskrähen, Musik der erbärmlichsten Qualität, von der minderwertigeren Operette bis zum operettenähnlichen Schlager, Musik, die zumindest in der Erinnerung sich konstituiert aus immerzu dem Gleichen: »Heut' ist der schönste Tag in meinem Leben«, »Freunde, das Leben ist lebenswert« und »Gern hab ich die Frau'n geküßt«; dargeboten fast immer von Tenören; von freilich völlig ungleichwertigen, die

Spanne reichte von Wunderlich und Schock bis zu einem Wesen namens Herbert Ernst Groh, einem Tenor ex negatione, ein Mann, der nur krähen und knödeln und richtig unappetitlich würgen konnte – offenbar vom Intendanten rangelassen und zum Zug gekommen zwecks Nachweis, daß unterm liberalen Theodor Heuss auch das noch geht.

Vielleicht waren es auch viel mehr als die drei Nummern. Jedenfalls waren es lauter »aufbauende Sachen« (Qualtinger, Der Herr Karl), welche jeden Tag an dessen mittäglicher Scheitelzone als durchaus zumutbar, zum Weiterleben geeignet ausweisen sollten. Als bei einiger Belastbarkeit der Menschen trotz allem erträglich, inmitten der unwiderruflichen und unsäglichen Unerträglichkeit der neuen Nachkriegsgesellschaft und ihres damals schon sogenannten Wirtschaftswunders.

Dargeboten von Herbert Ernst Groh und den Seinen, meist im Fortissimo, in mittlerer Tessitur und mit einem ungeheuer anzüglichen Durchhaltezähigkeitssound schon in der Augen-zu-und-durch-Tongebung: »Heut' ist der schönste Tag in meinem Leben!« – mit einem geradezu wahnsinnig gewordenen Intervall-Hochschwungs-Rallentando beim Wort »ist« – dochdoch, halb selber wahnsinnig geworden, glaubten wir's ihm ja! Aufs Wort!

*

Ein Blick zurück fast ohne Scham, aber doch mit einiger Verwunderung:

Meine erste schwerst »religiöse Phase« hatte ich mit ca. 14 »überwunden«; zum Vorteil des Vordringens und Allmächtigwerdens der Musik, der, nach »Überwindung« der Schlagerphase, klassischen, ernsten. Beides, Musik und Religion, muß sich aber so um oder ab 1955 nochmals seltsam verschwistert haben; insofern ich zu dieser Zeit wohl einige Jahre lang Radio- und Schallplattenmusik nicht allein meist jahreszeitlich affin erklingen ließ; sondern sich zumal die vier Wochen vor dem Weihnachtsfest, obschon ich diesem bereits mental entwachsen war, die Musik, ja mein gesamtes Musikempfinden, immer weihnachtlicher gestaltete, mit Beginn des Advents immer frömmer, sozusagen spiritualisiert-religiöser. Langte um den 30. November herum noch eine Haydn-Messe oder eine Mozart-Vesper, zum dritten Adventssonntag immerhin noch Bachs Weihnachtsoratorium, so mußten es kurz vor Mariae Niederkunft schon mindestens Frescobaldi, Corelli, Stradella, ja gar der ganz und gar unsinnliche, vielleicht auch unsinnige Schütz sein: »Stehe auf, stehe auf, Joseph, stehe auf!«

An diesem Hl. Joseph nahm ich noch viel später vor allem in der vorösterlichen Zeit einigen Anteil, besonders interessiert via das opernähnliche Oratorium des Giovanni Pergolesi mit seinen (der schreckte auch vor wahrlich nichts zurück) den Jesus-Stiefvater umgarnenden Engelsjubelchören. Es wird der Ratzinger nicht ungern hören, wenn schon nicht lesen, daß ein zutiefst Religiöses auch noch im modernen und, in meinem Fall, hochaufgeklärten Menschen offenbar nie ganz niederzumachen ist, sondern notfalls als späte Josephsfreude zurückkehrt – oder halt notfalls mit Hegel zu reden: »Wir haben allerhand Rumor im Kopf und auf dem Kopf.«

Ich heute auf dem Kopf einen Ohrenschützer zum Langlauf-Skifahren, zu dem ich mich jetzt (30. Dezember 2010, 11 Uhr) bei minus 12 Grad zügig verabschiede.

*

Allerdings, was ist das eigentlich für eine merkwürdige Religiosität, Kinder- oder Vorpubertierendenreligiosität (seltenes, schön schläfriges und dabei fast erregendes Wort), wenn ich da ca. 1953, mit 12 oder 13, erstaunlich gelungene fromme Madonnen, aber auch beinahe virtuose schmiedeeiserne Grabkreuze pinselte oder sogar bunte Glasfenster in der Manier der Heimatpfarrkirche oder des Doms von Regensburg? Nein, schiere und triftige Freude an der damals wohl gleichfalls und gleichzeitig entdeckten Ästhetik, dem Kunstschönen, war es m. E. gewiß nicht; sondern mehr eine Gefühlsschicht dazwischen oder wohl doch darüber machte sich bemerkbar, mit dem im Süddeutschen besonders opernhaften Liturgischen vielleicht als Missing Link zwischen Religion und einer etwas gar treuherzigen Kunst. Andererseits konnte dem verbissen, versessen Fußball und Tischfußball spielenden Knaben doch kein dauerhaftes Vergnügen in all diesen Glorienscheinen und nimbusüberwölbten Langhaarköpfen und frömmlichen Faltengewändern zumutbar gewesen sein – was also? War dies ungeklärte, aber doch unzweifelhaft wie glänzender Firnis verspürte »Religiöse« das Empfinden mithin eines über allem Fußball lagernden Höheren, einer zweiten Welt, gar ein im Hegelschen Sinne Vermittelndes, eine Klammer zwischen der bereits als trivial erkannten Welt und einer – anderen?

Dieser besonnene Gedanke über die Religion, das sei auch und gerade »den Gebildeten unter ihren Verächtern« (Friedrich Schleiermacher, 1800) ans Herz gelegt, wolle zumindest den gebildetsten unter ihnen – »denn man schreibt im Gedanken doch eigentlich immer nur für die wenigen, deren Meinung man hoch u. wert hält« (Eichendorff am 29.3.1857 an Franz Lorinser) – zumindest als Frage auch weiterhin geziemend zu denken geben. Oder denket ihr etwa, ich sage und zitiere das alles treulich nur für die Katz?

In diesem Augenblick (30. Oktober 2011, 16.28 Uhr) springt sie übers korrekturgelesene Manuskript. Mich zu dupieren. Na was sonst.

Hoffen wir beherzt mit unseren zahlreichen Lesern, daß uns trotzdem wenn nicht schon hier, so gegen Ende des Buchs hin auf diese Frage Antwort, hinreichende Befriedigung und also Rettung im Sinne eines bekanntlich recht »langmüthigen Gotts« (R. P. Goffine) zuteil werden vermöge. Oder immerhin möge.

*

Noch wenig Mitteilung gemacht habe ich, weder in direkter noch in Romanform, von einem Mitschüler und späteren SPD/Juso-Genossen, welcher mich von 1951 bis 1959 auf dem Gymnasium in Amberg begleitete bzw. mir, und nicht nur aus Altergründen (Jahrgang 1941 bzw. 1940), wesentlich vorstand: Dieter Meiller, gestorben nach rund zwanzigjähriger schwerer Krankheit vorzeitig 2008.

Es war Dieter Meiller zeitlebens auch immer ein bißchen Schwirrkopf und Strohwisch und Faselhans (»Freiheit ohne Emanzipation ist Konterrevolution« und ähnliche in der Heimatzeitung aufgehobene Sprüche); allzu einsatzfroh aktiv für die lokale und regionale hansjochenvogelhafte Sozialdemokratie; vor allem aber war er anstoßgebend, süchtig nach intellektuell lebhaftem Leben und zumindest partweise auch intelligent, gescheit. Was er, nicht unähnlich mir selber, mit einem erschwerten Stand am Pennal zu bezahlen hatte – damals triumphierten dort, wohl etwas massiver

als heute immer noch, die Streber und Schleimer und lebens-
langen Kleingauner.

Überlegen war mir, selbst mir, Meiller aber ebd. an z. T.
schon rücksichtsloser, selbstgefährdender Frechheit, an vollends unverhofften Methoden, Schule und Lehrer, wenn schon
nicht abzuschaffen, so doch immer stärkstens zu brüskieren.
Wer mitten im Brüten über der besonders gefürchteten und
tatsächlich auch sehr schweren Mathematik-Schulaufgabe
(Trigonometrie, Geometrische Örter usw.) unvermittelt und
buchstäblich wie aus heiterem Himmel in das stumm versam-
melte Lehrer-Schüler-Forum hinein

»Zillertal, du bist mei' Freud,

Zillertal, da hack ich heut«

laut und kraftvoll zu singen anheben vermag: der legt im
nachhinein sogar noch für die greise Schnarchsackpartei SPD
eine gewisse Ehre ein; der Meiller, wie ich, allerdings erst sieben Jahre später anzugehören sich entschloß.

Daß Dieter Meiller häufiger inmitten des Vorabiturunter-
richts mit mir oder alleine aus der Schule in ein nahes Korn-
feld ging, um dort ein beschauliches Bier zu trinken und z. B.
etwas Sartre zu lesen; um dann irgendwann so nonchalant
sich gebend ins Klassenzimmer zu returnieren, daß die verblüfften Lehrer, obwohl Unrat witternd, wie hilflos nicht mal
wagten zu fragen, wo er, Meiller, eigentlich herkomme: Dieses für die fünfziger Jahre außergewöhnliche Wagstück sei
ihm gleichfalls nicht vergessen.

Er war auch der erste unter den siebenhundert Schülern,
der die Lehranstalt mit den damals unerhörten Bluejeans be-
schritt und bestritt – mit der sehr lichtvollen Begründung,
mit diesen könne man sich »wälzeln, wie man will«.

*

Am 5. Mai 1955 wurde der Bundesrepublik im Rahmen von
sog. Pariser Verträgen untersagt, sog. ABC-Waffen (meine
Vermutung: Atom-Biologie-Chemie oder sowas) herzustellen. Das habe ich damals gar nicht mitgekriegt; noch, ob und
wie der junge Franz Josef Strauß darüber und dagegen aufge-
heult hat; genaugenommen weiß ich nicht mal mehr, ob ich
an jenem Tag wenigstens onaniert habe; mit immerhin 13 1/2
scheint mir das recht wahrscheinlich; und, obwohl es damals
noch verboten war, alles, was recht ist, freute es mich heute
noch.

*

Schon im Jahre 1951 war ich beinahe unvermeidlich zur halb
parachristlichen, halb protomilitärischen katholischen Ju-
gendgruppe »Neudeutschland« (ND) gestoßen; die nichts mit
der beinahe gleichnamigen vollsozialistischen Zeitung zu tun
hatte, viel aber mit ideologieübergreifender Zeitlosigkeit.
»ND-aktiv« hieß damals eine Quasi-Elitebewegung und -sek-
tion innerhalb der Gruppe bzw. des Gesamt-»Bunds« – genau sechzig Jahre später preist sich mir eine Oberpfalz-Fich-
telgebirgs-Schienenstrecke als »Vogtland aktiv« an, meint:
Man kann von ihren Haltepunkten aus schwerstens aktiv
werden; wandern oder sonstwie rummachen; wie damals bei
ND auch.

Allerdings, die entscheidenden Sätze *dazu* hatte bereits ein
Vierteljahrhundert früher, ich glaube exakt 1984, der schon
deshalb unsterbliche comicfigurale Eisverkäufer Ed von
Schleck in die Menschheitsgeschichte eingemeißelt: »Schlek-
ken, schieben, äcktschen, das bringt sätisfäcktschen!«

*

Freilich auch Erhard mit seiner dies vorbereitenden Losung von Ende der Fünfziger Jahre »Wohlstand für alle« sah mich sofort an seiner Seite und auf dem Damm. Denn schon ab 1957 wurde von mir, der sich ansonsten mehr der Musik und dem Klavier zugewandt hatte, ins Kaufmannswesen eingegriffen, dazumal insbesondere in den Erdbeerverkauf; nämlich an vier lokale Kaffeehäuser, die dem Erhardschen Wohlstand offensichtlich schon durch unentwegten Erdbeertortenbedarf und -verzehr Tribut zollten; während mein neuer kleiner Wohlstand allerdings nicht auf die hohe Kante gelegt, sondern sofort dynamisiert wurde: durch ungebremsten Schallplattenkauf im Zuge meines noch jungen Klassik-E-Musik-Fiebers. Was dann, von mir wohl schon erahnt, später gewaltige Rendite eintrug in Gestalt vieler Musikbücher, Musikartikel und Radiosendungen. Welche mich nicht allein innerlich, sondern auch sparkontenmäßig steinreich machten. Und die Menschheit, die mir lauschte, obendrein.

Die Erdbeeren aber pflückte ich damals in Vaters Garten immer nach Regen. Klar, weil sie dann um ca. 3 Prozent an Gewicht zunahmen; was beim Verkauf stark zu Buche bzw. Schallplatte schlug.

So weit reichte die List, deren ich damals, zwischen mittlerer und oberster Reife, bereits fähig war. Und, nicht unwert, es festzuhalten: Immerhin erlaubten mir beide Gärtner-Eltern das Geschäft, ohne dafür Prozente zu nehmen.

*

Daß die frühen Hörerlebnisse mit den im Umlauf befindlichen Mono-Schallplatten später weder durch Stereo noch durch Duplo, noch durch siebendimensionales kosmisches

CD/DVD/MP3-Hören aus neun Lautsprechern, noch durch
sonst gottweißwas je mehr einholbar oder gar steigerbar waren, das leuchtet außer den Technik-Infantilen und den Be-
rufs-Inferioren jedermann ein. Es mag traurig stimmen, ist
aber nicht korrigierbar: Die noch untrainierten, aber ausgeruhten, sogenannten unverbrauchten Ohren leisteten im Verbund mit dem auch noch nicht sehr korrumpierten Hörhirn
Nichtwiederholbares an Rezeptions- und in der Folge an
Gefühlsvermögen. Was für Mozart und Verdi und ganz allgemein wahr ist, das ist noch etwas wahrer für die Beethoven-
schen Neune im Zuge meiner ersten (eine unter noch ganz
wenigen) Gesamtaufnahme-Kassette mit dem Wiener Pro
Musica Symphonie Orchester unter Horenstein und anderen. Wenn die Eroica in ihrer ganz und gar morgenflügelisch
und gewitterlich neugeschaffenen Weltverfassung überhaupt
adäquat in einem Kopf anzukommen vermag, dann am ehesten in dem ja nicht mehr so ganz dummen eines 14- oder
15jährigen – Carson McCullers hat es im Roman »Das Herz
ist ein einsamer Jäger« ein bißchen blumig und beifallsspeku-
lativ, aber im Prinzip richtig beschrieben.

Insofern habe ich werweiß für nichts im Leben so dankbar
zu sein wie für den freundlichen Zufall, nicht in eine Familie
mit Bildungsbürgerstatus hineingeboren worden zu sein.
Hätte ich da nämlich Beethovens Zyklus schon mit 7 oder 9
oder (man hört dergleichen) mit 5 aufgepreßt gekriegt, unvermeidlich hätte ich mich dazu verdammt gesehen, ihn lebenslang hassen zu müssen.

Zumindest die Sinfonien. Das Streichquartett op. 59,1
hätte ich eventuell doch nicht gehaßt haben müssen. Oder
jedenfalls: gehaßt.

＊

›57‹

Andererseits muß ich mit etwa 14 oder 15 im Sinne von Aufklärung wie von Humorniveau auch schon ein ziemlich biederes, ja dürftiges Hirn gewesen sein. Denn meiner Erinnerung entgeht leidergottes nicht, daß und wie ich im betr. Englischunterricht sowohl über das Wort »vicar« als auch noch übers nur entfernt anzügliche »whistle« sogar laut auflachen, ja aufwiehern mußte.

Ich muß, wir müssen damals, noch unter Adenauer und Elly Heuss-Knapp, wohl allesamt im Untenrumbereich extrem unbedarft, ja dämlich gewesen sein – o ja, sicher, die Damens und Dämchen waren da doch bereits ein bißchen weiter.

Meine, unsere Dümmlichkeit hatte sich schon zwei Jahre vorher anläßlich eines Zeltlagers bei Michelfeld/Pegnitz auffällig gezeigt. Als nämlich, kaum waren unsere Zelte aufgerichtet, ein drei Mann starker Trupp etwa Gleichaltriger, also gut Zwölfjähriger, unterm Zelteingang erschien. Buben aus dem Dorf, die uns wie in schwer cooler Westernmanier zur Kenntnisnahme zwangen – und schon nach ein paar Sekunden mit der scharfen Frage überfielen, ob wir vielleicht schon »focken« täten. Meine mutige Antwort, nein, bei uns in Amberg heiße das nämlich wie wohl überall »ficken«, drang bei dem kopfschüttelnd es breitbeinig besserwissenden Häuptling von ca. 1,35 Meter Größe nicht durch. Zu Recht nutzte sie mir wenig. Wir vermochten weder das eine noch das andere. Die Ehesten in unserer Generation waren nach meiner Erinnerungsarbeit und sporadisch genug mit 17,5 so weit.

*

Ein äußerst bedenklicher Mathematiklehrer und Masochist –
er freute sich ganz ungeniert und mit blasiert erheiterter
Miene an den vielen Fünfern und Sechsern der ihm anver-
trauten und ausgelieferten Schüler – pflegte immer wieder
uns ca. Zwölfjährige hundertmal schreiben zu lassen: »Ordnung ist das halbe Leben.« Zumindest das zweite konnte ich
damals so schlimm nicht finden – blieben ja also immer noch
fünfzig Prozent für die Freiheit. Und telepathisch vorausahnend wußte ich, daß es Goethe nicht viel anders gesehen
hatte, sondern genau so: »Und das Gesetz nur kann uns Freiheit geben.«

Wann der Name »Goethe« mir zum ersten Mal über den
Weg flog, wüßte ich freilich kaum mehr zu sagen. Bin aber
sehr sicher, daß er mir einen mehr zweischneidigen, unpas-
senden, meine damaligen Kreise störenden Eindruck machte.
Ganz anders als »Edi Schaffer«, der berühmte Torwart des
1. FC Nürnberg, der fernnahe (66 km), aber schwer zu fas-
sende Hausgott.

*

Am 29.10.1955 begann fast noch gleichzeitig jedoch auch im
Nürnberger Opernhaus mit einer Aufführung des »Freischütz« meine Opernbesucherkarriere, die eigentliche In-
itialzündung geschah allerdings erst ein halbes Jahr später am
gleichen Ort mit Verdis »Der Troubadour« (damals sagte
und sang man noch alles deutsch) am insofern höchst folgenreichen 15.4.1956 – schon vor und während der Vorstellung
und erst recht in der Nacht und in den Wochen und Monaten
danach war zuerst mählich, dann immer rapider abzusehen,
daß mich überhaupt nichts anderes mehr interessierte und

beseelte, ich lebte sozusagen nur noch in Troubadour-Trou-
badour-Troubadour, kannte die Oper noch vor dem 15. Geburtstag wirklich bis ins kleinste Rezitativ in-und-auswen-
dig, spielte den ganzen Klavierauszug auf dem Schifferklavier
durch und krähte, mitten im ohnehin unpäßlichen Stimm-
bruch, alle Partien, auch die des Soprans, einmal sogar, im
4. Akt, sehr prekär übers hohe C hinaus, überaus hemmungslos und sicherlich grauenhaft vor mich hin, zum Leidwesen
diesmal weniger der Eltern als der aber in jedem Betracht
(zwei Weltkriege) abgehärteten Großeltern; vom »Seid wach-
sam!« bis zu Azucenas »Du bist nun gerächt, o Mutter!« –
und weiß bis heute noch nicht, wie ich ein gutes Jahr später
trotzdem die immerhin Mittlere Reife gemeistert habe.

Insofern war es mir sehr trostreich und erhellend und ließ
mich einmal mehr an die höheren sowohl als unterirdischen
Korrespondenzen allen superieuren Lebens glauben, als mein
späterer Lieblingstenor Carlo Bergonzi im Gespräch auf der
NZZ-Videokassette von ca. 1990 eindrücklich mitteilte, ihm,
Bergonzi, sei es zur etwa gleichen Alterszeit, nur gut fünfzehn Jahre früher, nach seinem ersten heimatlichen »Trova-
tore« in Busseto-Parma genau so ergangen. In Ermangelung
eines Helms habe er sich anderentags mit einem Nudelkoch-
topf auf dem Kopf vor den Spiegel gestellt und zum ersten
Mal in der Manier des gehörten Lokaltenors »Di quella pira«
gebrüllt – worauf die Mutter entmutigt gesagt hat: »Mein
Sohn ist verrückt geworden, äh!«

Später veredelte sich unser beider Geschmack dann aber
doch mehr auf die »Aida« hin. Bergonzi wurde wohl der
allerbeste Radames des gesamten Säkulums.

*

›60‹

Jedoch auch eine beachtliche Nachdenklichkeit des Heran-
wachsenden ging mit den ersten Opern-Hörsensationen ein-
her: »Freudig geb ich hin mein Leben, wird die Teure endlich
mein«, singt im 2. »Troubadour«-Akt der einer gewissen
Leonore all die Zeit vergeblich nachseufzende Bariton Graf
Luna zum Ausklang seiner großen Arie in einer sehr feuri-
gen B-Dur-Kantilene – und das nun dünkte mich damals
doch mit meinen frühen logischen und psychologischen und
schon zeitig liebeserotischen Erkenntnissen unvereinbar: daß
jemand, wenn es mit der Erfüllung so weit ist, sein Leben
hingibt. Tatsächlich hörte man später, als immer noch
deutsch gesungen wurde, häufig die offenbar aus dem nämlichen Grund nachgebesserte Version: »Freudlos wär' fortan
mein Leben, würd' die Teure nimmer mein!«

Aber auch das mahnte mich etwas zu gesucht, gekünstelt,
nun doch allzu einseitig dem Liebeszwang hörig. So daß ich
mich damals schon doch lieber auf die italienische Version
einigte: »Sperda il sole d'un suo sguardo la tempesta del mio
cor« – also etwa: Es nimmt die Sonne ihres Blicks das Unwet-
ter in meinem Herzen hinweg –

– falls denn »sperda« tatsächlich so etwas wie hinwegneh-
men, hinwegfegen, vertreiben heißt; wie soll ich das wissen,
wenn der langjährige Tenor und Troubadour-Protagonist
Leo Slezak bekanntlich nicht einmal die Handlung je ganz
verstand? Da aber muß ich ihm und dem Gerücht entgegen-
treten: Diese Handlung ist zwar kompliziert und kurven-
reich, jedoch durchaus logisch und luzid, und ich habe sie
damals jedenfalls prima verstanden. Ob noch heute, will ich
hier besser nicht nachprüfen.

Dagegen ist die Handlung der musikalisch durchaus edleren Verdi-Oper »Simone Boccanegra« wirklich nicht zu ver-

stehen. Allein drei oder gar vier »Maria« in einem einzigen Werk sind nun mal zu viel.

*

Deutschunterricht 1956: »Ihm schenkte des Gesanges Gabe, / Der Lieder süßen Mund Apoll« (Schiller).

Wie hätte einer, der schon zu einfältig bzw. perplex war, das mit der Ausdehnung von Wasser und von überhaupt allem zu begreifen, diesen balladischen Satzbau (ohne Komma nach »Mund«!) samt der ebenso platten wie etwas kuriosen, ja obskuren Doppelmetapher kapieren können?

Ich nicht. Ich dachte m. W. auch gar nicht drüber nach. Sondern geruhte mich an Rhythmus und allg. Klangrausch schadlos zu halten. Hier wie in der Oper wie überhaupt. Und vielleicht schon gar zu oft.

*

Nürnberg 1956/57: »Carmen« in der Oper, meine erste. Mit Sicherheit keine gute, mehr die damals übliche biedere, pseudoexotische Realisierung. Und doch wurde mir schon im Eröffnungsakt – und das spricht für Bizet wie für mich – erstmals im Leben etwas von der Brisanz, der Dunkelheit, der dämonischen Gefährlichkeit dieses Lebens als Ahnung und Artung andererseits von Kunst vernehmlich – noch vor Habanera und Seguidilla bei den frechen, leichtfertigen Straßenvolksszenen, den Urbildern plebejischer Aufmüpfigkeit.

Insofern hätte dann der alte Lebensunsicherheitsphilosoph Nietzsche mit seiner etwas dümmlichen und auch nur

pro domo angezeterten Bizet-contra-Wagner-Faselei doch
noch ein bißchen recht.

Sei's drum. Blinde Hühner mußten schon damals auch
leben.

*

»Lektüre und ewig Lektüre! Es scheint fast, ich lebe nur, um
zu lesen, oder ich lebe nicht einmal, sondern ich lese nur«
(August Graf Platen, Würzburg, 31.8.1818).

Darüber konnte ich meinerseits in den ersten beiden
Lebensjahrzehnten nun wirklich kaum klagen. Zumal zwischen 12 und 17 las ich wenig, sehr wenig und wenig erfolgreich. Ich verstand einfach zu wenig, was ich in den Büchern
las, manchmal nichts, nicht einmal Leichtgewichte wie die
»Schatzinsel« gingen gehörig bewältigt in meinen Kopf hinein; ich habe das vor einigen Jahren schon mal in einem kleinen Aufsatz (Werke Band 10, S. 63 ff.) gebündelt dargestellt:
einfältige, sentimentale Tiergeschichten, Kasperlbücher,
Pucki und Nesthäkchen, reichlich verspätet Karl May be-
zeichneten meine überaus engen, kummervoll bescheidenen
Grenzen.

»Wir Büchermenschen« (Jean Paul), »wir sind, was wir
gelesen« (Heinrich Heine)? Dann muß ich bis fast zum Abitur
fast nichts gewesen sein. Dabei war ich im Deutschaufsatz
nicht mal ganz schlecht. Wenn auch, bis zum Verlassen der
Schule, niemals Überragendes dabei herauskam, nicht mal
Sehrgutes. Oder wenigstens danebengegangen Ambitiöses.
Auch die Theater- und Konzert- und Opernkritiken, die ich
mit 17 für die Lokalzeitung zu schreiben begann, waren alles
andere als überdurchschnittlich genau und nachdenklich for-

muliert. Sondern eher schon nach Maßgabe der Münchner und Nürnberger Vorbilder bedauerlich mittelmäßig adaptiert, zuweilen schon schlecht routiniert. Mit Adorno teilte ich zwar ab 15, wie ich erst viel später erfuhr, die erste, mehr bewußtlose Passion, nach Opernabenden meine Eindrücke in »Kritiken« zu bewahren. Dies aber auch nicht annähernd auf dem Niveau des Frankfurter Wunderkinds; das wohl auch erotisch weiter, sexuell aufgeklärter war; und in seinen nie richtig veröffentlichten Ergüssen auch dem Schwärmen über vorabendlich erlebte fast schon verworfen »prachtvolle Frauen« und sonstige Aidas Raum gab. Bei mir funktionierte diese frühe Theater-Ersatzerotik nicht mal latent, karg unterschwellig. Nichts jedenfalls findet sich davon in meinen frühen erhaltenen (aber bestimmt nicht publikationswürdigen) Aufzeichnungen.

Der landläufig geläufige Mitschüler, der mit 15 oder 16 den Klassenkameraden sogenannte Gedichte im Stil von Rilke oder Trakl oder mindestens Goethe vorlegt: Es gab ihn auch bei mir. Ich verlachte ihn nicht gerade. Schüttelte aber m. W. über ihn ziemlich wortlos den Kopf. Und daß Nachwachsende unter 20 sich ja nicht an Erzählerisches machen sollten, dieses Erfahrungsverbot war mir offensichtlich allzeit Gebot. Das möglicherweise gemeinsam von Goethe und Lichtenberg ausgesprochene Diktat, ein Roman dürfe niemals von jemandem unter 30 abgesetzt werden: anders als der vorlaute Handke hielt ich mich genau daran: ich war 31,5, als die »Vollidioten« in die Welt stiefelten.

Summa summarum und schmählich genug, zumindest verwunderlich: In meinem Genre, meinem späteren Beruf war ich, als Aktiver wie Passiver, als Leser wie als Schreiber, Spätstarter – und das ist fast noch zu verbrämt gesagt. Eine mehr unterdurchschnittliche Begabung. Und die im letzten Drittel des 18. Jahrhunderts mit der Explosion des damaligen Buchmarkts sogenannte Leseseuche sah in mir immer einen intuitiv reservierten Verweigerer.

Etwas besser sah es schon im Hör-, im Musikbereich aus. Da war ich als Klavierspieler mit einem gebrochen falsch zusammengewachsenen Finger zwar auch nur Spätstartender; vermochte aber mit einer gewissen Zähigkeit und nicht ohne eine beträchtliche »Anschlagskultur« (J. Kaiser u. v. a.) zur Abiturzeit, und auch nachdem die Perspektive eines Musikstudiums bereinigt war, recht anständig und nur ein bißchen allzu vermessen Beethoven, Schubert, Chopin, später mit Vorliebe Schumann zu bewältigen. Und: Ich muß mit 18 ff. ein begabter Hörer, Hörversteher gewesen sein. Nicht nur Chopin und vornehmlich der späte Klaviersonaten-Beethoven gingen mir ziemlich geziemend verständig ein; sondern auch anbetrachts der fünfziger Jahre noch immer Rares und Unerhörtes von Schönberg über Berg und Webern bis Krenek und Nono und leider auch K. H. Stockhausen; mein Gott, wir kommen halt alle dumm auf die Welt.

Die zur Platitüde heruntergekommene Erfahrungsweisheit aber, daß wir als Büchermenschen verdammt seien, nicht nur wie Faust von den alten Papieren des Hausvätervorrats uns zu ernähren, sondern außer Lektüre, worüber Platen jammert, schon gar nichts zu erleben: Möglicherweise war bei mir die Fatalität früh durch Harthirnigkeit einigermaßen gemildert. Fußball, Tischfußball, vorher schon extrem dynamisches Herumrennen, Räuber und Gendarm, später auch etwas Schach und Gesangsidolatrie verhinderten eventuell ein frühes Versacken im Wort- und Sinnsalat. F. K. Waechters schöne Zeichnung, auf der eine starkgebaute Mutter im Trainingsanzug ihren schwächlichschmächtigen und bebrillten Sohn ermahnen muß, doch mal lieber von den Büchern zu lassen und mit der startklaren Mutter nach draußen zu gehen, Fußball zu spielen: Dies Problem blieb meiner zartgebauten Mutter immerhin zwei Jahrzehnte lang erspart.

Dann begann auch ich zu lesen.

Vorher war es m. E. so, daß mich irgendeine unbekannte Kraft förmlich aus dem Haus allzeit in die Welt hinausscheuchte und hinausschleuderte. Ein Herumtreiberl halt war ich.

*

Brecht (in den Keuner-Geschichten) hatte ganz recht: Die Schule sei, um fürs weitere Leben weidlich zu wappnen, vornehmlich dazu da, den Unmenschen rechtzeitig kennenzulernen. Ich lernte am Pennal nur einen einzigen rechten Unmenschen kennen und z. T. fürchten, den schon gestreiften und beklagenswerten geborenen Sadisten, den Mathematiker, der in der Klapsmühle mit einem gewissen Recht sein Lebensziel fand.

Ansonsten: keine Unmenschen, sondern vielfach vom Leben und/oder ihrer Generationsschicksalhaftigkeit Geschlagene oder zumindest Gezeichnete; z. T. bedauerliche, z. T. drollige, sympathiekitzelnde Personen und z. T. Persönlichkeiten – allen voran ein damals wohl erst 45jähriger, aber adornoähnlich fast haarloser Gesell namens Dr. Richard Röder aus der Würzburger Gegend, mit dem es eine durchaus eigene Bewandtnis hatte. Er war ein gelernter Chemiker, der in den damaligen Notzeiten auch Erdkunde und Biologie zu unterrichten gezwungen war, wovon er sogar noch weniger verstand als die besseren seiner weitgehend hammelhaften Schüler; woraus aber nun gerade unfehlbar der reinste Segen erwuchs:

Aus der Notigkeit des Nichtwissens eröffnete sich dem Dr. Röder nämlich die Tugend in Gestalt einer (wie ich mir erst später zusammenreimte und auf den Begriff brachte) kalliphonischen, ja onomatopoetischen Unterrichtsmethode und -modalität derart, daß der vollkommen ahnungslose und dazu wohl noch von manchen Wehleiden geplagte Lehrer so hemmungs- wie schamlos sich exklusiv auf schöne, besonders schöne Orts-, Fluß-, Länder- und Bergnamen kaprizierte und in seinem zu bewältigenden Unterrichtsstoff darauf beschränkte, meist wohlstklingende Vielsilber wie Guadalquivir, Tananarive (noch nicht: Antananarivo – diese neuere Version hätte Röder sofort begeistert aufgeschnappt), Saskatchewan, Puerto Rico, Cincinnati, Vancouver, Iquique, Yucatán, Daressalam; sodann alle Länder/Staaten Mittelamerikas, die ich in der Folge heute allesamt gleichfalls noch auswendig und klangschön daherrasseln kann, also: Mexiko, Guatemala, Costa Rica, Honduras, El Salvador, Nicaragua und Panama; dann die »Anden oder auch Kordilleren«(Röder)-Riesen, Aconcagua, Chimborazo und Illimani (oder doch Illiminani? Hätte ihm noch besser gefallen) – und endlich Röders und in der Folge auch mein Glanzstück, Dr. Röders Lieblingsberge, die mexikanischen Vulkane Popocatépetl, Citlaltépetl und Iztaccíhuatl – und wer jetzt meine Novelle »Maria Schnee« (1988), Erstausgabe S. 153, aufschlägt, der wird das späte Echo von Dr. Röders Unterricht dort sofort glanzvoll widerhallen hören.

*

Die anteilnehmende Leidenschaft für das eigenwillige Sein und Wesen Dr. Röder führte später aber noch über dessen leidenschaftliche Anteilnahme an Djibouti, Winnipeg und Thiruvananthapuram (die Stadt hieß damals aber m. W. noch einfacher, weniger röderaffin) weit hinaus:

Etwa zu der weiterverfolgenden, ihn, Röder, dabei zu beobachten, wie er durchaus einfallsreich bei der ferneren Meisterung seines Schul- und allgemeinen lastenden Lebens vorging; der Plage endlos ihn heimsuchender wechselnder Schülerrabauken im paradoxalen Verein mit seiner häufigen und wohl unbändigen Lust, sich vor den Augen der restlichen Schüler mit ihnen buchstäblich und spektakulär zu raufen, mit ca. 14jährigen am Boden, auf dem holzigen Fußboden und unter den Bänken wohlig sich zu wälzeln.

Subtiler Dr. Röders Bewältigungstechnik und die sich daran anknüpfenden Beobachtungen meines diesbetrefflich höchstbegabten Schulkameraden Hermann Sittner und meist in der Folge sodann auch von mir. Nämlich des Lehrers Technik und Intention zu studieren und endlich zu durchschauen: warum er sich wohl im Chemieunterricht immer öfter und gezielter in die letzte und etwas erhöhte Bank plazierte. Um nämlich von dort, unvermindert und offenbar etwas absent über Aminosäuren und PH-Werte weiter quengelnd, so verschlagen wie schlagend ungescheut aus dem Fenster zu schauen, um so gegenüberwohnende und aus der Haustüre eilende Frauen zu sehen und seinerseits zu studieren; ohne zu erahnen, daß er wiederum dabei unsererseits bewacht und studiert wurde. Von Thomas Bernhard gibt es einen sonst reichlich mißratenen Roman, »Korrektur« heißt er wohl, in dem dies wechselseitige Studieren und Belauern einprägsam thematisiert sich findet.

Dr. Röders später sogar nochmals verfeinerte Technik und Lebensbewältigung entging uns gleichfalls nicht. Er setzte sich jetzt immer in die letzte Schulbank, um ungestört und unverweilt seine Taschenuhr vor sich hinlegen zu können, derart bei allmählich abnehmender Unterrichtszeit das leider verhängnisvoll gemächliche Kreisen des Sekundenzeigers genauestens zu verfolgen.

Albert Speer, der im Gefängnis ähnliche und noch größere Probleme zu bewältigen hatte, war diese Möglichkeit nicht gegeben. Ihm hatte man die Uhr wohl abgenommen, er mußte, seinen bzw. meinen Erinnerungen nach zu schließen, sich raffiniertere Techniken ausdenken, nämlich Wanderungen durch Europa und sogar Asien.

Dr. Röder indessen war gewiß kein guter Schul-, aber ein äußerst wertvoller Lebenslehrer. Denn das Thema Lebensbewältigung wurde auch für uns damals allmählich sichtbar, ja virulent. Und es wird wohl, seitwärts dessen, auch wahr sein, was man 1980 ff. aus berufenem Munde hörte und noch hört: Daß es heute nichts den Dr. Röders Vergleichbares an Schulen mehr gibt. Schade.

*

Den von meiner Seite aber auch nicht sehr begehrten Führerschein kriegte man damals erst mit 21, volljährig und wahlberechtigt war man ab 1975 mit 18, aber schon auf den Tag genau zum 16. Geburtstag, dem 14. September 1957, war ich mit der »Siegfried«-Premiere anläßlich der Nürnberger Spielzeiteröffnung Wagnerianer, ja Voll-Wagnerianer.

Zwei Monate vorher hatte ich, gleichfalls im Nürnberger Opernhaus und mit dem gleichen hochachtbaren Wagner-

Ensemble, erstmals die »Walküre« gesehen und vor allem gehört, ohne viel Verstand noch, allein bewegt, seltsam hochgestimmt schon durch das gänzlich Unerhörte des orchestralen Vorspielbeginns mit Sturm und Blitz und Wetter und dann mit den schon mehr vertraut eingängigen Liebesduettorgien. Jetzt, mit exakt sechzehn, stellte ich sicher bereits einen der fünfzig Kundigsten im Tausend-Zuhörer-Rund. Vor allem, was das gänzlich Unverhoffte und nur entfernt Scherzohafte des »Siegfried«-Orchesterpräludums angeht, mit seiner sehr singulären (und, wie ich heute zu wissen glaube, von Wagner aus schierem Übermut zusammengehauenen) Verschränkung der verschiedensten sog. Leitmotive. Ich hatte sie allesamt den Sommer über gelernt, sozusagen auswendig gelernt, am Klavier notdürftig nachgespielt: aus meines Vaters ererbtem Libretto-Buch mit schwarzen Pappeinband, gedruckt in Fraktur und einer Art Runenschrift auf dem Titel; ich nehme an, eine Spezialausgabe für ehemalige oder aktive Wehrmachtsangehörige, diese vielleicht vom »Führer« aufgedrängt oder (das wär' schön!) selber überreicht; der war immerhin der einzige und sogar z. T. verblüffend Wagnerwissende unter den schwerst ignoranten und kulturbolschewistischen Nazideppen.

Text und jeweiliges Leitmotiv-Erstauftreten samt Wiederkehr waren dort, im alten Buch, vorbildlich übersichtlich und kundig parallel gedruckt vorzufinden – kaum also mehr ein großes Kunststück für mich, der sich seit knapp einem Jahr mit dem Klavier abmühte, rasch zum Connaisseur, ja fast schon zum gehobenen Wagnerdeuter zu arrivieren.

Zum Beispiel Deuter jenes »Siegfried«-Vorspiels, beginnend nach einem zarten Paukenwirbel mit dem »Motiv des Sinnens«, einer Zweitöne-Septime-Figur in fahlen, wie krummen Terzen; darüber habe ich bis heute nichts gelesen, was über meinen Nürnberger Ersteindruck und meine kleine Einlassung von 1990 (»Musikplaudertasche«, S. 184 f.) weit hinausginge. Und was ich eben schon 1957 aus der Wurm-Schmiede-Ring-Schwertmotiv-Folge annähernd genial, nein, nur hochbegabt frühreif heraushörte; für meine nicht unbedingt genuin musikalischen Verhältnisse eben doch fast genial.

Selbstverständlich weiß ich auch heute noch die damalige Nürnberger »Siegfried«-Mannschaft im Schlaf, also Sebastian Feiersinger als Siegfried, Robert Licha als Mime, Leonardo Wolovsky der Wanderer, Hildegard Jonas Brünnhilde, Elisabeth Schärtel die Erda, bis zum Waldvogel der Lotte Schädle. Schwerer zu beschreiben oder doch andeutend aufs Wort zu bringen wäre bei Bedarf die halb aufgeregte, halb schon ein bißchen routinehaft zulauschende Stimmung in Herz und Hirn des Jung-Wagnerianers; manchmal möchte man halt doch schon Nabokov sein, Erinnerung, Bewahrung, Vergegenwärtigung mit der Sache trickreich sich annähernden Vokabeln adäquat auf den Punkt, in einen zumindest suggestiven, wenn schon nicht wahrheitlichen Text zu bringen.

Das – im zweiten Anlauf – Erstlingserlebnis Wagner speiste seine Eindringlichkeit, ja Unvergeßlichkeit bestimmt aus mehreren Quellen: der Neuheit des Orchesterklangrausches, aber vielleicht mehr noch aus der diesbezüglichen Unverbrauchtheit der heute wohl etwas abgenutzten Ohren. Anders als in der spektakuläreren, pompöseren, z. T. auch langweiligeren und insgesamt überschätzten »Walküre« ward beim zweiten bzw. dritten »Ring«-Abend witterungsweise erspürbar ein Geist skurriler Heiterkeit, überwölbenden werkimmanenten und -übergreifenden Unsinns, der Szene (zwei Rabauken lärmen fast eineinhalb Stunden lang im Märchenwald herum) wie der teils zartsubtilen, teils wiederum rücksichtslos krachmacherischen Musik; des vollen Tutti-Orchesters und darüber gelagert in zunehmendem Fortissimo der beiden heiteren Gesellen und nichtswürdigen Tenöre, die da um das Schmiedefeuer herum um die Wette randalieren. Als »eine Art begeisterte Wildheit«, so Goethe in Dichtung und Wahrheit über den Sturm und Drang – bei Wagner nebenher ernsthaft fusionierend Kindskopfpsychologie und Krach als spätromantische l'art pour l'art! Freilich, solche Infantilkomik, keineswegs koinzidierend mit dem damaligen Wagnerbild und -hörkanon, gefiel mir sehr und schon vom Start weg prima.

Damals, nicht zu vergessen, war Richard Wagner als angeblicher oder wirklicher Antisemit noch kein Tabu oder doch Semi-Tabu. Aber selbst unter jugendlichen Klassikhörern und E-Musik-Anhängern – ohnehin eine Minderheit – nicht gerade stark im Schwange. Geschweige denn wie heute via Filmmusik-Adaption querbeet und allerorten gewissermaßen ein unhinterfragt stabiler Fun-Faktor. Ich selber war nach einer vorne schon gewürdigten Schlagermusik-Phase und einer folgenden relativ flinken Wanderung und Wandlung zum Verdi- und Mozart-Hörer, auch als ab 1955 zäher Plattenkäufer vor allem der 17cm-Extended Play-Formate, unverhältnismäßig geschwind, ja eiligst bei Wagner angekommen und blieb dem Werk und der gar nicht so durchgehend unsympathischen und abschreckenden Person mit mancherlei Pausen und anschließenden nochmaligen Steigerungen konstant treu angehörig. Seinerzeit hatten Annäherung und Treue freilich auch noch nicht das Dilemma, ja Elend der Regie, zumal des »Regietheaters«, zu bewältigen – die Bayreuther regieli-

chen Halbseidenheiten von Wieland Wagner waren weltweit
wohl wesentlich schon das waidwund Äußerste an Zumu-
tung; der gut zehn Jahre spätere Chéreau und die nichtswürdigen Läppischkeiten von Kupfer bis, massiert, Schlingensief, Marthaler, Katharina Wagner und gar Neuenfels – sie
waren noch längst nicht geboren und unweigerlich fest ge-
bucht, noch nicht einmal zu ahnen. Darüber später im Buch
mehr – wenn ich heute meine damaligen Nürnberg-Mün-
chen-Bayreuther Eindrücke auf der Grundlage eines inzwischen maßvoll gewachsenen Wissens zusammenraffe, dann
ging seinerzeit die bei Wagner ja nicht ganz auszuschlie-
ßende und zu geißelnde, gleichsam dem Werk immanente
»Moderne« kaum je über Wielands Bayreuther Fliederbusch-
Abstraktionen in den »Meistersingern« und über seine
»Ring«-Weltscheiben hinaus – und seine sogenannten Lichtdome waren ja, bewußt oder unfreiwillig, kaum mehr denn
Erinnerung, das Spätecho von Hitler-Speers Lichtzauber
anläßlich der Nürnberger Parteitagsaufzüge.

Ja freilich, manchmal sollte man Nabokov sein und seine
spezifische Sprachartikulationsmagie entleihen dürfen, den
ganz besonderen Erinnerungsreiz, die vielbesagte »Aura«
dieses frühen Nürnberger oder auch Bayreuther Wagner dar-
zutun; über die jeweils keineswegs durchschnittlichen, partiell sogar superieuren Qualitäten des Nürnberger »Siegfried«
von 1957 und des Bayreuther »Tristan« von 1959 hinaus. Es
hängt wohl mit der frühen Unschuld der Ohren wie der rela-
tiven ideologischen Unschuld des Nachkriegsmusikbetriebs
zusammen – ja, doch, ein Betrieb war er freilich bereits, auch
schon das, was später meist geläufig Kulturindustrie hieß, ein
Betrieb, selbstverständlich, und das in enormen Ausmaßen
und da und dort schon lügenhaftester afterkunstmäßiger

Gestalt, in welcher aber auch der Duft, der gesamtkunst-
werklich aromatische Klang der Unschuld – – nun, ich denke,
ich komme auch auf diesen prekären und offenbar synästhe-
sienzeugenden Gegenstand bei guter Gelegenheit in möglichst bestförmlicher Weise noch einmal zurück.

*

Billy Wilders »Some Like it Hot« von 1958/59 habe ich wohl
insgesamt achtundsiebzigmal gesehen, auf deutsch, englisch
und sogar französisch, nämlich siebenmal in Paris im Kino.
Es ist dieser mein Lieblingsfilm; einer von nur dreien oder
fünfen von mir wirklich geschätzten, neben sagen wir »Bei
Anruf Mord« und »Der unsichtbare Dritte«; in vielfacher
Weise der vielleicht beste aller je gedrehten in annähernd
jedem Betracht; obwohl er deshalb natürlich nie einen Oscar
abbekommen hat; der etwa gleichzeitig aufgebotene »Ben
Hur« und die etwas spätere »Fair Lady« haben in aller Kon-
formität dagegen nach meiner Erinnerung jeweils gut und
gerne sechs.

In Tat und Wahrheit hätte natürlich der Regisseur und
Drehbuchautor ebenso einen verdient wie das groß aufspie-
lende Musiker-Duo Curtis und Lemmon, und auch Marilyn
Monroe; aber noch hochverdienter recht eigentlich und darüber hinaus George Raft in der Haupt-Nebenrolle des
»Spats«-Gamaschen-Colombo inmitten seiner Combo von
vier unermeßlichen Gaunervisagen innerhalb der chicago-
beheimateten »Freunde der italienischen Oper«; laut Spats:
»These are my lawyers – all Harvard men!«

Wilder und Raft haben mit ihrem gloriosen Werk aber
nicht allein Filmgeschichte gezeugt, sondern womöglich

auch noch eine der wichtigsten Weichen in meinem 1959 langsam sich formierenden Leben gestellt: Ohne Spats-Colombo Raft hätte ich im Verein mit dem schon vorgestellten Kumpel und Mitschüler Hermann Sittner das letzte Schuljahr bis hin zum mehr oder weniger mühvoll genöteten Abitur wohl nicht überdauert. Colombo-Rafts dreimaliges kaustisches »Wie witzig!« (»Big joke!«, »très spirituel!«) zu Beginn und zum bitterlichen Finale dieses Mannes und fast schon des Films, bei der Erstvernehmung durch den Polizeichef Mulligan, bei der Wiederbegegnung mit ihm in Florida und nach seiner Hinrichtung durch den Kleinen Bonaparte – dies »Big joke!« des schlank-soignierten und sehr elegant gewandeten Gangsters wurde ebenso Leitmelodie wie Leitplanke für mich eigentlich ja dem Reifezeugnis Entgegenstrebenden – bzw. für uns beide, die sich da fortan in Schule und Freizeit über weite Strecken in Raft-Manier verständigten, im glashart-gestochenen Unanfechtbarkeitssound samt schwer edelgaunerischer, wie gedrechselter Miene von Boss Raft: »Ich denke, Boss, wir werden heute der Anstalt« – dem Gymnasium – »und ihrem lächerlichen Lehrkörper eine empfindliche Abreibung verpassen – okay, Boss?«

Eine hochpittoreske Chicagoer Gangstercrew der Prohibitionsjahre um 1929 als Leit- und Überlebensvorbild; die Makellosigkeit von Rafts wuchtig intransigenter Verbrecherexistenz, versinnlicht in den allzeit blütenweißen (»immaculate«, so das Drehbuch) Gamaschen im Verbund mit der inindulgenten Erledigung unliebsamer Gefahren (Zahnstocher-Charly u. a.): In einem mählich fülliger werdenden Dasein aus Lehrern, Politikern, Troubadours, Kulturträgern usw. verblieb, wenn ich das heute richtig deute, der Gangster in der allerdings einzigartigen Edition Raft sozusagen als ultima ratio, als die aktiv oder zumindest passiv bewundert erträglichste, zurechnungsfähigste Existenzform, Existenzvision, schon gar für uns Provinzhanseln, die aber diese doofe Provinz längst als Lebensschrumpfung zu begreifen in der Lage waren. Und zumal Rafts Mannschaft als »Rigoletto«-Gruppe innerhalb des Florida-Kongresses der Freunde der italienischen Oper die Gesamtidee Kultur sicherlich besser und überzeugender vertritt als, was ich aber da natürlich noch nicht wußte, der damalige Chef der Met, der sehr dümmliche Rudolf Bing.

Noch das hervorragend disziplinierte und cool und con eleganza sordinierte »Bestanden!«, mit dem leider nicht ich, sondern mein Co-Boss Hermann seine nach der mündlichen Nachprüfung hauchdünn erwirkte Reife mir vor der Türe Harrendem bestätigte, war von der Handschrift des Raftschen »Big Joke!«. Und ewigkeitsweit entfernt von heute üblichen und gottverdammten Erfolgsexpressionen wie Arme-Hochreißen, In-die-Knie-Gehen und »Jaaaah!«-Heulen.

So oder ähnlich soll Kino letztinstanzlich wirken, soll es sich in die Köpfe pflanzen auf Lebenszeit.

So oder ähnlich muß es sich schon damals in unseren nun zügig noch viel mächtiger werdenden Köpfen zugetragen haben.

*

Überall, wo man in Deutschland hinkomme, teilte Erich Kuby um 1958 im Taschenbuch mit politischen Reiseberichten mit, überall stoße man jetzt und zumal ab circa 1. Februar auf Bachs Matthäuspassion. Ab und zu auch auf die offensichtlich nicht ganz so hochstehende Bachsche Johannespassion. Aber dann wieder Matthäuspassion. Und noch einmal: Matthäuspassion.

Die Deutschen mußten sich halt mit einiger Verspätung von Hüttler reinwaschen, reinbürsten, klar. Und dazu war der »verinnerlichte Bach« (so hieß er damals besonders häufig) gerade gut, und die Bach-Passion aus naheliegenden Gründen erst recht. Damals schon in Ansbach und noch häufiger in München, wo »die Münchner Bierlümmel« (Nikolaus Lenau im Brief vom 8.10.1841) den Bach allerdings zwischen Eugen Jochum und dem vielleicht noch um einen Hauch vergeistigteren, verinnerlichteren, ja verinnerlichtereren Karl Richter und seinem Bach-Chor aufteilten – akkurat in »München, wo sie immer die Biermisere mit Kunstgebilden übertünchen« (Lenau im Brief vom 14.6.1841) und dann wieder umgekehrt.

Adorno erntete damals mit seiner eigentlich mehr behutsamen Kritik an Bach bzw. der waltenden protestantisch-pietistischen und gesamtheitlich nachkriegsdeutschen Bach-Ideologie erheblichen Kulturvolkszorn, ja Jähzorn. Noch heute kann ich's mir nicht genau erklären. Ob sie wirklich an ihren Zorn glauben? Oder an Bach? Und ob sie, die Bach-Menschen, wohl wirklich die etwas, die ungleich edlere Rasse sind?

*

Prima la musica, poi le parole. Der sattsam bekannten Formel, von Mozart bis Richard Strauss durchgewalkt, durfte ich von ca. 1959 bis 1961 einen differenzierenden Konter entgegensetzen: Die Musik gab es im folgenden Kasus ausnahmsweise eigentlich fast gar nicht; aber es wurde von mir über sie geschrieben. Und das sogar mit schwerst, geradezu verantwortungslos auftrumpfenden Worten. Worte in der Manier der damals führenden Musikschriftstellerei und -feuilletonistik, von Walter Panofsky und Joachim Kaiser bis vielleicht ein bißchen auch schon Adorno.

»Nur das Wirkliche ist vernünftig« (Hegel)? Manchmal das Unwirkliche zumindest zünftiger.

»Musikzirkel«: Es gab ihn eigentlich gar nicht, aber gut zwei Jahre lang trieb er seine Umtriebe in der Lokalzeitung, in meist kleinen, einspaltigen Artikeln, die das im 14tägigen Turnus sich vollziehende trübe Wirken des mysteriösen Kleinstadtvereins einer daran naturgemäß kaum interessierten Leserschaft vermittelten. Gegründet wurde der »Musikzirkel« a) in der Intention eines Seitenzweigs des tatsächlich bestehenden und tätig gewordenen »Literaturzirkels«, dieser unterm Dachverband eines lokal rumorenden »modern ring« (selbstverständlich kleingeschrieben) – und b) in der trüben Absicht, eine cellospielende Blondine dorthin zu locken und über diesen seltsamen Umweg der Heimatzeitung zu mir zu manövrieren, wenn schon nicht in die damals harmvoll gewaltig nervenden Münchener musica-viva-Konzerte.

Die Cellistin rührte sich nicht, ungerührt davon aber trotzdem der nun mal bestehende »Musikzirkel«. Mit selten schlecht geschriebenen oder schlecht redigierten bzw. gekürzten Artikelchen über die schon gemeinplätzigen Klassiker von Strawinsky und Schönberg bis Berg und Webern – später sogar von Nono und, ich wurde immer frecher, Dallapiccola bis zu Stockhausens elektronischen Elaboraten – und einmal sogar über das Schaffen eines vorerst noch regionalen Paradekünstlers namens »T. Mir«, der Musik mit Kanalröhrensystemen plus Elektronik erzeugte. Bald wurden die Lügen noch kühner und abseitiger. »Wir«, i. e. ich, nahmen Verbindung auf zu einem Klagenfurter Musikzirkel ähnlicher Intention und zu seinem Leiter »Josef Strammsackl«, der bei uns in Amberg ein Gastspiel gab, einen Vortrag erstattete über neueste Entwicklungen der kärntnerischen Avantgardemusik; »wir« ließen uns auch nicht schrecken durch redaktionelle Perversionen derart, daß der Vortrag über die sich abzeichnende bzw. immerhin in Frageform insinuierte Krise dieser modernen Musik mit der Überschrift ausgestattet worden war: »Neue Musik steht vor der Entfaltung« – – zu unserer eigenen Krise, zum Finale und zur Katharsis kam es erst, als ich vom Redaktionsleiter erzählt bekam, zwei Gymnasial-Musiklehrer hätten die Zeitung aufgesucht mit dem Begehr, Genaueres über den sie sehr interessierenden »Musikzirkel« zu erfahren, um ggf. dort einen Besuch abzustatten, ja mitzuwirken – – da wurde es offenbar brenzlig; ich glaube mich zu erinnern, daß ich einfach den Schwanz einzog, das Weite der Studierstadt München suchte und den Musikzirkel wie schicklich lautlos hinter mir begrub.

Ob es zu dergleichen Gaunereien ein Vorbild, eine Parallele hat? In der Literatur? Der Commedia? Bei Wilhelm Busch? Sicher. Gleichviel, ich vermute, daß des läppischen Musikzirkels Treiben in meiner persönlichen Satiriker- und auch Romancierwerdung eine ähnlich symptomatische Rolle spielt wie z. B. Konzertkritiken in der Heimatzeitung über Sinfoniekonzerte, die ich gar nicht besucht hatte. Oder über irgendein Theaterstück von Georg Kaiser, das ich zusammen mit meinem Freund und Inspirator Dieter Meiller vom Nebenzimmer der Theatergastwirtschaft aus mit meiner Zeitungskritik bedachte. Aufgrund lediglich des Programmhefts mit der Personalliste – wobei wir den letzten, der drauf stand:

»Ein Hausmeister: Georg Winter«
als Figur und Schauspieler ins Zentrum unserer Besprechung zu rücken nicht verfehlten. Ihn, den Hausmeister (wir wurden wohl immer übermütiger), habe Kaiser unterschwellig, ja klandestin als »Prototyp seines neuen Menschenbilds im Sinne der expressionistischen Menschheitsdämmerung« vorgestellt usw. usf.

Zum »Musikzirkel« zurück: Hic et nunc an meiner späten Schreibmaschine gebe ich der halbwegs beschämten Vermutung Raum, daß mich schwerlich die damals noch vielbegackerte Schönbergsche Zwölftontechnik ans reflektierende Werk trieb; kaum auch die initiationsgebende Cellistin; sondern, und jetzt gehe ich wirklich mit mir und meinem zurückliegenden Leben zu Rate, ja ins Gericht: die sichere Honorarerwartung von 4,32 DM oder auch nur zur Not 2,08 DM für einen dann maßlos zusammengestutzten Einspalter.

Ist es nicht grauenhaft? Auf welchen dünnen Beinchen unsere in meinem Fall sogar nachmals so mächtig einherschreitende Kultur ihre ersten Gehversuche tut? Und schon korrumpiert von 2,08 DM.

*

Die Erfahrung der grundsätzlichen und tendenziell unteilbaren Verwandtschaft von Kultur und Kulturgaunerei, speziell von Kultur und Journalismus als einer ganz besonders sinistren Ausprägung des Karl Kraussschen Pärchens »Literatur und Lüge«: Sie wurde mir zuteil etwa gleichzeitig und auch inhaltlich synchron mit der Musikzirkel-Schimäre.

Auch sie hatte sich halb von selbst ergeben, halb wurde sie von mir lüstern Hingezogenem aktiv betrieben.

Daß zuweilen Liederabende besprochen werden ohne Ansehung von Programmänderungen, nämlich von zuhause aus; also auch mit besonderer Würdigung von Gesängen, die gar nicht stattgefunden: diese werweiß bis heute und evtl. bis hin zu Joachim Kaiser praktizierte Frechheit mal Leichtgläubigkeit, nebst dem in Impertinenz verfestigten Ahnungswissen, daß eh niemand aufpaßt und ordentlich die Zeitung liest – diese Manier pflegte oder pflog ein paarmal auch ich, kaum vermochte ich die Schreibmaschinentasten halbwegs ordentlich zu treffen, als Jüngstjournalist im Heimatblättchen. Einmal nach meiner Erinnerung eben bei einem programmgeänderten Liederabendauflauf – sodann, noch riskanter, fast heroisch, anläßlich eines russischen Ballettabends, den ich, versehen immerhin mit dem Programmheft und aus ihm verworfen flotte Sprüche beziehend, von daheim aus kraftvoll hochlobte und mit Wissen wie »Pas de deux« und »Pirouette fragile« (!) und »avantgardistische Choreographie« so lang um mich warf, bis eben zwei Schreibmaschinenseiten voll waren. Und ich dann wieder zum gemütlichen häuslichen Beisammensein mit Albert Camus oder auch Agatha Christie zurückkehren konnte.

Noch heller strahlten, ausgelassener funkelten meine Raketen anläßlich des schon gewürdigten Theatergastspiels eines vergessenen und auch vergessenswerten Dramas von Georg Kaiser (»Gas« war es nicht); das ich deshalb lieber – so was verstand man damals als »Provokation«, und es war auch eine, wenn auch noch kaum eine des später sog. bürgerlichen Kulturbetriebs – von der Gastwirtschaft aus rezensiert habe. Und zwar, wie mitgeteilt, nach Programmzettel von hinten

her. Und als wir, mein Berater-Freund Meiller und ich, plötzlich beim kulturkritisch kichernden Schreibseln einen Kra-
cher aus Richtung Bühne hörten, stand auch schon die Überschrift der Besprechung: »Pyrotechnische Glanzlichter im
Stadttheater«.

Unbeanstandet ging es bei der Redaktion und dann auch
beim Publikum durch und in Ordnung. Mir, dem Autor,
schwante wohl damals schon und erstmals die ganze Wahrheit des leitprogrammatischen Max-Frisch-Worts: »Eigentlich geht überhaupt alles in Ordnung«; so vermuten seine
etwa zu dieser Zeit erschienenen Tagebücher; und ich hielt
das Wort als Motto meines zweiten Trilogieromans in Acht
und Ehren.

*

Dagegen gehörte ich dem berühmten 1. Authentic-Jazz-
Circle Amberg (ajca) von ca. 1957 ff. als Klassikvertreter nur
lose assoziiert als häufiger Gast an. Aber schon anläßlich des
ersten Besuchsabends im »Pigalle« vernahm ich aus dem
durchsetzungsstarken Mund des Gründers und sog. eis-
grauen Jazz-Opas Franz Hellebrand die Weisung als Rund-
ruf und Leitwort:

»Halt's enga Fotzn, êitz kommt a Bluhs!«

Merke: Enga = eure; Fotzn = Maul; êitz = jetzt; Bluhs =
Blues.

*

Sowohl das wesentlich fiktionale Treiben des Musikzirkels
als auch jene Form mehr avantgardistischer Theater- und

Konzertkritik: Es handelte sich da, wie gesagt, um nicht unerhebliche Etappen auf meinem Weg zum nachmaligen Satiriker und Humoristen. Gut zehn Jahre später, in Frankfurt 1969 f., kam noch eine gewisse Lügen- bzw. Gerüchtemach- bzw. Intrigentechnik dazu: Insgesamt eine boshaft harmlose Freude an nutzlosem Lug und Trug (Oliver Maria Schmitt in seiner Geschichte der Neuen Frankfurter Schule, 2001, S. 187, geht auch kurz darauf ein) – in einem meiner ehesten Texte unter den bleibenden, den Geschichten »Über die Wibblinger« (1967/68), ist einmal die Rede von »halt spielfreudigen kleinen Wesen, die die Auswirkungen ihrer Arbeit wegen ihres kleinen Geistes nicht so voll überschauen«.

Keine schlechte Charakteristik meines damaligen Tuns und Lassens.

*

Es mochte zwar das im Sommer 1967 mit einer Magisterarbeit über die »Wandlungen des Humanen in der Dichtung Gottfried Kellers« erledigte germanistische Universitätsstudium auch schon manche behutsame Nähe zum bald darauf dominanten Humoristischen, Satirischen, Komischen angedeutet haben, wie es dann ab Sommer 1969 mit meinem Dienstantritt in Frankfurt beim Satirejournal »pardon« sozusagen sanktioniert und für die nächsten Lebensabschnitte beherrschend wurde: eben mit einer sich langsam vordrängelnden Liebe für Dichterprototypen wie (mit Einschränkungen) Keller, Raabe, Fontane. Aber prägender, ragender waren in dieser Münchner Universitätszeit 1960 ff. eigentlich noch Hölderlin, Brentano, auch Goethe.

Ja, es dankte sich wohl in einem gewissen, gar nicht unbeträchtlichen Maße auch dem Zufall, daß aus kleinen, wenn auch beachtlichen Anfängen wie den »Schwedengeschichten« (1967) und eben den »Wibblingern« der alsbald schon großmächtig humoristisch auftrumpfende Romantrilogie-Autor wurde – anders als bei den entelechisch komischen Lyrikern Gernhardt und Bernstein war das aber lange Zeit kaum zu erahnen und offensichtlich von Gott nicht partout vorgezeichnet gewesen.

Und es wurde dann ja auch noch nach 1978 nicht immer erkannt und korrekt wahrgenommen. Noch zehn, zwanzig Jahre später galt der Trilogie-Romancier manchen als bestenfalls Satiriker, auch noch als Bierhumorproduzent, als »Klamaukautor«. Aber das alles ist ein noch weiteres Themenfeld.

*

Über die alte Hegel-Regel befindet Thomas Kapielski: »Alle großen Weltgeschehnisse ereignen sich nun nicht mehr zwei-, sondern viermal wenigstens: als Tragödie, dann als Farce und ein drittes Mal als Fernsehfilm mit viertens immer den gleichen Knallchargen, was uns wie eine tragische Farce vorkommen will, die dann noch mehrmals im Regionalfernsehen wiederholt wird.«

Eine kulturelle Sprungdialektik hat Kapielski dabei übersehen: Die vom Original zum Remake. Das ist aber nicht die von Tragödie bzw. Hochkunst zu Farce. Sondern von Farce zu Farce. Siehe »Außer Atem« I und, mit halt jetzt anderen Knallchargen, »Außer Atem« II. Schon bei der Filmpremiere 1959 meinte ich meinen zu sollen, daß, trotz einer gewissen Aufheiterung durch den über zwei Stunden hinweg dauerhaft tapfer brennende Gauloises im Mundwinkel führenden Belmondo, der Quatsch ein durch keinerlei Remake noch quatschiger zu machender war. Sein würde? Ist.

*

Der Klassensprecher hieß zu Vorabitur-Zeiten Roland Adler, er verließ die Schule aber vorzeitig, wurde Architekt und SPD-Stadtrat, war ehedem schon und noch auf dieser Marschroute Hallenbad-Promoter und Faschingsprinz – und auch bereits zu seinen Schulzeiten in mancherlei Fun-Festivitäten als Sprecher im Einsatz. Das führte dazu, daß ich ihm erstmals nach dem Tanzkurs-Abschlußball in meiner Berichterstattung für die Heimatzeitung die etwas ironisch-salbungsvolle Schlußzeile einräumte:

»Die Gesamtleitung des Abends lag in den bewährten Händen von Roland Adler.«

Das wiederholte sich wortwörtlich und ohne weiteren Grund bei einem anderen Ball: »Die Gesamtleitung des Abends lag in den bewährten Händen von Roland Adler« – da hatten mein Kombattant Dieter Meiller und ich Blut gerochen, wir machten das gleich noch einmal – und schreckten dann, ohne daß es jemand aufgefallen wäre, ohne daß sich wer gar gegen diese unseriöse Art Journalismus aufgebäumt hätte, gleichfalls unbeanstandet auch vor dem Äußersten nicht länger zurück; nämlich anläßlich eines Tournee-Gastspiels von Oskar Werner als Hamlet:

»Die Gesamtleitung des Abends lag in den bewährten Händen von Roland Adler.«

*

›85‹

Bei meinem ersten Agatha Christie, dem genialen »Nikotin«-Roman, gelesen kurz vorm Abitur 1960, kam ich nicht im mindesten auf die Lösung, durchschaute ich die brillante Konstruktion erst einmal überhaupt nicht. Beim zweitenmal, »Dreizehn bei Tisch« (Lord Edgeware Dies), ging es schon besser, etwas gewitzter erahnte ich schon einige beliebte Christie-Tricks, z. B. den problemlösenden Zusammenhang »Páris« – »París«. Bei den folgenden Romanen verfehlte ich manchmal die Lösung – oder ich kam drauf, erwitterte zumindest die logisch-optisch täuschende Anlage des Ganzen.

Aber im Mai 2006 war es dann so weit, und dies glanzvoll: Beim Roman »Der Tod auf dem Nil« schwante mir nach dem verblüffend quasi-fehlerhaften Doppelbeginn bereits so dies und jenes und daß das alles nicht so ganz stimmen könne. Auf S. 139 (Deutsche Ausgabe 2005) aber war mir dann endlich der Gipfelhöhepunkt meiner Krimileserkarriere vergönnt, ja ein Höhepunkt vielleicht meines Lebens. Ich stolperte nachdenklich über einen der typisch harmlosen, in Wahrheit die Lösung enthaltenden Agatha-Christie-Sätze, gesprochen von dem gerade zur Vernehmung auf dem Nildampfer anstehenden Dienstmädchen Louise:

»Ich kann doch unmöglich irgendwas gehört haben. Natürlich, wenn ich die Treppe hochgegangen wäre, *dann* hätte ich den Mörder vielleicht gesehen, dieses Ungeheuer« –

– sagt sie, im Beisein dieses überaus wach zuhörenden, hier aber noch unerkannten Mörders – sowie von Poirot, dem aber an dem Satz noch nichts auffällt, mir jedoch in Poirot-Art sehr wohl! Poirot erinnert sich erst knapp fünfzig Seiten später dieses merkwürdigen und verräterischen Satzes, der inzwischen Louise aus gleicher Mörderhand das Leben gekostet hat – Poirot schlägt sich vors Hirn, anders als der durchschnittliche und noch immer ahnungslose Christie-Hudelleser. Weit vor Poirot, und dem Leser sowieso, um es zu wiederholen: war mir's vergönnt gewesen, ein Doppeltriumph für mich, eine späte Genugtuung für all die bit – –

Ja, für was eigentlich? Daß ich selber nie einen Krimi geschrieben habe, trotz heftigen Zurats? 1977, an der französischen Riviera, war es immerhin so weit, daß ich, geleitet durch real sich zutragende urlaubsalltägliche Nervzertrümmerungen, beinahe angefangen hätte. Allein, vier Jahre später war es dann noch weiter: Es erschien, angezeigt in Heyne-Verlagskatalogen und dann noch jahrelang in Bibliographien u. ä., ein Roman von mir und Bernd Eilert, ein Krimi des Titels »Die Wurzel des Übels« – der allerdings den Vorzug hatte, daß er halt nie geschrieben worden war, nicht eine einzige Zeile! Sondern ausschließlich – nicht unverwandt dem Ex-»Musikzirkel« – ein irgendeiner Verlagsverworrenheit sich schuldendes Gerücht war.

So geht's doch auch.

*

»Würckliche Liebe darf ein Poet nicht empfinden« (Goethe, 1766 an Cornelia).

Doch.

*

August 1960. Von meiner ersten Paris-Reise – es waren dann insgesamt wohl nur vier – habe ich inzwischen fast alles vergessen, nur eins noch präzis im Gedächtnis, gesehen schon am zweiten Tag meines Aufenthalts an einem zentralen Zei-

tungskiosk: Der Titel bzw. die Schlagzeile einer Boulevard-
zeitung, gedruckt in ca. 4,5 Zentimeter hohen Lettern:
»François Mauriac: O Sartre, pourquoi êtes-vous si triste?«
Mauriac war ein damals hochgeschätzter sogenannter katholischer Existentialist – der mehr gottlose Existentialist
(später erst Sozialist und Marxist) Sartre hackte damals vermutlich alles andere als trist auf irgendeiner der ihm im schon
unverständlichen Übermaß ergebenen Kulturschnallen
herum. Zu jener Zeit wurde in Deutschland gelegentlich
gleichwie neidvoll beklagt, daß in Frankreich die Hochkultur
keineswegs wie bei uns auf S. 2 oder 7 »unterm Strich« statt-
finde; sondern im Leitartikel und Aufmacher auf S. 1. Oder
eben gar schon im Boulevardblatt. Und doch will mir von
heute aus die etwas spätere (1963) »Bild«-Headline zur wundersamen Errettung bei der Bergschachtkatastrophe von
Lengede – »Gott hat mitgebohrt!« – vergleichsweise intelli-
genter, weniger trist und sogar noch über Mauriac hinaus
ziemlich katholisch vorkommen.

*

Albert Camus dagegen war mir von ca. 1959 bis 1962, also
über seinen Unfalltod am 4. Januar 1960 hinaus, eine Art
Kopf- oder auch Gefühlshausheiliger und verschwand dann
mehr oder weniger, so geht's zu auf der Welt, restlos aus diesem meinem Kopf und auch Gemüt.
    Manche Autoren und Romane immerhin halten sich seit
gutding fünfzig Jahren erstaunlich konstant in der Wertschätzung und Zuneigung, darunter einige, mit deren Bestand der
langsam literaturkundige und -süchtige Jüngling niemals ge-
rechnet hätte. So von Theodor Fontane vornehmlich »Irrun-

gen, Wirrungen« – eine Lesegegenprobe mit 69 Jahren bestätigt es, obschon die dort waltende Poesie und Poetik aus Plapperei und Plattheiten heute nicht mal mehr unbedingt meine Überzeugung und Sache sind. Romanliche Bekundungen wie »Die trivialsten Sätze sind immer die wahrsten« kommen mir doch etwas fontane-lehrbuchhaft-akademisch vor und ggf. geeignet, sogar vom ungeziemlich penetranten Fontanejahr-Feierer Roman Herzog verstanden zu werden. Ist es also vielleicht doch mehr die zwischen allen Zonen von Ernst, Ausgelassenheit, Klugheit, Unvernunft und Innigkeit schwebende sehr wunderbare Heldin Lene Nimptsch? Die nur einen Fehler als Unstern hat – am Ende des Buchs wird er sogar leis ironisch thematisiert –: daß ihr geliebter Baron zu allem noch »Botho« heißt.

Lene hat »etwas beinahe Herbes in ihrem Charakter« (11. Kapitel), bei aller »Gefühlsweichheit« (ebd.). Das macht uns Lesern auch nach hundertzwanzig Jahren noch zu schaffen. Wie ihre auch bei uns Zuhörern wehmutpressenden Abschiedsworte (15. Kap.) an – welch schöne Wortwahl! – »meinen Einzigen«.

*

Manche Erinnerungen werden erst einmal mündlich vorgetragen, finden aber, der »Entwirklichung der Erinnerung« (Aleida Assmann) psychokinetisch entgegenzuwirken, ausnahmsweise ein waches Ohr und gehen von diesem aus viel später ihrerseits in eine gedruckte Version ein; hier in Jürgen Roths Buchs »Die Poesie des Biers«; die Sache trug sich zu anläßlich meiner zweiten Paris-Reise im Juli 1961, mit 19; diesmal per Autostop:

Vor vielen Jahren war der Dichter Henscheid mit einem Freund während einer Anhalterreise zwischen Rastatt und Iffezheim sehr lange hängengeblieben. Also beschloß Henscheid, in die nächstgelegene Ortschaft zu wandern, um durstlöschendes Bier zu holen. Es war um sechzehn Uhr herum, zudem glutheiß. Der Wirt des ersten erreichbaren Lokals beschied das Ansinnen des jungen Henscheid, zwei kühle Flaschen Bier kaufen zu wollen: »Ein Bier für zwei genügt.«

So war's. Einleuchtender wäre aber gewesen und hätte mir noch besser gefallen, der recht törichte Wirt hätte darauf bestanden, daß zwei Bier bei der Hitze zu wenige seien. Jeder zwei – oder gar keins.

Im übrigen: Wir blieben dann im schon nahen Iffezheim nächtens hängen und fuhren am anderen Tag mit der Kleinbahn nach Straßburg weiter – aaaber: Am Abend zuvor hatten von zehn unsererseits befragten Iffezheimern sieben behauptet, von hier gehe keine Bahn mehr weg – nur drei hatten von der Existenz eines Eisenbahnverkehrs in ihrem Dorf läuten gehört.

So soll es sein. Gemessen daran waren unsere Erlebnisse in Paris eher geringfügig. Obwohl wir den »Mongmatter« (Robert Gernhardt) natürlich nicht ausließen. Den damals, s. o., noch lebenden Philosophen »Satter« (ders.) trafen wir aber lieber nicht. Das denn dann doch nicht.

*

Wilhelm Treue, Deutsche Geschichte, 1990, S. 1001:
»Adenauer übersah im Gegensatz zu Brentano, daß Ken-

nedy von vornherein diejenigen Themen vermied, die später
das Verhältnis zwischen den beiden Staatsmännern belasten
sollten.«

»Übersah« – in welchem Sinne von zwei möglichen? Es
wird klar, daß ich unter diesen Umständen das Politische
damals und auch 1990 noch nicht recht begreifen konnte.
Dagegen leuchtete mir schon im Dezember 1960 ein:

»Kennedy, lach nicht zu früh!« Jawohl, diese Schlagzeile
der Münchner Abendzeitung, die verstand ich. Daß irgendwelche Unsauberkeiten bei der Stimmauszählung in der
Folge der Wahl gegen den allerdings noch unsaubereren
Nixon passiert waren.

Kennedy als charismatischer Heilsbringer: Von diesem
Gefühlsgemeinplatz, wie er von 1960 bis 1963 von Tante
Elfriede bis zu den Linksintellektuellen gang und gäbe war
und z. T. heute noch ist, dergestalt, daß »Focus« Ende 2010 in
einem Herrn »Röttgen« den neuen Kennedy erlauert – davon
darf ich mich immerhin freisprechen.

1961–1971

Witze im engeren Sinn entflammten mich, früh wie später, selten. Aber es hat Ausnahmen. Mein Dauerfavorit seit ca. 1961:

Der berühmte Schauspieler Laurence Olivier gibt einmal mehr den Hamlet. »To be or not to be«, hebt er wie gewohnt an und legt eine winzige pathetische Kunstpause ein – da kommt eine Stimme vom dritten Rang: »Ey, Larry, sing us ›Sweet Adeline‹!« Olivier stutzt, stockt, glaubt sich verhört zu haben. Legt ein kurzes der Besinnung dienliches Schweigen ein und hebt wiederum an: »To be or not to be that« – kommt erneut die Stimme vom Rang: »Ey, Larry, sing us ›Sweet Adeline‹!« Laurence Olivier schweigt. Sinnt und setzt seine Hoffnungen erst nochmals in eine dramatische Kunstpause. Nimmt sodann alle seine Kräfte zusammen und einen letzten Anlauf. Beginnt piano und steigert rasch zum Fortissimo: »To be or not to be« – die Stimme senkt sich wie beschwörerisch ins Leise zurück: »that is the question …«

Kommt zum drittenmal die Stimme vom Rang: »Okay, Larry, forget it. But show us your cock now!«

*

Wie erschreckend dürftig, zurückgeblieben, nichtswürdig andererseits mein Humorbegriff, mein Lachniveau jenseits von Hamlet und Olivier, noch weit über die Pubertät hinaus dahergewackelt kam, z. T. noch nach der Erlangung der Reife, das beleuchte hier erneut die entsprechende Erinnerung dahingehend, daß ich um 1959 auch gar noch über das bis zum Abwinken altbackene Wortspiel »Katzen würden Whisky saufen« als naheliegendste Parodie des langjährigen Werbespruchs in der auch sonst bedauerlichen Faschingsausgabe der Süddeutschen Zeitung heftig lachen mußte, konnte, wollte. Was nun wirklich aller Tränen wert ist.

Merke: »Das Lachen ist ein Effekt aus der plötzlichen Verwandlung einer gespannten Erwartung in nichts« (Kant, Kritik der Urteilskraft, 1790).

Eben. Oder eben hier eines Nichts in nichts. Bzw. mit dem Kant-Schüler Hegel und kongruent beider Nachfahr Adorno im Zuge eines leicht taumeligen, zuletzt schon fast garzuviel zitierten Merksatzes aus den »Minima Moralia« zu faseln: »Wahr sind einzig die Gedanken, die sich selber nicht verstehen.«

Aber schließlich: ist und bleibt meine frühe und leider sehr erinnerliche Vorliebe für das erschrecklich dürftige Wortspiel »Whisky saufen« im Hinblick auf den späteren Heidelberger Poetikdozenten und »Witz-Professor« (Bild-Zeitung am 1.6.2000 über mich) entsetzlich blamabel, ja (um wenigstens eine gewisse Niveauaufbesserung zu bezeugen): ungemein gemein.

*

Und wenn ich mich recht entsinne, daß ich mit 6 nichts so lustig fand wie den Namen des Mitschülers »Iglhaut«, dann gab es wohl auch in der unmittelbaren Folge schon gewisse Fortschritte.

*

›94‹

Im Mai 1961 hörte ich den Tenor Carlo Bergonzi wohl zum ersten Mal als Radames auf der gerade neu erschienenen, bis heute nicht übertroffenen 3-LP-»Aida«-Gesamtaufnahme: eine äußerst schöne, edelmütige, großmütige, feurig-generöse, dabei makellos stilisierende Stimme, eine, wie ich später realisierte, erst nach unverhältnismäßig langem, circa achtjährigem Anlauf überragend gewordene.

Im Mai 1971 hörte ich Bergonzi an der Londoner Royal Opera Covent Garden zum ersten Mal auf der Bühne, in »Maskenball« – auch da kaum mehr als die recht allgemeine Erinnerung an eine ungewöhnlich noble, so bräunlich dunkel wie leicht nasal getönte und baritonal beheimatete Belcantotenorstimme, mehr noch nicht. Schlüsselerlebnis der Hoch- und Tiefverehrung war 1974 eine neue Canzonen-LP mit Edelpralinen wie »Core 'ngrato« und »Chiove« und »Passione« – dann aber ging's mit der Passion rund und rasch: »Forza del destino«-Gastvorstellung im Juni 1974 in Frankfurt, dort auch wieder »Maskenball«, »Forza del destino« in Verona, nochmals »Maskenball« in Covent Garden 1975 – sodann 1977 ein journalistisch begründeter Besuch in der Sängerlogis Hotel »Due Foscari« in Busseto, nahe dem Verdi-Geburtsort, daraus resultierend ein großer und mehrere kleine Artikel – und nochmals für die nächsten vierunddreißig Jahre vertiefte Verehrung.

Weil auch im scheinbar objektiv durch bloßes Hören qualifizierbaren Tenorfach die Schreihälse und Kurzzeitraketen und Shootingstars immer mehr und immer lästiger und immer kurzzeitiger zu triumphieren drohen; und weil sich das Medialschwungrad der Reklame dazu immer rasender dreht, seit der Jahrtausendwende nochmals zulegend – nicht daß der Tenor Carlo Bergonzi über fehlenden Beifall Klage zu führen seit 1958 viel Grund gehabt hätte, im Gegenteil: Im Jahr 2000 wurde er von einer diesbezüglich stimmberechtigten englischen Fachzeitschrift zum »Verdi-Tenor des Jahrhunderts« (!) gekürt, also *vor* Caruso, Martinelli, Gigli, Björling, Pavarotti usw. – und zumindest dem erleseneren Operngeschmack galt er ja allzeit im italienischen Fach als das »Feinste vom Feinen« (Marcel Prawy) – aber, worauf ich hier vielleicht hinauswill, längerer Rede bärenstarkes Ziel: Es gibt seit 2010 eine jetzt erst oder wieder veröffentlichte »Aida«-DVD von Tokio 1973, mit dem 49jährig überragend singenden Bergonzi sowie einer äquivalenten Amneris und einer so unbekannten wie großen Aida – also, wenn ich Ihnen für den Rest Ihres an superieuren Kulturschätzen ohnehin übervollen Lebens etwas vergleichsweise noch Superlativischeres aufschwätzen darf, dann –: Andiamo, odiamo!

*

In seinem kleinen Aufsatz über Gottfried Benn (1997) macht der nachgereifte Robert Gernhardt geltend, wie stark er, selbst er, einer der nicht gar zu vielen anscheinend ab ovo autonomen Köpfe, zumindest als Jugendlicher, Heranwachsender um 1955 von Legenden, Gerüchten, Konventionen oder eben wider die angebliche Konvention schon wiederum allzu konformen Meinungen und Positionen sich abhängig zeigte. Benn, damals für sehr viele Antikanon, Rettungsanker im Nachkriegssumpf der alten und neuen Konformisten, Charismatiker für beinahe alle, auch für minder Zurechnungsfähige, allgemeine Identifikationsgestalt gegen den Strich der noch immer weidlich und weihlich herrschenden schon wieder sog. abendländischen Kultur und Afterkultur

der Bergengruen, Carossa, Hesse und all der anderen Zauseln – er, Benn, vermochte damals evident quasi ungeprüft
auch kritische, widerspenstige, skeptische Elementargeister
zu blenden, zu bestechen, zu verzaubern – sogar sie gerieten
in den noch nicht als solchen durchschauten Sog irgendwelcher adaptierter Meinungsbildung. Deren Wallungswerte,
Wallung gegen Unbekannt, manipulierten ganz gehörig auch
den »kleinen« Robert: Mit Benn »Arm in Arm gegen die
Weiber und die Spießer dieser Welt (…) Nimm mich mit,
Gottfried Benn, auf die Reise!« –

– auch dann noch, sobald Benns »heroisierende Attitüde«
(Gernhardt), ihr prätentiöses »Gegenglück« (Benn) zuweilen
durchaus ja schon wieder als verdächtig und ungehörig
durchschaut wurden, als Kulturquatsch abermals »mit ab-
nehmendem Sinngehalt« (der reife F. W. Bernstein) inmitten
der ohnehin »schwindenden Sinnvorräte« (ders.) noch über
die Sinnvakua der insgesamt doch recht verderblichen Ade-
nauer-Zeiten hinaus.

Und selbst dann, wenn Benn übrigens der exzellierende
Poet, als der er weit mehr als ein halbes Jahrhundert lang rangierte, ganz nun auch wieder nicht war, nein, wirklich nicht!

»Wir sind aus Literatur gemacht« (Ludwig Tieck) – und
gehen ihr dementsprechend dauernd auf den Leim. Bei mir
noch gänzlich Unreifem verlief die Sache nach ca. 1958 Gernhardt nicht unähnlich, aber noch beschämender: Auch ich
war ziemlich, ja unziemlich Mitläufer des Zeitgeists und sei's
eben des Anti-Zeitgeists, und mehr als gut war. So ehern
meine ganz vorn im Buch pointierte Widerspruchsausstat-
tung, das allzeit Antihafte – so eingleisig funktionierte das
aber eben leider nicht! Noch über den juvenilen Gernhardt
hinaus waltete in mir immer auch etwas verblüffend Braves,

ja Angepaßtes, Anpassungswilliges und sogar Ängstlich-Be-
klommenes; Autoritätshöriges, wenn man so will. Keineswegs
immerzu war und fühlte ich mich so selbstsicher, kaltblütig,
zuweilen auch apodiktisch in meinen Kunst- und Lebensan-
sichten, wie das wohl anderen und sogar mir selber später vorkommen wollte. Auch nach der Erledigung der aktuellen
Falschklassiker, auch bei mir von Hesse bis Bergengruen und
später z. B. Jünger, wie sie so viele aus meiner Generation ja
erst mal schaffen mußten, meist mit Hilfe von Deschners
damals verdienstvollem Büchlein »Kitsch, Konvention und
Kunst«, derweil blieb manches, blieb das meiste noch unbedarft und andererseits starr, leichtgläubig, lehrgläubig. Der
ersten von weißgottwoher oktroyierten Lektüreliste folgte
die zweite, nicht viel anders geartete. Gläubig verehrt dra-
pierten nunmehr so keineswegs unanfechtbare Gesellen wie
Broch und Musil und Jahnn und (der mir in einer bestimmten
Lebensphase sehr liebe) Ernst Kreuder den Lesehimmel;
sodann auch Henry Miller, Genet, Céline, Camus sowieso,
der lange Zeit unanfechtbare Benn wie gesagt, und vor allem
minderwertigster Schund von »Neorealisten« wie Pavese
(auf dem damals wohl höher taxierten Filmsektor waren die
Fehlmeinungen noch verheerender am Rotieren). Im engeren
germanistischen Studienumfeld brillierten da, auch ohne
rechte kritische Gegenwehr, Gestalten wie Heine, Raabe und
Fontane – alle drei damals schon ganz besonders sakrosankt:
Einem hier störrisch sich verweigernden germanistischen
Studiker wäre zur Strafe das Studienbuch ent- und überhaupt
der Boden unter den Füßen weggezogen worden.

Selbst Gottfried Keller würde ich heute nicht mehr ganz so
unfraglich verehren mögen wie, unter etwas selbstauferleg-
tem Diktat, im Zuge meiner Magisterarbeit 1966/67.

Ach Gott, ja, nicht nur mit fünfundzwanzig, nein, auch noch mit dreißig und schon mitten im Berufsleben, mitten in meinem satirisch-kritischen Meinungsbilden meinerseits, war ich zuweilen ein brav-ängstiger und gläubiger und sogar etwas opportunistischer Charakter und Kopf und –

Ich komme später im Buch darauf zurück. Nein, besser doch lieber nicht.

*

Fragen über Fragen über Fraglichkeiten. Und das lebenslang. Aber womöglich die allerwesentlichste Fraglichkeit zum Beschluß meiner Jugend im engeren Sinne war die etwas verblüffte Fragwürdigkeit als Selbstbeobachtung »dergestalt« (Kleist), daß ich nicht allein sehr viele Telefonnummern, Straßenhausnummern und später Postleitzahlen jederzeit auswendig wußte. Sondern desgleichen nach dem ersten Fußball-Bundesligajahr (1963–64) rechtschaffen sämtliche Endergebnisse (s. »Die Vollidioten«, Zwischenbilanz); und, wohl noch verräterischer, vom 1.1.1961 bis mindestens zum 1.1.62 den erheblicheren Inhalt eines jeden einzelnen Tages, meines Tages, verbracht meistens in München oder Amberg!

Dabei hätte ich zumindest in München schon alternativ Anlaß gehabt, mittelhochdeutsche Ablautreihen und sog. Ersatzdehnungen zuchtvoll selbstschurigelnd mir einzuprägen.

Im traurigen, ja tranigen Ernst: Hatte mein Leben so wenig Vitales, Dramatisches, Aufwühlendes oder wahlweise Romantisches, daß mein an sich recht brauchbares und noch frisches Hirn zu diesem faden Ersatzluststoff greifen zu müssen notfalls vermeinte? Nicht mal. Sondern hier und jetzt, 1961, begann und festigte sich immerhin eine fast sechs Jahre währende große romantische Liebesgeschichte bis hin zur Verlobung. Die freilich scheiterte. Aber dadurch der erregenden Sache erst recht die geradezu opernhaft-romantisch-dramatische Richtung gab. Und ich hatte an ihrem Beginn nichts Besseres zu tun als mir 365 Tagesabläufe zu merken? Der spätere, in jeder Hinsicht freie Autor als »Merker«?

Zu befürchten ist, ich war damals eben doch kein allzu großer Lover und Romantiker. Noch schon der Autor auf dem Sprung. Gut, mag ja sein, daß hier auch ein spezieller, fast eichendorffischer Glückserwartungszustand dieses mein Vermögen erwirkte, Glückserwartung als datierte Gegenwartsfixierung, eine Art zelebraler Endorphinausstoß, ein postpubertärer Nach- und Überdruck – genug, stimmt ja doch gar nicht: Ich war früh eben kein Romantiker. Sondern halt ein Rechthaber. Eine recht präzise Kreuzung aus Thomas-Mann- und Arno-Schmidt-Leser. Sozusagen das Buchhalterischste, was es gibt. Was jedenfalls mir so einfällt. Heute.

*

»Ihr Völker der Welt, ihr Völker in Amerika, in England, in Frankreich, in Italien! Schaut auf diese Stadt und erkennt, daß ihr diese Stadt und dieses Volk nicht preisgeben dürft! Es gibt nur eine Möglichkeit für uns alle, so lange zusammenzustehen, bis der Kampf gewonnen, bis der Kampf endlich durch den Sieg über die Feinde, durch den Sieg über die Macht der Finsternis besiegelt ist. Das Volk von Berlin hat gesprochen. Völker der Welt, tut auch ihr eure Pflicht!«

Hätte ich des Berliner Oberbürgermeisters Ernst Reuter Rede »Volk von Berlin!« vom 24.4.1948 zu der Zeit schon gekannt, dies unglaublich abstruse und gründlich widerwärtige

An-die-Völker-dieser-Welt-Appellationsgestammle wider die Berliner Blockade, dieses zutiefst unwürdige, weinerlich zusammengequengelte, schwerstens obszöne Gewimmere und Gejammere, ja Gejaunere, nach einem den guten Deutschen eingeräumten totalen Verzeihen –: Ich wäre wohl 1967 doch nicht der SPD beigetreten; ich tat es ohnehin mehr halbherzig und zufällig.

Später wurde eh die »Juso innerhalb der SPD« draus, aus dieser die »Apo innerhalb der Juso« als Appendix – und eigentlich war ich ja wohl doch immer im Sinne des transgodesberger Programms mehr nur »maoistischer Kommunist mit gemütlicher bürgerlicher Moral« (Alfred Edel d. J.).

⁎

Hört man Reuters im weinerlich-überschnappenden Duktus zusammengequengelte Wimmerrede wider die Berliner Blockade auf Schallplatte wieder, dann mag man mit Leopold Ranke in der Folge Hegels freilich nur abnickend unken: »Staaten sind Gedanken Gottes«, und der nachhitlerische Spezialstaat Berlin war es offenbar nicht minder.

Immerhin, Reuters Nachfolger Brandt war zwar, unterschiedlichen Quellen nach zu schließen, wohl praktisch die ganzen fünfziger Jahre über mäßig oder schwer betrunken; seine Rede jedoch hatte meiner Erinnerung nach allzeit Stil, Contenance, ein gewisses knorriges Charisma. Kein schlechtes Zeugnis für den Journalismus, dem Brandt einst angehört hatte.

⁎

Konkurrieren mit dem Reuterschen trüben Wortauflauf aber konnte, was der spätere Brandt-Parteivize Carlo Schmid (SPD) bereits am 24. Dezember 1945 der Stuttgarter Zeitung anvertraute: »Das deutsche Volk wird heuer das Weihnachtsfest in einer Freudlosigkeit feiern müssen, wie sie so dunkel und so allgemein noch nie in der Geschichte, die wir übersehen können, über die Lande ihrer Zunge hereingebrochen ist.«

Was eine fast hehre Frechheit. Von der ich aber gleichfalls erst viel später erfuhr. Immerhin, besser spät als nie zu erahnen, auf welchen Professor die deutsche Sozialdemokratie immer so ganz besonders stolz war.

Außerdem muß es heißen: »seiner Zunge«. Aber das macht es auch nicht weniger verworfen.

*

Im Jahr 1969 verrannte sich im Zuge meines Berufseinstiegs bei einer Tageszeitung der damalige Regensburger Volontärskollege Lothar Strobach anläßlich einer formlosen und gleichwohl recht heftigen Feierabenddiskussion in eine unbedachte Äußerung des ahnbaren Sinns, daß er Erörterungen zum Thema Paul VI. (»Pillen-Paul«) als unerheblich abtat, nämlich doch bloß einen »Kackpapst« betreffend. Die Strafe folgte auf dem Fuß: Strobach hatte ab sofort den Spitznamen »Kacker« weg. Erst auf seine dringlichen Bitten hin wurde das einen Monat später wieder aufgeweicht und zurückgenommen; zugunsten des in der Not von ihm selber vorgeschlagenen »Koko«.

So hieß er denn jahrelang, bei einem besonders großgewachsenen und dressmanhaften Beau ein besonders hüb-

›102‹

scher Kosename. Und die Lehr' davon? Daß selbst von einem Papst noch einiger schmächtiger Segen abstrahlen kann? Nein. Sondern, daß fast alle Menschen mehr oder weniger unter ihrem Spitznamen heimlich leiden – und daß man also jeweils zum Jahresende halbamtlich einen neuen beantragen können dürfen sollte.

Ich selber bin schon mal am Überlegen. Für »Gaggi« hätte ich, spät aber doch, im Moment eine gewisse Vorliebe.

*

Von der ganzen – oder doch knapp halben – ruchlosen Drecks- und Gauner- und Karl Kraus'schen Welthirnjauche-gesinnung des alten und ewig neuen Journalismus erfuhr ich erst später genauer und ausführlicher aus den Redaktionsstuben »Bild«, »Bunte«, »Super-Illu« usw. Die mit dem Berufsstand verbundene vielleicht erbliche oder doch nur angelernte Schleimigkeit, Devotion, Wanzenhaftigkeit usf. lernte ich schon zeit der Volontärsjahre in Regensburg (1968/69), die auch sonst des Lehrreichen viel enthielten, kennen und sogar partiell schätzen. Besonders instruktiv und einleuchtend durch einen an Jahren etwas fortgeschrittenen Kollegen in der Lokalredaktion, der neben anderen synchron liegenden Leistungen im Lauf der Zeit beinahe schon allesaberauchalles in Gänsefüßchen setzte. Bald begriff ich, was es damit auf sich hatte, was er damit sagen wollte: Wenn und sobald ich mit irgendwas ertappt werden sollte, kann ich ja immer mit Hilfe der Gänsefüßchen zu meinen Gunsten, nämlich zu meinem Selbstschutz als Ausrede vorbringen: War nicht so gemeint.

Kann ich zumindest um Gnade bitten.

Herauskamen bei ihm, dem Redakteur, Sätze, ja Satz-kolonnen der Art:

Bei der »Generalstabs«-Besprechung zum »Volkslauf« 1969, diesmal unter dem »inoffiziellen« Motto »Rund um den Sinzinger Weiher« kam es diesmal zu einem »Blackout« dahingehend, daß »Petrus« beim vorgestrigen »Probestart« nicht »mitmachen« wollte. Sondern es »goß« in Strömen und der Himmel hatte »alle Schleusen« geöffnet. »Trübe Aussichten« also fürs Wochenende –

usw. Weshalb er nicht auch noch »Motto«, »Strömen« und »Himmel« in Anführungszeichen setzte, hätte ich ihn damals fragen sollen, denn die drei gibt es ja eigentlich genaugenommen auch gar nicht, und an den Himmel glaubt im Ernst ein Pressemann seines Geblüts schon mal gleich gar nicht. Und sie sind also genau so gelogen wie auch noch das bevorstehende »Wochenende«, das für ihn ja eh nur ein schaler Euphemismus für Not und Tod und Elend ist.

So wie ab ca. 2002 das tägliche Dauerarschgegrüße von wegen »Schönen Tag noch!« Oder gar: »Einen wunderschönen Abend!«

*

Manchmal begegnete mir die wohl genuin-habituelle Unterwürfigkeit des eitel-eklen Berufsstands aber auch in freundlicher, netter, ja evtl. sogar metaphysikbildender Art. Ein Volontärskollege hatte Unfug angestellt, vernahm deshalb eine Kündigungsandrohung, legte sich an diesem Tag also besonders ins Zeug, und heraus kam ein Artikel, den ich zufällig schon am Umbruchstisch zu lesen kriegte und dort zu lachen begann, beinahe wie erlöst zu lachen – und den ich sicherlich (es gibt Proben bei Lesungen) auf meinem Totenbett noch auswendig kann:

»Im Lauf der Zeit erscheint einem eine Reihe von respektablen Persönlichkeiten, die einem bei den dezenten Regierungsempfängen am St. Emmeransplatz begegnen, bekannt. Neu, doch, da wegen pechschwarzer Haare, Augen in gleicher Farbe, nicht zu übersehen, gesellt sich dazu seit einiger Zeit ein neues Gesicht. Recherchen ergaben, es handle sich hierbei um den türkischen Vizegouverneur G. Toprak, der hier bei der Regierung die deutsche Sprache erlernt. Im Gespräch in den Empfangssesseln muß man bewundernd feststellen, Toprak hat sie schon gelernt. Der Chronist priese sich glücklich, wenn er des Türkischen sich in ähnlich kurzer Zeit ähnlich mächtig erwiese wie sich des Deutschen Toprak.«

Usf. Der Bericht landet dann noch manche weitere Glanzlichter wie auf sein Ende hin jenes, daß »den Vizegouverneur noch ein Mißverständnis plagt« abseits der deutschen Fehlmeinung, in der Türkei rennten alle Frauen noch verschleiert herum. Nämlich das »Mißverständnis« (Toprak oder der Autor?) einer gewissen »Sehnsucht nach seiner eigenen Frau und Familie« daheim in der Türkei. Wogegen G. Toprak sich allerdings im Sommer wieder geschickt durch den Besuch des Kneitinger-Biergartens samt erlaubtem Biergenuß zu wappnen gedenke. Seinen Kern- und Glanzpunkt placiert der Artikel gleichwohl doch schon gegen Ende des ersten Absatzes: da wo endlich einmal der alte Lateinerquark, niemand möge sich vor seinem Tod glücklich preisen, auf seine Essenz kommt und mit dem ersehnten, aber sehr schwer zu bewerkstelligenden Sich-des-Türkischen-mächtig-Erweisen seine auch syntaktisch überzeugend moderne Modifikation einfährt.

»Im Lauf der Zeit«: ein ganz prima Tageszeitungs-Artikelstart. »Zeit-erscheint-einem-eine-Reihe« usw. usf.: ein klanglicher Höhepunkt nach dem anderen, richtig barockisierend. Vorzüglich das weit nachgestellte, nach unwegsamem Satzbau-Gelände zu Recht mit Komma skandierte »bekannt«. Nach diesen Adlerflügen inmitten des täglich-üblichen Provinzzeitungsworthühnerhaufens wäre eigentlich ein Pulitzerpreis fällig gewesen.

Ein andermal, vorher schon, bewies der gleiche Kollege aber auch beträchtlichen Mut, als er in seiner personalunionellen Eigenschaft als lokaler Junge-Union-Chef den durchreisenden CSU-Vorsitzer F. J. Strauß, nur um eine wohl etwas trostlose Diskussion anzuheizen, mit einer extrem obstinaten, ja richtig kritischen Frage (zu der um 1968 von Strauß noch verweigerten Ostpolitik) zu behelligen sich unterstand, ja aufwarf. Nicht wie heute meist schon unfehlbar falschzitiert »Haben Sie überhaupt Abitur?« fuhr Strauß da endlich genervt seinem Regensburger Satrapen und Intimgegner in die Parade, sondern viel schöner mit: »Sind Sie überhaupt Abitur?«

Womit der Regensburger Jungkollege verdientermaßen zum zweiten Mal ins »Gedächtnis der Menschhheit« (W. Jens, 1990) einzudriften vermag. Und der Name des leider früh Verstorbenen hier einmal genannt zu werden verdient: Eberhard Woll. Wollen wir ihm ein heiteres, nein, ein entflammtes Eingedenken glücklichpreisend wahren!

*

Se non è vero, è ben credibile e onorevole:

Die von mir selber mit Hilfe eines fast beweiskräftigen Fotos in die Welt gesetzte Legende, ich sei zeitweise der Konzertbegleiter und Korrepetitor der famosen Koloratur- und noch bedeutenderen Liedsängerin Rita Streich gewesen, die ist aber natürlich erahnbar auch eine. Allerdings durfte ich diese wunderbare, wie geistbeseelte warmkühl duftende Stimme tatsächlich einmal auf dem Klavier begleiten, beim Fragmentbeginn meines Schubertschen Lieblingslieds »Im Frühling«, auf dem Hotelklavier in Regensburg im Sommer 1969.

Durfte sie davor auch kritisieren. Das von ihr am Vorabend im Konzert gebotene Mendelssohn-Heine-Lied »In dem Mondenschein im Walde« op. 19a, so trug ich behutsam, aber doch recht selbstsicher vor, sei etwas zu neckisch-anakreontisch angelegt gewesen; zu sehr noch Haydn-Mozart.

Ich bin überzeugt, Rita Streich wußte beim nächsten Mal, was sie zu tun hatte. Eine der unverbesserbaren Stimmen des Jahrhunderts hatte sie schon, »das schönste Timbre« (Christa Ludwig) unter ihren Zeitgenossinnen obendrein. Fehlte ihr nur noch mein Dreingerede.

Nicht von mir dreinreden ließen sich die Solennitäten, denen ich in der Folge noch begegnete, meist im dienend oder verehrend professionellen Zusammenhang eines Portraits o. ä.: Carlo Bergonzi, Cesare Siepi, Waltraud Meier, Christian Gerhaher. Gerhaher wagte mir sogar zu widersprechen, als ich ihm meine Bedenken hinsichtlich der Liaison comme mésalliance Schumann-Heine bei der »Dichterliebe« vortrug, welche der Bariton zumindest um 2005 im Aufgebot hatte.

Aber ich war im Recht. Wie stets.

*

Um zwei Uhr früh, in einem verhatschten Wiener Nachtbeisl von ca. 1955, singt Helmut Qualtinger herzaufweichend auf den Text des äquivalent genialen Gerhard Bronner (und beide waren nicht nur für mich damals gewaltige seelische Aktivposten, und sie sind es noch), da passiere es schon mal, daß
»ma dann trist und nachdenklich wird
und ma richtiggehend philosophiert«
(Der Papa wird's scho richten) –
Bei Heino Jaeger ist es um 1970 die Amsel, »die erfreut und hält die Menschen zum Nachdenken an«. Für die noch neuere Nachdenklichkeit ergänzt Gerhard Polt wieder zwanzig Jahre später, daß so ein oberbayerischer Saukopfwirt von einem bei ihm tellerwaschenden winzigen Bangladeshi, dem sanftmütigen Herrn Prabang, philosophisch nur lernen könne, nämlich das ökonomiepolitisch entscheidende Prinzip der bambusrohrgeschmeidigen Anpassungsfähigkeit noch gegenüber den perfidesten Brüsseler Verordnungen: »Und das gibt zu denken!«

Neue Nachdenklichkeit gut; aber zur »Denkwürdigkeit« reicht das natürlich noch nicht so recht. Das Würdige im, aber mindestens, Sinne Schillers fehlt. Vere dignum et iustum est. Der Dignität aber sei ein jedes Wort in diesem Buch da eingedenk. Und eben nicht dem centennialperennial penetrierenden und durchaus bedauerlichen nullundnichtigen Dummdahergerede der heutigentags eherner denn je lautgebenden Haderlumpen und Schoaßtrommeln und Brunzkacheln und »Hausmoasterdrecktrampeln« (K. Valentin).

*

Memoirenbücher im weiteren und engeren Sinne, es führt kein Weg daran vorbei, zehren von Prominenten, von Begegnungen mit ihnen. Ich will, obwohl es auch in meinem Leben dergleichen gab, nichts davon mehr hören, erwähne hier aber, von Dir, großgünstige und aber auch anspruchsvolle Leserschaft, mit sanftem Drill überredet, doch drei Exempel, drei völlig atypische; nämlich nationale damals aktuelle Berühmtheiten, die sich meiner zu Zeiten ohne Not sehr freundlich annahmen.

1. Der Schauspieler und seinerzeit höchstpopuläre Edgar-Wallace-Chefinspektor Heinz Drache, der mich 1964 in München am Königsplatz in meinem vw von seinem mehr betuchten Wagen aus extrem gentil lächelnd stoppte, um mir ein bißchen verschmitzt (das war sein Film-Markenzeichen) verstehen zu geben, daß ich schon jenseits der Dämmerungsgrenze noch ohne Licht fuhr.

2. Der Kabarettist (»Lach- und Schießgesellschaft«) Klaus Havenstein. Er ermaß vorbildlich, wie ich 1974 im vierten Stock des Bayerischen Rundfunks etwas hilflos herumirrte, und geleitete mich richtig väterlich, ja schafhüterartig zum Fahrstuhl, meinen Weg zu irgendeinem Studio verantwortlich gewährleistend.

3. Der 1981 nicht mehr ganz unbekannte Schriftsteller Max Frisch, dem ich mich an der Hotelbar in Graz vorstellte, weil wir zusammen mit dem Taxi zu einer gemeinsamen Lesung fahren sollten; worauf der berühmte Autor an der Bar wie im Wagen sogar so tat, als wäre er ohne mich verloren gewesen. Vielleicht war er es auch, eventuell war Frisch da auch schon etwas, ja stark angetrunken. Aber: wie scharmant!

Keineswegs ebenso freundlich schimmert die Erinnerung an ein frühes Interview mit Herbert Wehner (spd) im Brandt-

Wahljahr 1969, bei dem der SPD-Altbrüllaffe wegen der harm-
losesten Fragen mehrfach kurz vorm Durchknallen war.
Sowie, weil wir schon dabei sind, die an ein gemeinsames
Mittagessen in Mainz 1987 mit dem späteren Außenminister
Jockel (»Joschka«) Fischer anläßlich eines ebenso gemeinsamen Auftritts zu einer Ausstellungseröffnung; bei welchem der gerade zum zweiten Male neuverheiratete Politi-
ker gleichermaßen ununterbrochen Rotwein wegsüffelte wie
Wichtigtuerisches daherpalaverte; um derart »in Echtzeit«
(Fischer 2004) schon mal zu belegen, was er erst rund zehn
Jahre später im Gespräch mit dem freilich sonst tiefverwand-
ten F. J. Raddatz (laut Tagebücher 2010) gültig so formulieren
sollte: »Kultur ist nicht mein Ding.«

In diesem Satz mit fünf Worten verstecken sich außer der
schieren Wahrheit vier Unverschämtheiten: Finden Sie sie?

*

So schwersterträglich das stets und ständig und unanständig,
ja frevlerisch »mit Fontanescher heiterer Gelassenheit« (I. und
W. Jens) vor sich hin wesende und dabei wahllos seitwärts
von Fontane auch noch bei Lessing und der gesammelten
Familie Mann abgrasende Ehepaar Inge und Walter Jens seit
mehr als einem Dezennium sich darstellt und wohl spätestens
ab 1985 geworden war:

Eine im nachhinein verblüffend freundliche und fast
uneitle Person stellte sich mir in Walter Jens (samt Ehefrau)
im Juni 1968 anläßlich einer Lesung in Regensburg dar und
vor. Der schon damalige (bald darauf ein unvermeidliches
Etikett) »Rhetorikprofessor aus Tübingen« war zu der Zeit
innerhalb der belämmerten Germanisten- und der kaum auf-

regenderen Autorenbranche längst ein Star, eine weit über-
regionale Attraktion, ein Feschak, ein Grimassenartist auch
bereits, obwohl er bis dahin wenig anderes zuwege gebracht
hatte als ein Buch, welches statt Literaturgeschichte »Statt
einer Literaturgeschichte« hieß. Das rhetorische und vor
allem gestisch-mimische Talent Jensens aber war auffällig,
und allein mit ihm war der viel später als NSDAP-Mitglied
Geoutete schon ein Superstar für die nicht mehr ganz so
bräsigen Kreise. Um so angenehm befremdlicher für mich,
seinen Interviewer, wie der Gast beim Braten- und Erdbeer-
sahneverdrücken angelegentlich auf diesen kleinen 27jähri-
gen Provinzjournalisten einplauderte, sich nach seinen Be-
rufserfahrungen und sonstigen Einsichten erkundigte, auch
nach seiner Magisterarbeit über Gottfried Keller und den
»Grünen Heinrich«, damals ein Spezialfeld auch des vielfach umtriebigen Jens.

Bezahlen mußte ich erst viel später mit der Spätlektüre des
Jensschen Frühromans »Nein. Die Welt der Angeklagten«
von 1950 – ein Geistesvergehen der schon wirklich alles über-
ragenden Art; für das sich bei der vernunftlosen und umhim-
melswillen unvermeidlichen Wiederveröffentlichung 1990 f.
Jens mit einer in abermals Fontanescher Gelassenheit formulierten Nachsichtsbitte halb selbst entschuldigte. Und das wie
vordem damals auch keiner mehr las. Außer mir, zum Dank
wohl für Regensburg 1968. Aber alles was recht ist: Ich emp-
fehle den Humbug hier tatsächlich weiter: diese einen Roman
simulierende Melange aus Camus-Kafka-Kasack (Orwell und
Huxley kannte Jens damals wohl noch nicht), diese bedeu-
tungshuberische und vollkommen talentfreie Debut-Fuchte-
lei eines genuinen Aufsteigers und Karrieristen im kaum mehr
camouflierenden Mantel eines dem Weltdämon Einhalt ge-

bietenden Prof. »Walter Sturm« – »Wildermuth« wäre aber noch eine Idee eindringlicher gewesen.

Eine epische Brühe, Büberei, die damals selbstverständlich aber auch schon »preisgekrönt« (Hans Arsch) worden war.

*

Von Hermann L. Gremliza erfährt man im Jahr 2010, wie anläßlich seiner ersten Begegnung mit Herbert Wehner, noch zeit seiner frühen Tage als »Spiegel«-Redakteur, dieser ihn sozusagen stantepede angeschrien, angeblafft, angetobt und zumindest in Andeutung körperlich mißhandelt habe. Dem im Prinzip nämlichen Schicksal entging auch ich nicht, bei meinem ersten und einzigen und schon erwähnten Interview mit dem damaligen Gesamtdeutschen Minister (der Regierung Kiesinger) im Wahlkampf 1969, nämlich nach einer Rede in der Maxhütte von Haidhof/Oberpfalz. Ein Gespräch, zu dem ich keineswegs als durchtrieben schädigungswilliges Bildzeitungs- oder Nachrichtenmagazin-Spitzenjournalistenschlitzohr angerückt war, sondern als braver Juso im Dienst eines SPD-Blättchens. Bei dem damals im sommerlichen Wendewahlkampf hochrelevanten Problem der diplomatischen Beziehungen zu Kambodscha (hatte die DDR anerkannt, die Hallstein-Doktrin war irgendwie nicht länger zu halten, die mitregierende SPD in Nöten) brüllte und fauchte und zeterte Wehner los, wie vom bösen Geist gestochen und irgendwelchen außerweltlichen Abwehrstimmen hörig, so unverhältnismäßig, so unschicklich – daß ich das Gespräch beinahe heroisch verzichtend abgebrochen hätte.

Daß dem ARD-Mann Lueg etwas später ein ähnliches Schicksal widerfuhr, tröstet wenig. Er, Wehner, war wesentlich bloß grotesk komische Figur, mitnichten Stratege, Vordenker, gar »Onkel« (Parteiidiotie). Brandt hatte später recht: ein mehr »pathologischer« Fall, den er, Brandt, vorher, um 1964, als »unglaublich loyal« fehltaxiert hatte. Aber leider stimmt auch dieser Befund nicht so ganz. Tonaufnahmen beweisen es immer noch: In den sechziger Jahren und bis Mitte der Siebziger war Wehner mitunter wirklich witzig, scharfzüngig, geistesgegenwärtig – seine damaligen Bonner Schreiereien und Scharmützel mit dem ähnlichgesinnten F. J. Strauß schimmerten tatsächlich von großem Reiz. Zum Ausklang seiner Karriere, Ende der achtziger Jahre, faselte er im Parlament leider nur mehr am Rande des bedrückendsten Schwachsinns herum. Aber selbst wenn er gegen den damals als Raufbold auch durchaus nicht üblen Strolch Strauß immer häufiger den kürzeren zog (»Herr Wehner, daß Sie soooo schnell verdummen«), behielt der sozialdemokratische Fraktionsvorsitzende noch stets eine letzte Trumpfkarte im Mund:

Er war, ich schrieb es schon früher mal, zu Bestzeiten ein begnadeter Beller.

＊

»Wo immer Juden zusammenkamen«, berichtet Ernst Piper in seinem sonst klugen und besonnenen und lehrreichen Buch über die Geschichte des Nationalsozialismus, »saß der Antisemitismus als steinerner Gast mit am Tisch.« Das kann aber nicht gut sein, denn mit dem steinernen Gast kann nur der »uomo bianco, uom' di sasso« aus Mozarts Oper gemeint sein, also der von Don Giovanni ermordete Komtur, der aber gegenteilig, anders als der Antisemitismus von 1920, für irdische und außerirdische Gerechtigkeit sorgt und einsteht.

Aber auch, was Oswald Spengler 1920 rednerisch zur Frühzeit der nationalsozialistischen Bewegung beiträgt: »Sozialismus in seiner tiefsten Bedeutung ist Wille zur Macht, Kampf um das Glück des Ganzen« – auch dieser Befund dünkt mich kaum hilfreich, und so verzichtete ich bereits 1969 vorausschauend und leichten Herzens auf die Realisierung des 1968 gefaßten Plans eines dramenartigen Texts: eines abendfüllenden Dialogs zwischen Hüttler und Spengler, der aber die ganze Verwirrung als drittes Radei des Kolumbus sicherlich nur noch stark massiert hätte. Auch die Idee, der Plan einer dramatischen Begegnung des damaligen Reichskanzlers mit dem Papst verfingen bei mir nicht. Ich ließ beide in meinem Hirn nicht mal in statu nascendi aufkommen.

Von der Hüttler-Spengler-Sache gibt es in meinen Unterlagen immerhin ein paar Versuche, Notate. Ich werde sie heute abend vernichten.

*

Der Kapitalismus sei »die schicksalvollste Macht unseres modernen Lebens« teilt Max Weber irgendwann, aber noch rechtzeitig mit; allein, es sind in dieser einen Periode gleich vier Fehler:

1. ist »vollst« ein nicht zu gestattender Superlativ.
2. mahnt auch ein einfaches »schicksalvoll« zumindest unschön, genaugenommen falsch, weil man halt vom Schicksal ebenso wenig voll sein kann wie schon aber eher vom Scheusal solcher Worte.
3. ist der Begriff des »Schicksals« mit dem des Kapitalismus, ob positiv, ob negativ gewendet, einfach inkompatibel; gleich, ob man dabei mehr ans »Destino« oder ans »Fa-

tum« oder an »Moira« oder »Kairos« oder wasweißdenn-
ich denkt.

4. ist »Macht« im Zusammenhang mit »Schicksal« entweder
Unsinn oder bestenfalls ein Pleonasmus. Oder halt laten-
ter Operntitel.

Vier Fehler in einem Satz, da konnte es mit der entschiedenen
Kapitalismuskritik nichts werden, geschweige denn mit der
Beseitigung des Fehlervollen. Und drum schloß ich mich
1967 auch nicht den Kommunisten, sondern den Sozialde-
mokraten Willy Brandts an und hielt das tatsächlich ein paar
nicht weiter erinnerungswerte Jahre durch.

*

Das seit ca. 1965 vandalierende, später als Behelfslösung meist
sogenannte (Opern-)Regietheater: Es wurde von mir fast von
Anfang an und außerordentlich zäh und sogar tapfer und aber
extrem erfolglos (denn die Aktivbeteiligten, die Macher wie
die Kritiker wie das erfolgreich genarrte Publikum, verstehen
meist nicht einmal den Gegenstand und sein Thema) bekämpft, am umfänglichsten im besonders schmachvollen
Fall H. Neuenfels und seiner »umstrittenen«, in Wahrheit
lediglich debilen und vom Start weg fast exklusiv unumstrit-
ten umjubelten Frankfurter »Aida« von 1981. Aber den nach-
haltigsten, zumindest virtuosesten, wenn auch gleichfalls
überhörten Wortbeitrag wider den gesamten gesammelten
und verrammelten und verratzten Schmä lieferte dann doch
ein eigentlich Fachfremder: Hermann Gremliza, ca. 1988 im
Falle Peter Zadek und seiner Hamburg schwer erregenden
»Lulu«. Ein Glanzstück (wiederabgedruckt in H. L. G.,
Frau Schwarzer, 1990), das als solches und sonst schon ver-

gessenes in voller Länge wiederzitiert zu werden wohl verdient:

»Im Deutschen Schauspielhaus hat Peter Zadek seine ›Lulu‹ inszeniert. Ich war nicht dort, weil ich vor zehn Jahren Zadeks ›Wintermärchen‹ gesehen habe, und man soll nichts übertreiben. Auf den Plakaten hatte Zadek der Lulu die Möse, auf der Bühne den Busen blankziehen lassen, und die Elbchaussee soll sich krank gelacht haben vor Begeisterung. Einige Premierenbesucher wurden direkt um ihre Meinung gefragt, darunter die Schauspielerin Monika Peitsch, die ja sozusagen von Namens wegen mit Wedekind zu tun hat:
Zadek ist zu dem komplizierten Stück sehr viel eingefallen. Ich bin begeistert. Seine Inszenierung ist sehr heutig.

Vielleicht sagte sie aber auch: häutig – das ist bei der herrschenden Sprechkultur nicht auszumachen. Eine andere Autorität, der ›Pelzdesigner‹ Dieter Zoern, der also tatsächlich Häute für Leute von heute zuschneidet, erwies sich als kongenialer Zadek-Kritiker:
Die Inszenierung amüsierte mich von Anfang an, der Wedekindsche Background kommt dabei nicht zu kurz. Vor Oswalt Kolle wäre man vielleicht prüder gewesen, aber die junge Generation nimmt an der Freizügigkeit wohl kaum Anstoß.

Amüsemang mit Background und Oswalt Kollescher Freizügigkeit: knapper und präziser läßt sich diese Regiekunst nicht fassen. Der Filmemacher Hark Bohm hat noch etwas nachzutragen:
Ganz großartig, ich bin sehr überrascht, daß man diese fünf Stunden überhaupt nicht bemerkt hat.

Da ist es ihm gegangen wie mir in einem seiner Filme, den

ich vor Jahren sah: Als die Platzanweiserin mich weckte, dachte ich, jetzt gehe der Vorspann weiter. Nun, wer wurde noch nicht gefragt? Der Unvermeidliche, Fritz J. Raddatz:

Ich halte Zadek für einen großen Zauberer, manchmal gar genialen Verzauberer des Publikums und vor allem der Schauspieler. Was er hier mit Susanne Lothar an Schauspielerführung geleistet hat, ist phantastisch. Sein Vorhaben, die ›große Reinheit‹ der Figur Lulu, ihre eigentliche Sehnsucht nach Liebe darzustellen, ist gelungen.

Davon versteht er also auch nichts. Was aber den Background-Dichter Wedekind und seine Vorlage betrifft, hat's keiner so gut getroffen wie Premierenbesucher ›Hanno Tietgens (28), Werbetexter‹ (Wen sie doch heute ins Theater lassen!):

Ich sehe sehr gern nackte Menschen auf der Bühne. Das regt meine Sinne an.

So zaubert Zadek. Und manchmal verzaubert er auch – aber das machen die Putzfrauen nachher wieder weg.«

*

Leider nicht mit A. Hüttler selber, aber doch immerhin mit seinem Reichverweser, dem ersten bundesdeutschen NPD-Vorsitzenden Adolf v. Thadden, legte ich mich mutvoll an und gegen ihn entschieden ins Zeug und bestritt mit ihm im Sommer 1969 ein paar Monate vor der Willy-Brandt-Wahl eine Pressekonferenz. Ich erinnere einen stark stressgeschädigten, fast bemitleidenswürdig dauerschwitzenden, mit feuchtglänzender Stirn unentwegt brötchenverdrückenden Herrn zwischen vierzig und fünfzig, Typ Herrenreiter, viel mehr Papen als Hüttler, der kurz vor seiner Machtergreifung

nach rasanten Erfolgen in den Vormonaten die Schicksals-
waage nun schon gegen sich und die Seinen sich neigen fühlte;
bei der Pressekonferenz aber außer allerlei Gefasel gegen die
Gastarbeiterüberfremdung und für die Erledigung der Ver-
gangenheitsbewältigungsfrage sich nachhaltig überzeugt gab,
die demoskopisch schon bestätigten 15 oder mindestens
12 Prozent am 28.9. auch locker zu erreichen.

Im Zuge etwa gleichzeitiger und teils parteiübergreifender
Demo-Aufläufe gegen Thadden und seinen bayerischen Ver-
treter Pöhlmann stemmte ich mich dagegen aber stark quer –
und im Verein mit befreundeten Jusos, Grass und weiteren
Rechtschaffenen und Wohlmeinenden verhinderte ich Thad-
dens Staatsstreich und es gelang mir, seine Partei exakt auf jene
4,3 Prozent zu drücken, die eine allseits befürchtete Koalition
mit der CDU/CSU (46,9 Prozent) einerseits an der Fünfprozent-
klausel scheitern ließ; die andererseits wieder zu viel waren,
um, partiell und anteilig zugeschlagen der Christenunion,
deren Alleinregierung gegen die eigentlich gar nicht so sehr
erfolgreiche SPD (42,7) zu gestatten.

Das war Maßarbeit. Nicht weiter erstaunlich, daß ich, er-
schöpft herumlungernd im Parteibüro, die Regierungsüber-
nahme Willy Brandts in der Nacht zum 29.9. gar nicht mehr
recht mitbekommen habe.

*

»Wie ein Hammer, der Felsen zerschlägt« (Psalm 7,12) schienen mir keineswegs Nietzsche und Benn und dergleichen;
sondern ab 1963/64 F. W. Bernstein, Robert Gernhardt und
F. K. Waechter die mir schon soweit bekannte triste Gegen-
wartsdichtung aufzusprengen oder immerhin aufzumischen

oder, dann halt eine etwas korrektere Metapher, aufzuden-
geln, Grassens Blechgetrommel mit dazu und ja vor allem.
Das ging ein, zwei, ja drei Jahrzehnte gut und immer der Nas'
lang in den Fortschritt hinein und flott voran, und es narrte
einen bald gar das schon fast sorglose Gefühl, die in den
Feuilletons und Preisabsprachegremien hätten vielleicht und
notgezwungen auch ein bißchen was gerafft. Aber dann,
längstens nach Gernhardts Tod im Jahr 2006, eigentlich auch
vorher schon, standen wir plötzlich – wieder mitten im Biedermeier! Im verschnarchtesten Biedermeier der späten vier-
ziger und fünfziger, ja z. T. der zwanziger Jahre, im Biedermeier z.Hd. Thomas Mann und Ernst Jünger und demnächst
vielleicht auch wieder Gaiser und Hesse sowieso und – ja
auch Böll u. dgl. Und kriegten und kriegen jetzt auch wieder
saisonal Dickroman auf Dickroman vorgesetzt, budden-
brooksblechtrommelbräsige Brummer ohnegleichen, einer
»saftiger« (Hans Wurscht) oder teils sogar schmunzelhafter
als der andere. Aber: In enormer epischer Breite, »süchtig-
machender« (ders.) Welthaltigkeit und lasterhaft rasend
»spannender« (ebd.) Vollmundigkeit sowieso.

Wir hatten uns halt getäuscht. Wir, die mittlerweise gnädig
Verstorbenen wie die seufzervoll noch Lebenden – wir hatten
dieses zeitlos biedermeierliche Terrain der herrschenden
Fadität wohl überhaupt gar nie nicht verlassen.

Für mich München-Angekränkelten aber war, was damals
1963 ff. aus Frankfurt kam, Eingebung der Weltseele, epizen-
trisch epiphanisch ex negatione:

»Ein Wort zum Muckertum. Ein ›Kampfbund für entschiedenes Muckertum‹ konstituierte sich in Rottweil. Die
Gründungsmitglieder wurden auf eine Satzung vereidigt,
die es ihnen zur Pflicht macht, ›allenthalben der Prüderie

und Bigotterie Vorschub zu leisten und in der Intimsphäre ihrer Mitmenschen herumzuschnüffeln‹. Ferner bezweckt der Kampfbund, ›die Erotik zu verteufeln und ein Klima unerträglicher Heuchelei zu schaffen‹. Wir meinen: Obwohl wir die Ziele des Bundes nicht in allen Punkten teilen« –

– war damit, die Atmosphäre zu verbessern, das unerträglich dialektikfern emanzipative, in Wahrheit prüderiesatte und gleichzeitig noch immer abendländisch sich spreizende allg. Aufklärungsgetue der sechziger Jahre – erst mal gestoppt. Virtuell. Tendenziell.

*

Ein erfolgreich erledigter Klassenkampf war es nicht, was ich hier voll stolzer Genugtuung vorzuweisen vermöchte. Aber schon so etwas wie eine Besetzung im Sinne eines nicht mehr vor-, sondern fast hochpolitischen Akts, als wir, ein Teil der von mir seit kurzem verstärkten damaligen Frankfurter »pardon«-Redaktion, wie Zeitungsverkäufer bäckermäßig weiß kostümiert, als eine Art Frankfurter Seitenfraktion der damals und zuvor vornehmlich in München irrlichternden Subversiv-Spaß-Guerillas, im Juli 1970 ins Hamburger Springer-Hochhaus und dort in die »Bild«-Redaktion – ausnahmsweise ist das garstige Infantildeutsch mal annähernd richtig: – stürmten.

Das Eigen-PR-Manöver des Verlegers Hans Alfons Nikel hatte als Anlaß und Hintergrund eine durchaus sinistre »Bild«-Leseraufhetzaktion namens »Jagen Sie den Koffermann!« vom Spätfrühling des Jahres. Die zwar humoristisch-nonsensig aufgetreten, jedoch unserer Redaktionsmeinung nach – vor allem meiner – als parafaschistische Übung gemeint war; nämlich Einübung in Menschenjagd, wie sie »Bild« wohl auch von heute aus geurteilt unwiderlegbar besonders zu Zeiten des Ohnesorg-Mords (1967) betrieben hatte; und nun offenbar fortzusetzen gedachte; ich las damals wohl etwas zu viel Adorno, der seit seinem Amerikaaufenthalt hinter jedem Zufallsblödsinn irgendeinen neuen Hitler/Goebbels erwittern zu müssen meinte. Oder jedenfalls so tat.

Die Abläufe im Hochhaus waren einigermaßen turbulent und etwas unübersichtlich, umso unartiger wurden wir und aufgeräumter, und hatten uns wohl da erst, am Ort, beflissen, in des irgendwie verreisten Peter Boenisch, des stilbildenden »Bild«-Chefs, Amtszimmer vorzudringen. Was dann auch gelang, und es gelang gleichfalls, vom großen Adenauer-Foto auf dem Schreibtisch Fotos zu machen.

Es zu vernichten? Nein. Denn: Doch, ja, irgendwie mahnte dieser Adenauer nämlich sogar sozusagen glaubwürdig, wenn man einem schönen, aber falschen Fuffziger wie Boenisch überhaupt was glauben darf. Was wohl der aktuelle »Bild«-Chefkasper heute drauf stehen hat? Den Papst? Merkel? Heidi Klum? Oder präziser doch gleich einen prallen »süßen Popo«, wie er uns seit spätestens der Jahrtausendwende täglich mehrfach als »Bild«-Vokabular ins Gemüt greift, obwohl er doch eigentlich an die Eier gehen möchte. Und aber, Schwamm drüber, letztlich halt doch an das letzten Endes Gute im Leben glauben heißt.

Nein, wirklich undenkbar, daß damals auf Pepe Boenischs' Schreibtisch ein Arsch oder auch nur eine Klum gestanden hätte. Nicht einmal der von ihm bald darauf regierungssprecherlich vertretene H. Kohl hatte da eine Chance. Mit Adenauer vielmehr wurden damals noch Karrieren gezimmert. Von Boenisch wie von Kohl. Basta.

*

Durchaus kein Zufall, daß ich kurz vorher schon und ausgerechnet am Tag nach Adornos Tod in Visp/Schweiz am 6.8.1969 nach Frankfurt gekommen war, mich dort bei der damals führenden politisch-satirischen Zeitschrift »pardon« als Redakteurskandidat vorzustellen; denn ab ca. 1980 sprach man dann auch schon konsequent bei deren dominanten Figuren als von der Neuen Frankfurter Schule im Gegensatz zur, aber in der Kontinuität der alten Adornos; und nur noch folgerichtiger, daß mich endlich 1983 der weitschauende Michael Rutschky zum »legitimen Erben Adornos« ernannte; und das, obschon er damals manchen auch selber dafür galt.

Jawohl, »so war das damals« (Heino Jaeger a.a.o.); »und tut auch not« (ebd.).

1971–1981

Freude trinken alle Wesen, folgen ihrer Rosenspur. Allein, Freude nur und ausschließlich am Sieg, Freude am Sieg wie leider die barbarischen Kämpfer der Ilias und noch leiderer alle aktuellen von Hüttler über Moche Dajan bis Bush sie verspürten, im Zweifelsfall wie 1990 Saddam Hussein noch am eingebildeten: Keiner ist mir persönlich bekannt, der da doch auch mal eine Schlacht, einen Krieg verlieren, freiwillig verlieren, mutwillig in die Knie gehen, gern ins Gras beißen wollte – ach nein, der ungamperte Preußenprinz von Homburg ja schon am allerwenigsten.

Nur wenige, allzu wenige Kampfgenossen finde ich auch wie aber immerhin etwa in Gottfried Kellers Heinrich Lee und Moritz' Anton Reiser, die sich im Lauf der jeweiligen Romane gewissermaßen immer virtuoser ihrer sich massierenden Schmach, ihrer Niederlagen, ihrer auf ihre Art ja auch ersprießlichen Lebensniederlage erfreut hätten. Dabei besäße das Prinzip – wie das circa synchrone, die von Franz von Assisi miterfundene Armut als Armutsfreude – tatsächlich so manche ernstliche Vorteile. Etwa jenen, den das englische Wahrwort anspricht: »If all is bad it's good to know the worst«, ein von Kafka vielfach thematisiertes Wort und Prinzip – oder, wie es mehrfach in meinen eigenen Romanen schon frohlockend heißt: »Der Tiefpunkt meines Lebens – jetzt war er erreicht« u. ä.; oder auch, Ausbund von Dialektik, Freude als »Wehbehagen« (Alfred Polgar) in der volkstümlichen Formation, in dem Gefühl, mit dem sich Kunst und höheres Menschtum schiedlich die Hand reichen, um Hiob und Jeremias gleichermaßen in einem Streiche hinter sich zu lassen: Mensch, ist mir schön schlecht!

Ob ich damit sagen und zum unbestechlichen Ausdruck bringen will, ich selber sei ein Freund der Niederlage, der »Kultur der Niederlage« (Wolfgang Schivelbusch)? Nicht gerade. Aber, es ist vermutlich eine Art beklommen katholische Grundprägung, hergeleitet unvermeidlich vom gekreuzigten Niederlagengott ihmselber, was mir allzeit und unverdrossen und durchaus hilfreich das Gefühl für eine notwendige Balance imprägniert hat, ein elementares Einverständnis damit, daß das Leben zwischen Sieg und Niederlage bestenfalls ein ganz knappes, karges Unentschieden einräumen kann und will, daß ich also noch im Bewußtsein verdienten, hochverdienten Erfolgs – –

Ach was. Vielleicht kommt und kam immer dem wahren Sachverhalt näher, daß, wäre ich nicht andererseits zu bequem, sie zu erdulden, die nur scheinbar bedrückende Niederlage mein arteigentümlich-gehöriges Revier, mein autochthones Metier gewesen wäre. Bietet sie doch viel mehr Perspektiven, vor allem die ganz und gar unvergleichliche Möglichkeit, sich mühvoll stöhnend wieder hochzurappeln –

Und deshalb: waren auch meine Autos: fast immer sehr klein. Und z. T. noch unterm Niveau vom Inspektor Columbo. Einer aber geradezu klassischen Gewinnertype!

»Wollust ward dem Wurm gegeben«, so abermals Schiller, und das gilt ja vornehmlich mit der Ergänzung: Ihm vor allem. So daß, laut Ratzinger (Christentum, 1968, S. 319), Gott selbst zum Wurm zu werden sich einst hinreißen ließ. Jawohl.

*

Ach nein, banaler Siegertyp war ich gewiß nie – noch wäre ich es gern gewesen. Schon auf dem Gymnasium, damals noch genannt Oberrealschule, rangierte ich eigentlich immer lieber als Zweitbester, Subprimus hieß es dortmals noch, auch der Drittbeste war mir sehr recht. Die etwas untergeordnete Stellung entband mich unbewußt der allzu verbindlichen Verantwortung – und gelegentlich infolge »einer Art von Dummheit« (Anton Reiser, 2. Buch) auftretende schmähliche und schmählichste Noten empfand ich also wahrscheinlich schon, wie später manches Auf und Ab, als produktive, zumindest erheiternde Unterhaltung, sollte es nicht noch verheerender dazu kommen, daß »die Welt vernüchtern« (August von Platen, 1821) möchte, und genau darum alle gebündelten Kräfte – –

Nein, ein Denken nur in Sieg-Niederlage-Antagonismen lag mir nicht und keineswegs wie Achill und seinen gleichgestrickten, schon etwas sehr dümmlichen Genossen – und es hängt damit wohl sogar stark mein ehernes und im Lauf der Zeit noch zunehmendes grundsätzliches Unverständnis von Geschichte zusammen. Nicht bloß von Militärgeschichte, sondern jeglicher: Ich kapiere ebensowenig den Versailler Schmachfrieden wie den ihm vorausgehenden Dolchstoß wie gar den Reichsdeputationshauptschluß. Was das ist. Und was uns der wohl soll. Eine Art Ladenschluß für Deputierte zur Hauptverkehrszeit? Bloß ein lustiges Wort zur Unterhaltung der um 1803 sonst gar zu gelangweilten Deutschen?

Nein, das exklusive Vorrecht des Siegs vor der Niederlage, sogar ihr Streit, war mir immer sehr fremd. Dem widerspricht allerdings kaum meine früh entdeckte und großväterlicherseits durch anfeuernde Zurufe geförderte Freude an geistiger und leiblicher Rauferei, »nach neuem Würgen sich sehnend«

(Schwab, Ed. 1986, S. 540) wie der Griechenpelide war auch ich und allzeit. Ob ich dabei ebenfalls stets und unentwegt Bosheit und Haß und Verfolgung »schnaubte« (Apg. 9,1), wie manche schlecht unterrichteten Köpfe später immer wieder mal in meinem Fall wähnten und mit sinkender Tendenz heute noch übelreden, das entzieht sich meiner präziseren Erinnerung. Ich lasse das – nein, ich lasse das hier keineswegs dahingestellt, sondern ergreife die letzte Gelegenheit beim Schopf, die volle Wahrheit richtiggehend brünstig brüllend zu enthüllen: Was ich mir »sehnlichst« (Kurt Georg Kiesinger) wünschte, das wäre also – nun mal sagen wir: den *Friedens*preis des Deutschen Buchhandels, und sei es als Nachfolger des blitzdummen F. Schorrlemming o. s. ä. und, was auf Dauer eh nicht zu verhindern sein wird, der sogar noch vielviel unerquicklicheren, ja moralisch übelsterdings unzurechnungsfähigen Bischöfin Käßmann. Der irgendeinen Courage-Preis o. s. ä. zu verleihen bzw. den verliehen zu bekommen, unlängst (März 2011) ja gerade noch einmal vereitelt werden konnte.

*

Ich weiß nicht mehr, was mich vor werweißwievielen Jahren dazu gebracht hat, allem Volk mitzuteilen, ich sei »der viertbeste Prosaautor der Nation«.

Noch weiß ich aber: Alle haben's geglaubt. Allerdings, es stimmt natürlich nicht. Selbstverständlich bin ich so triumphal wie harmvoll bereits nur der drittbeste.

*

Was aber höre ich anläßlich der häuslichen Kaffeestunde gerade von einer Gutunterrichteten? Daß schon im Jahr 1806 diverse deutsche Militärmannschaften gegen den Napoleon lieber freiwillig verlieren als kämpfen wollten. Das wiederholte sich dann, von S. Herberger weitschauend nach vorn ins Finale hineingedacht, immerhin noch beim 3:8 gegen Ungarn in der Schweiz 1954.

*

»Warum, wieso, weshalb oder auch weswegen« (Oskar Zirngiebl) hängen die Menschen womöglich aller Zeiten und Zivilisationen derart an der Idee, am Wahne des Gewinnens? Der Siegwille, höre ich aus Ihren Leser-Reihen raunen, wäre ein Gebot, ein Trick der Evolution? Einer ihrer Dachschäden! Die Evolution, Abt. Survival of the Fittest, darf sich nicht wundern, wenn unter diesem ihrem Gesetz nur und ausschließlich allzu tüchtige Schlumpfköpfe und Schrumpfhirne überleben. Vorzüglich aus denen von Fußballern und ihren Plappermäulern hört man jederzeit und zuletzt vermehrt, der Zweitsieger zu werden sei gar nichts, sei nur »Schnee von gestern« (Paul Breitner). Lohne nicht der Erwähnung, des Feierns und schon gar nicht des Gedenkens. Welches bei Sportlern allerdings ohnehin längst und im Sinne des Posthistoire gegen null tendiert, als eben Schnee von ge –

Gibt es wenigstens eine Sportart, in welcher man möglichst verlieren soll? In England hat oder hatte es immerhin gewisse Esels- oder Hahnenrennen, bei denen (ich habe mich anläßlich einer Studienreise 1971 überzeugt) immer der letzteintreffende, der langsamste gewinnt. Unter erheitertstem Jubel gewinnt. Hm. Und: Immerhin beim Skat und

beim verwandten bayerischen Schafkopf hat es die Spiel-
modalität des Null ouvert, bei welcher der Triumph im
Nichtstechen, im Einsacken von null Augen besteht. Und
beim Schafkopf ist zwar der verwandte sog. Bettelsolo inzwischen und verräterisch genug überall abgeschafft. Ich
selber erinnere mich indessen eines von mir wohl stark betrunken riskierten Herzsolos von 1965, bei dem ich zwar
tatsächlich einmal stach, aber es waren vier Nichtser, also
nullkommanull Augen –

Hohngelächter umbrandete mich seinerzeit einerseits.
Aber war's nicht doch, wie laut Henriette Vogel der Tod, der
Höhepunkt, die mir damals schon zuteil gewordene schärfste
»Würze des geschmacklosen Lebens«?

Doch. Jedenfalls wird bei meinem anhaltenden Desinteresse am Kriege im Verein mit dem Unwillen zu Macht und
Sieg meine nachhaltige Weigerung, im Gefolge Neidhardt v.
Gneisenaus eine militärische oder gar höhere Offizierslauf-
bahn anzutreten, nur allzu verständlich, ja fast plausibel.

*

Im Mai 1971 war es, da wurde ich als Sexualverbrecher verhaftet, auf der A3-Autobahnausfahrt Haßfurt-Gerolzhofen –
vorübergehend und mit erhobenen Armen verhaftet. Auf der
Polizeiwache Gerolzhofen stellte sich rasch heraus, daß
meine Kollegen Rosema und Genazino und ich einer Verwechslung mit allerdings wirklichen Sexualtätern zum Opfer
gefallen waren. Es war die, bisher, einzige Verhaftung meines
Lebens, meine Weste blieb m. W. trotz mancherlei Widrigkeiten und Funestitäten fortan sehr sauber, vielleicht weil ich ja
den Warnschuß vernommen hatte. Wir befanden uns nämlich

auf der Rückreise nach Frankfurt, nach einem Besuch beim berüchtigten Kirchenkritiker Karlheinz Deschner in Haß- furt – gut, der Schuß aus der nervös auf uns gerichteten Dienstpistole des verhaftenden blutjungen Polizeibeamten, der Schuß auf uns vermeintliche Missetäter fiel nicht, er war aber nah dran und insofern kein völliger Schuß in den Ofen. Der Herr läßt nun mal seiner nicht spotten, ich beherzigte es fortan gewissenhafter noch und wandte mich ab von der um 1970 meist im Schatten Deschners häufig geübten Religions-, Kirchen- und Klerikalkritik und schrieb nur noch ganz aus- nahmsweise Satiren auf Gott, der ansonsten über mich und mein Treiben wieder »mit großer Mühe grübeln« (s. Psalm 139) müßte. Und wenn ich noch schrieb, dann schon lieber über seine Woitylas und Ratzingers und die Bischöfin Käß- mann, die vor allem, das gottlose Luder.

*

Es war im Jahr 1972, da glaubte ich im Rahmen eines hessi- schen Graduiertenstipendiums, um meine vermeintlich lee- ren Batterien wieder aufzuladen, eine germanistische oder kulturwissenschaftliche, wie es damals wohl schon hieß, Doktorarbeit über die »Kategorie der Peinlichkeit in der deutschen Literatur« bewältigen zu sollen. Die Arbeit war auch bereits genehmigt und vorabbelobigt, blieb aber dann wegen Versiegens der staatlichen Quelle erst mal liegen.

Viel später war es, da wurde nach dem Beinahekanzler Bj. Engholm (1994) z. B. auch zumindest tendenziell der Baron zu Guttenberg als lautere Leitfigur von uns genommen (2011). Dabei hatte noch am 16. Februar 2011 unser aller Franz Josef Wagner so eindrucksvoll in der »Bild«-Zeitung geschrieben: »Macht keinen guten Mann kaputt! Scheiß auf den Doktor!«

Er, Wagner, ist wirklich der Leitwortgeber, die Leitfigur des neuen Jahrhunderts, des Jahrtausends. Das deutsche Volk parierte ihm und erhöhte die Zustimmungswerte für zu Guttenberg von ca. 66 auf 82, ja 87 Prozent. Ich aber zog gleichfalls die kummervollen Konsequenzen und habe deshalb das Doktor-Projekt von 1972 bereits damals fallen lassen.

*

»Mein tummes leben wolt ich verkeren, das ist war« (Oswald von Wolkenstein), aber im Grunde nur einmal, ein einziges Mal, das ist auch wahr; ebenfalls 1972, als ich unterm Einfluß und Panier eines einschlägigen Arztes schon mehr als mit dem Gedanken spielte, in die Entwicklungshilfe, Abt. Projekthilfe Fernostasien, einzugreifen, als eine Art Pressewart des kleinen Unternehmens, moderner gesprochen, als Medienkommunikator o. ä. – aber weil man im Leben nur drei Fehler machen darf, hütete ich mich am Ende doch wohl, den ersten wirklich großen sogleich in aller unbedachten »Lüderlichkeit« (Anton Reiser, 3. Teil) zu tätigen und mich an der falschen Stelle nützlich zu machen, aber halt auch zu erschöpfen. Klar wurde mir noch rechtzeitig, daß meine besseren Fähigkeiten zum Aufbau und Erhalt der Menschheit eventuell doch auf einem anderen Felde liegen.

Eine winzige Spur meines Beinahe-Mißgriffs findet sich immerhin im vorletzten Absatz des damals etwa gleichzeitig in der Fertigstellung begriffenen Romans »Die Vollidioten« (1972/73) – es ist aber natürlich genau umgekehrt als dort, den Leser und mich selbst irreführend, zum Romanfinale

skizziert: »Im Pädagogischen, in der Kunst der Menschen-
führung und Lebenshilfe«, in »der Sozialarbeit« liegen meine
Herrschaftsgebiete in Wahrheit nur sehr, sehr bedingt.

*

Neuerlich ums Jahr 1972 herum muß es gewesen sein, da
hatte ich auch noch die etwas verblendete Courage, die ehemalige Satirezeitschrift-Kollegin und damals noch vielfach
Frankfurt-Aufhältige Alice Schwarzer einmal nach einem
Mentz-Krenz-Abend bei mir in der Appartementwohnung
nächtigen zu lassen. Zwischen halb zwei und vier Uhr früh
monologisierte sie, lang vor den unziemlichen Chatroom-
kulturen, mich im Halbschlaf halbtot. Mit Schafsgeduld, was
hätte ich auch anderes vermocht, ertrug ich alles.

Hoffentlich bedankt sie ihrerseits sich in ihren Memoiren
Nr. 2 nicht eines Tages dafür. Indem sie mir nachsagt, was sie
2010 inzwischen nicht mehr in »Emma«, sondern in »Bild«
einem dritten Kollegen, Kachelmann, zuteil werden läßt: daß
sie den »eigentlich sogar ganz gut leiden kann«. Ach nein, ich
hoffe noch mehr: Ich bin einfach, im Unterschied zu jenem,
zu unbedeutend, zu negligeabel, zu vergessen für unsere
ewige Randaleuse. So negligeabel (auch im Deutschen: schönes Wort!) wie ja tatsächlich diese Begegnung im Frankfurter
Appartement im ersten Stockwerk.

*

Mein bei Oliver Maria Schmitt in seiner Geschichte der
Neuen Frankfurter Schule (2001, S. 188) in Erinnerung geru-
fenes Buchprojekt »So fickt der deutsche Hochadel« von

1971 scheiterte dagegen vermutlich einzig und allein daran, daß ich zu selten dabei war.

Anders beim Niederadel. Ah, da könnte ich auspacken, erzählen und erzählen …

*

Daß mit (dem am angeblichen Hochadels-Projekt natürlich hochinteressierten) Hans Alfons Nikel bei »pardon« 1969 ff. eine mehr zweischneidige Verleger-Chefredakteursperson schaltete und waltete, wäre auch dann nicht weiter denkwürdig, wenn es nicht ohnehin schon so oft gesagt und geschimpft worden wäre.

Immerhin, und auch das wurde bereits manches Mal ausgesprochen, er trommelte innerhalb zweier Generationen Mitarbeiterstäbe von Bernstein über Gernhardt, Knorr, Poth, Traxler und Waechter bis hin zu mir und anderen und damit eine verblüffend schlagkräftige Mannschaft zusammen. Was ihm so leicht keiner nachgetrommelt hätte; und damit ist zu seinem Nachruhm aber auch wirklich schon alles gesagt.

*

»Wie es bei einem jungen Menschen nach Schopenhauer ein schlechtes Zeichen ist, wenn er im Tun und Treiben der Menschen sich recht früh zurechtzufinden weiß – es kündet Gemeinheit an« (Alma von Hartmann, Die Geschlechter, 1913), schlecht trotz aller ganz modernen Fürze namens Exzellenzseminar auf der Elite-Universität inklusive digitaler Schnelldurchlaufmodule: so machte meinerseits ich deshalb nach 1970 Nägel mit Köpfen, scheiterte hintereinander an einem Entwicklungshilfe- und einem Promotionsprojekt, einem weiteren Herzsolo sowie einem scharfangereizten Hochadelsroman; ging deswegen erst einmal aus der Revolutionsmetropole Frankfurt in die beschauliche, ach was: bescheuerte Heimat zurück, lebte wieder hochunedel bei der Mutter wie meiner Erinnerung nach der Grüne Heinrich, nahm Schimpf und Schande auf mich, war temporär mittelloser als mit einundzwanzig und schrieb deshalb kurz nacheinander zwei, bald drei Meisterromane; um wenigstens mit denen bald steinreich zu werden, leider aber die erhoffte Prinzessin dafür doch nicht zu kriegen.

Sondern erst zehn Jahre später wurde ein Schuh draus, und ich bekam gleich eine Königin, Regina.

*

Und da, 1981, verschlug es mich denn auch wieder endgültig zurück nach Frankfurt. Frankfurt, wo es die damals noch famose Eintracht gab und wo ich nicht nur deshalb mit Unterbrechungen 38,5 Jahre zubrachte. Denn: »Du weißt gar nicht, wie schön es in Frankfurt ist« (Johanna Spyri, Heidi, 4. Kap.).

*

Bilder lügen meistens wie gedruckt, sagen aber auch manchmal die mutternackte Wahrheit, nur muß man sie rechtzeitig sehen. Hätte ich 1966 schon jenes Foto gekannt, das den damaligen Münchner SPD-Oberbürgermeister und Hoffnungsträger und Schwabing-1962-Prüglerbefliger Dr. Hans-Jochen Vogel beim pfeifenrauchenden Halmaspielen im Kreise seiner noch über die Kohls hinausgehend sehr heilen Familje (Vogel, Frau Vogel, zwei Vogel-Buben) zeigt, ich wäre nimmermehr in diese Partei eingetreten. Nachdem ich das scheußliche Foto aber erst 1999 zu sehen kriegte, bin ich vermutlich 1971 auch schon wieder ausgetreten.

*

»O Herr, laß diesen Kelch an mir vorübergehen!« fleht sogar Jesus, bereits am Kreuze hangend.

Ich ließ ihn nicht vorübergehen, sondern nahm vielmehr mein Kreuz auf mich und verfügte mich im wunderschönen Monat Mai 1975 schon des Nachmittags sehr ausnahmsweise ins Kino, in Ingm. Bergmans gerade angelaufenen und sogar farbigen Film »Szenen einer Ehe«, verfügte und fügte mich sogar erwartungsvoll, wiewohl gewarnt durch schon ältere Bergman-Filmikonen und -kanonen wie die vom Schweigen und den vogelwilden Erdbeeren. Meiner Erinnerung nach währte der neue Film an die drei Stunden, es gab sogar eine Rauchpause – spätestens jedoch nach dieser Pause ward mir die grausige Gesetzlichkeit oder auch Struktur des Filmkunstwerks klar und offenbar: Immer wenn die wahrhaft unsterbliche Liv Ullmann und ihr bärtiger Ehemann und Rammler nach endlos sich wiederholenden Folgen endlich ausgestritten und ausgezetert hatten, da – fing der Terror wieder von vorne an mit ihrem zuerst jeweils verhaltenen, dann immer garstigeren Gezänke, unbremsbar, hartnäckig und wie beflissen stetig ihrer beider Eheschlamassel erneuernd – und endlichendlich, nach wohl schon zweieinhalb Stunden bescheuertster Geschwätzigkeit bis hin zum Geschrei, ward mir auch der Urgrund des ganzen unseligen und sogar pre-

›134‹

kariatsehenmäßig seltsamlichen Geweses offenbar: Immer wenn Ullmann und ihr Beschäler wieder mal halbwegs ausgesöhnt schienen, schütteten sie zur Feier dessen und überhaupt des Lebens beachtlich große Becher eines bräunlichen Schnapses in sich hinein, wie in übergroßer Drangsal und in kaum ersprießlich eiligen Folgen, ein Getränk von starker Ähnlichkeit mit den in meiner mittelbayerischen Heimat damals sehr beliebten Lockstedter oder auch Sechsämtertropfen, ein süßes und sehr dummmacherisches und zumindest in Bergmans hohem Norden wohl auch streitsüchtig wirkerisches Zeug – und schon, hast du nicht gesehen, fingen verdrießliche Rangelei und Krawallschlägerei des Ehepaars wieder von vorne an. So daß der Film eigentlich von Rechts wegen statt »Scener ur ett aektenskap« besser »Scener ur ett saeksemterlivet« heißen hätte sollen, ja müssen. Ich aber, der Nicht-Filmkritiker und Nicht-Filmologe, war offenbar, den damaligen Auslassungen der Profis vonwegen Gott- und Sinnsuche nach zu schließen, der einzige, der das Gesetz des Schamotts erkannt hatte, der einzige inklusive seines begnadeten Schöpfers.

Sie glauben mir nicht? Dann gehen Sie halt zur Strafe bei irgendwelchen Bergman-Festival-Reprisen-Reviews ins Kino. Oder drehen wenigstens den Fernseh auf. Und »da schaun S' amal nei!« (G. Polt) in den Schmarrn.

*

Ob meine frühe und bis heute anhaltende Zuneigung zu Joseph von Eichendorff schon im Kinde vorab widerhallend abgezeichnet war durch heftig ausgelebte Wandersucht, durch den unwiderstehlichen Drang des Fünfjährigen, sämtliche Wohnungen der Nachbarschaft und z. T. möglichst auch deren sämtliche Betten heimzusuchen; ob sich einleuchtend daraus schon ablesen ließ, was ab ca. 1970 in Frankfurter Kollegenkreisen sich als mein Schmuckname »Wandersatiriker« niederschlug, also ein Mensch, der häufig die Reiseschreibmaschine zwischen Bayern, Italien (meist: Cinque terre) und dann wieder Frankfurt hin und her schleppte: das müssen die gelernten Psychologen und Onto- und Phylogenetiker und Atavismusforscher bedenken und klären; sie können es aber mit Gewißheit nicht.

Noch weniger freilich deuten den Widerspruch zwischen solch unableugbaren und »biederherzigen« (Wackenroder) Wanderseligkeiten und einer gewissen und mit den Jahren zulegenden Ängstlichkeit, Bangigkeit, einer sich vom aktuell repräsentativen Reisedeutschen eklatant abhebenden: Fortschreitend meinen kleinen und großen Reisen zuverordnet war und ist der Wunsch schon bei der jeweiligen Ankunft, sei's in Palermo, sei's in New York oder auch Kasan, sei's im albanischen Tirana und später sogar in der Nebenheimat Arosa, so bald als möglich wieder zu Hause zu sein, »am Orte« (Heino Jaeger); der starke, fast schon erbitterte Wunsch, etwas genauer beobachtet, die Stunden und Tage bis dahin möchten doch wenigstens schneller vergehen.

Nein, Psychologen wären damit noch überforderter als ich selber, am ehesten kommt der Sache, dem Rätsel, nahe die bekannte Verschwisterung der romantischen Blauen Blume und des Eichendorffschen Komplementärgefühls Heimweh – oder eben das uns allen vertraute Novalis-Motto aus dem »Ofterdingen«:

»Wo gehn wir denn hin?«

»Immer nach Hause.«

Allerdings, ich fürchte, hier hilft weder die psychologische Hausapotheke noch der alte Novalis viel weiter. Und ich muß mich also nächstens selber mutig in die terra incognita irgendwelcher höchstpersönlich mir allein eigener Urängste vorwagen. Bin schon gespannt.

*

Variatio delectat, oder: Wie's kommt, kommt's:

Kompositionsversuche, Komponierbemühungen gab es im Leben drei, ganz und gar unterschiedliche. Die erste, 1961, inzwischen einzusehen als Original im Literaturarchiv Sulzbach-Rosenberg, betraf Gottfried Benns (auch ich war ihm ja zuweilen wohlgesinnt) Gedicht »Es trägt die Nacht, das Ende« aus dem Oratorium »Das Unaufhörliche« – kaum wurde von mir berücksichtigt, daß sich an ihm, wie man der damals berühmten Benn-Sprech-LP mit ihrem schwererträglichen Tremolo entnimmt, schon Paul Hindemith versucht hatte. Meine Kompositionsidee, d. h. die paar ersten erhaltenen Phrasen, war aber irgendwie schönbergischer. Fast bergischer. Wenn nicht webernischer.

Schon entschieden traditionsbewußter, gesetzter in Idee und geringfügiger Ausführung der Beginn eines Requiems überdeutlich Mozartscher Artung im Jahr 1966. Die erste Phrase war aber immerhin in c-moll und auch sonst nicht von Mozart direkt gestohlen – das anknüpfende »Dies irae«, als Skizze vorrätig, sollte halb in der Manier Verdis, halb nach dem Vorbild des Kopfsatzes von Mahlers Fünfter gearbeitet sein; ein sozusagen schräges Trompetensolo-Signal. Toll.

Noch konservativer 1974 der wirklich ausgeführte Anfangsteil eines »Quadro Stagione«-Zyklus in der mir damals

sehr nahen typisch italienisch-neapolitanischen Canzonen-
art: Vier Lieder, gedichtet und auch gleich übersetzt von
Bernd Eilert und mir, also vorrätig vom Start weg in Deutsch
und in einem allerdings recht eigenwilligen Italienisch:

»Der Frühling kommt ins Land gesprungen« –
will sagen, nach meiner Erinnerung:
»La primavera e già saltata,
Amici miei, eccol' qua,
Inverno triste è andata (?)
Primaver' nata d'al mare (…)«

Die zentrale Liedpartie, dem folgend:

»Senti tu anche il fascino?
O Marie, bruna morà« (??)

o. s. ä. Pech: Während beim Einleitungsteil (Eröffnungstakte
und Melodie) manches Vorbild zwar spürbar, aber das Ganze
doch nicht schon verboten plagiativ war, stellte sich nach einer gewissen Besinnungszeit die Hauptmelodie des Mittelteils als offenbar unbewußt adaptierte Reprise des bekannten
De Curtisschen Schwalbenabschiedlieds heraus: »Partirono
le rondini – non ti scordar di me – io t'amo sempre più …«
    Nur wenig später, nicht schon vorher, stellte sich darüber
hinaus heraus, daß diese Praline, vor allem im Vortrag durch
Carlo Bergonzi, eine meiner Oberohrwurmgötterspeisen
werden sollte.

*

›138‹

Überaus unscharf, ungleichwertig, unsystematisch waren, so glaube ich mich zu erinnern, meine frühen Komikeinflüsse, Humorschulungen, Lachprägungen. Bewundert habe ich kurz nach dem Eintritt ins Pennal sehr zwei etwas ältere, vielleicht 14jährige Burschen, die beim alljährlichen Faschingsfetenabend des Bunds Neudeutschland (eine Art Teilbezirk der katholischen Jugend Deutschland) als eine Art Conférencierduo auftraten. Keinen Schimmer mehr, was die so redeten und plapperten – aber daß sie andere mit Witzen, Gags und dgl. zum Lachen brachten, wurde von mir bewundert viel. Und sehr beneidet. Begleitet von der noch recht begriffslosen Einsicht, daß ich's selber nicht konnte. Und also erst gar nicht probierte.

Beide Burschen, bereits sog. Fähnleinführer, waren auch eingesetzt bei der von Neudeutschland inszenierten Aufführung des damals noch nicht ganz vergessenen Heinrich Bertéschen Schubert-Singspielverschnitts »Das Dreimäderlhaus«. Der gewichtigeren Musik entsinne ich mich kaum – gut aber, daß irgendein Wienerwald-Schankwirt vom Mühlenbachtal bei deren Kredenzen »Die Forelle« sang. Obwohl der Sänger dabei – ich schäme mich nicht, es zu gestehen: auch jetzt mußte ich loslachen – schon sehr besoffen herumwackelte.

Lachen und Suff – eine Ahnung von Suff – gehörten für mich wohl schon vorm Eintritt in die Volksschule durchaus kausalnektisch korrelativ o. s. ä. zusammen.

In gewisser, etwas beschränkter Weise Initiator und Promotor meiner eigenen Affinisierung hin zum Komischen war ein lokaler Altmeister namens Emil Alafberg, ein m. W. Altnazi, der es aber, vermutlich wegen seines karnevalsnahen Familiennamens, zum Narhalla-Präsidenten gebracht hatte. Und genau darüber mußte ich wohl auch lachen, wenn er dann auf einem Gaul am Faschingssonntag konfettiwerfend durch die Altstadt ritt und dabei weniger karnevalsmäßig als huldvoll lächelnd auf uns Normalsterbliche herniedersah, und ich Doldi war m. E. völlig grundlos begeistert. Dem wohl ca. Sechsjährigen aber war auch schon eine noch ungeahnt folgenreiche Erstbegegnung mit einem (am zwischen 1946 und 1948 noch vom eigenen Not-Ensemble bespielten Stadttheater) besonderen, ja sonderlichen Mimen vergönnt; einem, der ein Vierteljahrhundert später als Teppichhändler Hans Duschke in meinen zweiten Roman eindriften sollte. Er gab im Kinderstück »Schneeweißchen und Rosenrot« einen tückischen Giftzwerg – und ich glaube mich noch zu entsinnen, wie er da vor Wut fast berstend (wie später der betagte Teppichhändler bei seinen Kämpfen mit Alfred Leobold) seinen eignen Schlohbart in einen Baumstamm verklemmte.

Ab 1961 kam es in München und später in Regensburg auch immer wieder zu freudigen, später auch professionellen Berührungen mit der Gattung Bauerntheater, in seiner seinerzeit noch häufig gemütvollen, ziemlich originalbäuerlichen und daher sehr auskömmlichen Form; mit Urerlebnissen wie dem, daß der inzwischen 75jährige Chef Maier Hias in damals sogenannter Dreiecks-Badehose eiskalt den Nebenbuhler-Lover bringt. Und seine Lebensgefährtin, die Altbäuerin, an einer auf der Bühne aufgebahrten Leiche herausstemmt: »Wie, laß mir ihn anschau'n, damit i nacha sag'n kann, i hob ihn als Toter aa noch g'sehn!«

Schwach, aber nicht ganz unhörbar könnte das Echo gewesen sein, das Mozarts drei italienische und stark komisch strukturierte Meisteropern bei mir und meinem werdenden Gefühl für Ironie und Humor hinterließen: Wenn etwa Don

Ottavio drei Stunden lang durchs gesamte Dramma giocoso hindurch Rache schwört, ohne sich je im geringsten zu ihr zu bequemen, dann fiel mir da nachweislich schon ab 1960 etwas auf und ein Groschen, meist übers Medium der Salzburger Verfilmung von 1953/54 mit den grandios singenden und spielenden Siepi, Edelmann, Dermota usw.

Fast gleichzeitig stellte sich aber auch große Begeisterung für Helmut Qualtingers 1960/61 in München gebotenen und auch bereits als LP studierbaren »Herrn Karl« ein; ich konnte ihn damals so gut wie auswendig und derart die Schallplatte quasi verdoppeln. Karl Valentin? Der spielte zu dieser Zeit in Bayern und darüber hinaus schon eine großmächtige, leider oft falsche, unsinnig folkloristische Rolle – bei mir beides nur in Maßen und aber jedenfalls keine ganz und gar maßstabsetzende. Dafür gab es bei mir, immer als Leser, seltener als Theaterbesucher, manche halben und ganzen Irrwege von Beckett bis Dürrenmatt; beides immerhin durchaus auch komische und die aktuelle Komik mitprägende Schriftsteller. Daß Beckett komisch sein kann, erahnte ich, über den herrschenden Bedeutungshuberzeitgeist hinaus, aber schon durchaus. Weniger im ersten Anlauf, daß auch der Scheintragiker und angebliche Problematiker und Apokalyptiker Dostojewski vielmehr ein großhumoristisches Paradigma ist; und bei Kafka dauerte die Einsicht noch viel länger – ich las den damals überaus schulmäßig als weißgottwas Grundernstes.

Die Weichenstellung zum Komischen und zum komischen Autor war auch nach dem nachsichtheischenden Jugendroman »Im Kreis« (1968) nur eine langsame, verzögerte, immer noch mehr zufällige. Eher schon Vorentscheidendes geschah dann mit den »Schwedengeschichten« von 1969: Ihr Quell war, um es hier noch einmal bekanntzugeben, der durchaus hochinspirierte Sermon eines Freundes im Bayerischen Hof in Amberg; jenes, der viel später in zwei Romanen für den Kerzenhändler Lattern die Modellfigur abgab. Und der seine bierhochgeschaukelten Eingebungen über den alten Tuck (meint: Tilly?) und den General Wrschn (meint: Wrangel?) seinerseits aus mehr oder weniger reakionärrevanchistischen Monatsjournalen wie der »Oberpfälzischen Hochebene« aufsaugte. Und dann durchaus veredelt wieder von sich gab. Mit meiner verzögerten Amtsübernahme des »Dichterberufs« (Hölderlin) ca. 1968/69 und dann vor allem mit dem ersten op. 1-haften Roman von 1973 wuchs auch vermutbar die Bewußtheit für diesen Beruf – und seine/meine spezielle Ausrichtung, wie sie meinem Talent, meinen Prägungen, vielleicht meiner genetischen Zurüstung entsprach. Staatsdichterisches, Menschheitsmissionarisches, Gesellschaftspolitisches oder gar -revolutionierendes: Derlei und die zugehörigen Posen und Attitüden – soviel läßt sich von heute aus sagen und ließ sich wohl um 1970 ff. schon – waren mir so gut wie ab ovo fern und fremd. Weder nahm der fünfjährige Kindergartenstar seine Krippenspielrolle als Gottvater oder jedenfalls Oberhirt allzu ernst und weihevoll, noch etwa ließ sich der 15- oder 18jährige zu lyrischen Artefakten im Rilke- oder gar Benn-Stil hinreißen. War er auch viel zu unbegabt dazu, ja wirklich blockiert; auch als Leser: Selbst einfach gestrickte Spätkindheitsromane von Karl May bis zum »Lederstrumpf« machten ihm Mühe, er kapierte, wie erwähnt, sie einfach nicht so ganz, hatte (obwohl gleichzeitig in der Mathematik, Geometrie usw. zeitweise eine Kanone) spürbare Grenzen in seiner Auffassungsgabe. Geschweige denn Verständnis für Gedichte, die über die unverächtliche »Bürgschaft« hinausgingen. Noch dem 18jährigen war Eugen Roth so etwas wie seine personal limit line o. s. ä. – und manche der gereimten Alltagshumoresken von Roth sind ja so minderwertig nun auch wieder nicht, wie sie später blind gehandelt wurden. Doch, durchaus könnte man Roths »Ein Mensch«-Gedichtskosmos als ein Säulchen in meinem nur allmählich fülliger und konsistenter werdenden Komiktempel ansehen.

Übrigens: meine vorerwähnt guten Leistungen im Mathematischen usw. brachten mir als Erwachsenem nicht viel ein; und schon gar kein Verständnis für Geld- oder gar Bankvorgänge und dergleichen Quark. Keinen Dunst habe ich.

Die frühe Freude an Jux und Spielerei, an Kabale und Kinderei wurde bereits anderenorts in diesem Buch erwähnt. Nicht ex origine vorhanden war, aber rasch forcierte sich ab dem ca. 25. Lebensjahr die auch journalismusbegründete Freude am Zuschlagen, am Zuschlagen gegen unerwünschte, widerwärtige, langfristig unausstehliche öffentliche Personen, nicht selten weibliche von Rinser über Höhler und Hamm-Brücher bis hin zu Mitscherlichs hinterlassener und »hinreißender« (Habermas) Margarete; nicht ganz zu vergessen auch jene heute schon beinahe verblaßten und ohnehin verblichenen Witzfiguren wie Dorothee Sölle oder Annemarie Renger und Uta Ranke-Heinemann usw. usf.

Die Freude daran verdoppelte sich später, wenn beispielsweise die »Süddeutsche« sich nach fast 26 Jahren (!) zustimmend und sogar korrekt zitierend daran erinnert, wie ich 1985 den unsäglichen Kabarettisten und sog. Satiriker Hüsch eindrucksvoll niedergemacht und beherzt der höheren Gerechtigkeit überantwortet und ausgeliefert hatte: »Gibt's keine Polizei, die nachweisliche Idioten dingfest macht?«

Mein Werden zum Komiker, Humoristen, Satiriker (die Dominanzen waren da wohl nie so ganz klar und schwankten):

Vermutlich einigermaßen, ja stark abweichend von den sonst nicht ganz unverwandten Präzedenzfällen F. W. Bernstein (Fritz Weigle) und Robert Gernhardt, die beide zum Komischen, zum komischen Lyriker und komischen Zeichner, wenn nicht geboren, so doch, wie man hört und z. T. auch nachlesen kann, gleichsam vorbestimmt, immer wie auf dem Sprung, vielleicht auch in der beschaulich abwartenden Lauerstellung waren, verlief meine eigene Schriftstellerwerdung hin zum Geschlecht des Satirischen, Humoristischen, prädominant Komischen (wenn schon nicht Heiteren) einigermaßen mählich, gemächlich und vor allem ein bißchen zufällig. Weder war mir m. E. das Talent dazu derart in die Wiege gelegt wie den beiden Genannten; noch ganz früh bereits erkennbar; noch hatte ich quasi ständig schon die zuständigen Leitsätze abrufbar und mich verpflichtend im Kopf, also z. B., daß der Satiriker nach Tucholskys Willen ein verhinderter Idealist sei und ähnliches mehr; noch hätte ich für des Daseins Last und die Versagungen des Lebens irgend bewußt und davon überzeugt Kompensation gesucht und gefunden. Neinnein, mein Leben war spätestens mit 19 erfüllt und überfüllt, ja proppenvoll des Erfolgs im Kohle- wie im Weiberbereich, ausgelastet, in sich ruhend – –

Quatsch. Das nicht. Das denn nun gottseidank doch nicht.

Ein finales, extrem kurzes Wort hier noch zu der später häufigen mich und mein Treiben berührenden Leser- und Kritikerverwechslung der Begriffe, auch der plausiblen Berufsbezeichnung: Daß Satiriker, Ironiker, Humorist, Komiker immer seltener halbwegs ordentlich auseinandergehalten werden, darüber habe ich zuzeiten schon mehrfach Klage geführt. Enerviert hat mich vor allem manchmal die wahllose oder auch richtiggehend falsche Berufstitulatur »Satiriker«. Sie ist, etwa in Verbindung mit meinen Romanen, nicht viel sinniger, als wenn man Beethoven wegen der »Wut auf den verlorenen Groschen« mit ihr behängt hätte.

*

So recht eigentlich bin ich ja wohl mehr ein zurückhaltender, ein bescheidener, sich zuweilen sogar kleinmachender, ein dünkelloser Mensch. Auf eins aber, auf eins bin ich wirklich stolz, dessen darf ich mich ungescheut rühmen: Ich habe das seit ca. 1965 im Schwang befindliche, das allübliche, das für allerlei Linke fast obligatorische und grunzdümmliche Polizistenschimpfwort »Bullen« nie in die Feder oder auch nur in den Mund genommen – und kann es partiell sogar beweisen: Mit der Sammlung leicht ironischer, im wesentlichen aber vor allem freundlicher, ja sympathiewerbender Kurzerzählungen unter dem Titel »Von der Schönheit unserer Schutzleute« aus dem Jahr 1972.

Und das war damals in der überlagernden Optik wie im schieren Wortgebrauch neu und beinahe schon tapfer. Man kann sich die Einfalt, die ohnmächtige Stupidität der damals linkskollektiv obrigkeitsfeindlichen Seh- und Rede- und Empfindungsweisen heute gar nicht mehr stupid und einfältig genug vorstellen. Auch wenn neuere zeitgeschichtliche Spielfilme und Dokumentationen davon ebenfalls ein aber mehr unfreiwilliges Zeugnis ablegen. Die Meinhof beispielsweise redete und schrieb in ihrer aktiven Zeit, im Knast und auch außerhalb schon, mindestens 2850mal von »Bullen«.

Ob sie sich dabei auch nur einmal irgendwas gedacht hat? Geahnt hat wenigstens die ästhetische Unzulänglichkeit ihres widersinnigen Geschmarres?

*

»Natürlich, die Bullen sind Schweine« (U. Meinhof, Juni 1970 und ähnlich manches andere Mal mehr). Nicht nur von heute aus gesehen einleuchtend, daß sprachempfindsame Menschen auf derartigen Wort- und Metaphernkollapsenunflat hin bereits zu Zeiten von Baaders Revolution idiosynkratisch zusammenzuzucken sich oftmals gezwungen sahen – und schon damit der ganzen Sache nicht allzu sympathisierend oder wenigstens anteilnehmend zur Seite standen. Gleichwohl merkwürdig, über die Maßen merkwürdig, welch eine geringfügige Rolle die damals großspektakulären und die Welt vielleicht aus den Angeln hebenden, heute bei Aust oder Willi Winkler nachlesbaren, nach 1971 beinahe täglichen terroristischen Vorgänge unter den Signen »BM«, »RAF«, »Kommando 2. Juni«, später z. B. auch »Revolutionäre Zellen« usw. für mich, aber auch für andere beruflich und politisch Nahestehende damals spielten, real und im öffentlichen und Alltagsleben – wie recht vage und blaß sie auch sogar in meinem sonst noch guten Gedächtnis sediert sind.

Ich wüßte heute und wußte zu jener Zeit kaum, weder jetzt in der Erinnerung noch damals aktuell, welch zahlreiche und wahrhaft einschlagende terrorrevolutionäre Erschütterungen zumal ab Mai 1972 in der Bundesrepublik fast täglich statthatten; obschon ich in Frankfurt quasi danebenwohnte, meine Logis ganz in der Nähe der qua Torheitsballung gleichfalls von einem Bombenanschlag heimgesuchten sogenannten linken Frankfurter Rundschau hatte. All das, und obwohl ich dem politisch-satirischen Journal ja weiterhin assoziiert war, spielte, wohl anders als die noch eindrücklichere zweite Mordserie von 1976/77, in unseren sonst ganz agilen Köpfen offenbar keine oder kaum eine Rolle – inbrünstig bewegt haben uns im Mai 1972 mit Sicherheit der Brandt-Barzel-Mißtrauensvorgang und, fast heftiger und anhaltender noch, Netzers Glanzauftritt beim 3:1 in Wembley.

Die hafteten und halten noch heute in der Erinnerung.

Waren wir, gerade wir vermeintlich Nahestehenden, von Blindheit geschlagen? Von einer etwa gleichzeitig sich zutragenden »Vollidioten«-ähnlichen Weltwahrnehmung geblendet? Oder traten die immerhin auf summa summarum 65 BM/RAF-Tote sich eskalierenden Dinge doch viel weniger kompakt, weniger aufmerksamkeitserzwingend auf, als sie sich in der von Bedeutungssuggestion lebenden Chronik darstellten und heute noch, weiter verblassend, darstellen?

Parallelwelten? Die in kaum einer Verbindung standen?

An die Gefangennahme Baaders in Frankfurt am 1.6.72 habe ich keine nennenswerte Erinnerung. Aber auch die kurz nach der Baaders erfolgte Verhaftung Ensslins und dann die Meinhofs, diese immerhin schon großmedial realisiert und nämlich achtmal am gleichen Tag im Fernsehen zu beobachten (Winkler, S. 212) – all das ging ganz offensichtlich an mir/uns nachdrücklicher vorbei, als ich es von heute aus wahrhaben möchte. Erst das spätsommerliche PLO-Olympia-Massaker »Schwarzer September«, mit den BM-Komplexen nur mäßig korrelierend, das grub sich wieder tiefer ein; immerhin kaum weniger tief als Rosendahls und Meyfahrts und Wolfermanns Goldmedaillen und der ganze restliche Sportschamott.

⁂

Die nicht ganz unbeträchtliche Lebens- und Erfolgsgeschichte meiner frühen Romantrilogie, der damals halb gegen meinen Willen häufig und etwas mißverständnisträchtig auch sogenannten Trilogie des laufenden Schwachsinns, also der Romane »Die Vollidioten«, »Geht in Ordnung – sowieso – – genau – – –« und »Die Mätresse des Bischofs« (1973/77/78): sie wurde da und dort (z. B. Werkausgabe Band 1 und 2, Editorische Notiz) und wohl auch schon oft genug beschrieben; hier bedarf sie im Schnelldurchgang noch einmal zumindest der gerafften Fassung:

Alles begann im Spätherbst 1971 mit der Koinzidenz eines von Bernd Eilert und mir verfaßten Dostojewski-Essays (für die Frankfurter Rundschau, eine spätere Version für den Bayerischen Rundfunk); und zweitens der draus folgenden konsensualen Meinung der beiden Verfasser, in diesem komisch sehr ergiebigen halbnärrischen bzw. kunstvoll aufgeregten Dostojewskischen Plapperton von angetäuschter Disinvoltura müßte auch mal, den trübseligen Standard des epischen Zeitgeists zu überwinden, ein zeitgenössischer Roman stattfinden; und drittens mit der zuerst wohl nur halbbewußten Beobachtung, daß ziemlich simultan dazu Ende 1971 in den damaligen Frankfurter Kulturkrauderkreisen (siehe den analogen Passus im »Vollidioten«-Vorwort) das Rohmaterial für so einen Roman sozusagen vor Augen und Füßen liege. Material aus Vorgängen nicht gerade, wie im Roman suggeriert, »innerhalb einer Woche« abgelaufen; aber doch in kurzer Zeit und in seltener Ballung. Auch wenn diese Ballung zumal in der Wirklichkeit wiederum nur eine suggerierte, eingebildete war. In Wahrheit läuft das Leben ja immer allzu stetig und fad und gleichsinnig ab.

Es folgte in zweiter Phase von Dezember 1971 bis Januar

1973 die Roh- und Reinfassung des Romans – mit einem Beratergremium, das wiederum großteils als Romanhaupt- und Nebenpersonal in Zweitfunktion diente. Dem anknüpfte sich die Austüftelung eines gemixten Subskriptionslesersponsorenverkaufsmodells: Für einen nach etlichem Hin und Her beschlossenen Privatdruck (ohne Verlag) sollten 2000 Leser vorab 10 Mark berappen; später ging es auch mit 800. Anschlossen sich Satz und Druck des Werks in merkwürdig schlampig-druckfehlerreicher und später auch stark aus dem Leim gehender Gestalt. Ausgleichende, ja göttliche Gerechtigkeit: diese häßliche Urgestalt der »Vollidioten« wurde dreißig Jahre später von Antiquariaten mit 290 Euro für die einstigen 10 Mark gehandelt.

Nun wiederum folgte eine recht professionelle Pressebearbeitungsarbeit: Man wußte »die Medien« dahin zu beschwätzen, daß hier a) ein besonderes Glanzstück der neueren deutschen Literatur sich vorbereite, und b) dies im Rahmen eines neuen und möglicherweise futuristischen Verlags-Vertriebssystems; ein Amt, dem sich die Romanfigur »Rösselmann«, bürgerlich der »pardon«-Redakteur Bernd Rosema, richtig hingebungsvoll widmete; auch wenn er den entstehenden wie dann den fertigen Roman niemals las. Und endlich Ende März 1973 hatte es eine schwer rauschige und fast endlos sich hinziehende Buchpremiere im Frankfurter Gasthaus Mentz-Krenz; dessen Chefwirt Hans Mentz entgegenkommenderweise und vielleicht überwältigt von all dem Zauber in seinem Hause erst wenige Wochen später verstarb.

Die Arbeit am – noch nicht als Trilogieteil bedachten – zweiten Roman »Geht in Ordnung« etc. hub an nach der Verwerfung eines etwa analogen Hörspielplans im Winter 1974/75 und war im Spätherbst 1976 zur Druckreife vorangeschritten – gedruckt wurde diesmal nicht privat, sondern nach wiederum einigem Hin und Wider (mit S. Fischer, Diogenes u. a.) beim Neuverlag Zweitausendeins, einem damals schon sehr erfolgreichen und weiter erfolgversprechenden Unternehmen, das bisher kaum selber Bücher gemacht, jedoch gewieft verramscht hatte. Erfolgsgesegnet war die dortige Veröffentlichung von »Geht in Ordnung« aber erst einmal nicht, das dauerte; und sie zog nach den »Vollidioten« weitere mehr oder weniger kulthörige Bescheidwisser-Beschwörer-Leservereine nach sich; für einen Autor, wie man sich leicht ausmalen kann, nicht unbedingt wünschenswerte, eher zweischneidige Konfigurationen.

Der dritte Roman »Die Mätresse des Bischofs« war schon bald nach dem Start der Rohfassungsarbeit im Herbst 1977 (sozusagen am Tag der Schleyer-Entführung) als beschließender Band jener Trilogie ersonnen, geplant und elaboriert (siehe die viel später von Ivo Wessel erstellte Broschüre mit dem Trilogie-Themen-Motiv-Gerüst en detail). Erwogen war da auch zeitig, nach einem folgenreichen Impromptu von Robert Gernhardt, eine Ausstattung aller drei Bände mit den untereinander stark liierten und auch mir befreundeten Zeichnern F. K. Waechter, Gernhardt und F. W. Bernstein (Fritz Weigle). So kam's denn auch: hintereinanderweg illustrierten sie fast gleichzeitig die drei Bücher, jeder auf seine Weis' und Technik – und zur Buchmesse 1978 lag die Trilogie, von Franz Greno schön edel und üppigst gestaltet, komplett vor. Und wurde, bald auch vom Publikum, zunächst aber im November 1978 von den Autoren, Verlegern, Mitarbeitern und sonstigen Rumtreibern wiederum kraftvoll gefeiert, diesmal zwei Tage lang in dem Weiler Lauterach bei Amberg.

Bewundert wurde die Trilogie teils rasch, teils allmählich

und sich beschleunigend; aus poetischen Gründen, mehr aber wohl noch wegen ihrer eindrucksvollen, sich nach 1980 nochmals dynamisierenden Auflagenzahlen. Je nach Zählung kommt man bis heute auf 200 000 Trilogieausgaben; rechnet man die drei Bücher separat samt ihrer Präsenz im Trilogieverbund, kommt man auf etwa 400 000; »verkaufte«, wie es heute meist arg aufdringlich heißt; offenbar rechnet man sonst mehr mit erlogenen und erträumten. Und auch, während sonst heute Verleger nicht selten einfach eine Null dazugaunern, stimmen hier nach meinen Abrechnungshonoraren die fünf Nullen.

Im Buchhandel trieben sich die drei Romane nur einmal kurz herum (1995). Zugespitzt gegrummelt, hatten sie dort auch nichts zu suchen.

Nicht schlecht: Daß sich die Romane nach stark verhaltenen, zögerlichen Anfängen bei den Kritikern bald gleichfalls sehr, ja übermäßig gelobt sahen, zuweilen als die erfreulichsten der Nachkriegsliteratur. Das dauerte freilich, doch heute wünschte ich mir fast, daß der Beifall nicht gar so einhellig, annähernd widerspruchslos aufträte, zermürbend unisono daherkäme.

Etwa parallel zum Ewigkeitlichen das Ökonomische: Der Beifall, der Erfolg der Trilogie war kein shootingstarischer, sondern langlebig und hartnäckig, und fast gleichmäßig zog er sich über 30, teils bald 40 Jahre hin – dies eine auch einkommenssteuerlich günstige Sternenstellung.

Nachdenkwürdig, problematischer und um doch noch in einiger Eile von der Statistik und schieren Chronik wegzutauchen: Wenn Sie mich heute fragen oder wenigstens fragten, ob mit meinen Büchern, der Trilogie zumal, tatsächlich etwas wie »die Henscheidsche Wende in der deutschen Nachkriegsliteratur« eingeleitet und getätigt worden war, wie Gustav Seibt gelegentlich kulanterweise mutmaßte: ich glaube es kaum. Ferne liegt es mir, gar zu obstinat unbegeistert zu sein. Aber es ist nun mal so: Was neun von zehn Trilogielesern, das ergab sich z. B. bei Lesungen, besonders gefiel und gefällt, das leuchtet mir halt meist weniger ein. Und umgekehrt. Eine Lieblingsminiatur von mir aus der »Mätresse«, über den baumlangen Wirt des »Paradies«-Altherrenlokals: »Durch sein Erscheinen hinterm Zapfhahn machte Karl Demuth auf sich aufmerksam« – ich kenne kaum Leser, die diese Vorliebe für eine bestimmte Welterfahrungs- und -benennungsweise mit mir teilten, diese spezielle Lesekultur. Aber man muß gleichzeitig und ohne gar zu viel Koketterie einräumen: Manche haben halt einen besseren Geschmack als ich ihn als Leser habe. Und nicht und nicht drüber rauskomme.

Immerhin weiß ich mich ihnen als Autor leicht überlegen. Und habe jedenfalls noch fast nichts anderes gehört.

Und bei der Wertschätzung der »Geht in Ordnung«-Hochgebirgserfahrung aus dem Munde des schon sehr wehen Alfred Leobold: »Berg-Berg!« – nach allem, was ich höre und lese, treffen sich da die so oder so erlesenen Geschmäcker dennoch ziemlich wieder.

*

Aus, aber mindestens, Korrektheitsgründen seien sie als Fürsprech, Förderer und Forderer auf ganz unterschiedlichen Ebenen hier nicht gänzlich verschwiegen. Sondern nochmals bedankt. Für die Fertigstellung meines Romandebuts »Die Vollidioten« (1973) machten sich als (Vor-)Lek-

toren, Berater, Promotoren, Warner und Verlagsempfehler
stark: Bernd Eilert, Robert Gernhardt, Harry Rowohlt, Herbert Rosendorfer, Karlheinz Deschner und Bernd Rosema,
alias im Roman »Herr Rösselmann«; der vor allem auch für
die Initiations-Festivität in der Frankfurter Romanlokalität
»Mentz-Krenz« im März 1973 zuständig war und dazu ganze
Heerscharen des zu jeder Zeit anlockbaren deutschen Kul-
turjournalismus an den Main trieb. Und wohl in der Folge
dieser Anstrengung den Roman bis zu seinem Lebensende
gut dreißig Jahre später nie gelesen hat; wie mitgeteilt.

Nicht vollends vergessen sei für diese frühe Phase der
Komponist Christian (»Marmor, Stein und Eisen bricht«)
Bruhn; der auch annähernd gleichzeitig zu den frühen Lesern, Verehrern und Förderern des schon bekannteren, aber
noch immer förderimpulsbedürftigen Robert Gernhardt
zählte.

Und das, dieses Double, soll ihm, Bruhn, erst mal einer
nachmachen.

*

So in fast jeder Weise heiternd und manchmal skurril die
Erfolgsgeschichte des Romans (und der sich anknüpfenden
Trilogie) – leider nur von einer so klugen wie besonnenen
bzw. belehrbaren Minderheit von Lesern, ich schätze drei
von hundert, ward übers allgemeine vom Roman ausgelöste
Heimatgefühl hinaus die Mehrbödigkeit, die innere Struktur,
die geheime und auch wieder nicht gar zu geheime Faktur
und also das richtige Lesemodell lesend verifiziert. Wie ähnlich bereits bei Dostojewski, vornehmlich im »Jüngling«-
Roman, ist der Motor des Romans das wie bescheuerte reale

oder auch mentale Hin- und Herschwirren des (Ich-) Erzählers, sozusagen quer durchs verfügbare Personal, durch die Stationen der ihrerseits soziologisch nicht so ganz nachvollziehbaren Gesellschaft. Die Suggestion nimmermüder Dynamik, ja Gehetztheit und Anteilnahme: des Erzählers wie in der Verlängerung der seiner Sozietät; Anteilnahme an allem und jedem.

Wie beim hierin vorbildlichen Russen wird in den »Vollidioten« dies voll und ganz pathisch nimmermüde – humoristische, lächerliche und lachenmachende – Herumkurven durch das offene oder verborgene, quasi lang verheimlichte Eingeständnis von Reglosigkeit, Desinteresse des angeblich allseits anteilnehmenden Personals, Desinteresse eventuell auch des Chronisten selber, konterkariert, relativiert; Walter Benjamin hat einmal, und als einer der wenigen, scharfsichtig erkannt und beschrieben, wie ausschließlich diese permanente Exaltiertheit halbwegs wahnsinnig Gewordener den Typus Dostojewski-Roman trägt und befördert: Alles, Benjamin stark verkürzt, wird dem Leser so lange und inständig aufgeschwätzt, bis er glaubt, was eigentlich in etwelcher Realität gar nicht sein kann.

Hier wie dort wird in gewisser Weise zudem schon aus Gedächtnis-Wahrscheinlichkeitsgründen ziemlich klar – müßte es werden –, was der Erzähler für ein im Grunde wieder einfaches Vexier- und Trickspiel betreibt. Daß da gewaltig wirbelndes und als solches beneidenswertes Leben prinzipiell ja nur am Schreibtisch stattfindet; bestenfalls in der beschwörenden Erinnerung, meistens aber als reine Fiktion, als mehr oder weniger reine Lüge: um das besagte »Leben« zu schaffen, was wiederum dem Buch fiktional und dann sogar real zum Verkaufserfolg bei täuschungsbereiten Lesern verhelfen soll; um, wie es im analogen Einleitungskapitel des folgenden Romans »Geht in Ordnung« einmal ohne Scheu heißt, eine »literarische Karriere« zu starten und vorwärtszutreiben – wie der »Vollidioten«-Erzähler mit Drive sein so biederes wie verschlagenes, vermunkeltes Erzählwerk.

Gelesen wurden die »Vollidioten« zu Beginn manchmal schon völlig falsch als Schlüsselroman über eine damals neugierig machende Frankfurter Satire- bzw. Kulturmitmischerszene. Nicht ganz so daneben lagen jene, die sogar mit einem gewissen Neid sich von der tobenden Turbulenz der suggerierten Frankfurter Wirrwarrswoche irreführen ließen – sekundenweise war vielleicht sogar der Autor selber darunter. Dabei wäre im Extremfall, wie auch bei den späteren Romanen der Trilogie, sogar das Lesemodell denkbar und streckenweise nachweisbar, daß ein etwas vereinsamt-sonderlinghafter Erzähler »in Wirklichkeit« gar nichts »erlebt« hat. Sondern sich alles »Leben« nur ausdenkt. Als Gestaltidee seines zu tätigenden Buchs, wie sogar als am Schreibtisch zäh praktizierten Lebensersatz.

Bei den »Vollidioten« hat man es am plausibelsten mit einem Mixtum zu tun, das von der planen Erinnerung an Frankfurter Einzelabläufe bis zur formgebenden Leser- und Selbstbeschwörung die Hand sich reicht. Dies Schillern, diese Simulation, diese Formambivalenz, diesen Trick zu durchschauen, dürfte eigentlich für willige Leserhirne nicht gar zu schwer sein – es sollte, müßte am Ende sogar das Lesevergnügen forcieren. Tat es aber wohl schwerlich und allzu selten. In einer literarischen Öffentlichkeit, in der, lang vor Pisa-Bologna-Internet usw., nicht allein nichtprofessionelle Normalleser kaum geneigt sind, zwischen einem bürgerlichen und z. B. einem lyrisch-epischen Ich zu scheiden, sondern dies auch erhebliche Teile der Literaturkritik nicht können noch wollen (seit meiner entsprechenden »Raben«-Kritik der Kritik von 1984 hat sich da nicht viel verändert), wäre das Verlangen, solche Rezeptionshürden zu meistern, ein wohl schon unbilliges. Wenn man zudem die Lesefähigkeits- und Zitierkultur an der Bayreuther Guttenberg-Universität von 2010/11 noch in Betracht zieht, – gut gut, das wäre dann für einen Rückblick auf 1978 ff. etwas verfrüht, ja deplaciert, ja über die Erzähler der Trilogie hinaus vielleicht doch schon allzu digressiv.

Aber, um hier betreffs meiner vorhin angetippten Leserschaft doch einmal »den Standpunkt darzulegen« (Monika Ruhland) und dabei auch wirklich treffliche Nägel mit Köpfen zu machen:

Es vereint die Kardinalinferiorität dieser obskuren sog. Leserschaft ja fast immerzu und zu jeder Zeit wahrhaft konfusionierend sich mit einer erschütternden Integralinfamie im Bereich ihrer durchaus mindergestaltigen Gemütswallungswerte; die Schäbigkeit der ohnehin fehlenden Herzenskultur und »Mutterbildung« (Hans Mentz) im Verein mit der eklatanten Impotenz der zerebralen Befindlichkeiten reicht der allg. Unart, ja Mißgestalt zu beinahe jeder Tages- und Nachtzeit nachdrücklichst die schmutzige Hand. Die Scharten inwendiger Übelgesinnung spiegeln sich in der unübersehbaren Obergemeinheit der überwiegend superobskurantischen Physiognomien wider aufs widerwärtigste und verrohen dabei noch vollends unsere sonstigen Hirnsituationismen im Sinne eines universellen allg. Strauchelns hin zu ewiger Verfehlung. Gleichwohl leisten auch Menschen wie ich noch dieser metamächtigen Verlogenheitsgesinnung Vorschub durch Verkehr mit und Brieflektüre dieser ganz entsetzlich Törichten, deren Lesefrüchte, gewonnen aus dem »Bildungsfimmel des deutschen Durchschnittslesers« (Tucholsky, Auf dem Nachttisch), nämlich vornehmlich aus scheinverstandenen Romanen und sogenannten Satiren, die sie ja genaugenommen gar nicht kapieren wollen noch könnten, wenn sie wollten. Wer die katastrophische Kopfgemeinheit meiner Leser und Leserkrüppel mit ihrer ganz und gar eingebildeten Zurechnungsfähigkeit verrechnet, der kommt so unschwer wie »unerbitterlich« (K. Valentin) auf den Grund u. Hund der Erkennntnis, daß hier die Maus schon mal gleich gar keinen feuchten Faden abbeißt, sondern so schmählich wie im Grunde schmachvoll, ja schmarrenvoll, wie analog die angemaßte Teilnahme dieser windigen Wichte an meinem hohen, unverrückbaren, ja unvermeidlichen, mir striktest unterworfenen Führertum in gottgleicher (als Fragment hier abgebrochen).

So.

*

Nein, um dies gleich stante pede wieder klarzustellen: Ich kann schon summa summarum recht einverstanden und zufrieden sein mit meinen Lesermassenschaften. Sagen wir zu 59 oder meinetwegen auch 66,6 Prozent.

Warum allerdings einer (und ausnahmsweise nenne ich einmal keinen Namen) Germanistik studieren muß und da sogar seinen Doktor (über Barock-Epik) baut und sodann an der Trilogie »Bierhumor« naserümpft: diese Arschlochhaftigkeit – bewirkt, daß ich den Satz mal gleichfalls lieber unvollendet lasse.

*

›157‹

Das Jahr 1973 meines (nach einem Jugendwerk) eigentlichen Romandebuts mit den »Vollidioten« hatte, ehe sich erste Erfolgssignale hochreckten, auch beträchtliche Probleme gebracht. Mühen auch ökonomischer Art. Es war das Jahr, in dem ich gleichzeitig mein Kind Elfriede bekam, welches dann auch zu mir, in meine damalige Frankfurter Nordend-Wohnung, zog und eine Weile dort logierte. Es war das Jahr der großen Mitbestimmungsdiskussionen und allgemeinen Wirren um den damals so genannten liederlichen »Abtreibungs«-Paragrafen (Nr. 218) – ich aber war, abseits all dessen, plötzlich hoffnungsfroher Jungromanautor und gleichzeitig alleinverantwortlicher Kindsvater geworden – kann man sich vorstellen, daß das gut ging?

Genug. Ich fuhr damals einfach guter Dinge oder, genauer gesagt, auf gut Glück mehrfach nach Italien, dort einen bereits sich am Horizont abzeichnenden Opernführer voranzutreiben. Dieser erschien dann tatsächlich glücklich bereits im Jahr 1979. Ein weiteres Projekt, eine Biografien-Trilogie (nach der Roman-Trilogie) über Donizetti, Verdi und Puccini scheiterte aber schon ja kläglich im Vorfeld.

Im Sommer 1966, vielleicht auch erst im Februar 1970 oder spätestens im Spätherbst 1980, war bereits auch eine Verlobung havariert. Nun gleich auf einen Streich noch eine ganze Trilogie. Die Gesamtleitung lag da also ganz bestimmt in beiden Fällen nicht in den bewährten Händen von Roland Adler.

*

Einer der zuverlässigsten und allerdings auch sonderbarsten Kollektiv-Lacheinsätze bei Lesungen seit 1978, also seit dreiunddreißig Jahren bis zum heutigen Tag: Die zweite

Pfarrer-Sommerauer-Szene im 3. Romanteil der »Mätresse des Bischofs«, die als Warten auf den Fernsehgeistlichen mit den Worten »Ich lauerte Sommerauer schon seit Tagen auf« präludiert wird.

Kann man aus dem Lachen – bei dieser relativ ungewohnt-subtil formulierten Sache – darauf schließen, daß a) das ggf. tagelang währende heftige Warten auf irgendeinen vermeint-lich flüchtigen TV-Quark eine allgemein geläufige Erfahrung ist? Daß b) ebendies als »Lauern« bzw. »Auflauern« emp-funden wird, als eine Art Nachstellen, modern gesprochen Stalking, wie im semisexuellen Bereich und zumal bei Schön-heits- oder Sportstars? Und c) daß also Fernsehen doch ent-gegen der landläufigen Meinung keineswegs etwas Neben-sächliches, Beiläufiges, extrem Flüchtiges ist; sondern, wenn das Warten/Lauern schon so eisern betrieben wird, etwas enorm Ehernes?

Fragen über Fragen. Sie hören nicht auf.

Vor allem auch nicht die heikle, wie man sich des »Mätressen«-Ich-Erzählers Siegmund Landsherr tagelanges »Lauern« auf den kummervollen Geistlichen konkret und genaugenommen vorzustellen hat. Er, Landsherr, tut ja sonst lästerlich wenig und bringt über 500 Romanseiten lang kaum was zuwege, ein bißchen Kurorchester- und Klavierstunden-spiel und Todesanzeigen-Lektüre beiseite. Da paßt schon noch etliches starkes, ja ungestümes Auflauern in den Tages- und Wochenzeitplan rein – allein, wäre das Auflauern dann nicht genaugenommen eine so exklusive und erschöpfende Tätigkeit, daß es nebenher nicht mal mehr ein Klaviergeplän-kel duldet? Oder gar das romanthematisch zentrale Auflau-ern von – zwei Brüdern seitwärts von, ja weit noch vor Som-merauer?!

Der Fragen, die so ein siebenwörtriger Satz aufwirft, werden da noch immer mehr. Bis hin zur noch weidlich weiterführenden, ob man das Fernsehen nicht gleich besser als »Lauern« benennen sollte. Gesamtheitliches, also semantischstrukturelles Lauern?

*

Merkwürdigkeiten, wenn nicht Denkwürdigkeiten genug ereigneten sich ständig rund um den »Mätresse«-Roman. Daß Herbert Rosendorfers Roman »Das Messingherz«, zur gleichen Zeit entstehend wie diese »Mätresse« im Sommer 1978, aufs Haar die gleiche Seitenzahl 571 aufwies, mag noch einer besonderen Adhäsionskraft dieser vermutlichen Primzahl zuzuschreiben sein. Daß ich in diesem Rosendorferschen Roman auf S. 104 als Amberger Attraktion vorkomme, er, Rosendorfer, wiederum bei mir auf S. 540 im Zuge eines fiktiven Berichts der Südtiroler Dolomitenzeitung als Bozener Pfarrer, der das Journaillegewäsch des Heimatblatts über eine besonders gottesfürchtige Lifteinweihung scharf leserbrieflich zurückweist, das gibt schon mehr zu denken, wenn nicht bereits leidlich Gott zu fürchten. Daß Rosendorfers Held »Albin« heißt, meiner hingegen »Alwin«, der eine »Kessel«, der andere »Streibl«, ohne daß je von der einen noch der anderen Seite irgend Abstimmung oder auch nur breitere Arbeitsberichterstattung stattgefunden hätte; daß beide Helden mit einem mehr unklaren Kommunismus liebäugeln und mit noch unschärferer Spionage zu schaffen haben, das lenkt den Blick unweigerlich über beide Romane hinaus auf eine Wirksamkeit des Ganzanderen. Der 1978 freilich auch noch in ganz anderer Weise aktiv wurde:

Das Dreipäpstejahr 1978 sah hintereinander die Pontifexe
Paul VI., Johannes Paul I. und Johannes Paul II. auf dem Stuhl
Petri Platz nehmen, was den Zeichner und Kollegen Hans
Traxler im Zuge zweier Papstbücher ein Unheimlichkeits-
omen dünkte und von weiteren Papstbüchern Abstand nehmen hieß. In meinem Dünklingen-Roman von der sehr katholisch situierten »Mätresse« und ihren Leuten setzte sich
die ominöse Nichtgeheuerlichkeit insofern fort, als dort auf
S. 417 der gastierende Kerzenhändler Lattern der versammelten weihnachtlichen Herren-Tombola-Runde bei Koinzidenz von romanlicher und Realzeit (1977/78) zu sehr vorge-
rückter Stunde und gleichsam visionär kündet, bald werde es
heißen, man habe einen »Papam – gehabt« – »ein neuer Papst«
aber stehe ja schon bereit.

Geschrieben wurde der Passus von mir im Winter 1977.
Daß längst nach Drucklegung des Romans im August Paul VI.
sterben würde, erklärt doppelt sich wohl aus der glänzenden
Ahnkraft eines Hochromanciers im Verein mit dem Unkver-
mögen eines bischöflich-päpstlichen Kerzenhändlers. Daß
freilich bereits 33 Tage später auch der neue Papst wieder
sterben täte, das konnte selbst der unter dem Panier von Ker-
zenfrömmigkeit als eine Art Inkarnation des Teuflischen
operierende Lattern noch nicht wissen, noch auch nur betrunken schwankend zusammenschwurbeln.

Omina odiosa sunt. Von den allzu höheren Korrespondenzen sollte man, auch in diesem Buch, ohnehin besser die
Nasen lassen. Weniger der gottlosen Hybris dienend als mehr
der gewappelten Romanpsychologie war die vier Monate
nach Romanabschluß getätigte Erfahrung, daß mich als Ver-
treter des mehr rüstig realen Lebens plötzlich Sehnsucht nach
den erledigten, mit einem Erleichterungsstoßseufzer erledig-

ten fiktiven oder halbfiktiven Romangestalten überwölbte; Sehnsucht dergestalt, daß man z. B. gern dauerhafter mit ihnen Umgang, Freundschaft geschlossen hätte; sonderlich skurrile Sehnsucht vor allem nach der katholischen »Kohl-Familie«, die aber leider in dieser kurzen Zeit in rascher Folge »real« verstorben oder mir sonstwie verlustig gegangen war.

Wieder mehr ins höhere Ominöse inklinierte eine Leseerfahrung, getätigt erst eine gute Weile nach Romanabschluß: »Eine originelle und mir sehr liebe Erscheinung waren für mich die Brüder Eberhard, Franz und Konrad. Konrad, der als Künstler bedeutendste, war damals 65 Jahre alt, Bruder Franz aber 57. Beide unverheiratet, lebten und arbeiteten sie in innigster Eintracht miteinander. Gingen sie so langsamen Schritts auf der Straße, so glaubte man ein Bild aus alter Zeit zu sehen.«

Den Passus aus Ludwig Richters Lebenserinnerungen, Leipzig 1950, hatte nicht ich, sondern in akuter Fertigstellungsphase der »Mätresse«-Zeichner F. W. Bernstein aufgespürt, und zwar im Urlaub in Dänemark, wo er gerade 15 Blätter fürs Buch angefertigt hatte. Richter trifft übrigens die beiden genannten Brüder in Perugia wieder, während mein Protagonist Landsherr die seinen im nahen Florenz vorfindet –

– ich aber finde am Tag von Bernsteins Richter-Entdeckung an keiner dümmeren Stelle als in der Radio/TV-Zeitung den sensationellen Hinweis, daß der für den Roman zweimal hochrelevante Ort Knittlingen keineswegs, wie von mir bei der Niederschrift gewähnt, fiktiv ist; sondern der Geburtsort des historischen Faust, und zwar genau fünfhundert Jahre vor dem Roman im Jahre 1478 – ja, ich meine, aus all dem geht doch nun wirklich immerfort klar und unbehelligt und sogar ungebrechlich hervor, daß ich einfach begnadet bin – oder, gut, machen wir's halt eine Nummer kleiner: daß alles mit allem und mit Clemens Brentano wohlwollend verbunden und verschwurbelt ist und sich trauernd und tröstend die Hand reicht und »im Widerschein sich ähnlich sein« möchte; wie es am schönsten Moment meiner Lieblingsoperette, dem »Bettelstudenten«, heißt und wie es allerdings dies alles vorausahnend schon im Romane (S. 317) selber steht.

*

Gustave Flaubert, »November«, 1840–42:

»Bestimmte Wörter wühlten mich auf, die Wörter Frau, Mätresse vor allem (…) Was eine Mätresse anging, so war das für mich ein satanisches Wesen, dessen Magie des Namens mich schon in lange Ekstasen versetzte. Dieses Geheimnis der Frau außerhalb der Ehe, die eben deshalb noch mehr Frau ist, erregte mich und betörte mich mit dem doppelten Reiz der Liebe und des Reichtums.«

Im Kern nicht unähnlich, aber nicht ganz so lasterhaft exzessiv sinnt auch mein Roman-Ich Siegmund Landsherr bereits zu Beginn des Buchs (S. 7) über das Wort »Mätresse«, ja sogar über seine erotisierende Steigerung »Maitresse« nach. Aber doch im Vergleich zu Flaubert auch schon gleich ausgesprochen kommerzspekulativer. Das eben ist der Fortschritt, das Schicksal unseres schalen Jahrhunderts: Mehr Weltläufigkeit, aber auch weniger Leidenschaft; weniger Tiefe, dafür mehr Flattersinn; weniger Ekstasen, aber auch nicht mehr so viel Verlogenheit. »Die kleine Lustfabrik der Person« (Musil, Mann ohne Eigenschaften, 109. Kapitel) verlangt nach neuen betörenden Reizen; und sei's den, daß das große Wallfahrtskirchengespräch mit Alwin am 1. März stattfindet; daß aber mit einer lang *nach* Romanbeschluß getätigten Entdeckung an diesem Tag tatsächlich der christliche Albin seinen Geburtstag im Kalender feiert.

*

Die herzige Romanfigur Alwin Streibl aus der »Mätresse« von 1978 hatte auch im bürgerlich-prosaischen Leben ihr – mich jedenfalls – kaum minder erquickendes Pendant. So etwa, wenn dieses am 23. Mai 1979 im Sulzbach-Rosenberger Italienercafé Sommariva der kellnernden Chefin gegenüber der Bestellung, sehr bittend, ja fast bitterlich vorgetragen, zum Ausdruck verhilft: »Eine Frage: tät' Ihnen ein Cappitschini beschwerlich fallen?«

Das Genialische der Frage besteht und beruht wohl vornehmlich in ihrem subkutan Mitzudenkenden: Daß nämlich (ich habe seither Tests gemacht) keinem einzigen von zwanzig deutschen Italienern das Wort »beschwerlich« zu Gebote steht. Ja, ab spätestens der Jahrtausendwende ist es sicher auch 97,5 Prozent der Deutschen zu beschwerlich geworden.

Er war, der Roman-Schwager »Streibl«, selber ein zuweilen beschwerlicher, unterm Strich aber einer der interessantesten und zwischen Marx und Hemingway erheiterndsten Charaktere meines Lebens.

*

»Also Sie: noch so einen großen Roman schreiben, alles was recht ist, ich könnt's nicht diese Woche. Sie: da braucht's eine solche Energie, eine Kraft braucht's dazu, Sie machen sich keinen Begriff, was für eine Kraft das braucht, so einen richtigen großen Roman zu schreiben.«

Soweit schon richtig vom Verfasser der Zeilen, F. W. Bernstein (Meine Romantheorie, 1995), beschrieben; geahnt mehr als gewußt, denn er hat keine wirkliche Erfahrung, keine praktische, keine veritable. Nach den gut 500 Seiten »Mätresse« lautete, schon zum Arbeitsfinale hin, der Eid: Nie mehr! Einmal ist genug! Kein Mensch bezahlt den vitalen, den Gesundheitsverlust, wähnt auch nur die von Flaubert kaum übertrieben beseufzte Tortur, Lusttortur, wie er es mehrfach nennt, in gleichfalls lusttorturhaft sich wiederholenden Formulierungen brieflich etwas gar dickmacherisch nennt.

Aber damit im Kern recht hat. Zu wissen, daß alle Welt Juni, Juli, August sich so unentwegt wie unverdrossen ewig im Schwimmbad wälzt oder im Ausland herumeiert, zu paramilitärischen Bodenbodenschießvolksaufläufen hinrennt, auf Wald- und Wiesen- und Höhlen- und sonstigen tobenden Bier- und Bratwurstfesten herumnudelt als in des Volkes wahrem Himmel und überhaupt keine Ruhe mehr gibt, Tag für Tag und monatelang und ohne Pause – indessen der Romancier bei 26 bis 37 Grad Zimmertemperatur unverzagt kleinste stilistische Verschönerungen und noch kleinere gestaltpsychologische Verbesserungen auf S. 171 und 353 und ausgerechnet auch noch 507 auszutüfteln hat, vom inneren Dämon gezwungen, vom Korrektheitsteufel gepeinigt und damit sein eigener allergrößter »Peiniger« (Dostojewski, Der Jüngling), versunken in sein dubioses Weininger-Freudsches Gegenglück des Verzichts, vergessen von aller Welt und fast ihr schon abhanden gekommen, und allenfalls spätabends von ein paar eisgekühlten Bieren getröstet und aber untertags

von so gut wie ununterbrochen geschmauchten und ein-
gesaugten Gitanes-Zigaretten dem Grab noch schleuniger
nähergebracht –

Und ästimiert, auch nach Fertigstellung, wird alles so gut
wie gar nicht – nein, nie mehr, nie mehr!

Allein, bereits fünf Wochen später läßt das Verdammungs-
und Verdammtheitsgefühl schon wieder ein bißchen nach,
nach fünf Monaten schiebt sich die neue (Vor-)Lust an der
Torturerwartung vorbei – und nach genau fünf Jahren ist es
abermals so weit, mit 500 Seiten »Dolce Madonna Bionda«-
Qual auf ein Neues.

Und diesmal sogar, am 27. Juli 1983, placiert am Schreibtisch inmitten des 1,5 Kilometer weit entfernten deutschen
Jahrhundert-Hitzerekords von 40,2 Grad Celsius!

*

»Egregio Professore!« Es ist nicht ganz klar, ob mir Italo
Svevos Tochter Letizia Fonda Savio nach einem Triest-Ken-
nenlernbesuch im April 1979 ein paar Monate später diese
briefliche Anrede zuteil werden ließ, weil sie aus meinen vier
an sie geschickten Texten über ihren ein halbes Jahrhundert
vorher verstorbenen Vater besonders tiefgründendes Verständnis herauslas; oder weil man in Italien mit mindestens
drei halbwegs essayistischen Zeitungs- oder Radiotexten eben
Professor ist.

Das zweitere scheint dabei das erstere als Legitimation fast
zu überwölben.

Ein eigenartiges Völkchen.

*

›166‹

»Die nie göttlich genug zu verehrende Sprache«, bejubelt Gottfried August Bürger. Hier steht ein teuflisch genuger Fehler drinnen. Oder jedenfalls drin.

Allerdings sind es genau zu nehmen gleich drei Fehler. Ein grammatikalischer, ein logischer und ein theologischer.

Ansonsten hat mich G. A. Bürger im Leben recht wenig interessiert. Mit einer Ausnahme. Nämlich im Zusammenhang eines klärenden Goethe-Worts an Eckermann, begründend, warum jener Bürger auch ihn, Goethe, wenig gejuckt habe – und dies aber so schön, daß Bernd Eilert und ich es in unser Schau-/Hörspiel »Eckermann und sein Goethe« von 1974 mitaufgenommen haben:

»Ein Mann, der in seinem 30. Jahr ein Gedicht wie die ›Frau Schnips‹ schreiben konnte, mußte wohl in einer Bahn gehen, die von der meinigen ein wenig ablag.«

*

Am 28. Februar 1972 schreibt mir bzw. (das wird nicht so ganz klar) der »pardon«-Redaktion Monika Schlotthauer aus 65 Mainz-Mombach:

»Betr.: Die Henscheid-Scheiße bzw. Samenerguß. Ei, sieh mal an: Ein pardon-Patriarch hat wieder mal onaniert. Herr Henscheid streichelt sein Schwänzlein und freut sich über die Bereitwilligkeit etlicher Frauen sich als Sexualobjekte so richtig schön ausbeuten zu lassen. Herr Henscheid kommt sich in seiner chauvinistischen steifer-Schwanz-Position sehr witzig vor; aber ist er denn wirklich steif, Eckhard? Du ungeheuer progressives Ausbeuterschwein? Du dumme maskuline Drecksau mit der nur allzu bekannten Suprematieanmaßung! (...) Für Nazihunde das Schicksal, das sie verdienen! Solidarität alle Schwestern und feministische Brüder!«

Welches Los mir »Faschistenschwein, Herr Henscheid« verdientermaßen bevorsteht, also wie genau ich Verruchter mich mit Stumpf und Stiel ausrotten solle, das wird in der Hektik nicht genauer gesagt, wahrscheinlich Steinigung als Inversion der orientalischen Frauenausbeutersuprematisten – naja, es war halt ein Brief, bei dem einfach zu sehr die Fetzen flogen, als daß für die Frage nach der ohnehin ebenfalls faschistischen Schweinejustiz auch noch Zeit und Raum gewesen wäre. Und apropos: »Valerie Solanas schlägt Selbstmordcenters für die brutal-stupiden Arschlöcher vor.«

So weit wollte ich nun meinerseits auch wieder nicht gehen, auch wenn der Schlotthauers der alles in allem wohl unfreundlichste Brief meiner Karriere war. Wahrlich, diese erste nachkriegsdeutsche Frauenbewegung von 1970 ff., die mich ja doch eigentlich z. B. als zustimmenden Germaine-Greer-Buchrezensenten und sogar kurzzeitigen Schwarzer-Quartiergeber voll auf ihrer Seite sah, auch wenn ich dem Frankfurter »Weiberrat« in den »Vollidioten« ein gutmütig spottendes Kleindenkmal geschenkt hatte –: diese Bewegung unter Solanas und eigentlich lang vor Alices Einstand, sie ließ auch in der zeitlichen und inhaltlichen Meinhof-Schimpfakkordanz nichts anbrennen; sondern die allzu lang verbittert kasernierten Frauenherzen in eine Explosion, in eine Emanation von Emanzipation bis hin nach Mainz-Mombach bersten. Lustwütend ließ sie es einfach krachen. Die so verbrecherisch lange Zeit verbotenen Gedanken und vor allem Gefühle der Männerbeherrschten, jetzt schossen sie ans Tageslicht. Jetzt wurde die Sau aber auch schon sowas von vollrohr (»geil« sagte man damals noch nicht) herausgelas-

›168‹

sen, daß – kein geringerer als ich das gemaßregelte Opfer war. So einfach war das damals.

Dem mich schwerst schurigelnden Schlotthauerschen Brief schloß sich merkwürdigerweise eine kleine Korrespondenz an, der Ton wurde rasch moderater und weniger mit Schrott um sich hauend und beinahe schon vernünftig – zu beider Seiten Wohle; hätte Monika weiter gewütet und zum Tode verurteilt, der Briefwechsel wäre nach dem rasch zur visio beata werdenden Wunsch des Verlegers und seiner frauen-feindlichschweinekapitalistischen Präferenzen wiederum ins Satireblatt eingedriftet. Dort war im Februar auch der Aus-gangspunkt des brieflichen Furors gestanden, eine ziemlich brave, ja harmlose Satire auf den immer noch walkenden Wahn der damals allzeit sog. Sexwelle; eigentlich mehr der Männer als der Frauenopfer spottend; aber diesen doppelt fiesen Trick hatte Schlotthauers Monika natürlich sofort durchschaut. Und mich dazudem beim Onanieren erwischt und beobachtet. Das damals in fortschrittlichen Weiberkrei-sen noch verbotener war als beim römischen Papst, zu der Zeit war es der sogenannte Pillen-Paul.

Als »Faschist« durchschaute man mich auch sonst nicht so ganz selten, mehrheitlich viel später aber mehrfach als ewig-gestrigen »Rechtskonservativen« und »Rechtsradikalen«; mich, der vielen und vor allem manchen ignoranten Medien gleichzeitig oder vorher als »Leitfigur der Linken« o. ä. galt. »Der größte Kotzbrocken«: eine ungefähr adäquat wenig zimperliche Wortwahl bevorzugten schon im Titel ihres (Radio?)-Essays von ca. 1990 Martin Bögeholz und Lutfrid Bennauer – ich selber hatte diese beliebteste aller Schwerkraft-invektiven im Zuge meines Schaffens wohl nur ein- oder zweimal gewählt, in nun wirklich extrem legitimierten Fällen, zu denen ich nun aber gewiß nicht zählte. Untertitel: »Eckhard Henscheid – ein erledigter Fall«. Das spielte – vielleicht zum ersten Mal, es sollten etliche bescheidene Adepten folgen – weniger auf Karl Kraus als auf meine eigene damalige Journal-Kolumne und den kongruenten späteren Buchtitel an. Haupt- und Untertitel stellten sich im Text als eine mehr oder weniger offene, wenn auch leidig linkische Huldigung meiner Person (und z. T. des Satireblatts sowie der gesamten, oftmals sehr ambivalent beraunten Neuen Frankfurter Schule) heraus. Dergleichen klandestine Unterschwelligkeit sollte sich vor allem in den achtziger Jahren vielfach wiederholen, auch die gar zu phantasievoll abgreiferische Adaption eigener Titel bzw. Lieblingsbegriffe passierte vielfach und ein bißchen qualvoll, am häufigsten bei den unermüdlichen Versuchen, die frühe »Titanic«-Kolumne der »Peinlichen Persönlichkeiten« (des Monats, des Jahres, des Jahrzehnts) gegen mich und meinen Co-Erfinder zu wenden – Bernd Eilert ist auf diese satirische Gipfelleistung mehrmals und nur fast allzu nachsichtig eingegangen.

Mit Retour-Beschimpfungen und meist minderbedarftem Spott nachdenklich gemacht, manchmal erschrocken nachdenklich gemacht, werden Satiriker-Polemiker (oder was halt der Plebs dafür gilt) gewiß häufiger als aufbauende, sich am Positiven und Bleibenden abarbeitende Schriftsteller oder, sei's drum, Dichter. Die nimmersatten Beispiele, die sich seit 1899 mit Karl Kraus ein Späßchen zu machen trachten, das aber dann selten über »Karlchen Krauskopf« hinauskommt – in ihrer Gräulichkeit waren sie mir dafür immerzu Beleg und pro domo Trost zugleich.

Ansonsten überwog und überwiegt aber auch und sogar bei mir das erwähnte Positive, die erfreuten und wiederum mich erfreuenden Leser-Echos. Sie betreffen weniger häufig die Satiren-Polemiken; vielmehr fast immer die Romane – manchmal leider auch deren damals schon sogenanntes Kultiges. »Kultromane« bedeuten zumeist Verehrliches, haben aber nicht immer gute, erquickliche Implikationen und Folgen. Wie man sich sehr leicht ausmalen kann, gehen hier Kunst- und Literaturliebe rasch mit Fehllektüre, Mißverständnissen, Lebenshaltungen, Alltagsanleitungen usw. trübe Melangen ein – aber man soll umgekehrt »nicht gar zu pingelig« (Konrad Adenauer) sein: Wenn neue Lokale »Sowieso« getauft wurden, vw-Käfer die Aufschrift »Alfred Leobold« trugen, regionale »Duschke«- und »Streibl«- und sogar »Irene Knopf«-Clubs entstanden und an mein Auge und Ohr drangen, registrierte der Kopf das meistens mit wohlwollendem Nicken meines eigentlich dafür viel zu »gedankenvollen« (Hölderlin) Haupts. Mit Nachsicht und häufig auch Freude realisierte ich gleichfalls leserverursachte Mystifikationsversuche wie etwa eine Serie von Leserbriefen ans Sportmagazin, in denen sich zu schwierigsten Kicker-Problemen Männer wie »Jochen Kloßen« oder wieder »Duschke« und »Streibl, Alpenwart« äußerten. Gern und oft überaus nachsichtsreich aufschmunzelnd nahm ich dergleichen zur Kenntnis, desgleichen mehrfach Heirats- oder zumindest Kennenlernversuche in meinem Namen bzw. unter meinem Protekorat (»liebt TV, Voltaire und Henscheid«), in der »taz« wie in der »Süddeutschen«. Und mit der mir unverrückbar eigenen Konzilianz las ich auch immer Postkartenberichte von Hochzeitsreisen in die Toscana und nach Bergamo – nämlich akkurat nach Romanvorlage.

Gleichfalls sobald Hajo Friedrichs in einem ZDF-Sportstudio von 1979 zu einem gastierenden Fußballer »Geht in Ordnung – sowieso – genau« sagte, vernahm ich das voll Huld und sogar mehrfach (es wird auch in meinen Leserkreisen viel zu viel Fernseh und zumal Sport geschaut); es traf sich, daß die drei magischen Titelwörter später auch schon mal in der Computer(!)-Reklame auftauchten; und Gegenstand von Kreuzworträtseln in »stern« und FAZ war ich mindestens zweimal schon.

Keineswegs immun war und bin ich gegen Lob. Habe nicht mal viel gegen Hudeleien wie die von Paul Ingendaay in der FAZ dergestalt, daß meine Sprachkritik, vor allem die in »Dummdeutsch« (1985/92), »für das gesammelte Schweigen im akademischen Lager einstehen muß«. Ich gehe gegen derlei in der Regel nicht juristisch vor; zumal mit jenem Buch ja dies meine kaum latente Absicht gewesen war; das gesamte akademische Lager zum hochbezahlt beschämten Schweigen zu bringen.

Und werde doch hier, lang nach den Schlotthauer-Früherfahrungen, meinem Ruf als Streithansl, als verbissener Polemiker, als Spötter, ja als »furioser Schimpfkopf« (Stefan Siegert) sogar wider mich selbst ein vielleicht schon letztes Mal gerecht, wenn ich darauf beharre, daß mir die etwas zweischneidige, kitzelige Preisung im Zweifelsfall die leidlich liebere ist. Und sofern also z. B. Jörg Albrecht, im Zuge einer »Zeit«-Buchkritik 1998, gegen ein vielleicht allzu gelehriges Autorenduo in der Quintessenz zur Geltung bringt: »Es gibt hierzulande nur einen Autor, der es sich leisten kann, Eckhard Henscheid nachzuahmen, und das ist Eckhard Henscheid selbst, wenn auch nicht immer zu seinem eigenen Besten« – dann hat er damit sogar zwiefach recht. Verschweigt allerdings zum dritten, daß das aber ein sehr weites Feld ist, was sich hinter dieser Halbrügenanmahnung auftut.

*

Im Zuge eines inspirierten Textchens aus dem Jahr 1972, einer Persiflage der damals überbordenden Mode von Selbstbiographien bereits in recht jungen Jahren, macht Robert Gernhardt davon Mitteilung, daß Erhard und Heinemann ihm nie begegnet seien; daß Willy Brandt, obschon in der gleichen Stadt lebend, in Berlin, es irgendwie immer geschafft habe, ihm aus dem Weg zu gehen; und daß er Grass zwar zweimal getroffen habe, im Grunewald und am Bahnhof Zoo; aber zu einem wirklichen Kontakt sei es nicht gekommen, von seiten Grassens nicht einmal zur Wahrnehmung des späteren Kollegen; der bereits allzu hinreichend berühmte Dichter war wohl irgendwie zu pressiert gewesen oder nicht interessiert oder was auch immer.

Ich dagegen, wenn wir schon in einer wahrhaftigen Autobiografie sind, entschlüpfte den beiden Letztgenannten nicht ganz. Der ca. 1966 in meine Heimatstadt für eine Art Delegiertenkonferenz anreisende – und m. E. verkaterte oder vielleicht auch noch/bereits betrunkene – SPD-Vorsitzende und Kanzlerkandidat Brandt streifte mich vor ihm Sitzenden immerhin mit einem tiefen, sehr genossenmäßigen, etwas starren Blick und rollte sodann das »r« bei »Bürger« und »draußen im Lande und in der Bundesrepublik« im Übermaß, ja ungeziemlich inständig und glaubwürdig. Dagegen mußte ich G. Grass beim Mittagessen eines Schriftstellerauflaufs 1981 in Graz wohl oder übel die Hand reichen, ehe ein offenbar prominenzentwöhntes und megaprominenzsüchtiges österreichisches und internationales Fernseh den Großdichter schon wieder beim Suppenlöffeln und dabei besorgt Dreinschaun wegfilmte.

Dem vielleicht noch eine Idee eitler als Grass vor sich hin und ab 1970 über alle Podien des Landes hinweg prangenden multifunktionellen Kulturdarsteller Hilmar Hoffmann entging ich, anders als Gernhardt, beinahe ganz und gern; zumal der polyvalente Wichtler für seine brunzdummen Memoiren eh lieber den ihm zugetanen Clinton oder werweiß (ich bin mir nicht mehr sicher) sogar noch Kennedy innig kontaktiert hatte. Leider kommt Hoffmann zur Strafe in meinen »Vollidioten« von 1972 vor. Als Nebenfigur, als Schwätzer, als Hocheitler und tiefer Nichtsnutz.

Im Berlin der frühen sechziger Jahre traf Gernhardt (wenn man ihm da trauen darf) einmal, ausgerechnet in einem Zeichenbedarfgeschäft, Henry Miller an. Ich wiederum traf nicht mal Arthur, besser so, ich hatte damals für Marilyn kein so richtiges Interesse. Auch nicht für Brigitte Bardot, die ich entsprechend auch nicht an mich ranließ. Meine ganze Leidenschaft richtete sich damals schon auf ihre Rivalin, Mylène Demongeot. Die ich leider dann auch nie kennenlernte. Sei's drum. È tardi.

Zum Beschluß kann Gernhardt dann nochmals punkten, ja prunken. Kraft seiner Begegnung ca. 1950 mit Werner Heisenberg am Göttinger Gymnasium, wo der Knabe Robert bei einer Schüleraufführung von »Diener zweier Herren« stilbildend mitwirkte; wozu der Nobelpreisträger eigens angereist war und in einer der ersten Reihen Platz genommen hatte.

Da kann ich nicht dagegenhalten und auf dem Gebiet der mir sehr unscharfen Teilchenphysik überhaupt wenig Trümpfe ausspielen. Allenfalls insistieren auf einer späten, stark posthumen Begegnung mit dem Physiknobelpreisträger und antisemitischen Einstein-Widersacher Johannes Stark; dessen Geburtsguthofhaus bei Thansüß (zwischen Amberg und Weiden) ich 2009 für einen Forschungsartikel ins Visier nahm. Ansonsten ist mit Prominenz – äh – war nicht gerade Weltbewegendes mit mir und den Wichtigkeiten des Jahrhu – –

Ah, aber hier:

Eine Einladung des deutschen Kulturstaatsministers Bernd Neumann liegt seit heute, Frühlingsanfang 21.3.2011, auf dem Tisch. Er will mich kennenlernen? Und ich – ihn? Kenn' ich nicht schon genug VIPs, hinreichend Leute insgesamt? Nein, eben doch nicht. Nein. Ich gebe Neumann eine Chance und geh' hin. Ich will dem Minister via meine baldigen Memoiren zu etwas Inhalt, ja Gehalt verhelfen. Ihm Tür und Tor öffnen. Zu was und wem auch immer.

So bin ich.

*

»In der bleiernen Zeit« (Hölderlin, Der Gang aufs Land, 1800), die in der Bundesrepublik Deutschland und lang nach Hölderlin inzwischen sprichwörtlich und sogar filmtitelmäßig manifest m. W. die Gegend um 1977/78 gewesen ist, also die mit u. a. den noch halbwegs geläufigen politischen Attentaten bis hin zur Ermordung Schleyers im Oktober 1977 im sogenannten Deutschen Herbst: In dieser Zeit selber, wenn mir recht ist, dachte ich bei dem häufiger zu hörenden »bleiern« vielleicht an die wohl tatsächlich meist mitgemeinten Baader-Meinhof-Strauß-Schmidt-etc.-Vorgänge; meines Wissens dachte ich da aber überhaupt nicht viel dabei; auch die jene bleierne Zeit auslösenden Abläufe von 1970 ff. sind mir all ihrer Dateneindringlichkeit zutrotz weder allzu eindrucksvoll geblieben noch es überhaupt je gewesen.

Seltsam. Denn immerhin war ich 1969 ff., also ein Jahr nach dem Frankfurter Kaufhausbrand, geographisch sehr nah an den Dingen und ihrer Symptomatik und ihren rasch fluktuierenden Realitäten dran gewesen, als Angestellter und dann als freier Mitarbeiter einer in Frankfurt erscheinenden politisch-satirischen Zeitschrift, sodann auch immer in der Umgebung ähnlicher und assoziierter Blätter, von »konkret« bis Frankfurter Rundschau – und doch: Ich erinnere mich für mein Privatleben wie für mein/unser Berufsleben keiner besonderen Echos, weder im Fall des Kaufhausbrandprozesses noch der diversen Festnahmen und Gefangenenbefreiungen und Wiederfestnahmen. Allenfalls gewisser und mehr schon ritualisch stattfindender Demos an der Frankfurter Hauptwache, diese aber viel aktiver gegen die NPD und mancherlei Berufsverbote etc. als pro oder contra Baader und Meinhof und Raspe. Und dann »Deutscher Herbst«: fast schon genauso gilb die Erinnerung an den 5.9.1977, Schleyer und der RAF-Mörder »big raushole« usw. usf.

Alte Zeiten – nicht bloß eine Binsenwahrheit, sondern eine Definition – werden erst im späten Nachhinein mehr oder weniger »mythisch«. Die Mythe von Baader und Meinhof und all der anderen Bilderbuchgestalten ist damit und heute aber auch schon wieder am Ende. Vor allem wohl wegen der ruchlosen Schnellverwertung in Buch- und Zeitschriftenwesen und zuletzt auch noch in dem albernen Eichingerfilm. In dem mit dem ständigen und über Andreas Baader hinaus törichten und unentwegt mit Bleikugeln tätigen Herumballern Moritz Bleibtreus und der Seinen auch das einstige hochambitionierte Geschwafel von der bleiernen Zeit als längst gänzlich heruntergekommene Pseudo-Mythe zweitverwertet, werweiß drittverwertet ward. Es geht das immer rasanter jetzt.

Und das bei BM/RAF von Beginn an zentrale, ja beinahe einzige Motiv, das »Toben des verruchten Eigendünkels« (s.

Winkler, S. 353) – es legte sich vielleicht sogar erinnerungs-
verhindernd schon damals wie Blei auf meine Seele. Ich
wollte wohl nie viel wissen davon.

*

Es könnte im Zuge des Wahlkampfs 1976 oder auch schon
1972 gewesen sein, daß H. Kohl, der noch beträchtlich junge
Kohl, anläßlich eines Auftritts in meiner Heimatstadt aus seinem Mercedes kletternd, so wie in meiner Biografie (1985,
S. 218) recht getreu beschrieben, mir etwas wahllos, aber
kraftvoll die Hand drückte; ehe dieselbe rechte Hand gut
zehn Jahre später ein Exemplar des genannten Buchs ergriff
und fast ebenso wahllos mit einem hakenartigen Krakel
»Kohl« absignierte; das einzige Exemplar weltweit, das mit
dieser Attraktion prunkt: meine sichere Rente für später und
alle Schicksalsfälle.

Das Schicksal wollte es aber schon 2008, daß meine letzte,
meine wirklich allerletzte Einlassung zum Lebewesen Kohl
ein Nachruf (für die »tageszeitung«) war; der aber nicht erschien, weil der vermeintlich sterbende Kohl sich wieder einmal hochrappelte, ungeziemend überlebte, sogar nochmals
heiratete und mich derart abermals ins Leere laufen ließ.

Einen weiteren – aktualisierten – Nachruf werde ich nicht
mehr schreiben, o ja, ich bin durchaus lernfähig.

*

Vom Mai 1974 her rührt die Bekanntschaft und auf längere
Zeit Freundschaft mit Ror Wolf. Anlaß zu einem ersten Treff
in seinem Heim in Mainz-Lerchenberg (später folgten Heime

oder auch Heimstätten in Wiesbaden, Zornheim, wieder Wiesbaden, nochmals Wiesbaden, zuletzt und schon beklemmend lange wiederum Mainz) war u. a. eine gemeinsame Arbeit (für die FAZ und fürs Radio) zur bevorstehenden Fußballweltmeisterschaft, u. a. getragen vom beidseits ehernen Willen, den gemeinsam verehrten Frankfurter Stürmer Bernd Hölzenbein in Helmut Schöns Mannschaft zu schreiben, ja zu schubsen. Was auch gelang, mit der indirekten, ja eigentlich direkten Folge des WM-Titels kraft Hölzenbeins bis heute umstrittener »Schwalbe« im Endspiel gegen das fußballerisch überlegene Holland.

Später kam es zu weiteren, insgesamt nicht allzu fruchtlosen Begegnungen und Kooperationen. Hier und heute besonderen Anlaß, Wolfs zu gedenken und dabei eine offenbar kleine Sensation bekanntzugeben, ist die Zufallsentdeckung, daß Ror Wolfs wohl beliebtestes Gedicht »Wetterverhältnisse«

»es schneit, dann fällt der regen nieder,
dann schneit es, regnet es und schneit,
dann regnet es die ganze zeit,
es regnet und dann schneit es wieder«

in des sehr unseligen Friedrich-Rückert Endlos-Gedicht »Gestern hats geschneiet«, nachzulesen in der noch unseligeren neuen Teil-Werkausgabe, die nach unabsehbarem Abschluß später zehntausend bisher weitgehend unveröffentlichte unseligste Gedichte umfassen soll, sein frappantes Pendant hat:

»Gestern hats geschneiet,
Heute hats geregnet:
Oder hats geregnet
Gestern, heut geschneiet?
Gestern hats geschneiet
Nachts, und Tags geregnet.
Heute hats geregnet
Nachts, und Tags geschneiet.
Wird es morgen schneien,
Oder wird es regnen?
Morgen auch und schneien?«

Tja. Hirnstillstand? Geniale Wolf-Vorwegnahme? Zufall?
Telekinese? Ror Wolf gibt gesprächsweise an, sein Gedicht
habe ihn im annähernd ultimativen Wortlaut bei einer akkurat entsprechend trübseligen Eisenbahnfahrt überkommen.
Keineswegs also unter Rückert-Einfluß, als Reminiszenz.
Das dürfte stimmen. Wolf liest wenig. Rückert schon gar
nicht. Er braucht's ja auch, siehe Rückerts Vorab-Plagiat,
nicht. Unseren Glückwunsch.

*

Es gibt eine F. K. Waechter-Zeichnung, darauf prügelt in
einer Art Katzentheater auf der Bühne eine Mieze heftig auf
einen Hund ein. Kommentar einer inmitten vieler anderer
unverblümt billigend zuschauenden Katze: »... vor allem
weiß er, was die Leute sehen wollen!«
   Daß ein gutes Drittel sämtlicher neueren Theatervorgänge
und die Hälfte der Filme sagen wir seit 1945 genau so funk-
tionieren, das müßte eigentlich so manchem aufgefallen

sein, vor allem den professionellen Kinokritikern. Von »Viva Maria!« über, etwas früher, »Außer Atem« bis zum absoluten Gefrierpunkt »Bonnie und Clyde« ernährt sich die halbe Chose vom Einverständnis des Publikums damit, daß die Hunde, die Reichen und Mächtigen, von den entfernt katzenartig Kleineren bestraft und vermöbelt und beraubt, möglichst ermordet, in den edleren Fällen mit List ausmanövriert werden. Das Publikum ist händepatschend d'accord – und mehr als das: Es schmeichelt sich und den Filmemachern sowie den dahinterstehenden Ideologen damit, daß dies auch noch richtig höhere Kunst sei.

Einige Wahrdeuter, wie Jürgen Busche, halten dafür, daß ja gleichwohl ein Film unter den drei genannten, »Viva Maria!«, es war, der, nachhaltiger als aller Marcuse, Adorno und die Studentenrevolte zusammen es taten, eben diese »Studentenrevolte«, diese besser in Anführungszeichen, samt den Baader-Meinhof-RAF-Folgen undsoweiter auslöste – »begründete« wäre ein zu hohes Wort.

Wahrscheinlich war ich einfach vom Glück gesegnet, indem ich für die Filme wie für die Revolte gnadenreiche fünf Jahre zu früh geboren war.

*

Anläßlich einer Kulturbegegnungsschiffsreise Deutschland-Rußland 2004 auf einem Inselchen der Wolgamündung im Kaspischen Meer erzählte Egon Bahr fast wortgleich wie vorher und nachher mehrfach im Fernsehen, warum er bei Brandts Verabschiedung 1974 vor gierigen Fernsehkameras geweint, ja geschluchzt habe. Nämlich über den »Abgrund an Verlogenheit«, welche den Meuchelmörder Wehner beseelt haben muß, als er einen Packen Rosen oder dgl. vor jenen hinwerfend laut in den Saal rief: »Willy, wir alle lieben dich!«

Er war wohl, Wehner, zumindest zuletzt, ein schändlicher, ein schäbiger Charakter. Der sich unter Umständen darauf rausreden kann, daß er zerebral seiner nicht mehr recht Herr war. Was der allzeit edle Bahr vielleicht nicht mitgekriegt oder wieder vergessen hat: Wehner widerfuhr ein ähnliches Los, als ihn zur Verabschiedung rund zehn Jahre später Schmidt ähnlich verlogen umarmte und gleichermaßen judasmäßig, ja honeckerartig küßte.

*

Oper ist ja vor allem immer Überwindung, Transzendenz ihrer eigenen Erbärmlichkeit und Peinlichkeit – Menschen, gar Götter artikulieren singend mehr oder weniger haltlose Inhalte – durch die aus ihr, der Oper, selbst rührende Verzauberung, Entrückung, manchmal Verzückung.

Oft geht das gut, öfter nicht. Wenn Wotan im 3. »Walküre«-Aufzug eine gute halbe Stunde lang herumlärmt, daß er der »Verbrecherin« Brünnhilde nicht und nicht ihren Ungehorsam nachsehen kann, sondern sie aus Walhall ausweisen, verbannen muß, dann ist das zwischen Walkürenritt, Siegfried-Vision und Abschied mit Feuerzauber nur noch Überbrückung von Wartezeit; Ausfüllen der (nach fünfundsechzig Minuten 1. Aufzug, fünfundneunzig Minuten 2. mit siebzig Minuten für den dritten) unabdingbar halbwegs äquivalenten Zeitproportionen; Ausfüllen mit albernem, textlich wie musikalisch ziemlich gehaltlosem Geschimpfe und Gekeife. Daß Alt- und Neuwagnerianer gerade in diesem 3. »Walküre«-Aufzug die Erfüllung ihrer persönlichen Opernentelechie erfühlen, zeigt nur, wie dümmlich und unmusikalisch sie sind; vor allem Richard Wagner würde mir da sofort recht geben.

Besser wird es wieder bei Verdi. In »Aida« hat es zu 98,5 Prozent »tipptoppe« (Robert Walser) Musik bzw. Musikdramatik, darunter sogar 71 Prozent inspirierte. Zu deren Höhepunkt aber gelangt alles, aller dramatische Aufwand, wenn mitten im Triumphmarsch unter Hunderten von ägyptischen und äthiopischen Kriegern und »prachtvollen« (Adorno) exotischen Frauen und Weibern spätestens mit dem Wiedereinsetzen des Es-Dur-Trompetengeschmetters 1977 in der Arena von Verona vor meinen eigenen und bezeugenden Augen (bezeugt auch am 21.8.1977 durchs FAZ-Feuilleton) die dort sehr beliebte schwarze Hauskatze an der Rampe mitaufmarschiert und neugierig zu Ramphis und seinen Leuten hochblinzelt.

Aber auch das kann noch sublimiert werden, z. B. 1978, sobald die offenbar nämliche Katze diesmal sich in das sublime as-moll-/As-Dur-Finalterzett der »Forza del Destino« einbringt und zugesellt, im Scheinwerferkegel zwischen Leonora-Alvaro-Pater Guardian sich sacht niederläßt und so, schimmernd inmitten sonst nachtschwarzer Szene, das Ganze zum Quartett verstärkt, vom Seraphischen zum Divinischen liftet, schweigend und keineswegs singend den Trinitätsgedanken nochmals so schwere- wie mühelos hinter sich zurücklassend.

So soll das Leben sein. Ehe es sodann wieder in die flache Unbedeutendheit von Vino rosso und Grappa ordinär versackt.

*

›182‹

»Auch wer auf diese begehrliche Weise seine eigene Frau ansieht«, teilte der Papst Woityla schon bald nach Beginn seiner
Amtszeit im Oktober 1980 weltweit mit, »begeht den Ehebruch in seinem Herzen, weil er (der Ehemann) sich der
Weiblichkeit der Frau bedient, um den eigenen Instinkt zu
befriedigen« (zit. nach FAZ).

Auf jenen erstaunlichen Satz hin bastelte ich für den
sozialdemokratischen »Vorwärts« eine kleine Satire mit der
plausibel-naheliegenden Pointe, daß ich dem Papst, unter
Verweis auf Parallelen im Tier- und Pflanzenreich, vollkommen recht gab.

Daraufhin und ganz kurz vor der Wahlentscheidung Helmut Schmidt vs. Franz Josef Strauß setzte es einen Protest
der deutschen Bischofskonferenz wegen »massiver Beleidi-
gung«, offenbar des Papstes; ein Protest, der aber schon am
nächsten Tag wieder zurückgenommen, praktisch totge-
schwiegen, oder sozusagen aktiv vergessen, wurde.

Bis heute weiß ich nicht recht, warum; wie das Ganze zu
deuten sei. Empfanden die Bischöfe es als massive Beleidi-
gung, daß ich ihr versiertes Sexualverhalten den eigenen Ehe-
frauen gegenüber mit dem dämlichen Woityla-Zitat bzw.
meinem Einverständnis damit sabotiert hatte? Und kriegten
sie am andern Tag kalte Füße vor ihrer eigenen gar zu fortschrittlichen Courage?

Was ich 1980 noch kaum wissen konnte: Daß Woitylas
unermeßlicher und, wie mir schien, eigengewächslicher Blödsinn vielleicht teils auf einen Quasi-Hörfehler, auf ein vielleicht auch absichtsvoll falsch aufgeschnapptes Jesus-Wort
aus der Bergpredigt (Matth. 5,28) sich stützt: »Ich aber sage
euch: Ein jeder, der eine Frau mit Begierde ansieht, hat die
Ehe mit ihr gebrochen in seinem Herzen.« Eine! Aber doch

nicht die eigene! Woityla! Sonst kann er, ohne Begierde, die
Ehe doch gar nicht vollziehen! Und das wäre ja auch eine Art
jesusmäßiger Ehebruch!

Karol! Alter Schafskopf!

*

Obzwar aller Anschein dahin geht, daß die schönen, die
besonders schönen, die über alle Maßen schönen Frauen von
Natur über Gebühr bevorteilt sind, hat auch die gegenteilige
Sehweise einer ewiglichen Benachteiligung viel für sich. Früher bis zum dreißigsten, heute bis zum ca. fünfundvierzig-
sten Lebensjahr gehen die derart Bevorteilten in einem schon
grotesken Maße realitätslos durch Sein und Zeit, haben dabei
ständig den Absturz vor den ohnehin meist allzu schreckge-
weiteten Augen – Schreck werweiß sogar vor dem Übermaß
an Schuld Männern gegenüber, wie sie immerhin der bisher
Allerschönsten, der den Trojanischen Krieg verursachenden
Helena, Hektor gegenüber, sehr präsent war: »O Schwager,
ich bin ein schnödes, unheilstiftendes Weib« (s. Gustav
Schwab, S. 441).

Auch Eboli in Schillers/Verdis »Don Carlo« sieht geschmerzt es ein: »O don fatale, o don crudel«, klagt sie ihre
Beltà an. Wieder anders ist es natürlich bei mir und meiner
definitiven Heirat 1981 mit einer gewissen Regina. Als Fein-
din jener verräterischen Eboli, mehr noch als unüberhörbare
Himmelskönigin, ist sie, Regina Elisabeth, in der Oper wie
jetzt in meiner Wirklichkeit, gezwungen, sowohl schön als
auch gut zu sein. So war ich denn gottseidank von vornherein
aus dem Schneider und nie gezwungen, »ihr eine aufzustrei-
chen« (G. Polt, Toleranz).

Mein Freund Werner Schärdel muß an dieser Polt-Stelle immer besonders heftig, auch zustimmend lachen. Ich übersetze das so, daß er seinerseits in seinem Ehebereichsleben häufig auch dazu gezwungen war. Und ist. Oder halt sie ihm.

1981–1991

Ähnlich wie etwas früher im Fall Gerhard Polt war es bei den ersten Tönen seiner von ihm selbst gesprochenen Mono- und Dialoge bei Heino Jaeger wie ein wohltätiger Schock, es hatte etwas überwölbend Schicksalheftiges, theosommerisch geredet Moiratisches, das kaum minder als eine Eheschließung übers fernere Leben mitentschied. Es könnte 1989 gewesen sein.

Sich vorzustellen, daß die werweiß genialste künstlerische und Denkpotenz seit dem Gilgamesch-Epos, also seit sagen wir knapp fünftausend Jahren, eine Geistesinspirationskraft vor und über Aristoteles, Shakespeare, Mozart und Goethe sowieso, jener Jaeger also, geschätzten 99,987 Prozent der deutschsprachigen Kulturträger ganz und gar unbekannt ist, vom restlichen Abend- und Morgenland mal laut zu schweigen:

Es hat doch was Artiges.

*

Woody Allens »Stadtneurotiker« ist seit 1977 ein Allerweltsbegriff für allerlei gedankenfreie Schnellredner und Schlaumeier und Schurnalisten; dabei weiß, wie ähnlich bei »Stilikone« und »Entmythologisierung« usw., überhaupt niemand genau oder auch nur ungenau, was ein »Neurotiker« ist, denn damals, ab ca. 1970, waren alle »neurotisch«, dies war das annähernd gefeierte »Normale«. Und schon gleich gar nicht, was ein »Stadtneurotiker« ist oder jedenfalls sein könnte. Ich muß es wissen, ich habe das Drehbuch schließlich 1981 ordentlich übersetzt, und es wurde und wird mir dabei nicht klar. Sondern nur, daß die mit der Erstübersetzung abgespeisten Kinofans genau über die sehr frei transponierten oder restlos erfundenen Witze einverständig stadtneurotisch, nämlich bescheidwisserisch lachen mußten; Witze, die eigentlich vom Kleinstadterotiker Herbert Hiesel hätten stammen können; bis hinab zur Bettdecke als einem penisgestützten Zeltdach.

Kein Wunder, daß ich bereits fünfzehn Jahre später die »Kulturgeschichte der Mißverständnisse« zusammentragen mußte, die Welt erneut zurechtzuweisen.

*

Meine vordem gestreifte Magisterarbeit von 1966/67 zum Beschluß des Germanistikstudiums in München drehte sich um Gottfried Keller und war damals nicht übel ausgefallen. Manchen Beobachtern und sogar mir selbst fiel aber auf, daß ich späterhin in größerem Stil nie mehr auf Keller zurückkam. Das hat seine Gründe. Obgleich ihm als nachmaliger Verfasser ziemlich dicker Romane offensichtlich verwandt, ihm mit im engeren und weiteren Sinn humoristischen Erzählungen und Novellen auf der Spur und später als Viertel-Schweizer ihm gewissermaßen noch näher folgend: hab ich ihn eigentlich, ganz genaugenommen, nie recht gemocht.

Ich könnte die Gründe nennen, mag aber jetzt auch das nicht.

*

›188‹

Daß der spätere Bundespräsident Rau ab 1978 nachweislich und zu meinem Erstaunen mein Leser war, ist verzeihlich für mich; denn immerhin kam ich damit nicht an den Kollegen Mosebach heran, der den lebenden Papst Ratzinger als Leser sein eigen nannte und noch nennt. Der muß mir in meiner Regensburger Zeitungsvolontärszeit als fast jugendlicher und wie geleckter katholischer Theologieprofessor ebenso entgangen sein wie der spätere bayerische Ministerpräsident, der unglaubliche E. Stoiber, der dortmals (1967–69) an der neugegründeten Regensburger Universität jene Doktorarbeit über Hausfriedensbruch verfertigte, »vor der Gott selber den Hut zog« (Peter Köhler/Jürgen Roth, 2002 in ihrer schönen Biografie). Antraf ich aber in diesen Regensburger frühen und recht glücklichen Tagen den Domkapellmeister und Ratzinger-Bruder Georg Ratzinger, die Minister Stoltenberg und Höcherl (ein trinkfroher Feger, man mußte ihm gut sein), sowie den wunderbar gelackten und insofern erkennbar unseriösen bayerischen Spitzenpolitiker und Bundesratsminister Franz Heubl, jenen, der wenig später bei einer Trunkenheitsfahrt in München durch gleich vierfachen Gesetzesverstoß (Trunkenheit, Straßenanlagebeschädigung, Fahrerflucht und Beamtenbeleidigung) auf- und spätestens da der Partei zur Last fiel; zumal ihn etwa gleichzeitig sein Chef Strauß abermals wegen Trunksucht und zudem übermäßiger Schlafsucht im Amt mit einem Dossier belastete.

Übertroffen an gleißender Gediegenheit und vollkommener Verratzheit wurden Heubl und Strauß aber zu der Zeit und etwas später durch einen Mann, der mir in Regensburg leider nicht über den Weg schlurfte, die damalige Nr. 2 hinter Strauß in der Partei, ein heute sehr bedauerlicherweise auch in Parteikreisen sei's aus allg. Gedächtnisverlust, sei's aus verordneter Verdrängung restlos Vergessener: der für die politische Arbeit in Bonn freigestellte Günzburger Oberstudiendirektor Leo Wagner, ca. 45. Der sein abenteuerlich achterbahnfahrendes Bonner Doppelleben bei strotzend eindrucksvollsten Schulden (in der Millionengegend) und folgenden Minderzurechnungsfähigkeitserklärungen mit der vom »Spiegel« aber erst sehr spät nachgewiesenen Krönung beschloß dergestalt, daß er neben Julius Steiner 1972 jener zweite CDU/CSU-Abgeordnete gewesen war, der gegen 50 000 Mark seine schwarze Seele verkauft, gegen Barzel votiert und somit Brandt und seiner SPD das Weiterregieren bis 1982 erlaubt hatte.

Was leider Gottes wohl nicht mehr ultimativ nachzuweisen ist, wovon ich aber träume, ja heute zutiefst überzeugt bin: Daß Wagners Leo, nachdem ihm 50 000 Eisenmänner von der DDR-Staatssicherheit bei seinem unermeßlichen Schuldenstand wenig nutzten, damals noch stürmisch eine zweite größere Quelle anzapfen konnte: direkt oder indirekt die eigene Partei, die CSU und namentlich – Strauß. Weil Strauß, wie vier Jahre später im Fall Kohl, 1972 einen Kanzler Barzel absolut nicht ertragen konnte bzw. hätte ertragen können, so war es also dringend geboten, ja lebensnotwendig, daß der Fuzzi hier – –

Wie gesagt, es ist dieser doppelte Jahrhundertnervkitzel – der lachhafte Betrag und ein von der eigenen Partei verhinderter Kanzler – absehbarerweise wohl nie mehr nachzuweisen. Die Sensationissima wäre auch fast zu schön, um ganz wahr zu sein.

*

Nicht durchaus erfreulich, es konnte nicht anders sein, geriet mir das Miteinander mit vor allem älteren Kollegen, das, was man in der Not die persönliche Begegnung nennt. Noch vor der damals schon inkommensurabel gewordenen Rinser Luise der wohl Schrecklichste war Grass. 97 Prozent aller deutschösterreichischen Kamerabewegungen beim »steirischen herbst« im Oktober 1981 in Graz galten ihm, waren auf ihn buchstäblich fokussiert, obwohl da auch noch genug andere, auch medial hinlänglich attraktive Prominenz herumsaß – und doch lauerte er, der in den Jahren vorher in Deutschland gar nicht mehr so sehr Gefeierte, wie ein Luchs auf die Linsen noch während des Suppenessens; wurde unruhig, wenn die Objektive mal mehr als zwei Minuten ruhten oder, schlimmer, seiner vergaßen. Und voll der impertinenten Absicht, ja in gezielter Ruchlosigkeit las er so lange, so endlos lange sein gestelztes Prosastakkatozeugs herunter, daß Rühmkorf, Hildesheimer und all die anderen in der Folge dieser Unkollegialität, dieser Entgleisung, notwendig den kürzeren ziehen mußten. Was ein Rüpel, noch beim Vorlesen.

Freundlichere, mir persönlich ziemlich untadelige Gesellen: Martin Walser, Wolfgang Hildesheimer (der sich allerdings vom Brotneid auf seinen Freund Max Frisch beschädigt zeigte), Hermann Lenz (ein großer Frühstücksgastgeber vor dem Herrn und ein sogar glaubwürdig großmütiger Sichkleinmacher). Böll blieb mir erspart, gottseidank auch Arno Schmidt – sein Schüler Hans Wollschläger: ein Sonderfall. Ab 1983, in der Folge seiner beleidigt-läppischen Reaktionen auf meine »Im Puff von Paris«-Geschichte, sah ich mich genötigt, ihn meist nur noch als »Willi Wüllenweber« zu erwähnen, was dann einige Unbefugte, ohne mich, wenigstens, zu fragen, nachahmten. Das Ganze war aber da keineswegs schon Wollschläger-Wüllenwebers schlimmstes Mal. In Anbetracht der fortgeschrittenen Zeit und meiner stark gestiegenen Erkenntnisse fand ich es tunlich, ein in Sympathie und Bewunderung geschriebenes Portrait von 1976 bei der ein doppeltes Lustrum späteren Buchfassung mit dem Zusatz zu versehen: viele Perspektiven und Einsichten seien heute für mich nicht mehr richtig – im Klartext: es sei gewissermaßen kein Wort wahr.

Das fällt natürlich erst einmal auf mich zurück, auf meine Dummheit. Er hatte mich hereingelegt, sogar mich. Der im Mai 2007 mit 72 Jahren Verstorbene war kein Genie, sondern ein genialer, ein genial unverfrorener Geistesgauner, ein von seinen Gutgläubigen komplett überschätzter Scharlatan. Immerhin: einer der gewieftesten, gerissensten – ja, ein erhaben einzigartiger Fall. »Die Dummheit des Publikums« (Schiller an Goethe) und zumal die der kritisch-journalistischen Instanzen, wie sie da alle sowieso mehr vom Hörensagen als vom Hinschauen und Nachdenken leben, sie vermochten es, daß ein Werk, das im wesentlichen nur als Chimäre, als Gerücht und Legende und Suggestion seiner selbst bestand, sozusagen ins Blaue hinein gefeiert, auf Verdacht in glatterdings eisige Ewigkeitshöhe gehoben und entrückt wurde. Am Ende – am biologischen, eins des Werks gab es ja nicht, bloß einen Werkplan mit m. W. zweiundvierzig Bänden! – am Ende glaubte er ja noch in einer raren Art von Autosuggestion selber dran. Sich selber austricksend, seinem sich dem schieren Dussel verdankenden Behagen noch eherner hinzugeben.

Er war eine interessante, eine längere Zeit verführerische, eine multiplex ambiguische, eine letztinstanzlich vollkommen gewissenlose Person. R. möglichst i. P.

✻

Allerdings stellte auch der vorhin gewürdigte H. Böll keineswegs so eingleisig das Feindbild, wie das manchem vorkommen mochte, zumal nach meiner scharfen »Raben«-Invektive von 1991 und den sich daran anknüpfenden Gerichtsvorgängen bis 1993 (alles leicht nachzulesen z. B. in der Werkausgabe Band 9, Literaturkritik). Im approximativen Gegenteil war bis ca. 1972 der Kölner und spätere aberwitzige Nobelpreisträger auch für mich nicht nur Vor- und Inbild politischer Integrität, für linken Fortschritt; sondern auch Maßstab, fast Vorlage für die eigenen langsam sich abzeichnenden Romanbestrebungen. Mit Romanen wie »Ende einer Dienstfahrt« oder »Gruppenbild mit Dame«, ja leider sogar mit ausgerechnet »Ansichten eines Clowns«, in Wahrheit einer seiner verlogensten Säkulartorheiten, stand mir Böll damals noch gewissermaßen Pate und für meinen eigenen Gewinn ein, desgleichen mit den tatsächlich nicht üblen sog. Satiren »Nicht nur zur Weihnachtszeit« und »Doktor Murke«; obwohl bereits, Gernhardt (Vorlesungen zur Poetik, 2001) hat recht, um 1958 das Ganze partiell geschwindelt und bauernfängerisch war, denn so »gott«-reich wie Prof. Bur-Malottke sprach ab 1955 kein Dichter und auch kein gottverlassenster Literaturprofessor und Feuilletongangster mehr. Und auch kaum ja zu glauben, daß die dreihunderttausend Einwohner der Hauptstadt Bonn nichts so sehr juckte wie die sündhafte Passion zwischen Marie Derkum und Hans Schnier, dem Clown, von dem aber trotzdem nie klar wird, was er eigentlich genau ist: Bahnhofs-Chansonnier, Clown, Rastelli, politischer Kabarettist, Radaubruder, Conférencier, Gesellschafts- und Kapitalismuskritiker oder eventuell doch nur Klampfenspieler.

Was auch immer, ich vermute, es war damals, 1991/92, der

Hauptgrund meiner Attacke, mir selbst ins Wort zu fallen, meine alte und allzu gute Fehlmeinung beschämt und aber jetzt schleunigst zu widerlegen. Aber von solchen Feinheiten haben natürlich der Leserpöbel, die sowieso überforderten Juristen und zumal der Böll-Clan, der kunstmalende Sohn René voran, allzu wenig Ahnung. Ist auch leicht besser so.

*

Ähnlich wie dem Böll die meist eh eher eingebildeten Schmähungen der Restnation eher nutzten als schadeten, sondern zum Firmenschild des »Gewissens der Nation« beisteuerten, ja es begründeten: So waren auch die bis heute tradierten und weiterwirkenden Verfolgungen von Willy Brandt und Herbert Wehner überwiegend ja mehr eingebildete oder auch bewußt gesteuerte und gepflegte. Vor allem von Wehner, den wegen seiner kommunistischen Vergangenheit und sozialdemokratischen Wende ab spätestens 1960 kaum einer mehr attackierte und verhöhnte, kaum noch hin und wieder gnädigerweise Strauß. Sondern in Wahrheit breitete sich eine richtig pietätvoll-weihesatte Stimmung über den Wirrschädel und Krachmacher, selbst die »Bild«-Zeitung ging schon mehr zu verehrlichen und später altersnachsichtigen Tönen über, natürlich aus Echoerwartungsgründen und reziprok wieder dies Echo manipulierend. Was aber Wehner nicht hinderte, mehrfach bei seinen parlamentarischen und anderweitigen Auftritten, wenn ihm sonst nichts mehr einfiel, zu lamentieren:

»Ich war immer der Prügelknabe der Nation, jawohl!«

Und leider, offenbar, selbst daran zu glauben. Er war es

mehr oder weniger nie. Nicht mal der »Kinderschreck«, als den ihn nach 1970 ein christdemokratischer Abgeordneter gutmütig bewitzelte. Aber die einmal entstandenen Legenden sind halt die legendärsten und – einträglichsten: siehe den Fall Bur-Malottke. Der trug sogar doppelt ein. Dem bigott kulturindustriell herumschwafelnden Professor Bur-Malottke Geld und Ehren beim Radio. Und in zweiter Auflage auch noch dem Autor Böll, Heinrich.

*

Auch mir erging es ja auf diesem Gebiet nicht durchaus üppig; aber ich war wohl insgesamt bloß am zweitschlechtesten dran: Daß 1982 und ff. ein Centenardichtwerk wie Robert Gernhardts »Wörtersee« nach seinem Erscheinen keine einzige (in Zahlen: null) Rezension hervorrief, während zehn Jahre vorher z. B. ein Quatschauflauf wie Karin Strucks »Klassenliebe« gut hundertfünfzig Stück hervortrieb: Diesen Jahrhundertdeppertheitsrekord an fehlgeleiteter Literaturkritik wollen wir hier doch noch mal brav festhalten und feiern. Daß Gernhardts spätere, insgesamt entschieden schwächere Gedichtbände entschieden mehr Rezensionen und Würdigungen erfuhren, partiell wegen der den Autor inzwischen umdüsternden Krankheitsaura, also aus schierer Neugier: das macht die Sache ja nur noch traniger und trostärmer.

Aber ich will mich hier nicht gar zu klein machen: Auch meine Romantrilogie von 1973–78 lockte fast nichts hervor oder nur im zweiten Anlauf, verspätet. Die »Mätresse«, die manche, z. B. ich, für einen der bedeutenden deutschen Nachkriegsromane halten, erfuhr bei Erscheinen zwar allerlei Film- und Empfehlungsschnickschnack, aber gleichfalls: keine einzige ordentliche, gar adäquat tiefsinnige Kritik.

Keine.

»Da schau her« (G. Polt).

*

Darf Großes sich klein machen? Bis hin zur Selbstschädigung gar so klein machen?

Fritz Weigle (alias F. W. Bernstein) ist als Zeichner und Poet seinem ehemaligen Studien- und Redaktionskombattanten Robert Gernhardt (alias vormals Lützel Jeman) in vielem frappant ähnlich und wohl auch tief verwandt; bei manchen Arbeiten, zumal Gedichten, selbst für Eingeweihte kaum zu unterscheiden. Weigle-Bernstein blieb aber auch über all die Jahre und Jahrzehnte hinweg sich selber treu, nämlich in vorbildlicher Weise das, was man früher bescheiden nannte; etwas weniger fromm-altdeutsch besser vielleicht: vornehm zurückhaltend – mit der allerdings prekären Komponente eines unverbrüchlichen Sichkleinmachens bis hin zum vollständigen Verschwinden oder Fast-Verschwinden. Beharrlich hierin gegen jede Einrede und stur seinem vielleicht innersten entelechischen Gesetz gehorchend, ja hörig.

Bekanntlich darf Kleines sich nicht kleinmachen, das ist allzu durchschaubar kokett – wahre Größe aber bei Bedarf darf schon. Jedoch auch diese hochzivile, scheint's courtoise Form im menschlichen Verständigungssystem hat ihre Tücke, kann leidig und lästig werden. Und grenzte im Fall Weigle-Bernstein seit ca. 1975 nach moderaten Erstschrulligkeiten nur allzu häufig an Selbstbeschädigung.

Eine möglicherweise lustvolle, immer wieder ihn selber sehr belustigende. Ein Beispiel unter Dutzenden: Ehe Bernstein endlich selber den Wilhelm Busch-Preis entgegennehmen durfte, machte er für mindestens drei, wenn nicht fünf ihm vorgezogene Preiswursteln den Festredner, den vor Zustimmung allzu brav tremolierenden Laudator; er, der deutlich und eindeutig in jedem Betracht, als Zeichner wie als Reimer, buschnaheste, ja buschnächste, evtl. sogar buschnächststehendste unter all den denk- oder auch undenkbaren Kandidaten. Ehe das Hannoversche Schnarchsackgremium endlich auf die vermutlich eingeprügelte Idee kam, Bernstein notfalls halt selber mal zu dekorieren.

Die allesamt ähnlichen Beispiele ließen sich mühelos verzehnfachen. Was mich selber seit etwa 1980 dabei allzeit noch kopfschüttelnder verwunderte als die immerhin denkbare Möglichkeit, daß Bernstein da einem Gelübde, einer Selbstbestrafung gar nachkam, das war die Beobachtung: Daß selbst seine nicht wenigen Fans und Bewunderer diese Sonderlichkeit so gut wie nie merkten. Bernstein machte es ihnen allerdings auch nicht leicht. Denn immer wieder wie aus Bosheit nahm er dann doch auch mal einen Preis o. dgl. entgegen; veröffentlichte er manchmal sogar ein Buch, ohne den Verleger dafür zu bezahlen.

*

Mag schon sein, daß der späte Gernhardt ein rechtschaffen heikler, sogar seltsamer Fall war, auch krankheitsbedingt wurde, nämlich ab dem quasi verschleppten Herzinfarkt von 1996, dieser immerhin denkbar als Spätfolge des Ablebens seiner ersten Frau Almut; welchem Infarkt sich wohl so eine

Art Trotzphase bis hin zum Ausbruch der Krebserkrankung anschloß: Diesem doppelt fahlen und doppelt unverdienten Schicksal ein Jetzt-erst-recht entgegenzustemmen. Was für manche zumal Frankfurter Freunde und Nahestehende mehr als tunlich in mitunter recht vergrämender Rechthaberei, Platzhirschentum, Überheblichkeit und vor allem in schon verwerflich hemmungsloser Eitelkeit sich äußerte, z. B. in stark übertriebener Fernsehpräsenz, in Betriebsauflaufpenetranz – auf oftmals inadäquater, unwürdiger Ebene und in einigermaßen bescheuerter Massierung.

Eine Art Torschlußpanik? Eine gleichsam spirituelle Nervosität angesichts der besagten ungerechten Fatalität? Im Grunde war und ist es von heute aus restlos gleichgültig, was Gernhardt tat und was ihn, in vielen jüngeren Gedichten nahezu klartextlich bezeugt, betrieblich umtrieb. Auch wenn es für manche das Bild nachhaltig verdüsterte. Denn fast jedes seiner Gedichte vor allem vor ca. 1987 und auch noch nachher heiligt jegliche persönliche Zwielichtigkeit oder entschuldigt sie. Später darüber mehr. Und Gründlicheres.

*

Gar nicht verkehrt, wenn ein Autor – von Romanen, kaum von Lebenshilfebüchern – zuweilen nicht allein wegen seines passablen Satzbaus, sondern auch in seiner sozialhygienischen, ja volksgesundheitlichen Funktion gelobt sich findet. Mir passierte das nicht so selten, ein paarmal bedankten sich sogar aus Afrika herauf und Amerika herüber berufstätige und dort seelisch vereinsamte und verhärmte oder sonstwie eingetrübte Leser für ihre survivalfördernden Romanlesestunden – bei Archivarbeiten im eigenen Heime finde ich einen Brief vom 9. März 1982, dankend dafür, »daß Sie mir schon mehrmals das Leben gerettet haben«.

Am 9. März 1982, entnehme ich meinem damaligen Notizheftchen, war ich selber ziemlich schlecht drauf, und niemand scherte sich um mich. Zu dieser Zeit kam es aber auch noch öfter, wenn auch gottseidank nicht gar zu andauernd, vor, daß bei mir unbekannte Personen und Persönlichkeiten, Angeschlagene, Weggetretene oder auch wirklich Kranke und Kränkelnde, telefonisch (»Hier ist der Gerd, du!«) um Rat oder auch bloß um Geschwätz nachsuchten. Meines Wissens tat ich da stets mein Bestes und Aufopferungsreichstes, manchmal hatte das zur Folge, daß diese etwas Labilen und wenig Nachdenklichen auch zur Unzeit anriefen oder auch während meiner Abwesenheit. Und dabei im Fall der Amberger Logis auf meine Mutter trafen und diese bequakelten, ein paarmal früh um 5 Uhr. Es sei der längst toten Frau hier dankend bestätigt, daß sie, ohne die Kalamitäten des Autorenberufs in seiner Sozialkomponente zu durchschauen, sich hier vorbildlich verhielt, zuweilen eine halbe Stunde stehend am Telefon verharrte, den verwirrten Schäflein gut und sinnig zuredete (wie ich später von beiden Seiten erfuhr) – und m. W. zumindest einmal einer zum Schuljahrsschluß recht ausgedörrten, stress- oder auch promillegeplagten Lehrerin wohl gleichfalls »das Leben gerettet hat«.

Das sei, nicht ohne Verbeugung von meiner Seite, hier einmal festgehalten.

*

Im Juni 1990 entnimmt man dem Frankfurter »Pflasterstrand« die Editorial-Mitteilung, der soeben 70 gewordene

Reich-Ranicki sei »unter den drei großen Streithähnen dieser Stadt (Habermas, Henscheid und er selbst) der Primitivste und daher der Beste«.

Das konnte ich nicht auf mir sitzen lassen. Sondern genau deshalb mußte ich die beiden konkurrierenden, den primitiven und den mehr der filigranen Intrigantik als praktischer Theorie des kommunikativen Handelns verpflichteten, zu dieser Zeit in einem fort verprügeln. Einmal im Leben wollte ich die Nr. 1, ja unangefochten sein.

*

Als »Lieblingsautor der Deutschen« ward ich zuzeiten, um 1985 herum, zuweilen, z. B. vom »Pflasterstrand«, apostrophiert. Oder, ein Stückchen spezifizierter, z. B. von der FAZ, als »Lieblingsautor der Intellektuellen«. Auch dies ein nicht durchaus preisend gemeinter, sondern spürbar sogar etwas anrüchiger, vielleicht nicht ohne Ranküne verliehener Titel. Und er stimmte vor allem so gut wie nie, war ein vielfaches Mißverständnis: Weder tauchte mein Name bei irgendwelchen ZDF-Repräsentativumfragen über eben die deutschen Lieblingsautoren u. dgl. je und irgend auf, nicht einmal auf den hinteren Rängen. Ich war da nie dabei, auch nie waren es irgendwelche nahestehenden Kollegen – noch wüßte ich andererseits bis heute irgendwelche Akademien und Universitätsdiener, die vor mir Intellektuellem anstandslos niedergekniet wären.

Es gehört zu den großen Belehrungen des Autoren-, womöglich allen Künstlerlebens, daß es keine einzelne und einzige Öffentlichkeit gibt: sondern zwei, mehrere, womöglich ganz viele. Das ist Anhängern, Anteilnehmern, Literaturfreunden, manchmal sogar vermeintlich versierten Kollegen und also Leidgenosssen nicht ohne Mühe klarzumachen und einzutrichtern. Es gibt unter den Bücherfreunden und -käufern die Belletristikkenner, die stets gefälligen Nobelpreisgehorcher, die willigen Großkritikadepten, die TV-Literaturnachhechler, zuzeiten gab es die berüchtigten Erich Fried- und die bescheuerten Allert-Wybranietz-Massensolisten, es gibt die verbliebenen und ganz und gar verderbten Rest-Rinseristinnen, die Dodereristen und sogar noch immer die unverdrossenen Thomas-Mann-Einsaugenärrchen; ich kann euch, die ihr hier herumsitzt und aus Gründen oder grundlos ausgerechnet dieses Buch da lest, nur sagen: Als Autor hat man's, nicht zuletzt wegen dieser vielen Öffentlichkeiten unter einem täuschenden Gruppendach, nicht leicht. Sondern schwer. Sehrsehr schwer. Und alles ist drum sehr betrüblich und verdrießlich. Ich aber sage euch ferner und fernerhin: Selig sind, die Verfolgung leiden um der Gerechtigkeit willen (Matth. 3,1–12) – –

Wer aber ausharrt bis ans Ende, der wird gewahr werden, daß auch das oben aus tiefster Brust und Brunst und Berufslebenskenntnis Gesagte und Stoßgeseufzte gar nicht wahr ist. Sondern es ist alles noch viel viel schauerlicher. Und lasterhafter. Und bübischer. Und eh aber schon ganzwurscht.

*

»Minderwertige Charaktere«, um mit meinem wundersamen Großvater Alois Ruhland zu reden, unter Frauen habe ich in meinem gesamten mir soweit bekannten Leben kaum kennengelernt, von der Großmutter über die Mutter und die Verlobte bis hin zur (nicht kongruenten) Ehefrau oder auch genannt Gattin: Allesamt wohlgeratenes, seltsam hochwertiges Personal. Ertragreicher sieht's schon wieder bei den mir ferner stehenden Frauenzimmern oder »Frauenspersonen« (Hans Wieser, Velburg) aus – noch entschieden schlimmere und bösartigere und grauenhaftere fanden und finden sich im Bereich der von mir zumeist nur passiv berührten Filmschnepfen und Literaturbetriebshennen – auch den ihrerseits historisch mythisierten und halbreal-halbfiktiven. Unangefochten führend unter den Minderwertigen hier seit spätestens meiner genaueren Kenntnisnahme im Goethejahr 1982: jene Bettine von Arnim, geb. Brentano, angesichts und angeleses derer lang vor mir schon ein von ihr im Alter von knapp 60 Jahren gnadenlos in die Enge getriebener Goethe sich kaum zu erwehren wußte; sich schützen vor dieser »leidigen Bremse«, deren abgrundtiefe Falschheit und Verlogenheit im Verein mit ihrer hemmungsfreien Ranwanzerei dann freilich erst kraft des postumen »Goethes Briefwechsel mit einem Kinde« von 1832 diesen mortalitätsbedingt abwehrschwach Gewordenen nochmals zu töten trachtete; was ihr trefflich auch gelang.

Gern lese ich deshalb noch heute, im traurigen Fichtelgebirger November 2010, in den »Tagesblättern« von August Varnhagen Eindringliches über die Böse, z. B. mit Datum 8.10.1822:

»Bettina vorgestern bei Tieck ganz zahm, nachher doch wieder wild. Alle verabscheuen sie, Tieck, die Familie, die Witwe Solger, Herr u. Frau von Raumer, alle wetteifern im Ausdruck ihres Widerwillens« gegen diesen »Paradiesaffen«, dieses »Kalb mit fünf Füßen«, diese »Lügenbestie« usw.

Verständlich, daß sie später weiterwütete, nachdem ihr Goethe die grabkühle Schulter gezeigt hatte und sie dann nach seinem Tod das erheischte Goethe-Bettine-Denkmal halt doch nicht kriegte; worüber ich wiederum mich schon in meinem Goethe-Frauen-Buch von 1999 gefreut habe. Und daß ihr Jahrzehnte später ein gewisser (und sonst gar nicht übler) Lyriker Georg Friedrich Daumer trotzdem nachsagte, zusammen mit Rahel von Varnhagen und Goethe bilde sie, Bettine, eine »heilige Trias«, darüber giftete die bremsige Giftspritze wegen der Rahel-Konkurrenz sich so, daß sie am 20.1.1859 endlichendlich genau darüber starb.

✳

Anders als Eichendorff mochte ich ihn nie so recht, war er mir eigentlich immer fast zuwider: Der ganze Schmarren oder zumindest Halbschmarren beinahe aller Heineschen Lyrik wird flagrant, ja krähend beim folgenden Vierzeiler aus dem »Buch der Lieder« von 1827:

> »Anfangs wollt ich fast verzagen,
> Und ich glaubt' ich trüg es nie,
> Und ich hab es doch ertragen,
> Aber fragt mich nur nicht, wie?«

Hier ist gar nichts mehr Objekt, Inhalt, Zielperson, kein Liebchen und schon gar kein Rußlandfeldrückzug; kein Gegenstand, kein Thema ist dem Gedicht mehr irgend entnehmbar. Hätte es Heine-Preisnehmer Gernhardt gemacht, hätte er mindestens die beiden Schlußzeilen akutisiert, mit einer zusätzlichen Volte an Gehaltlosigkeit verschönt. Vertont hat das Ganze zu allem Überfluß auch noch Robert Schumann im Verein mit seiner Clara (op. 24). Mit einem gewissen Recht sogar. Das Geseire ist eben schon bald reine Musik.

Vier von fünf Gedichten Heines sind mehr oder minder dieser minderen Artung. Und sein vielleicht bestes, »Mein Herz, mein Herz ist traurig« mit der tollen Schlußsequenz des rotgeröckten Burschen vor dem Schilderhäuschen auf der alten Bastei:

»Er spielt mit seiner Flinte,
Die funkelt im Sonnenrot,
Er präsentiert und schultert –
Ich wollt, er schösse mich tot«
– das Gedicht gehört naturgemäß zu seinen unbekanntesten.

Die Sache wird aber, auf einer anderen Ebene, verworrener, wenn man die Heinesche Schilderung in den »Reisebildern« gleichfalls von 1827, nämlich aus England, beizieht. Die Stelle zeugt nicht nur abermals davon, wie falsch das Allzweckzitat vom schlafraubenden Deutschland allzeit zitiert wird. Bemerkenswerter noch eine sonderliche Kongruenz:

»Wieviel heiterer und wohnlicher ist es dagegen in unserem lieben Deutschland! Wie traumhaft gemach, wie sabbatlich ruhig bewegen sich hier die Dinge! Ruhig zieht die Wache auf, im ruhigen Sonnenschein glänzen die Uniformen und Häuser, an den Fliesen flattern die Schwalben ...«

Gegen das Falsch-Zitat vom schlaflosmachenden Deutschland hat auch Heine keine Chance. Für ihn aber spricht, daß man ihm keine Pointe so ganz glauben darf.

*

»Das gewaltsame Herausreißen aus dem heimatlichen Boden
u Sauerteig«, gibt Joseph von Eichendorff im März 1816 über
seine junge Frau und deren Gemütswandel zu bedenken,
habe gleichzeitig für deren größere »Ernsthaftigkeit« gesorgt.

Darin genau ist auch meine Frau, ein mecklenburgisches
Flüchtlingswesen, mir, einem ewigen und unverbrüchlichen
»Heimatler« (Süddeutsche Zeitung), einem im Grunde recht
bodenversessenen Stubenhockel, einem mehrheitlich ganz
uneichendorffisch behaglich ins Feld hinausschauenden Gesellen, ein für allemal ziemlich überlegen. Sei's drum. Reise-
muffel sind wir jetzt beidesamt gleichermaßen. Und härmen
uns oft schon Tage, Wochen vor den anderswo endorphin-
froh erwarteten größeren Reisen ganz unziemlich ab.

Und es ist nicht zu besorgen, daß die Frau, inzwischen eine
vereidigte Oberpfalzbewohnerin, eines Tages herausgerissen
aus diesem ihrem neuen Sauerteig sich, ohne mich zu fragen,
wieder nordwärts aufmacht.

*

Nicht darum ersuchte Beobachter und Bescheidwisser, sagen
wir die oben gestreifte Ehefrau, glauben nämlich bescheidzu-
wissen oder doch unnachsichtig zu erahnen, daß die unüber-
hörbar süddeutschen Verkleinerungsformen wie »Löfferl«
und »Tüterl« (gespr.: Düderl) und auch »Kaffeeerl«, weil sie
den Dingen ihre Schärfe nehmen zugunsten eines sanfteren,
getrost aufheiternden Gemütswerts und damit der allzu
norddeutsch-nüchternen Welt eine gewisse Milderung, ja
Milde untermischen, das private sowohl als das öffentliche
geistigseelische Leben mehr als andere Weltgegenden (Nie-

dersachsen, Hessen, Texas, Brandenburg!) annehmlicher und zugleich auch noch konstruktiv färben, ja prägen; und so den Süddeutschen einen uneinholbaren Vorteil verschaffen, der diesem Land und seinem Volke –

Kurz, weitere Beispiele für die langsameren unter unseren Lesern wären: »Zetterl«, »Uhrerl«, im Frauenbereich die nuancenhaft unterschiedenen »Botscherl«, »Trutscherl«, »Pritscherl«, »Flietscherl«, »Wammerl«, sodann »Singerl« für etwas einfältige Menschen beiderlei Geschlechts, sowie mehr bei den ein bißchen untergeordnet-prekariatsnahen älteren Männern die semantisch fein abgestuften, kaum übersetzbaren und nämlich deshalb sogar mit einem Dachakzent zu schreibenden »Heîgl«, »Leîdl«, »Heîdlbrummer«, »Hoîchtl« und »Hoîdoîdl« – und manche der nach Süddeutschland Gezogenen scheinen nach Überwindung der bitteren Flucht und des Vertriebenenschicksals sogar dankbar zu spüren, daß »Dreeg« dem üblichen »Dreck« so wie das mancherorts zu hörende »schleecht« dem normativen »schlecht«, dieses transzendierend, überlegen ist, weil einem damit genauer so richtig schön bzw. schêi schleeecht zu werden vermag.

Nördliche Verkleinerungsformen wie das gräusliche »ein Nickerchen machen« oder gar das bambergisch detmoldbeheimatete »liebe Zügelchen« (Hans Wollschläger) schauen dagegen überaus schal, ja scheeel aus.

*

Titurel, Parzival und Lohengrin sind für Karl Immermann »die ird'sche Trias«. Für Friedrich Daumer, den Romancier, Lyriker und Übersetzer, sind es, wie schon gerügt, Goethe,

Rachel und ausgerechnet Bettine von Arnim, geb. Brentano.
Für mich als Kind waren die drei größten mir soweit bekannten Menschen Edi Schaffer (1. FC Nürnberg), Rudolf Meßmann (FC Amberg), und mein im Rheinland lebender Onkel
Josef. Er war es, der den 11jährigen in den Sommerferien die
Technik der Holzeinlege- oder Furnierkunst lehrte – und
hier im besonderen die Herstellung von Marienportraits und
-brustbildern; war also im Verein mit Raffael und Dürer der
erste in einer Reihe von immerwährenden Marienkontinuitä-
ten von meiner Mutter Maria bis hin zu der »Maria Schnee«-
Novelle von 1988. Nur des Regensburger Bischofs Graber
und gar Papst Woitylas beidseits wahnhafte Marienvereh-
rung: die vermochte ich natürlich nicht mitzumachen, die
war in ihrer damals längst waltenden Gottvergessenheit
schon gar zu verlogen und automatenhaft oder wahlweise
eben kindisch oder gar Verhöhnung der Gottesmutter, Perversion ihrer lieblich zarten Wangen und ihrer angedeutet
wohlgeformten, von mir einst mutig auch mit dem Bleistift
gezeichneten Brüste und – – (Fragment)

*

»Das Glück« kam zwar als »leichte Dirne« schon in meinem
Kinder-Poesiealbum vor, nämlich als ein Achtzeiler m. E.
von Hebbel; aber manchmal ist es auch ein Schwergewicht.
Was man leicht vergißt.

So das von mir bis gestern fast vergessene zweitgrößte
Glück meines Lebens. Nämlich das für 1988 ordentlich bean-
tragte Arbeitsstipendium (eines einschlägigen Darmstädter
Literaturvereins e. V.) *nicht* gewährt bekommen zu haben,
übrigens aus durchsichtig undurchsichtigen Gründen. Mit

ihm nämlich hätte ich so heftig wie pflichtschuldig (anders als andere, die vergessen nämlich mit dem Geld in der Tasche sofort) die bereits fest ins Auge gefaßte Schwerarbeit an einem Dickroman »Die Unverblühten« initiiert und weitergetrieben. Einem Brocken, den ich nun plausibel zurückstellte, um ihn irgendwann aufzugeben. Und um noch in der gleichen Woche die eigentlich erst für nachher, so ab 1989, vorgesehene Novelle »Maria Schnee« zu beginnen – und vier Monate später auch schon treulich in Druck zu geben.

»Die Unverblühten« wären, trotz eines schönen Introduktionskapitels (abgedruckt u. a. im Werkeband »Romane«), anders als die vorgezogene Novelle, aller Vermutbarkeit nach so etwas wie eine Totgeburt geworden bzw. geblieben. Eine allzu nabokov-thomasmannische Metaliteratur auf der Folie mancher (wie schon die »Vollidioten«) Dostojewski-Romane. Allzu kunstvoll, vielleicht gekünstelt, unlesbar – nebenher bei zwei Jahren Maloche ein ökonomischer Mißerfolg. Und in der Folge: wäre »Maria Schnee« dann wahrscheinlich ungeschrieben geblieben.

Und ich wäre, damals noch ein kraftvoller Roth-Händle-Raucher bei der Arbeit, schon seit ca. 1991 tot.

Und das wäre doch für uns alle, die wir hier herumsitzen, auch für die »Denkwürdigkeiten«, sehr ärgerlich.

*

»Nur noch ein biologisches Problem« sei der Reich-Ranicki, sagte mir, wahrscheinlich einem damals berühmten Zitat Kohls (über Strauß) folgend, der FAZ-Nachfolger Frank Schirrmacher im Januar 1988 im FAZ-Pressestübchen auf meine Nachfrage, wie er sich meine von ihm erwünschte Arbeit für die FAZ vorstelle, wenn und solange der Vorgänger, eben Reich-Ranicki, ja noch immer im Haus herumkugle und -qualle.

Sodann diente er, der Huie, ihm, Reich-Ranicki, mit Beflissenheit, ja sogar mit wachsender Inbrunst noch weit über sieben Jahre hinaus volle biologische zwei Jahrzehnte lang.

So geht's zu in der Geistes- und Geisterwelt.

Postscript: Gustav Seibt (damals: FAZ) erinnert sich zwar an dieses Gespräch und an seine Thematiken, nicht aber an das betreffende Zitat. Womit die Wahrheit offen bleiben muß. Bzw. meine Erinnerung erinnert sich halt notfalls falsch.

*

Ich muß es mir aus Zeitnotgründen versagen, der Sache noch genauer nachzugehen. Jetzt aber entnehme ich einer Magisterarbeit, die von mir in meinem Schrifttum häufiger – ernstlich zitiert oder auch mehr spielerisch-spottend intendiert – übernommene Äußerung Max Horkheimers über das »Ganz Andere« gründe in dem Horkheimer-Buchtitel »Die Sehnsucht nach dem Ganz-Anderen« (Ges. Schriften 7, 1985, S. 392); nämlich der zentralen Mitteilung, eben diese Sehnsucht gehe dahin, »dieses irdische Dasein möge nicht absolut, möge nicht das Letzte sein«.

Da schau an, da kann ja sogar der Papst damit zufrieden sein. Und jener »Ganzandere«, den ich in meiner Anekdotensammlung von 1983 dahinter vermutete, kann den Schwanz einziehend kaum dagegen anschwefeln.

*

Der Prophet gelte nichts in seiner Heimat, seiner Vaterstadt. Das traf für mich bis ins 48. Lebensjahr, bis 1988/89, zu, ehe ich mich dann sogar vor dem Status eines städtischen Ober-Honoratioren vorzusehen hatte –: Viel interessanter, auch verwirrender aber, daß er u. U. in der Fremde nicht zählt: Der Leipziger Richard Wagner wurde 1833/34 Chorleiter am kleinen Opernhaus von Würzburg; davon findet sich aber in den Stadt- und Theaterannalen – Wagner war inzwischen nationale, gar schon Weltmacht – von 1854 zum fünfzigsten Theaterjubiläum keine Silbe, auch 1904 zum hundertsten keine, sogar nach 1945 keine Spur von Wagners Würzburger Erdentagen, mit denen diese Unterfranken doch vermeintlich prunken sollten.

Verdrängung? Eine Art revancheartiger Inferioritätskomplex? Ach was. In jener Stadt, die 2011 per Selbstanpreisung »Weltkultur« sein wollte, hat ein Kulturwichtl nach dem anderen vor Herumwursteln unter lauter nachfolgenden Wichtln einfach 177 Jahre lang drauf vergessen.

*

31.12.1999. Weil es so schön ist, hier nochmals das säkulare Wort einer nach 1983 sehr beliebten Eisreklame-Comicfigur: »Schlecken, schieben, äcktschen – das bringt sätisfäcktschen.«

Wahrscheinlich war dies Wort Ed von Schlecks halt doch der Höhepunkt des Jahres 1984, ja das Wahrwort des Jahrhunderts.

*

Während W. Neuss 1987 mich in einer seiner sehr späten und verdämmernden Kolumnen mit einem deutlich gegen mich gerichteten »Hinschied« abtat (auf die Idee war ich nachweislich vorher auch schon gekommen, kann ja jeder kommen); derweil brachte es G. Zwerenz bereits 1983, nachdem ich ihn zuvor als Gauner, Halunke und Lügner von großer Verwerflichkeit gescholten hatte, uneinsichtig und widerborstig auf den Konter »Herr Hirnscheiß« (Schöne Niederlagen, Assenheim, S. 25).

*

Wie ich über meine Leser denke, wurde ich, keineswegs als erster und als einziger Autor, im Laufe der Jahrzehnte und »Lustren« (H. Wollschläger) immer wieder mal von Journalisten oder eben Lesern befragt.

Eine nicht untückische Frage, in meinem Fall führt sie aber nicht partout ins Abseits von Heuchelei und Halblüge. Im Prinzip kann ich a) ein Wort von Witold Gombrowicz adaptieren und unterschreiben: »Manchmal denke ich darüber nach, wie das zugeht, daß die unausgemauserte Studentenschaft sich gar nicht übel Rat schafft über den Inhalt meiner Werke. Während die Fachliteraten lauter Unsinn reden.«

Es gibt aber b) auch unter den Nichtfachleuten dumme Leser. Und wie dumm. Von Beginn an auch innerhalb des hingegebenen, des mir ergebenen Lesepublikums, es tut mir leid. Die betreffenden Autorenklagen sind hinlänglich bekannt, etwas ermüdend wiederholen sie sich; in meinem Fall trompetete früh die Klage nur etwas gellender: Sie lesen nicht nur aus jedem Roman, jeder Romanszene fälschlich meine Vita heraus, sondern, schlimmer, ihre eigene. Die Wiedererkennbarkeit von Leben in Romanen ist also nicht bloß eine stereotyp eingleisige, bestenfalls teilwahre, sondern auch eine oft frappant eingebildete und – aber lassen wir das. Wenig höflich fasse ich zusammen, was ich vor vierundzwanzig Jahren in einem Interview ein für allemal kanonisch zu Papier gebracht: »Man sollte sich vom substantiell fast immer banausischen Leserlamento nicht verwirren lassen. Der Leser hat meist nicht die geringste Ahnung, was einem Spitzenautor jahrelang zum Beispiel an epischen Allerschwerstüberlegungen durch den Kopf rumpelt, ehe jener Leser sich dazu auch noch seine unbedarfte Meinung macht.«

Ein aktuellerer Nachtrag doch noch zu den Gombrowiczschen Unsinn plappernden Fachliteraten, speziell den Kritikern oder Literaturprofessoren. Sie haben aufgeholt, und das im rasentesten, lebensgefährlichsten Tempo! Um es mit einem Unfall außerhalb meines eigenen Genres leuchtend zu illuminieren: Im »Conrady«, der gewaltig dicken umfassenden Jahrtausend-Gedichtanthologie des Prof. Karl Otto Conrady von 1977, kommen zwar in der Erstauflage innerhalb der Jüngsten z. T. noch Lebenden nur Säkularkoryphäen vor wie Bruno Hillebrand, Beat Brechbühl, Mathias Schreiber, Karin Kiwus und Erich Arendt, er, Erich Arendt, vor allem; zwei bis drei Jahrzehnte später aber tatsächlich auch schon die vorher schmerzhaft absenten Ror Wolf, Robert Gernhardt und, so gut der sich auch versteckt hielt, sogar F. W. Bernstein. Obwohl gerade diese drei gerade in ihrem Frühwerk bereits am heftigsten brillierten.

Hoffentlich holte sich der Kölner Professor dabei keinen Herzschlag wg. Überbeschleunigung.

*

»Liebe ist die Fähigkeit, Ähnliches im Unähnlichen wahrzunehmen«, schreibt Theodor W. Adorno in den Minima Moralia von 1951. »Kultur heute schlägt alles mit Ähnlichkeit«, wußte Adorno dagegen schon im Kulturindustrie-Kapitel der Dialektik der Aufklärung von 1947. Welcher Adorno hat nun recht? Kann Plato vermitteln, der die Liebe als »mittleren Zustand zwischen Haben und Nichthaben« erkennt und so den »Genius des Krieges« (Max Scheler, 1915) noch inmitten des mit sich selber streitenden Adorno zu Ruhe bringt? Oder fragt es sich doch, ob im Falle Adorno, was Karl Kraus (Fackel 657, S. 154) 1924 anläßlich Ehrensteins beklagt, »sein Reichtum an Einfällen, die sich jagen, weil es ihnen voreinander graust«, so groß ist, daß man noch über Karl Moors Klage, ihn »ekle vor diesem tintenklecksenden Jahrhundert«, weit hinaus mit einem gewissen B. B. Ionson nur zusammenraffen kann: »Theodor Adorno kann man ja gar nicht oft genug zitieren. Selbst seine albernsten Einfälle geben bei etwas gutem Willen immer noch eine Andeutung von Sinn«, bei allem aber ohnehinnigen »Schwund der Sinnvorräte« (Bernstein d. Ä.). So daß am Ende »die Trauer, die so viele junge Leute beherrscht« (Elis. Flickenschildt, um 1965), eine Trauer mit »nichts als Punk und Pils und Staatsverdruß im Kopf« (Max Goldt, QQ, S. 143) zwar zumal vor der ragend sich hochreckenden Martin Walserschen Frage »Gab es etwas Aussichtsloseres als den Geschlechtsverkehr?« (Der Augenblick der Liebe) nochmals zu eskalieren scheint, ja richtiggehend zu explodieren droht; sich aber doch wieder soweit beruhigt und sich's nicht anfechten läßt, sobald dann irgendwann »alles wieder zurechtgebumst« (Walser, Lebenslauf der Liebe, S. 136) wird, und Adorno möglichst voll mittenmang dabei.

*

»Hurra!« – »Iwo!« Wenn Verleger Briefe mit diesen beiden Worten beginnen, sollte man sie eigentlich sofort verlassen. Ich habe es zu spät erwogen und den meinen mithin erst mit zwölf Jahren Verspätung wieder verlassen.

»Herrje!« wäre aber als Briefanfang vielleicht noch eine Idee reifer gewesen.

*

Das Giftkraut der Langeweile? Die Pest aus Dauerzank und Hader? »Die Hölle von Elend im Ehestande« (Moritz, Anton Reiser)? Ach was. Kein Sterbenswort wahr. Sondern alles eitel Gold.

»Es gibt keinen verrückteren Gedanken als den, die deutschen Völker in einem Deutschland zu vereinigen« (Fürst Metternich). Jedoch Ehen zwischen Mecklenburgerinnen und Bayern gedeihen hundertdreißig Jahre später la:

Meine Hochzeit inklusive genaugenommen meine Verheiratung mit Regina Angenend am 9. Oktober 1981 fand statt in Bad Homburg sowohl als in Frankfurt sowie in einer gewissen Behutsamkeit, falls das, mit Wodehouse' Bertie Wooster zu erwägen, das richtige Wort ist – oder war es doch eher Beklommenheit? Benommenheit? Gar Brenzligkeit? Aber nein, Frohsinn vielmehr war es, mit Karl Valentins Peter Hindelang aufzujubeln, und doch – –

Nein, Betüteltheit war es gewiß nicht. Aber – das sattsam bekannte Gefühl einer allg. Verfänglichkeit, oder auch Vergänglichkeit – ja, das könnte es auch gewesen sein, das könnte hinzukommen, das könnte zumindest in hauchzarten Spuren mitgemischt haben und –

Zutrug sich alles jedenfalls so recht seelenvergnügt zugleich in Bad Homburg/Frankfurt und Amberg. Verständlich, daß mein Kind Elfriede, damals bereits neun, nicht vom ersten Augenblick an zu meiner nagelneuen Frau hingezogen sich fühlte. Später wurde es dann aber besser.

1991–2001

Literatur ist und hat etwas Unvollkommenes. Schreibt man in ein Buch, speziell eine Selbstbiografie, hinein, daß man den ganzen Tag Weiber bügelt, hat es etwas Renommistisches. Schreibt man zerknirscht und voller Kleinmut, daß man mangels williger Weiber den ganzen oder wenigstens halben Tag masturbiert, dann ex negatione: item. Teilt man aber mit, daß man sich den ganzen lieben langen Tag von beidem sauber hält, dann kommt das Naserümpfen deshalb, weil es gelogen ist. Und zudem langweilig.

Musiker – Komponisten, Dirigenten, Geiger – haben's da immerhin besser. Weil die Hörer interessiert das alles, diese Alternativen, gar nicht. Die Ignoranten, die Banausen.

※

»Frau Babylons Nichte«. Ein kleiner Schweinigelroman wurde mir anläßlich einer Lesung in Diepholz nahe Bremen wahrlich in den Schoß gelegt. Es war eine Art Vertreter-Einöd-Hotel am Stadtrand, in das ich einquartiert worden war; die das Zimmer spätabends noch ausführlichst besorgende »Nichte« war blond und bildhübsch, sie legte es offensichtlich darauf an, mich entweder zu gewinnen oder aber zumindest hereinzulegen, indem sie meine eventuelle Begierde kalt abwimmelte – und ihre alte Tante/Hotelieuse hieß wirklich »Frau Babylon«! Das Erfinden eines attraktiven, ja

unwiderstehlichen Buchtitels wäre mir also in fast unglaub-
licher Weise erspart geblieben. Das Leben schreibt wenn
schon nicht die besten Geschichten, so doch zuweilen die
besten Buchtitel: »Frau Babylons Nichte«.

*

Karl Heinz Bohrer wagte es in einem FAZ-Artikel der achtziger Jahre noch nicht, das Wort »fick« ins immer noch arg
betuliche Edelblatt, Martin Walsers »Edelmistblatt«, zu heben,
wohlgemerkt ins Deutsche übersetzt, englisch ging es aus
irgendwelchen trüben Gründen schon länger an. Das Ver-
dienst, den FAZ-Lesern zum ersten Mal das präzise Wort
»wichsen« in die verblüfften Augen vordringen zu lassen, das
gebührt ein gutes Jahrzehnt später aus Anlaß einer Heinrich-
Heine-Hommage inklusive Jugenderinnerungsskizze Robert
Gernhardt. Samt vorbildlichem Schuldeingeständnis: »Ich
wichste.«

Was mich angeht, so wurde im Gesamtverbund meines
»erdteilartigen« (M. Mosebach) Rundumschaffens viel zu
wenig gewürdigt, daß ich als fraglos erster am 1.9.1992 dem
schönen und farbigen Wort »Stopferl« in der FAZ zum Einstand verholfen hatte; nämlich in einem längst überfälligen
Beleidigungsartikel »Spaß mit Suhrkamp«; in dem es primär
um den omnilateralen sprachlichen Unflat des damaligen
Verlags-Herbstprogramms ging, zum Ausklang aber nebenher auch noch um die Vermutung, daß es sich bei der (neuen?)
Verlagsautorinnenperle Godela Unseld um des Verlegers
Tante, Nichte – oder gar um sein »Stopferl« handle.

Zum Einzug und – zum Durchbruch verholfen hatte.
Denn schon drei Tage später fand sich im Blatt eine »Entgeg-

nung« Siegfried Unselds aus der unverkennbaren Feder seines Verlagsfaktotums Fellinger, in der nicht nur meine Attak-
ken allesamt als Ungeist zurückgewiesen wurden, sondern
auch speziell diese meine ganz und gar unstatthafte Vermutung betr. Godela. So daß sich derart das Wort »Stopferl«
schon wieder im Blatt fand.

Meinem Gefühl nach zur Freude aller: meiner, der meisten
Leser, des Redakteurs Seibt, des Herausgebers Fest, wahrscheinlich Fellingers und mit Sicherheit Unselds. Dem die
Eitelkeit, bei Frauen einen Stein im Bett zu haben, ja in
Selbstzeugnissen und Legenden noch immer über alles gegangen war. Und ihn deshalb sogar sehr gern mit einem etwas
minderen »Stopferl« vorlieb nehmen ließ. Es ging ja auch
1992 mit seinem tollen Verlag wirklich schon stark bergab.

Seltsam, ein bißchen tut einem das sogar für den seltsamen
und dann rechtzeitig vor dem erahnbaren Ende seines speziellen Verlagswesens verstorbenen Idealisten Unseld leid, das
sei eingeräumt.

Sei getrost, Leser, unnachsichtig abrechnerisch geht es
weiter.

*

Am 17. Juni 1990 fand auf meine Veranlassung hin am nörd-
lichen Hamburger Elbufer aus gg. Anlaß ein kulturpersonell
stark besetztes Festchen statt. Peter Rühmkorf war dazu
nicht geladen, erschien aber, gerüstet mit einer Wiener Kul-
turjournalistin, doch; empfand offenbar, daß er, zumal beträchtlich angetrunken, hier fehl am Platze sei und seine
Späße nicht recht ankämen. Und rächte sich dafür, indem er
ein paar Jahre später, 1995, in seinem tagebuchartigen »Tabu«-

Buch über den gesamten Vorgang berichtete. Dies »berichten« allerdings in Gänsefüßchen, denn er, Rühmkorf, brachte
es in 23 Zeilen auf 24 Fehler: Falsche Sachangaben, verkehrte
Zuweisungen, danebene Deutungen. Zweifellos ein Rekord.
Von mir auf diesen aufmerksam gemacht, entschuldigte
Rühmkorf sich per Postkarte mit den Worten, die »Poesie«
bitte die »Satire« um Nachsicht.

Aber das gefiel mir erst recht nicht.

Rühmkorfs damalige Heimat war Hamburg-Oevelgönne,
die, wie man einem alten Heimatbuch entnimmt, einstige
Niederlassung der Leimsieder. Ein stark Leimsiederisches,
Verdrucktes, Bresthaftes war auch dem obschon immer pla-
kativ jazzig-modern auftretenden und als unverbrüchlichen
Künstler sich gewaltsam gerierenden Autor oft, nein stets
und ständig eigen. So wie seinem erwähnten Tagebuch mit
dem schon gar zu zaunpfahlwinkend leidigleimigen Titel. Ob
das »Tabu« wohl heißen sollte, man solle in diese verborgene
Kammer besser nicht hineinschauen, es stünden nur lauter
noch dazu allzeit und unweigerlich pro domo anpreisende
Schludereien und Schwurbel und Irrtümer drin?

*

Zu Beginn der neunziger Jahre war es, da galt ich als der die
deutsche Justiz am häufigsten beschäftigende Autor bzw.
Satiriker; bezogen aufs Jahrzehnt, manchen sogar auf die
gesamte Nachkriegsliteratur. Das war stark übertrieben.
Abgesehen von einem mehr marginalen Anwaltsvorgang,
betrieben 1983 vom beleidigten Gerh. Zwerenz, ging es da
genaugenommen lediglich um zwei allerdings beträchtliche
Gerichtsprozeduren:

Nämlich von August 1991 bis März 1993 über immerhin vier Instanzen bzw. Verfahrenswege um den geschmähten bzw. immerhin sich gekränkt fühlenden toten Heinrich Böll bzw. als dessen irdischen Stellvertreter seinen eingeborenen Sohn René Böll; der nämlich an einer Kurzkritik, erschienen schon im Frühjahr 1991 in der Literaturzeitschrift »Der Rabe«, spät, aber doch noch Anstoß genommen hatte. Es ging da um meine Wiederlektüre eines der frühen und besonders gräulich danebengeratenen Böll-Romane, »Und sagte kein einziges Wort« (1953) – die Kurzkritik zielte auf eine Erledigung des schon unglaublich dummen Buchs und fast mehr noch der gläubig-inferioren Leserschaft, auf die Böll sich damals und allzeit stützen durfte. Ich darf den Text hier nicht wiederholen, er darf gerichtsbefehlsmäßig allenfalls in einem wissenschaftlichen Zusammenhang wiederzitiert werden – eine der Pointen der Affaire läuft dahin hinaus, daß aus den ursprünglich wohl nur 2500 »Rabe«-Lesern durch Presseveröffentlichungen allerorten und bis hin nach England zumindest vorübergehend wohl 1 bis 2 Millionen Kenntnisnehmer geworden waren; was René Böll und seine Sippschaft ja gerade verhindern hatten wollen: daß die Unfähigkeit des Vaters postum gar zu publik würde.

Im übrigen handelte es sich durch die drei bzw. vier richterlichen Instanzen, bis zuletzt noch Karlsruhe, um einen Haufen strittiger Probleme, die allesamt mit der wackligen Logik in der Kohabitation von Justiz und Literatur zusammenhängen; z. B. um die offenbar unlösbare Frage, ob man einen (noch dazu toten) Nobelpreisträger besonders scharfkritisch angehen dürfe, ja müsse; oder aber das schon gleich gar nicht, der Mann ist oder war damals ja noch sakrosankter als der Nicht-Nobelpreisträger Goethe. Ob beide zwar als

Tote »wehrlos« waren, ob aber anders als Böll Goethe ja kaum das (Real-)Symbol fürs gute, hitlergereinigte Nachkriegsdeutschland, gar »Gewissen der Nation« (Volksmund) gewesen war; noch auch nur Stifterfigur von Böll-Instituten in Moskau und Prag, beide von Kölner grünen Literaturfachmannschaften erbaut.

Es drehte sich vor allem aber auch eineinhalb Jahre lang um die von mir gewählte spezielle Form dieser Kurzkritik, welche die Literaturgeschichtler als Invektive oder Pasquill bezeichnen, als Schmähschrift, operierend ohne zitatliche u. ä. Begründungen – die Juristen benennen es gleichfalls als »Schmähung«; verstehen aber nichts deskriptiv Neutrales im Sinne einer Normativität des faktisch Schmähbedürftigen darunter; sondern etwas Unmoralisches, etwas Böses.

Ich kann nicht sagen, daß die beiden Berliner Gerichte und die bloß im Hintergrund in Erscheinung tretenden Karlsruher besondere Anstrengungen unternommen hätten, nach Maßgabe wenigstens ihrer bescheidenen literarischen Maßstäbe und Lesekenntnisse und allgemeinen Welterfahrungen diesen mehrfach neuralgischen Punkt zu begreifen; begriffliche Klärung zumindest innerhalb der genremäßigen Unvereinbarkeiten zu versuchen und so etwas wie eine synoptisch ausgleichende Gerechtigkeit ins forensisch demonstrativ gelangweilte Auge zu fassen. Kleinere zu erörternde Fragen wie die, ob so ein spezifischer Text sich ans ominöse Buchhandels-»Durchschnittspublikum« ohne viel Ahnung und Urteilsvermögen richte, oder im Fall der ausgewiesenen und als kritisch-witzig beleumdeten Zeitschrift »Der Rabe« an ein entsprechend spezielles und kundiges und in seiner Apperzeptionsapparatur vorgeprägtes: dergleichen interessierte die befaßten Richter offenbar und unverfroren ostentativ nicht den leisesten Hauch. Schon komisch. Denn unter diesen Umständen und Sehweisen, daß letzten Endes alle Kritik Schmähung sei, hätten sie wohl auch Einsteins Relativitäts-neuerung zurückgewiesen und verdammt; und den Galilei sowieso.

Ungeachtet der aus den Urteilstexten ablesbaren selbst-zufriedenen Unbelehrbarkeit der Richterlichen und ihrer Blasiertheit eine andere initiale und schlußendliche Pointe der Sache, für den Interessierten und durchschnittlichen Zei-tungsleser recht schwer kompatibel und kapierbar: Hätte die Partei Henscheid von vornherein gegen René Böll und seinen machtvoll auftretenden Rechtsbeistand, den Prof. Wilh. Nordemann, klein beigegeben und zur Verhütung grö-ßerer Geldschäden eingestanden bzw. darauf bestanden, daß es sich beim fraglichen Text um »Satire« und mithin um die grundgesetzlich-verfassungsgerichtlich besonders geschützte und hochgehaltene Kunst- bzw. »Satirefreiheit« gehandelt habe, dann wäre das Ganze wohl auf eine Art Freispruch, oder einen Vergleich, hinausgelaufen. Mit einer gewissen Be-harrlichkeit, ja Sturheit – von einem dahergelaufenen Böll-Sohn läßt man sich schließlich nicht gern vorschreiben, was wer wo wann schreiben darf – bestand unsere Partei indessen immer wieder darauf, der fragliche Text sei »Klartext«, wenn auch (la petite différence) satirisch zugespitzter, also 1:1 zu verstehen – und das eben brachte halt das endliche Verdikt der Schmähung bzw. Schmähungsabsicht und damit die Bürde der etwa 15 000 Mark von mir zu berappenden Ge-richts- und Verfahrenskosten ein. Auf »Schmerzensgeld«, »Geschäftsschädigung« und was dergleichen üblicher Unfug auch noch denkbar gewesen wäre, verzichtete die vom Vater her gewohnt christliche Sippschaft Böll immerhin generös.

Und vom Antrag auf Kerkerstrafe sah man wohl von vornherein wegen Chancenlosigkeit ab. Schade, es wäre meine erste und eventuell schon letzte Gelegenheit gewesen, diese Art Innenleben kennenzulernen. Die einem Apostel Petrus oder auch Rudolf Augstein so viel Lebensweisheit und Besinnung eingebracht hatte.

Erst lang nach Bölls Tod und dem von Walter Höllerer las ich im Literaturarchiv Sulzbach-Rosenberg aus Höllerers altdeutscher Reise- oder auch Universitätsschreibmaschine, daß dieser um 1960 dem Stockholmer Nobelpreiskomitee, offenbar dazu aufgefordert, Heinrich Böll als würdigen Nobelpreisträger empfohlen hatte; einigermaßen lang bevor es dann 1972 wirklich so weit war, daß das Stockholmer »Narrenhaus« (so später ein Jurymitglied) 1972 zum späten Segen vor allem von René und den Seinen sageundschreibe gehorchte. Und dies ausgerechnet mit besonderer Empfehlung des von mir als unzurechnungsfähig verspotteten Romans »Und sagte kein einziges Wort«; vom Literaturprofessor angepriesen mit Worten und Argumenten, die nicht und in nichts von den geschwollenen eines damaligen übertypischen Provinzmittelschullehrers auseinanderzukennen sind. Ich will keinen weiteren Toten verunehren, indem ich hier zitiere. Aber merke: Es ist keine Torheit zu unglaublich, als daß sie nicht doch noch das Fleisch des geschriebenen und meist sogar gedruckten Worts anzunehmen vermöchte.

Und: Unsere führenden Avantgardeliteraturprofessoren sind aber auch schon wirklich welche.

*

Baby mit kompletter Familie (1942)

Baby mit Tier, einem späteren Titelbild (1941)

Der Pianist und der Jung-Wagnerianer (1957)

Der Schulfreund und Berater Hermann Sittner (1959)

Ein Verlagswerbefoto, aufgenommen in der Wohnung von Robert Gernhardt, das zu nachfolgender Ehe führt (1979)

Die Folgen des Werbefotos: Regina Henscheid, vormals Angenend (1981)

Der Autor in seiner Heimatstadt Amberg (1986)

Mit Romanfigur »Hans Duschke« alias »Ferenc Knitter« (1987)

Mit Lektor-Berater Bernd Eilert und Verleger Gerd Haffmans (1983)

Mit Verleger Michel Gölling (»Hersbrucker Werkstätte«) (1990)

Besinnlich am Heimatfluß (1983)

Mit Ehefrau und »Kerzenhändler Lattern« (1983)

Mit Sopranistin Rita Streich (1969)

Mit Lieblingstenor Carlo Bergonzi (1977)

Mit Wagner-Sängerin Waltraud Meier (1997)

Interview samt Streit mit Herbert Wehner (1969)

Auf Wolgafahrt mit Egon Bahr (2004)

Maria Schnee-Kirche mit ihrem Ausdeuter (1988)

Mit Freund und Berater Robert Gernhardt (1978)

Mit F. W. Bernstein beim gemeinsamen Goetheforschen (1982)

Mit Gerhard Polt (mehrfach gemeinsam seit 2005)

Die momentan waltende Hauskatze Ramon-Mohrle (2006 ff.)

Mit Sportfreund Theo Wißmüller und Ehefrau der Zukunft entgegen (2006)

Der Fall Böll vs. Henscheid war gerade beendet, da schloß sich im März 1993 – der »Spiegel« machte belustigt oder auch beeindruckt auf die nicht häufige Koinzidenz aufmerksam – noch in der gleichen Woche der ähnliche, aber nicht kongruente Rechtsstreit mit der Interessenpartei Gertrud Höhler an. Höhler, eine ehemalige Germanistikprofessorin und Unternehmensberaterin und vielfache Ministerkandidatin und nunmehrige Faktota für jede denkbare allg. Betriebsnudeligkeit und Nichtsnutzigkeit, war mir zuvor schon mehrfach aufgefallen – als alles in allem eine, lang vor der mental verwandten späteren Spitzen-Bischöfin Käßmann, unserer quicksten Frauengestalten der 80er und nun auch der beginnenden 90er Jahre – eine der schwersterträglichsten. Das schlug sich im Märzheft der Zeitschrift »konkret« in einem zweiseitigen Artikel nieder: »Sie muß verrückt sein«, garniert mit zwei damals sehr häufig zu sehenden Fotos einer Reklameserie zugunsten von American Express Card, auf denen Prof. Höhler einmal über die Maßen walkürenhaft auf einem schwarzen Gaule über eine Graslandschaft hupft – auf dem andern Foto (sie bekam als einziger Gast der Serie zwei Motive, alle anderen von Lothar Matthäus bis Wim Wenders nur eins) sitzt sie gleichsam flankierend und in ähnlicher Reiterinnentracht auf einer Art Schreibtisch inmitten einer herrlich antikischen Herrschaftsbibliothek; zu ihren Füßen auf dem Rücken und dem Teppich aber lagert ihr leibhaftiger Sohn – auch wenn damals viel Wesens und Geheimnis um diesen besonders erlesenen und aber eventuell nicht so ganz ehelichen Sohn gemacht wurde, es ist ihr Sohn, die Bildunterschrift beglaubigt es: »Gertrud Höhler mit Sohn Abel. American-Express-Mitglied seit 1986.«

Der Artikel »Sie muß verrückt sein« im Verein mit den beiden grauslich sprechenden, nämlich zutiefst und absichtsvoll anzüglichen Fotos fand nicht das Einverständnis einer vom Text eventuell insgeheim sogar amüsierten Frau Prof. G. Höhler. Sondern sie klagte, forderte von »konkret« eine (in solchen Fällen unumgängliche) »Unterlassungserklärung« und wollte vor allem, wie immer, Geld. Im ersten Durchgang sogar eine sechsstellige Summe.

Und das Ganze zog dann wieder über Monate hin einen für Nichtfachleute schwer überschaubaren Rechtsstreit nach sich. Die Rechtsanwälte von Frau Prof. Gertr. Höhler erheischten Schmerzensgeld, obwohl Höhler mit Foto, Pferd, Sohn und vor allem Foto-Honorar doch nur Freude gehabt haben dürfte. Forderten 100 000 Mark zuerst von »konkret«, als sich das als aussichtslos erwies vom offenbar solventeren Autor, von mir. Als unerträglich schmerzverursachend wurden bei dem z. T. pseudowissenschaftlich freudianisch auftrumpfenden satirischen Text u. a. empfunden die Passagen »ihren Herrn Sohn reiten und dann umgekehrt«; »ja eigentlich das Reiten/Rammeln präferiere«; »daß hohe Frauen wie sie keinem Gatten sich zu beugen pflegen«; »auf dem sie, G. Höhler, abends Abel reitet«; »Abel flachlegen und bürsteln«; »zuerst das Pferd geritten und dann den Sohn«; »die aufgescheuchte Schwerstverrückte«; »vollkommen gaga«.

Auch wenn Höhlers juristische Mitkämpfer sich erst einmal auf den alten Rechtsanwaltstrick kaprizierten, einen ganz offenbar synthetisch-leitmotivisch-sinfonisch angelegten Kunsttext in seine plan und platt beleidigenden und gleichsam ihrerseits gagaverdächtigen Einzelteile zu zerlegen und vorzuführen (ob sie das entsprechend z. B. auch etwa bei gewissen harmonischen Härten der »Eroica« machen würden?) –

›226‹

– gleichwohl wies das Landgericht Hamburg das Höhlersche Vergeldungsansinnen mit Urteil vom 25.1.1994 erst einmal zurück. In der Begründung der Löblichen hieß es, man könne beim unvoreingenommenen Betrachten der den Artikel auslösenden Fotos ja zu gar keinen anderen Eindrücken und Befunden kommen als der Autor: »Der beanstandete Artikel knüpft nämlich gerade an das Foto an, das die Antragstellerin und ihren Sohn zeigt und mit dem sie American Express hat werben lassen, und dieses Foto läßt nach Pose und Ausdruck der Abgebildeten durchaus Spekulationen über eine ungewöhnliche Beziehung zwischen ihnen zu.«

Mit anderen Worten: Auch die sonst so seriösen Hamburger Landgerichtler hatten bei diesen Fotos die durchaus beabsichtigte, ja unabweisliche Assoziation Rammeln oder zumindest Rammelwille und Rumpelphantasien.

Das Hanseatische Oberlandesgericht bestätigte am 10.11. 1994 diesen Eindruck; empfand allerdings – mit der Folge von 20 000 Mark Schmerzensgeld – vier der ca. zwanzig von den Höhler-Anwälten monierten Textpassagen, das kunstschöne Ganze nun also doch parzellierend, als nicht mehr zulässig und nämlich als »das Maß des Zumutbaren überschreitend«.

Bleibt erläuternd anzumerken, daß die damals landesweit und multimedial gestreuten Werbefotos der Annie Leibovitz vom Auftraggeber gewöhnlich in einer Größenordnung von 50 bis 100 000 Mark honoriert zu werden pflegen und im Fall Höhler wohl pflogen; eine Summe, die sich Frau Professor bei zwei Fotomotiven vermutbar eventuell zweimal gutschreiben ließ.

Anzusprechen ist auch die Finesse, von der die Schändliche und ihre Anwälte wohl wußten, kaum aber ihr Prozeß-

gegner und sein etwas späterer Verleger: Daß ein Wiederabdruck des Artikels – sogar neutral kommentiert und/oder die
monierten Passagen geschwärzt – in einem Buch (Meine Jahre
mit Sepp Herberger, 1999) im Sinne der alten »Unterlassungserklärung« ein Bußgeld von, meiner Erinnerung nach,
500 000 Mark hätte erwirken können. Im gleichsam letzten
Augenblick erwitterten der Verleger und ich diese neue Gefahr seitens der männer- und womöglich verlagsmordenden
Entsetzlichen; und wir verzichteten. So viel Geld wollte ich
dem Abel Höhler für seine neue Fotoausrüstung denn doch
nicht in den Rachen nachwerfen.

Daß freilich die Verworfene kurz nach meiner sie eigentlich erledigenden satirischen Einlassung auch noch eiskalt
den neuen und schweizerischen Preis der »Stiftung für
abendländische Besinnung« (!!) in Höhe von 50 000 sFr. ein-
strich, nachdem sie durch meinen Geldbeitrag doch schon
aus dem Gröbsten raus war, zeigt halt wieder einmal zu unser
aller Besinnung, daß die »satirische Essigfabrik« (Jean Paul)
eine gänzlich ohnmächtige ist.

Und froh sein kann, wenn ihr für die Umweltverletzung
mit Essig nicht noch ein extra Bußgeld zugunsten dieser oder
sonst irgendeiner Schreckschraube auferlegt wird.

*

»A pathological, harmless nutcase« sei, nach Mr. Henscheids
Meinung, Mr. Heinrich Böll, so faßte bereits am 3.8.1991 die
»Times« die inzwischen gerichtsrelevante, aber diesbezüg-
lich noch lang nicht abgeschlossene Causa Heinrich und
René Böll versus »Rabe«/Henscheid zusammen, und »The
Times Literary Supplement« sah es mit Fragezeichen ähnlich

und mit der gleichen, meiner Rezension entlehnten, wenn auch frei übersetzten Metapher: »High priests or nut-cases?«

Die weidlich lachhafte Überpointe meiner winzigen Böll-Invektive mündete darin, daß mir selber zwar vom Kammergericht Berlin und vom Bundesverfassungsgericht verboten wurde, weiter zu behaupten, was in dem Artikel gestanden hatte – und was ich auch hier nur auszugsweise zitieren darf mit dem auferlegten Hinweis, daß es nicht wahr ist: daß nämlich Böll ein »steindummer, kenntnisloser und talentfreier Autor« sei usw., »ein z. T. pathologischer, z. T. ganz harmloser Knallkopf«; daß diese meine bedauernswerten Irrtümer und vermessenen Entgleisungen von der an Literatur bzw. Trubel interessierten Medienlandschaft gleichwohl und erst recht ewig weiter verbreitet und zitiert wurden – als eine Art strukturlogischer Systemfehler moderner Gerichtsbarkeit.

Arrondierend die schon überwölbende Komik, daß der hinter dem Ganzen erahnbare Wunsch und Wille meines Prozeßgegners, es möchten diese meine Lästerungen gegen den Vater nicht weiter die Öffentlichkeit verseuchen, ein Wunsch erwachsen vielleicht aus autoritativem Abstrafwillen, vielleicht auch aus der Begehrlichkeit der vom Vater Böll damals noch immer gar nicht schlecht lebenden Böll-Sippschaft, mag sein sogar aus dem Trachten nach literarischer Objektivität und Sauberkeit – daß diese meine in der Tat überpointierten Schmähungen durch den Doppeleffekt Justiz/Medienbetrieb jetzt erst wahrlich und offen öffentliche wurden:

Den »Rabe«-Kleintext lasen, wie oben berichtet, vielleicht halbwegs zustimmend und abnickend an die 2500 Leser, um ihn in 1700 Fällen sofort wieder zu vergessen. Durch seine

Ganz- oder Teilrepetition in den Medien (denen das Zitieren nicht verboten war), in den Medien von FAZ zu »Bild« und »Weltwoche« und ARD und »konkret« und »Express« und SZ und »Times«, erfuhren nunmehr (ich präzisiere) geschätzte 950 000 Interessierte, daß dieser Heinrich ein grauenvoller war und ist.

Und das war in dieser Tücke nicht einmal von mir beabsichtigt. Von mir schon mal gleich gar nicht.

*

Ob mich Kasualitäten wie die Causae Böll oder Höhler aktuell bedrückt haben, heute noch bedrücken und zur Last fallen? Die weithin mangelnde Solidarität mit mir und meiner Sache? Nein, heute nicht. Nicht mehr – wenn es mich je allzu spürbar drückte. Höhler oder René beiseite: Die Streitaxt zu führen wider den gewaltigen und angenehm amusischen Pro-Böll-Kläger Prof. Nordemann und dabei seine noch gewaltigere Kanzlei und ihre taktischen Mätzchen hinreichend zu beleidigen, das hat wohl, wie zart angedeutet, auch Vergnügen gemacht. Aber nicht nur. Zum Beispiel von einer Reise froher Dinge nach Frankfurt heimzukehren und im Briefkasten ein dickes Briefbündel vorzufinden, in dem mir ohne Not und ohne Sinn mitgeteilt wird, wenn ich nicht gleich spurte, würden in Bälde irgendwelche justiziellen Schergen, die zu allem Überfluß auch noch Messerschmied oder Beilheber o. ä. hießen, die Wohnungstür leider gewaltsam erbrechen müssen, die Wohnung aber vom Gerichtsvollzieher konfisziert und unverweilt leergeräumt werden, so lange, bis mein Wille gebrochen sei, so habe es das höchste Gericht oder jedenfalls der Prof. Nordemann nun mal mit mir vorgesehen – na, ich weiß nicht, ob ich das alles damals nur erheiternd fand.

*

Um 1993 herum begründete mein damals noch zeitweiliger Verleger Gerd Haffmans wie immer mit dem Mut der Verzweiflung eine neue Buchreihe, die tatsächlich auf den schwer glaublichen Titel »Haffmans' Entertainer« hörte. Und aber abermals schwebte und waltete über mir schon unverdiente Gnade. Denn das blieb mir immerhin erspart, daß meine 1988 in seinem Züricher Verlag noch ordentlich erschienene Novellen-Idylle »Maria Schnee« in dieser krausen Reihe zweitzwangsveröffentlicht wurde; ich hätte es, was Leser selten ahnen, kaum verhindern können.

Allerdings, allzu einseitige Erinnerung kann auch hier nicht Sinn der Sache sein. Neben unglaublichen, schrägen, gänzlich lauthals unlauteren, unverhältnismäßigen Denkwürdigkeiten und Greueln gab es in Haffmans' Verlagsunternehmen schon auch manche gute, ja sehr gute Sache. Meistens Bücher.

Und immerhin wäre »Haffmans' Hämmer« noch einen Hauch krachender und unlauterer gewesen. Unter diesem Reklame-Signet wurde die genannte allerzarteste Novelle aber tatsächlich 1989 verlagsreklamemäßig verscherbelt. Oder zumindest zu verscherbeln versucht.

Damals, immerhin schon vierundvierzig Jahre nach Hitl., war bereits wieder alles möglich. Und alles sehr, sehr »verflucht« (Franz Kafka).

*

Wer hätte das nicht leidenschaftlich gern gelesen?

Ein weiteres, kurz mal erwogenes und dann aber nicht ausgeführtes Krimiprojekt: Arbeitstitel »Othello«. Bargfeld 31.12.1990: Ein gewaltiger Arno-Schmidt-Mann gießt mir gleich nach dem Silvester-Mitternachtstoast ingrimmig lächelnd ein Glas Sekt über den Schädel, weil ich, in eigentlich gentil, ja generös entgegenkommender Gesinnung, seine Gemahlin, auch sie eine Arno-Schmidt-Nahestehende, ganz kurz und keusch um die Hüfte herum umarmt hatte.

Der Abend, die Nacht nahm dann etwas krampfige, leidlich leidige Formen an und lieferte weiteres Krimi-Rohmaterial in einiger Fülle. Vielleicht habe ich das rasch aufflammende Buchprojekt auch aus Faulheit und krimitechnischer Unbedarftheit dann noch rascher wieder fallenlassen. Wahrscheinlicher deshalb, weil absehbarerweise, nach meiner schon recht gesättigten Erfahrung, ein Buch mit allerlei Neugier-Wert, betreffend allerhand Hochliteratur-Population und zumal erkennbares Arno-Schmidt-Bargfeld-Personal, bei den notwendig werdenden Mixturen Fiction/Nonfiction mit ganz besonders illiteratenmäßg pingeligen und schwerst beleidigten Besserwissereien hätte rechnen müssen. Und also mit unverhältnismäßigen Nervenstrapazierungen. Oder gar wiederum Justizgefuchtel.

Ein bißchen schade ist es schon. Dem Reemtsma hätte ich gern als Nebenfigur ein Denkmal gesetzt. Wenn er schon sonst keins kriegt.

Sein Institut mit einer Lebensdauer von geschätzten vierhundertfünfzig Jahren sei aber doch eins? Nein, ein selbstgebautes zählt nicht.

*

Und noch ein Krimi war über die Lustphase der ersten Idee niemals hinausgekommen. Er sollte, in der Folge eines Kurzurlaubs 1983, im Nietzsche-Örtchen Sils Maria hoch droben im Engadin sich zutragen, in der dortigen Hotelpension »Chasté«, ermordet werden sollte die eindrucksvoll hochgewachsene blindeseherinhafte Hotelbesitzerin, der Hauptverdacht fiele auf die reichlich dicke, matronenwuchtige, äußerst zweischneidig sich führende und offenbar sehr geldgierige Hausdame, die ewige Zurückgesetzte und Verliererin, die da im Verein mit Nebenverdächtigen, etlichen schweizerischen und österreichischen Edelwanderern und Pseudonietzscheanern, bis hin zum Krimierzähler und seiner ehrgeizigen und also auch nicht ganz unverdächtigen Ehefrau Regina in diesem etwas sehr unheimlichen Betrieb, in dem einst, dem Gästebuch nach zu schließen, auch mehrere Selbstmörder von Paul Celan-Antschel bis zu Peter Szondi aufhältig gewesen waren und dort ja wohl schon gleichfalls usw. – Nichts wurde niedergeschrieben. Verwunderlich aber, daß die Pension Chasté in einem etwas späteren und recht komplexen Roman von Adolf Muschg, »Sutters Glück«, eine kleine und gleichfalls kriminahe Rolle spielt. Der Autor Muschg schien 2001 bei meiner Mitteilung dieses Zusammenhangs durchaus nachdenklich zu werden und ist es werweiß heute noch.

Warum aber auch aus diesem Buch nichts wurde? Aus Faulheit vielleicht nicht einmal Fast nehme ich an, daß mir damals gleichzeitig die Einsicht dämmerte, Ambler oder Highsmith und vor allem Margaret Millar könnten das doch besser.

Sie sind halt auch einfach naturhaft blutrünstiger.

*

Im Spätherbst 1995 muß es gewesen sein, da betitelte mich, im Zusammenhang der Dignität von Parodien, der immer noch und allüberall meist sogenannte Literaturkritiker M. Reich-Ranicki, anstatt dankbar für meine schöne »Herrmann Burrrger«-Fastrealsatire von 1985 zu sein, als einen »Idioten, dessen Namen ich nicht nennen möchte«.

Das war ein bißchen feig; etwas gar sichtbar feig hüllte sich Reich-R. in seinen Wintermantel, als er mir bald darauf samt seiner Frau beim Schneespaziergang am Niddaufer über den Weg lief; nachdem ich ihm, meinem Frankfurter Nachbarn, zwischenzeitlich für den Wiederholungsfall brieflich gerichtliche Schritte angedroht hatte oder ihm angeboten, ihn »wahlweise zu verhauen«.

Ich will das später alles noch etwas genauer und umfänglicher darstellen und entfalten, der wohlgelungene Brief ist komplett auch im Lesebuch »Über Manches« sowie in der Werkausgabe, Abteilung »Literaturkritik«, enthalten.

Schon in den Jahren vorher, ab 1987, war es beinahe zu einer Art kuriosen Nachbarschaftskameradschaft mit diesem meinem langgedienten Leibfeind gekommen, eine unio mystica, die der altbewährte Ganove bestimmt nur anzuzetteln getrachtet hatte mit dem abgefeimten Ansinnen, mich derart stramm hereinzulegen. Indem er beizeiten und nach Gelegenheit den Spieß einfach umdrehte und mir, der ihn zeitlebens tapfer bekämpft und gewürgt, elende Ranschleimerei nachredete. Nein, dieser Kelch von Freundschaft ging dann gottseidank an mir vorüber.

Bereits um 1990 erzählte R.-Ranicki jedem, der es vielleicht gar nicht wissen wollte, mit einem gewissen Stolz, das letzte Wort Bölls an ihn sei ein ins Ohr geflüstertes »Arschloch!« gewesen. Das läßt sich kaum nachbessern. Höchstens mit den bedachten Worten von Max Frisch (zitiert nach Magenaus Walser-Biografie, S. 407) sanktionieren, ja kanonisieren: »Herr Reich-Ranicki, Sie sind ein Arschloch!«

Und dies Wort kann man doppelt lassen stan.

So rundet sich am Ende alles und jedes gegen Null hin, das »Arschige« (Goethe) der Zeit sowie aller Dinge festzuschreiben. Fast aller.

*

Daß der vorerwähnte sog. Kritiker damals, nachdem er mich zum »Idioten« ernannt hatte, mitten auf einem kleinen gemeinsamen Spaziergang in der Grillparzer-Presberstraße mich dahin anging, er könne »nur dann etwas für Sie tun, wenn Sie mich nicht dauernd als den dümmsten deutschen Kritiker bezeichnen«, dies sei ergänzend und der Ordnung halber festgehalten.

Übrigens reagierte ich nach meiner Erinnerung auf diese gewissermaßen »Überfallfrage« (F. J. Strauß, 1971) zwar längst gegen sie gefeit, aber nur halbwegs heroisch. Sondern redete mich erst mal etwas kleinmütig drauf raus, meiner Meinung hätte ich ihn immer bloß als den »lautesten Kritiker« bezeichnet.

Erst als Reich-Ranicki darauf bestand: »nicht nur der lauteste, auch der dümmste« hätte ich gesagt, erst da gab ich ein bißchen verhohlen nuschelnd nach und möglichst ironisch-höflich zu verstehen, ich möchte ja vielleicht von ihm gar *nicht* protegiert werden.

*

›235‹

Albanien kann niemand helfen, ach nein, ach ja, der Albanerer ist schon sehr arm dran. Eine Art Zukunft dämmerte ihm zwar in grauen Vorzeiten herauf, als seine Nationalmannschaft in Tirana tatsächlich ein Unentschieden gegen Deutschland erfocht; später schürte der deutsche Bundespräsident und Feuerkopf R. Herzog anläßlich eines aufbauenden Besuchs manche Zuversicht, ja Hoffnung jenseits von Sozialismus und Kapitalismus; als das wieder sang- und echolos verflogen war, war es im September 1995 eine Dreißig-Mann/Frau-Equipe rund um die Frankfurter Satirezeitschrift, die dem Land eine volle Woche lang die Aufwartung machte, aber auch das sehr vergebens und viel no future hinter sich lassend – nein, ungeachtet eines gloriosen Gruppenauftritts im albanischen Staatsfernsehen (gegenüber dem Tiraner Fußballplatz) haben wir am Ende wenig ausgerichtet, praktisch nichts für Land und Leute zu tun vermocht. Einige gesicherte Erkenntnisse immerhin bleiben, jedenfalls in meiner Bilanz:

1. Keineswegs kann der Albanerer, wie Otto von Bismarck von den Balkanbewohnern insgesamt wähnte, »uns meist nicht leiden«. Sondern von einer bestimmten Bildungsstufe an vermag er derart erfolgreich und manierlich mit uns Deutschen Deutsch zu sprechen, daß man sich nur wundern kann, was er sich so viele Wochen, vielleicht Monate, eventuell gar Jahre nach Ro. Herzogs Besuch ausgerechnet davon verspricht.

2. Die früher unter Karl May sog. Skipetaren und besonders wilden Albanerer hassen zwar heftig die Griechen, Serben und Italiener, werden aber ganz sanft, wenn sie uns Deutsche sehen. Denn voll Mitleid erinnern sie sich, wie sie uns einst, s. o., aus dem Europapokal herausgehaut haben

(trotz, wie man in Tirana heute noch weiß, Gerd Müller in der Sturmspitze) – der größte Landesaufschwung seit dem Untergang Illyriens.

3. Falls Mutter Teresa schon wirklich aus Albanien stammt und nicht bloß ein eingebildetes Gespenst ist, so ist diese bekannteste Landsmännin doch jedenfalls nicht die ich-idealbildendste. Sondern die moderne Albanerin strebt, dem noch schmalen Frauenillustriertenangebot nach zu urteilen, unser aller Zentralzumutung Claudia Schiffer so innig nach wie alle anderen Museltöchter auch.

4. Dagegen die albanische Oma sitzt den ganzen lieben langen Samstag auf einer Kiste vor zwei Bündeln Bananen, will diese aber gut sichtbar gar nicht verkaufen, sie verdiente ja daran viel zu wenig, um sich zwei Bündel Bananen dafür kaufen zu können, um diese dann hoffentlich endlich zu vertilgen.

5. Der junge Albanerer läßt sich von uns Deutschen Kugelschreiber schenken, die er zehn Minuten später an mich für 1.60 DM (100 Leki) weiterverscherbelt. Vielleicht hat er ja zu Hause unterm Bett auch bereits eine Million Kugelschreiber.

6. Mit dem Umweltschutz ist es in Albanien schon ein Problem.

7. Fiel mir schon am zweiten Reisetag lastend, aber auch irgendwie beschwichtigend auf die Seele, daß der vor allem ältere und ländliche Albanerer die Kuh sowie anderes Haus- und Huf- und Feldtier, vor allem aber doch die Kuh, nicht primär und nicht unbedingt als Nutztier hält. Sondern, sichtbar an jedem Feld und Busch und Wiesenrain, vielmehr frei und mehr oder weniger unbeschwert und ziellos mit ihr herumstreichend und sie am Gängelband

haltend und vorwärtsziehend weitgehend zum Zeitvertreib. Mit ihr, der Kuh, einigermaßen freudig und schadlos den langen und, ach, wieder so nutzlosen Tag bewältigend – und dies sogar viel artifizieller, artistischer, wahrhaft l'art-pour-l'artmäßiger, als dies z. B. der Erfinder dessen, der dumme Franzose, zu leisten, ja auch nur zu begreifen vermöchte.

Und schon dafür wollen wir ihm dankbar sein, dem älteren Albanerer, und uns damit eilends wieder von ihm verabschieden.

*

Eine Kurzversion dessen steht schon in der Editorischen Nachwortnotiz des Bands »Literaturkritik« meiner Werkausgabe (S. 914 f.); es ging um eine damals wieder mal besonders aktuelle Übersicht über besonders geschraubte Buchtitel, Waschzettel und sonstige Närrischkeiten des Suhrkamp Verlags; nachzulesen z. B. im gleichen Band der Werkausgabe (S. 39 ff.):

»Ungewöhnlich echo-, wenn schon nicht folgenreich war, weil er in der FAZ stand, der eigentlich mehr spielerische als polemische Artikel ›Spaß mit Suhrkamp‹ vom 2.9.1992. Ein üppiger Gegendarstellungssermon Unselds aus der Feder seines Kofferträgers Raim. Fellinger, vorgesehen zuerst und allzu unsinnig für die Frankfurter Rundschau, dann nach einigem Gerumpel doch auf der zweiten Feuilletonseite der FAZ placiert, entlarvte mich zügig als jenen Banausen und Geistfeind, den Hegel und Karl Kraus einst vorausgeahnt – bitter für mich, der sich bis dahin als einen sowohl Hegel-Kenner als auch Kraus-Erben erachtet hatte. Bei der FAZ soll man, laut Journal Frankfurt, ›Spaß mit Suhrkamp‹, glatt ›göttlich‹ gefunden haben. Der Suhrkamp Verlag selber? Aus ihm hörte man läuten, daß sich pro- und contra-Resonanzen ziemlich genau pari verhalten hätten, aber mindestens.

Andere, noch unverhofftere Resonanz und Post bzw. Fax-kultur kam z. B. aus Marburg. In einem (damals ganz neu-artig-chicen) Fax-Info-Brief-Mix an die Frankfurter Redak-tionsleitung ließ es sich der Leiter der Klinik für Psycho-therapie, Prof. Dr. M. Pohlen, im Namen seines ›Zentrums für Nervenheilkunde‹ nicht nehmen, sondern dahingehend vernehmen, ich, der Urheber der Antisuhrkamp-Kultur, ge-hörte als Wiederauflage des von ihm, Pohlen, eigentlich über-wunden geglaubten ›Wörterbuchs des Ungeists‹ (sic) sowohl als auch des Prinzips des ›Faschistoiden‹ stracks aus dem Ver-kehr gezogen; und als der zuständige FAZ-Herausgeber Fest sich weigerte, den Fax-Brief in der geforderten vollen Länge zu drucken, bot Pohlen gegen ihn nun auch noch brieflich inständig auf bzw. rief tatsächlich als Schützenhilfe zu den Waffen, was er wohl für den für Germanien zuständigen Geist hält; nämlich, als hätte er mir als Satiriker draufhelfen wollen, nun wiederum keine anderen als Habermas, Reich-Ranicki und eben, logisch, Unseld. Erst im Frühjahr 1993 gab Pohlen, von Fest mehrfach brieflich in die Schranken gewie-sen, ›mit der gebotenen Höflichkeit‹ wieder nach und all-mählich eine Ruh. Für mich bleibend aber bis heute mein be-sorgter Gesamteindruck, wie er mir damals wirklich eiseskalt ans beklommene Herz griff: daß ich einem solch pathischen Psychotherapeuten als Patient ungern in die Finger gefallen wäre.«

Ergänzend und präzisierend (denn die Einzelheiten gefal-len sehr) sei hier, fünf Jahre nach diesen Zeilen und fast zwan-

›239‹

zig nach ihren Auslösern, noch mitgeteilt, daß dieser Fax-Brief am 7.9.1992 der Redaktion zugestellt wurde, versehen mit den Kürzeln »Prof. Poh-We«, unterzeichnet aber mit »Prof. Dr. M. Pohlen, Dr. M. Bautz-Holzherr«, und vorgetragen wurde die Klage natürlich nicht mir, dem Verursacher, sondern gerichtet war er schön autoritär mitten zu linken Uni-Hochkonjunkturzeiten »an die Herausgeber der Frankfurter Allgemeinen Zeitung«; die aber nicht recht spurten und nicht den Brief noch gleichen Tags dem Setzer weiterreichten; sondern wenige Tage später hatten die beiden Absender, die nun auf die genaueren Namen »Prof. Manfred Pohlen« und »Dr. Margarethe Bautz-Holzherr« hörten, Grund zur Fortsetzung der Korrespondenz, inzwischen nur mehr mit »Joachim Fest, Herausgeber« – und weil aber der erste (Fax) Brief im glanzvollen Ganzen wie im gleißenden Detail ein ganz glorreiches Prachtbeispiel für das ist, was ab da und viel später als Political Correctness aber noch viel gewaltiger wüten sollte, sei er doch hier verdientermaßen nochmals in voller Länge wiedergegeben; versehen mit allen Syntax- und Grammatik- und Interpunktionsdilemmata:

»›Spaß mit Suhrkamp‹: Die Sprache des Ungeistes oder von entsetzlicher Unkultur im Feuilleton der FAZ«

– und, ohne Anrede:

»Das ›Wörterbuch des Ungeistes‹ erschien kurz nach 1945 als Reflex auf die totalitäre Nivellierung und Aushöhlung der deutschen Sprache durch die Nationalsozialisten. Daß dieser Ungeist jetzt eine Stimme in der FAZ bekommen hat, dafür haben die Herausgeber und die Redaktion Rede und Antwort zu stehen.

›Spaß mit Suhrkamp‹, angekündigt auf der Titelseite der FAZ vom 02.09.1992 als ›Spaß an der Moderne‹, in der der

›240‹

›Weltgeist‹ als Machwerk der Suhrkampkultur erscheint, die sein Fortsetzungsroman sein soll, ist eine entsetzliche Denunziation des Geistes: eine haßgetriebene Verfolgung, eine Geistfeindschaft, wie sie Erinnerungen weckt an die Verlautbarungen des ›gesunden Volksempfindens‹ einer Zeit, in der unter diesem Namen die ganze Vernichtungswut bornierter Kleinbürger gegen alles Geistige, ihm Fremde sich austobte, von den Bücherverbrennungen bis zur Liquidierung alles Mißliebigen. Genießt der Autor, Herr Henscheid ›die jüngste Folge‹ des bei Suhrkamp gemachten Weltgeistes oder genießt es die FAZ-Redaktion, sich an solchem Unflat zu delektieren und für wie blödsinnig muß diese Redaktion ihre Leser halten, daß sie glaubt, ihnen ein solches Machwerk verheerender Besudelung als Spaß vorsetzen zu können. Der Sprachterror des Herrn Henscheid scheint eine Ausgeburt des von uns totgeglaubten ›gesunden Volksempfindens‹ zu sein, dem in seinem Haß gegen den für ihn unbegreifbaren Geist kein noch so dümmlicher Wortwitz und keine noch so niederträchtige Diffamierung schlecht genug ist, um eben diesen Geist in den Schmutz zu ziehen, wo er nach Meinung des Herrn Henscheid hingehört.

Wir fragen: was diese Sprache des Gemeinen, in der sich aller Unrat versammelt, mit einem ›Spaß mit Suhrkamp‹ zu tun haben kann, was also die Redaktion bewegt haben mag, einen solchen Erguß wider jede intellektuelle Scham zu veröffentlichen, und warum sich die FAZ zum Handlanger solcher Dunkelmänner machen läßt? Sollte die Redaktion diesen Unflat nicht gelesen haben, in dem es nur so wimmelt von ›unseligem Unfug‹, ›scientistischem Schmäh‹, ›rettungslosem Humbug‹, ›Schmarren‹, ›vergammelter monströser Stuß‹, ›arteriopoetisch-autopoietischer Schleim‹, ›Schrott‹,

›korrupter Unrat in schauerlichster Schrumpelprosa‹, ›Gesamtunrat des Suhrkampschuppens‹ und sofort; oder sollte die Redaktion selbst ihre klammheimliche Freude an der Veröffentlichung solchen Unrats gehabt haben? Den gemeinen Auslassungen gegenüber Autoren, deren ›überfällige Schwarten‹, ›ranziger Seich‹, ›unnachgiebig verrückt-verschmockter Summs‹ und sofort, fehlt kein abgefeimter Tiefschlag, es sei denn, daß es letztendlich noch heißen müßte, der ›Jude Jonas‹ statt der ›platte Jonas‹. Und die psychiatrisch-forensische Diagnostik gegenüber Autoren unter dem Blickwinkel des ›Rückfalls in die Marcuse-Adorno-Tage‹ impliziert den Wiederholungstäter, dem die Tradition kritischer Negativität gegenüber dem Bestehenden – und was ist Denken anderes – als pathologischer Vorfall attestiert wird.

Dieser Gebrauch einer Sprache des Ungeistes zur Denunziation von Kultur mag als Schmähschrift im intellektuellen Milieu des Herrn Henscheid gängig sein, ihre Veröffentlichung im Feuilleton der FAZ ist jedoch ein unerhörter Skandal, für den Redaktion und Herausgeber die Verantwortung tragen.

Es wirft ein weiteres Licht auf diese Redaktion, daß sie den ›Spaß mit Suhrkamp‹ auf der ersten Seite des Feuilletons oben bringt, die Entgegnung des Suhrkampverlegers Unseld am 05.09.1992 auf der dritten Seite unten neben einem Großfoto von Kristina Söderbaum mit Untertext, so daß eine verwirrende Kontamination zwischen dem ›Bild‹ der Söderbaum und der ›Entgegnung‹ des Suhrkampverlegers entsteht. Man muß sich fragen, was es bedeuten soll, wenn im Untertext zum Bild kommentarlos berichtet wird, daß Veit Harlan 1950 von der Anklage freigesprochen wurde, er habe sich mit seinem antisemitischen Film ›Jud Süß‹ eines Verbrechens gegen

die Menschlichkeit schuldig gemacht. Aber dieser Film von
Veit Harlan mit Kristina Söderbaum ist wie andere seiner
Filme eine schreckliche Sprache des Ungeistes, geboren aus
dem ›gesunden Volksempfinden‹, der emotionalen Vergif-
tung und der Austreibung des Geistes gedacht.

Wir schreiben unseren offenen Brief als Suhrkamp-Auto-
ren und erwarten eine Stellungnahme der Herausgeber und
der Redaktion zu diesem beschämenden Vorgang.

Prof. Dr. M. Pohlen, Dr. M. Bautz-Holzherr«

Bei der dankenswert hier endlich aufgedeckten, bisher von
der FAZ feig kaschierten und sehr verwirrenden Kontamination Söderbaum-Suhrkamp-Süß usw.: Was tut's, daß das von
Prof. Dr. Pohlen fernhin erahnte Wörterbuch des Ungeistes
mehr »des Unmenschen« hieß und auch nicht »kurz nach
1945« erschien, sondern u. W. ein paar Monde, ja Jahre später
und auch zuerst genaugenommen gar kein richtiges Buch
war, sondern es erst später wurde; was tut's, daß Prof.
Dr. Pohlen in seinem Kampf gegen das alt- und neonazisti-
sche »gesunde Volksempfinden«, bei dem von ihm gemaß-
regelten Autor bzw. der gesamtheitlichen FAZ mehrfach selber heftig in dessen Nähe und seinen Jargon (»in den Schmutz
ziehen«) gerät; und im gemeinten Wörterbuch beinahe auch
das als Lemma stehen könnte, was Pohlen wohl am liebsten
macht: Wenn schon nicht ausmerzen, so doch den im Prinzip
aus der Gemeinschaft der Geistigen Auszutreibenden an-
schwärzen:

Prof. Dr. Manfred Pohlen aus Marburg an der Lahn hatte
mich und meine trüben Absichten im Sinne meiner nationalsozialistischen Ressentiments erkannt; und den FAZ-Herausgeber Fest dazu, dessen (vermutlich etwas amüsiert-schräge)
Erstreplik auch noch »jede Form vermissen läßt, die ein kul-

tivierter und intellektueller Umgang erfordert«. Zumal Fest auch »entgangen sein (muß), daß die Stellungnahme im Fall Henscheid von zweien unterschrieben worden ist, von denen die eine« – der? die? hier stand Pohlen nun wirklich vor einem sprachlich unlösbaren Problem – »‹zufällig‹ eine Frau ist«. Das konnte der Flegel Fest dem Erstbrief nun aber wirklich nicht entnehmen, es sei ihm postmortal fürs Gottesgericht gleichwohl doch noch ins Herausgeberlogbuch geschrieben. Besonders insofern der Marburger Vollblutprofessor spätestens mit Brief vom 20.1.1993 auch durchschaut hat, was er aus unverbrüchlicher Kultiviertheit im Fall Fest gleichwohl bloß als Verdacht zum salbungsvollen, allerdings auch erbitterten Ausdruck bringt: »Ihre Art der Erledigung dieser Angelegenheit könnte man auch als Komplizenschaft mit dem von Herrn Henscheid repräsentierten Ungeist einordnen.«

Die für den heutigen und damaligen Leser lang schon über der »Angelegenheit« schwelende und schwärende Frage, ob das Wörterbuch des Ungeists/Unmenschen bzw. die mit ihm überwundene Nazizeit als gereinigte Mentalität heute so treffsicher bei den garantiert Falschen angekommen ist wie ganz bestimmt deren heroisches Eintreten für einen nazigesäuberten Geist wider die abtrünnigen und noch nicht ausreichend entlausten Fests und Seibts (der Redakteur des Artikels) und Henscheids die Neuordnung der Welt zusammenhält – die Frage auch schon gleich wieder beiseite: Die Sache ›Spaß mit Suhrkamp‹/FAZ erzielte auch sonst viele Resonanz, gleich zu Beginn einen komplett verständnis- und auch tatsächlich ahnungslosen Leserbrief des seinerzeit recht berühmten Göttinger Prof. Bassam Tibi, der u. a. darauf insistierte, daß er »bei meinen sechs bei Suhrkamp erschienenen Büchern«

stets die Freiheit des Buchtitels gehabt hatte. Speziell die Angelegenheit Pohlen versandete damit, daß seine obschon hochinteressante Ersteinlassung wie die spätere Post in der FAZ keine Berücksichtigung für die Ewigkeit fand; obgleich Pohlen inzwischen mit der genannten Trias Habermas, Reich-Ranicki und ausgerechnet Unseld gedroht hatte, um mich mit deren volkstribunaler Amtshilfe dann vielleicht doch zur Strecke zu bringen und mich noch auf der Stelle hinzurichten.

Der professionell mit Schafsgeduld gerüstete, inzwischen aber leicht entnervte Fest wollte wohl irgendwann mit Pohlen nicht länger Briefe tauschen und reichte die Sache als Korrespondenz an mich und Pohlen zurück, diesem mit dem Vermerk, er vermute, daß auch Herr Henscheid sich wohl kaum zur Weiterführung des angestrengten Disputs »verstehen« könne – richtig, spätestens da wollte auch ich mich nicht dazu verstehen und mit den immer schleierhafteren Finessen der ganzen ganz und gar saudummen Angelegenheit weiter nichts mehr zu tun haben. L'inferno non trionfi!

*

Doch wurde ich ein knappes Jahr später, im Frühsommer 1993, sauber von einer ziemlich verwandten eingeholt und neu belastet. Deren Anfang (gleichfalls ein FAZ-Essay) und Ende (ein Brief von mir an J. Habermas auf dessen FAZ-Leserbrief hin) man in zwei Kapiteln meiner »Kulturgeschichte der Mißverständnisse« von 1997 nachlesen und im Detail studieren mag.

Diesmal ging es im Erstdurchgang um die Wiederbegegnung mit einem längst und allerdings grundlos kanonisierten

Buch; um die möglichst kritische und wache und genaue Wiederlektüre von Alexander und Margarete Mitscherlichs nach 1967 sehr erfolgreichem und vermeintlich entsprechend bekanntem und gelesenem sozialpsychologischen Gemeinschaftswerk über die »Unfähigkeit zu trauern«. Ein Buch, das aber nach meinem allmählich gereiften Eindruck (und dem meiner mitdenkenden Frau) so gut wie nie ordentlich gelesen worden war und dessen Erfolg sich aber vornehmlich seinem quasi ab ovo geläufig gewordenen Titel verdankte – einem, so mein immer eindrücklicherer Eindruck, vom Verlag aufgeschwätzten oder gar auferlegten. Denn im Buch findet er sich und seinen vermeintlich allen sofort einleuchtenden Gehalt – daß die Deutschen zum Trauern nach der erledigten Hitlerei zu feige oder zu faul waren – eigentlich nicht oder nur recht zweigleisig verifiziert und entfaltet. Will sagen, es werden dort von den beiden Autoren – worüber sich beide aber auch vielleicht nicht recht einig waren – mindestens zwei Argumentationslinien angeboten, solche, die sich eigentlich ausschließen: daß die Deutschen sich vor der Aufarbeitung drückten, weil die zu beschwerlich war (also auch in diesem Fall weniger »Unfähigkeit« als Unwille) – und die zweite, mehr obskure, der aber wohl Alexander Mitscherlich damals anhing: daß diese Deutschen um die volkspsychologisch unverzichtbare Trauer über den verstorbenen Führer Hitler und somit gewissermaßen um seine Bewältigung betrogen worden waren; weil man um den Verbrecher halt nicht trauern durfte.

So meine, hier nochmals geraffte, Deutung und Darstellung in der FAZ-Wochenendbeilage vom 12.6.1993 – diese und die ferneren harmlos unsinnigen oder auch schon verboten ruchlosen Spätfolgen Hitlers als schieres Schindluder referierte ich ziemlich gründlich, ereiferte mich über sie und beschmunzelte das lesermassenpsychologisch allerdings hochsymptomatische, ja singuläre Paradox eines praktisch dauerzitierten Buchtitels, dessen Sinn und Gehalt aber nie erspürt, diese zumindest stante pede wieder vergessen wurden. Vielleicht ja auch von den beiden uneinigen Autoren, deren Ruhm damit gleichwohl ins Mythische hochwuchs, ja wuchtete.

Ich schmunzelte und wunderte und grämte mich vielleicht; und hätte aber da eigentlich längst ahnen können, wie mich mit der Veröffentlichung im Geistesedelblatt (dessen Redakteure und Herausgeber aber viel weniger als manche Leser dem sich als Geistesadel mißdeutenden Dünkel verfallen sind) abermals schwärzeste Gewitterwolken über mir zusammenballten, wie mich schon bald wieder wochenlanges Protestgewürge heimholen sollte.

Angeführt vom offenbar geradezu darauf lauernden J. Habermas. Der mir »Wirrkopf« im nachgerade fiebrigen FAZ-Leserbrief unverzüglich »bösartige Tiraden« und zudem einen »unglücklichen Hang zur Satire« nachsagte – davon hatte der Großdenker offenbar matt läuten hören, daß das mein eher aber niedriger Beruf sei –, obwohl der Essay keinen Mucks lang irgend satirisch gemeint war. Auch machte sich mein Entlarver selbstverständlich keine Sekunde lang die Mühe, den Text im Kern oder wenigstens in einem einzigen Detail zu widerlegen; war er ja doch, was ich aber erst später erfuhr, anläßlich ihres 75. Geburtstags und im Schwung eines reißenden Glückwunschartikels in der Frankfurter Rundschau als unverbrüchlicher Galan der Witwe Margarete, ihres goldenen Haars mitten im dunkelnden Deutschland sowie des »hinreißenden Charmes« dieser »wunderbar spontanen Person« (FR 17.7.92) hervorgetreten; somit als ihr Verteidiger, falls sie selber meine wilde Vernichtung der sehr hohen kleinen Frau gar nicht mitgekriegt haben sollte.

Wahrlich, wahrlich, ich sage und verrate euch Nachgeborenen: Wenn ich wieder auf die Welt komme, schaffe ich mir als erstes eine Clique und Claque und möglichst einen wunderbar spontanen Galan und Randaleur Habermas an. Mein Artikel nämlich lockte zwar auch viel Zustimmung hervor, z. T. wohl solche alter Mitscherlich-Feinde und Geschädigter und verwandter soziologischer Gruppierungen – Widerworte aber, flankierend den Vorbeller Habermas und seine Leserbrief-Büberei, kamen noch mehr angerasselt. Nicht wenige, im Prinzip beinah alle aus den Schlünden von Pfründen, aus dem trüben Gelände der damals noch immer mehr oder weniger margareteabhängigen Wissenschaftskamarilla und/oder Betroffenheitsmischpoke: vom Mitherausgeber der Zeitschrift »Psyche« zum Frankfurter Institut für Psychoanalyse, von dem sich selbstverständlich mit bedeutender Verantwortlichkeit ebenfalls aufgerufen fühlenden Horst Eberhard Richter, der mir (oder der FAZ) erwartbar »Bedürfnis nach Abrechnen« nachrechnete, bis zu dem damals allzeit einschlägig unverzichtbaren Hans-Martin Lohmann (»Mitscherlich-Jagd« eines »durchgeknallten Satirikers«) und zu, noch notorischer und eine Etage darunter, dem zu jener Zeit vielfach vernehmlichen Tilman Moser, der mich des »unflätigen Geschreis« überführte. Alles sehr vertraute Töne, und wiederum ihrerseits dem oben gestreiften Nazivokabular nicht ganz unähnlich in der Stereotypie der Ressentiments und der Gegnerdiffamierung sowie des nicht allein bei mir, sondern letztlich insgesamt entarteten Geistes. Und Geschlechts. Ein meines Wissens seinerseits mehr unabhängiger

Geist, Michael Paulwitz, faßte unter der Leserbrief-Überschrift »Hunde, die bellen ...« den Fall nicht schlecht zusammen:

»Ertappte erkennt man am Wutgeschrei – insofern kann Eckhard Henscheid mit dem Echo auf seinen Mitscherlich-Artikel zufrieden sein. Habermas versteht also die Henscheidsche Sprache nicht (FAZ 17.6.1993) – schlimm für ihn, belegt es doch allenfalls, daß Sprache für ihn nur der holztrockene Ton einer selbstreferentiellen ›Wissenschaftlichkeit‹ sein darf – konkrete, mitunter deftige Formulierung, unorthodoxe Wortwahl, Spielen mit der Sprache gar sind verboten.«

Nemo propheta in sua patria. Die Spezialkalamität Habermas, seine angestammte Dümmlichkeit, seine wenn nicht Trauer-, so doch Humorunfähigkeit, sein genuin-genetisches Denunziationstalent hier beinahe beiseite: Nicht ganz zufrieden konnte ich aber auch mit dem Applaus, mit der meine Kärrnerarbeit würdigenden Leserpost sein, mit dem brieflichen d'accord, daß der Text der Mitscherlichs unleserlich, ja pseudoscientifischer Unfug sei. Wo mir etwa der Professor Wolfgang de Boor vom Kölner Institut für Konfliktforschung mehr als Psychomediziner beipflichtet, der »Begriffszwitter« der »Trauerarbeit« sei im Grunde ein Unding (auch wenn er m. W. auf Freud selber zurückgeht), so kam andererseits der Hauptgedanke meines essayistischen Vortrags kaum bei ihm an, die oben skizzierte doppelt gemoppelte Mitscherlichsche »Trauerunfähigkeits«-Semantik sei eine zumindest unklare, wahrscheinlich schon taschenspielerhafte, scharlataneske.

Zufriedener durfte ich schon wieder mit einer Leserbriefstimme aus Schweden sein, der eines dortigen deutschen »Epidemiologen«, der nämlich den FAZ-Herausgebern so richtig im Petzton steckte, daß ich bestimmt nichts Gutes im Schilde führe. Nämlich vielmehr ein Wolf wenn nicht eine Laus im Schafspelz sei; einer, der Artikel für die ganz und gar kommunistische »konkret« verbreche, u. a. über die sehr hohe Frau Prof. Dr. Gertrud Höhler, der in der Überschrift (eine Kopie legt der Epidemiologe bei) auch noch nachgesagt werde: »Sie muß verrückt sein« – ach nein, dieser Typus stirbt wohl auch niemals aus, und klebt noch vom hohen Norden herunter Briefmarken drauf.

Annähernd noch einverständiger las ich einen Brief von Prof. Dr. Gertrud Lenzer von »The Graduate School and University Center of The City University of New York«; ein langer Brief vom 6.7.1993, der es mir untersagt, bei den ohnedies »gewissen furchterregenden reaktionaeren Ereignissen in Deutschland« – Kohls Friedhofbesuch? Pohlens Zurückweisung durch Fest? –, die da nämlich bewirken, »dass dem Leser die deutsche Gegenwart sehr unheimlich und zur Trauergeschichte wird«, jetzt auch noch die unerläßliche bzw. so schön heimelige Trauer der Mitscherlichs anzuzweifeln oder wie oder was –

Zumal dies bei dem in Rede stehenden Bösewicht hinzukommt:

»Und wer, im uebrigen, ist Herr Henscheid, dass Sie ihm einen Freischein erteilen in der geschichtlichen Gegend wild herumzuknallen und unermessbaren Schaden anzurichten? Wir haben hier noch nie von ihm oder seinem Werk gehoert.«

Eben. Nicht stehe ich an, Prof. Dr. Gertrud Lenzer aus genau diesem Grund ganz recht zu geben und mich über den Habermasschen Wirrkopf noch hinaus als Knaller enttarnt zu wissen.

Zu gern würde ich aber nur ihre beiden letzten Sätze nicht bloß lesen, sondern in Lenzers widerstandbrechender deutschamerikanischen Akzent-Diktionsmelodie auch hoerenmoegen wollen.

*

Die öffentlichen Streitfälle Böll und Mitscherlich zusamengerafft: Zweimal wurde ich bestraft bzw. beleidigt und der Kulturlosigkeit geziehen dafür, daß ich Bücher gelesen – jeweils sogar zweimal gelesen – hatte, bei denen die anderen, der Böll-Sohn wohl inklusive, das Lesen lediglich geträumt hatten.

Aber auch der Fall steht schon in der Bibel, im Alten Testament.

*

Um hier doch wiederum Fragen aus dem Publikum entgegen- und zuvorzukommen, drohenden oder bewundernden: Bin ich, ist der Satiriker und Polemiker, der öffentlich umtriebige Frontkämpfer denn so gar nicht verletzbar, wenigstens nervbar? Sind all die zum Teil ja nicht gerade ehrenden oder wenigstens gerade noch zurechnungsfähigen Echos aus Leserkreisen immer wirklich so ganz glatt an mir abgeprallt, abgetropft? Ohne Zerknirschung, ohne nun, eins weiter gedreht, meinerseits Revanchebegehren? Ohne gar das größtanzunehmende Unfallrisiko von überbordender, ja ausufernder Menschenverachtung? Gar dem anheimzufallen, was mir nicht selten als ein im Gewand quittengelben Neids auftretender »menschenverachtender Zynismus« zugebilligt wurde?

›251‹

Eine Frage gebiert immer unweigerlich die nächsten. Würde ich alles heute wieder genau so machen und halten? Die Kämpfe und Großkampfjahre genau so zäh und stetig und erbittert und unerbitterlich bestreiten wollen? Im gesellschaftspolitisch verantwortungsvollen Zornmut und unfriedlichen Ernst oder aus doch mehr schierer Gewohnheit weiter zuschlagen, daß die Fetzen fliegen?

Meine Kräfte, merke ich gerade, reichten dazu nicht mehr aus, nicht einmal dazu, all die Fragen zu beantworten. Dies immerhin gebe ich Dir, Leser, und sogar mir selber zu bedenken: Es gibt eine medizinerseits m. W. unangefochtene und recht volkstümliche Lehre vom Schmerzausgleich. Der nämliche Begriff, etwas anders gewendet, könnte, so scheint und schien mir immer, für eine Theorie und Strategie von Satire, von Kritik, von Literatur insgesamt geradestehen: Erlittenen öffentlichen Schmerz, den Tort, die Zumutungen, die Imbezillitäten des Lebens wie des Alltags pariert der Schriftsteller stellvertretend für seine Leser per Gegenschmerz, den er seinen und deren Widersachern zuteil werden läßt. Das derart entstehende Glück heischt wiederum Glücksausgleich: also sagen wir – unverdiente oder meinetwegen auch verdiente – Schläge und Nasenstüber durch die schrulligen Habermase und läppischen Pohlens. Nur so ist die fraglos beste aller Welten auch wirklich und wahrhaftig – –

Nein, noch nicht? Ich verspreche, ich werde heute abend nach der »Tagesschau« noch inständiger darüber nachgrübeln. Und ggf. die leserseits weiterverwendbaren Resultate mitteilen. Und vorerst immerhin dies, daß ich meine ehemalige Großeinsatzfrequenz – früher im Schnitt einmal pro Jahr – zuletzt ganz augenscheinlich gekürzt habe. Und weiter zu kürzen gedenke.

Zumal »der in der Historie dilettierende Agitator« (Andreas Hillgruber, 1987) J. Habermas mir in der Satire- und Literatur- und Mitscherlich-Geschichte nunmehr ein halt recht unwürdiger Streitpartner scheint. Und überhaupt wohl mehr als tunlich doch stark abbaut.

*

Theodor W. Adorno verstarb am 6. August 1969; ich selber hatte beim Erwachsenwerden etwas verspätet, aber dann sehr lange als Leser und meist als Verehrender mit ihm zu tun; in einer kleinen Erinnerungsserie der FAZ, die, von Unseld über Alfred Schmidt und Mosebach bis zu mir, zum 25. Todestag 1994 diverse Artikelchen zusammentrug, brachte ich als immerhin mittelbare Erinnerung folgendes zu Papier:

»Meine einzige leibhaftige Tangierung des Lebewesens Adorno war leider keine ganz eigene. Sondern die meiner Frau mit dem Ehepaar Adorno – die meiner Ehefrau. Und als Anekdote verkleidet habe ich diese rare Begegnung auch schon in eine nicht ganz serieuse Text-Kollektion aufgenommen – hier aber nochmals also deren Rückübersetzung in den Seria-Klartext; das Wort hat Regina Henscheid, seinerzeit noch Angenend:

›An der Universität Frankfurt hörte ich, eine etwas ängstliche und zugleich hochnäsige Neu-Studentin, in den Jahren 1962/63 wohl zum erstenmal von Herrn Adorno. Da müsse man hingehen, hieß es, der Mann habe viel zu sagen. Die einzige Vorlesung, die ich daraufhin von ihm besuchte, handelte – ausgerechnet und soweit ich es verstand – vom Fernsehen. Daß ein Professor sich zu solch einem Thema herbeiließ, mußte ich von Herzen verachten; und also sah ich ihn nur noch einmal wieder; ganz nah:

Ich stand an der Bockenheimer Warte an einem Zebrastreifen – ich könnte die Stelle heute noch bezeichnen – und wartete auf Grün. Links neben mir wartete in einer Reihe ein kleiner älterer Herr – mit Schrecken erkannte ich in ihm den Professor Adorno (ob er gemerkt hatte, daß ich ihn mied?), eine ebenfalls ältere Frau mit kurzen grauen Haaren in seiner Begleitung; und ganz außen, für den Professor fast verdeckt, eine hübsche langhaarige Blondine. Da plötzlich hob der Professor den Stock oder Regenschirm, den er bei sich führte, und schob seine Gattin (denn das war sie, wie ich später erklärt bekam) sanft, aber energisch etwas zurück, eindeutig, damit er die schöne Person besser sehen könnte. Die Gattin ließ es, zweifellos wissend, geschehen – es waren eben andere Zeiten.‹

Soweit Regina A.; ich aber ahne, daß Adorno noch am gleichen Abend diesen bekannten Satz in seine Ästhetische Theorie reinschrieb: ›Nur wenn das, was ist, sich ändern läßt, ist das, was ist, nicht alles.‹«

*

Und es wäre von heute aus, vom Redaktionsschluß für dieses Buch aus, zu ergänzen, was ich z. B. bei den Endlos-Geburtstagsfeiern zu Adornos 100stem wiederholt und verschärft aus verschiedenen Schriften und Mündern erfuhr: Daß des Professors Blondinen- und Langbeinigkeitsanfälligkeit eine gewaltige und almamaterbekannte und insofern von Regina A. korrekt beobachtete bzw. gewitterte gewesen sein muß. Von heute aus genauer zu statuieren ist auch, daß Adornos frühe Fernsehphänomenologie bzw. -kritik später in ihrer

›254‹

Wortwucht und Stringenz so gut wie keine Nachfolge mehr gefunden hat, bei aller seitherigen Selbstvermehrung der publizistisch-semiotisch-semiologischen Lehrstühle allerorten. Deren Professoren mit Adorno immerhin cum grano salis wohl eins teilen: daß sie vom inzwischen nicht mehr so neuartigen Fernsehen kaum was verstehen, weil sie (wegen der gleichfalls zugenommenen Zufuhr von Studentinnenblondinen?) so gut wie gar nicht zum Fernsehen kommen; die inzwischen knapp hundert habhaften Kanäle sind, abgesehen von der ohnehinnigen Internetisierung, einfach zu viele, um sich nicht der scientifischen Eroberung zu verweigern.

Bleiben drei Fragen: Ob es wohl stimmt, was man gelegentlich hören konnte: Daß Adorno in seinen späten Jahren eine immer größere Neigung entwickelte, schon nachmittags fernzusehen, angeblich gern auch Kindersendungen (Pumuckl?). Zweitens: was den leidig unleidlichen Professor und offenbar Adorno-Fachjustitiar Habermas eigentlich bewog, die hübsche FAZ-Seite durchaus verständiger und verständnisfördernder Adorno-Reminiszenzen im noch erhabeneren Geistesforum »Die Zeit« als eine Kritische Theorie typisch verwässernde »Folklorisierung« zu denunzieren? Und drittens, warum eigentlich an der Bockenheimer Ampel der ambivalente Professor Adorno die gleichfalls junge, gleichfalls blonde, gleichfalls hübsche und gleichfalls langbeinige Regina Angenend nicht gebührend per Stecken oder Stab oder Regenschirm zur Kenntnis genommen hatte.

Vielleicht zu meinem Glück. In einem dritten und wiederum hinlänglich bekannten Blondinen-Fall trug sich der leidenschaftliche Mann sogar mit Ehebeendigungs- und Fluchtplänen.

✳

Mindestens dreimal im Leben habe ich diesen fast gleichlautenden Satz gehört: »So schön besang mich noch keiner.« Von den sehr bedeutenden Sängerinnen Rita Streich und Waltraud Meier und vom koreanischen Eintracht-Frankfurt-Stürmer Bum Kun Cha. Im letzteren Fall betraf er ein hymnisches Gedicht, in den beiden anderen einen Prosatext.

Ob das Lob des Besingens aus Sängerinnenmund oder das eines auch überaus musikalisch aufspielenden Fußballers wertvoller sei, das befinde ausnahmsweise mal der Leser.

*

»Henscheid ist subversiver als Adorno«, erfahre ich aus der »Zeit« resp. der Feder von Norbert Bolz am 30.5.1997. Gut zu wissen, denn aus der wundersam oberblöden Schreibmaschine von Diedrich Diedrichsen wiederum erfuhr ich kurz vorher (Szene 12/96) geschmerzt, daß mit meiner Unterschrift unter die »Erklärung gegen die Rechtschreibreform« unwiderleglich und endlich »Henscheids Kretinwerdung« bewiesen und abgeschlossen sei.

Man lernt nicht aus. Auch wenn mir die Rechtschreibreform in Pro und Contra allzeit ziemlich wurscht war und ist und ich orthografisch immer nur nach meinem alten Trott und Gusto verfahre und verfuhr, so hat das meine Kretinwerdung auch nicht verhindern können.

Daß dann im Mai 1997 der Diedrichsen wieder auf den »Subversiv«-Befund des ihm vorher schon verhaßten, nun doppelt verruchten Bolz in der »Zeit« eindengelt, das – ist schon wieder weniger komisch und auch minder lehrreich.

*

Bei der Abfassung meines nicht ganz unpolemischen FAZ-Essays (Juni 1993) über das nach einem Vierteljahrhundert wiedergelesene Alexander und Margarete Mitscherlichsche Erfolgsbuch von der »Unfähigkeit zu trauern« glaubte ich zwar bei den beiden Autoren eine befremdliche Wahllosigkeit und Schlamperei im Begrifflichen zu erkennen und akzentuieren zu müssen, auch eine gewisse Uneinigkeit dieses Autorenehepaars hinsichtlich des Gegenstands und der genauen Bestimmung der von den beiden vermißten »Trauer« bzw. der »Trauerarbeit« (über die ermordeten Juden? die verführten Deutschen? ihre zerstörte Heimat? gar Hitler, über den als den bösen Führer man aber nicht trauern durfte?); an der grundsätzlichen Modalität und Artung des wenn auch ausgebliebenen Trauerns aber hatte ich noch kaum wägende zögerliche Zweifel; wie schwer das vermißte kollektiv auch immer herzustellen sein möchte.

Erst wieder zwanzig Jahre später entnahm ich der Ilias weiterführendes Material, nämlich eine altgriechische Trauergestaltung: die tage- ja wochenlange Trauer Achills um seinen von Hektor getöteten Busenfreund Patroklos. Trauer zuerst in Form von wüst um sich schlagender Rache an allem Trojanischen, was herumstand – sodann aber in der Gestalt einer Leichenfeier als leichtathletischer Fünfkampf (Speerwurf, Kurzstreckenlauf, Langstreckenlauf usw.).

Ob die beiden Frankfurter Autoren und Psychoanalytiker wohl diese Art von Trauerfähigkeit gebilligt hätten? Notfalls?

*

In jener Romanintermezzo-Passage der »Vollidioten« (1973), die sich erfolgreich bei Helmut Schön für die Verwendung

Bernd Hölzenbeins im Sturm der Nationalmannschaft zur Weltmeisterschaft 1974 einsetzt, heißt es als »Zwischenbilanz«:

»Drittens aber bin ich der festen Überzeugung, daß Geld und Liebe, also die führenden Themen meiner Niederschrift, nach wie vor und durchaus auch die führenden Themen unserer Zeit und der Nation sind (...) Geld und Liebe sind die Säulen unseres Lebens. Das dritte aber ist der Fußball, ja er hat möglicherweise sogar die Liebe schon überholt.«

Sehr selten widerfährt einem Schriftsteller und Romancier das hohe Glück, mit einem Roman, noch dazu von 1973, in das Editorial des »kicker«-Fußballmagazins vom Sommer 1999 einzugehen: »Geld und Liebe«, werden ich und mein Roman vollkommen korrekt zitiert, »sind die Säulen unseres Lebens. Das dritte aber ist der Fußball – ja, er hat möglicherweise sogar die Liebe schon überholt« – offenbar das Leitwort für die anstehende neue Saison.

Was im Roman ursprünglich das Gefasel eines hier schon leicht weggetretenen Zeitgenossen bzw. seines Chronisten am Schreibtisch war, findet sich endlich schon ein paar Tage später wiederum – zitiert nun nicht nach Roman, sondern nach »kicker« – als »Wort des Tages« auf S. 1. der »Bild«-Zeitung: »Geld und Liebe sind die Säulen unseres Lebens. Das dritte aber ist der Fußball – ja, er hat möglicherweise sogar die Liebe schon überholt.«

Weiter kann man es heute als Autor schwerlich bringen, annähernd einen neuen Begriff von Tradierung und Kontinuität (Beckenbauer würde, er kann nicht anders, »Kontuität« sagen) begründend. Dabei war ich damals antithetischerweise dem Fußball schon ziemlich abgeneigt und gleichzeitig zu einer neuen Wertschätzung von Liebe gelangt, befördert, ja beschwingt durch die Wiederbegegnung mit einem Adorno-Satz aus den »Minima Moralia«:

»Liebe ist die Fähigkeit, Ähnliches an Unähnlichem wahrzunehmen.«

Man sieht: »Wir alle sind Flausen« (Montaigne), dieser Adorno-Satz aber schon ganz besonders. Daß jedoch mit meiner Verwendung für Hölzenbein (nicht allein im Roman, sondern auch in einem FAZ-Artikel und mit einem Leserbrief 1974 an den »kicker«) letztlich über des Frankfurters Schwalbe im Endspiel gegen Holland der WM-Titel gesichert wurde, das wurde oft genug (und auch vorne im Buch schon) gesagt; es hat sich bloß bis zum DFB noch immer nicht herumgesprochen. Der nämlich ist komplett ahistorisch.

*

»Die wonnige Gegend des unbeschreiblich schönen Lauterbrunnentals« (Richard Wagner) lernte ich auf der Flucht, nämlich am Tag der Machtergreifung Helmut Kohls am 1. Oktober 1982, kennen und verfehlte nicht, sie zusammen mit meiner Frau noch wiederholt aufzusuchen, Scheidegg und Eigertunnel und Jungfraugipfel inklusive. Weil aber speziell in diesem unbeschreiblichen und deshalb vielbeschriebenen Lauterbrunnental schon gar zu viele romantische Natur- und Urbilder von Goethe über Joseph Anton Koch und Ludwig Richter bis zu William Pars wie Zitate ins immerwährend darauf gefaßte Auge springen und man sich aber im Leben nicht gar so kunstmuseal fühlen und einrichten sollte, deshalb wandten wir uns und sahen 1989 und vor allem ab 1993 energischer einer anderen, mehr östlichen

Region ins Antlitz, einer, die ich schon als Fünfjähriger vom Kreuzworträtsel der Mutter (s. vorne) her bestens kannte, nämlich als Graubündner Kurort mit fünf Buchstaben – keine ganz schlechte Wahl, wie sich sodann achtzehn Jahre lang zeigen sollte; indem es uns dort nämlich als in einer festen Winter- und Sommerferienstation fast ausnahmslos ausnehmend gut gefiel.

»Das Alphorn hat mir's angetan«; singt zu Straßburg auf der Schanz im Knaben Wunderhorn ein Deserteur, deshalb der Hinrichtung gewärtig; das Alphorn als Inbild, als klanggewordenes Urbild der Schweiz mit dieser fatalen Folge: »Da ging mein Trauern an«, nämlich mit dem Fehlen des Alphorns, »das klag ich an.«

So weit würde ich im Verbund mit meiner Mitbewohnerin nicht ganz gehen, aber das Instrument spielt noch heute und sogar im gemütsmäßig etwas verdrückten, ja verarmten Graubünden-Arosa eine nicht unbeträchtliche Rolle – vielleicht gar, um weiterer Verarmung und Verwahrlosung entgegenzuwirken und darwiderzublasen. Auch wir hören das immer gerne im Freiluftkonzert oder auf der nahen Übungswiese – sein Biederes, Treuherziges, fast Treudeutsches. Das Alphorn tritt ideell in dieser Gegend immerhin noch einmal auf und zutage: in den Schweizer Handwerkern. Die an Biederkeit, Zuverlässigkeit, reeller Gesinnung und fast idealischer Gesittung dem Alphorn nahe sind und –

Kurz, da ist nichts anzuklagen.

Es sind die Schweizer laut Thomas Mann, der freilich nicht viel anders war, ein »Hoteliersvolk«; laut Aussage einiger Eingeborener sind vornehmlich die Arosaner oder auch Aroserer schiere und schreckliche und abartige und matterhorneherne Krachschädel als Geldsäcke, die außer ihrem Kontostand auf der Bank nichts, keinen Berg- und keinen einzigen Blumennamen kennen.

Es läßt sich allerdings doch auch manch Gutes über diese Schweiz und ihre Aroserer sagen, jene, denen ich seit 1.9.1993 gewissermaßen amtlich mitangehöre, mit dem Ziel, meine Meinung über sie präziser zu fassen. Gutes über ihre wahrscheinlich ja kapitalismus- und systemgestützte Zuverlässigkeit, Ordentlichkeit jenseits der vielbespöttelten Cleanness. Gutes über die hohe Zurechnungsfähigkeit von den Bahnbeamten über die schon belobigten Handwerker bis hin zu ihren Stiften. Gutes sogar über ihre Bankschalter und -automaten, wenn schon nicht übers dahinterstehende Management – genug der Wort' der Vorrede; zu den sieben allerschönsten Erinnerungen der Jahre 1993 bis 2011 in Arosa zählen unverrückbar:

1. Eine gerettete Kuh, hängend im Hubschrauber, die sich im Berghang verstiegen hatte
2. Ein Reiter auf seinem Pferd, die beidesamt in 2500 Meter Höhe zur hohen Mittagsstunde den Strel-Alteinpaß Richtung Davos überschreiten
3. Ein erster Edelweißfund gleich drauf und gleich daneben in 2600 Meter Höhe auf dem Schießhorngipfel
4. Die nur wenige Gramm wiegenden Haubenmeisen, die sich im Winter pfeilgrad auf die ausgestreckte Hand setzen, um, obwohl sehr schüchtern, das angebotene Futter mit winzig pickenden Schnäbeln und viel Anmut aufzunehmen
5. Zwei Sechsjährige wackeln im Herbst von der Schule heim. Was sie gelernt hätten? Einer, sehr laut: »Das i und das a!«
6. In der milden Spätnachmittagssonne inmitten der Scheidegg-Mulde fällt eine Klosterschwester in schwarzer Tracht

aus Unvorsichtigkeit um und in die Blumenwiese – und muß über diesen stark spitzweghaften Vorgang aber laut selber lachen; ehe ihr von einer Kollegin wieder aufgeholfen wird

7. Der Spitzenreiter, kaum noch zu schlagen: Fünf schwarze Katzen schreiten im Gänsemarsch durch den Tiefschnee dem Bauern nach, auf die Almhütte der Langlaufwiese zu, jeweils 85 Zentimeter voneinander entfernt. Eine – Epiphanie.

*

»Das Edelmütige, der Schnee« (Hölderlin) ward mir ab 1993 mit der Teilbeheimatung in Graubünden noch näher. Erst 1995 sah ich dort aber auch den amerikanischen Spielfilm im deutschen Fernsehen, er muß Ende der Siebziger gedreht worden sein, er heißt »Lawinenexpreß« und er enthält die gewaltigste und unedelste Lügengaunereienansammlung, die mir im Film wie im Leben je untergekommen ist, nämlich 13 Lügen, und zwar faustdick strotzende, vor allem zum Kulminationspunkt und Finale hin.

Es geht um irgendeine Spionageaffaire zwischen München, Zürich und Mailand – und bei der Gelegenheit bewegt sich der Gotthard-Expreß im Winter unter sehr erschwerten Bedingungen von Italien kommend bergan auf den alten Gotthard-Tunnel zu. Was jedoch kaum recht und rechtzeitig gelingen dürfte, denn

1. Ein Mann steht jetzt mit Skiern auf dem Matterhorngipfel
2. Er fährt um Mitternacht los, den 4478 Meter hohen Berg hinunter
3. Mit Hilfe nämlich des Mondscheins

4. Und startend unter einer Art Kieferngruppe

5. Ungefähr auf Höhe 4000 Meter löst er damit eine Lawine aus, nämlich auf, soweit bekannt, nacktem Stein

6. Die Lawine wird schnell riesengroß und erreicht bei Höhe Gornergrat ihr Maximum

7. Sie rollt und donnert weiter, aber jetzt weniger Zermatt zu als erstaunlicherweise mehr ostwärts

8. Der Schneeballen hat inzwischen solche Wucht, daß er auch wieder aufwärts rollt, so manche 3000-Meter-Berge dabei überwindend

9. Insgesamt schafft er auf die Art ca. 60 km Luftlinie

10. Zwischendurch zerstört die Lawine auch mehrere Après-Ski-Lokalitäten oder Discos o. ä. und Menschenleben mitten in der weißen Pracht der Bergwelt (bravo, Lawine!)

11. Mittlerweile rollt der Gotthard-Expreß von Mailand kommend aufwärts dem Tunnel zu. Irgendwie funkisch aber hat der Lokführer vom Start und vom Rollen der feindlichen und kreuzungswilligen Lawine erfahren

12. Er beschleunigt das Tempo und wirft deshalb den hintersten Wagen über einer Brücke ab – nach rechtzeitigem Umplacieren der Fahrgäste

13. Auf die Sekunde genau vorm Eintreffen der Mörderlawine erreicht der Expreß den rettenden Tunnel – die Lawine hat das Nachsehen und stürzt ihrerseits sinnlos in irgendeine Tiefe ab.

13 Lügen in ca. genau 13 finalen Filmminuten. Dieser Frequenz konnten nicht einmal die drei besten Lügner in der Realität meines von Lügen und Lügnern reich bestückten Lebens Paroli bieten. Auf dem Gebiet könnte ich auspacken, auspacken. Will aber heute nicht.

*

Thomas Mann, »einer unserer geruhsamsten Schriftsteller« (Karl Kraus), war im hohen Alter und als deutscher Remigrant einer der privat nervösesten, umgetriebensten; meist arg sinnlos zwischen Zürich-Kilchberg, Arosa, St. Moritz, Rom, Holland, Sils Maria usw. hin und her schlurfend; und, je weniger er als Dichter halbwegs Brauchbares mehr zuwege brachte, einer der bedeutungshuberisch aufgepeitschtesten. Fast täglich berichtet er in diesem Zusammenhang via Tagebuch (Ed. I. Jens) vom »Baden« – es dauerte etwas, bis meine Frau und ich rafften, daß er dabei nicht an den Zürcher See zu Kilchberg, sondern immerfort an seine Badewanne im jetzigen Pharmazie-Wohnhaus direkt am Seeufer dachte.

Niemals ging er offenbar in den See baden, niemals tat er eine Zehe hinein, niemals erwähnte er die bildschöne Aussicht, sondern immer und immerzu meinte er die Wanne. Da lag er dann und sah, dem Tagebuch nach zu schließen, müßig den mäßigen, halb lästigen, halb erwünschten Regungen seines fast 80jährigen und, wie er mehrfach klagt, schon gar zu schlaffen Schwänzleins zu.

Immer wenn wir auf dem Weg nach Arosa mit dem Eisenbahnzug durch Kilchberg brausten und an Thomas Manns später Logis vorbeizogen, gedachten meine Frau und ich der Sache und abermals goetheähnlichen Tragik. Und gern hätten wir dem Dichter beim Hinschauen zugeschaut. Oder zumindest ungern.

*

Eine kleine Korrektur; weil's sein soll und weil sie sonst keiner tätigen kann:

Im Gedichtband »Klappaltar« (1998) und vorher schon

kongruent in der gerngelesenen und gerngeglaubten FAZ reflektiert der Freund und Dichter Gernhardt vor dem Hintergrund des ihm zugestoßenen Kleist-Preises und in der Manier von Brecht im einleitenden Kapitel (»Über den Widerstand«) über Pro und Contra aktueller Literaturpreise und Preismodalitäten; in einem fiktiven Dialog von »Ge-ga« (Gernhardt) mit »He-hei« (und das bin nun mal offenbar ich, Henscheid); nämlich über unterschiedliche Auffassungen hinsichtlich der Preisannahme:

»Indem du dich mit dem Literaturbetrieb gemein machst, stärkst du ihn«, sagte He-hei.

»Indem ich ihm Geld entziehe, schwäche ich ihn«, hielt Ge-ga entgegen.

Usw. He-hei hält schon zu Textbeginn das Annehmen für »verwerflich« – das Ganze wurde von vielen Lesern des Gernhardt-Gedichts für bare Münze und nämlich z. B. auch in einem FAZ-Kommentar als meine wirkliche Meinung genommen, ich aber erkläre im Jahr 2011 an Eides statt:

Es ist nicht nur so, daß Gernhardt, was sonst nicht seine Art war, hier ungenau zitiert. Sondern eigentlich, der lehrhaften Pointe des Gegensatzes zuliebe, ohne jeden Wahrheitsgehalt. Geschweige denn mit irgendeinem mündlichen oder schriftlichen Beleg. Was verzeihlicher wäre, nennte Ge-ga als Motiv für seine Akzeptanzstrategie nicht auch noch das völlig unglaubwürdige, abwegige Motiv der Betriebsschwächung. Nein, das denn dann doch nicht. Ge-gas Motiv war einzig damals wie später, als sich die Preisgelder häuften, die Freude am Ge vulgo Geld, seine wenig verhüllte Ge-Ge-ilheit, ich schwör's euch abermals; und die ist ja noch nichts Böses, sondern war bei ihm allzeit etwas erziehungsverstärkt Phylogenetisches.

Bei mir hingegen, als ich später, mehr oder weniger dazu erpreßt, hin und wieder auch Preise und Preisgeld annahm, war's die Freude am inneren Konflikt. Bei dem ein Großer hin und wieder auch unterliegen darf. So wahr mir Gott helfe. Zackbumm.

Und, zumal auch die »taz« vom 21.7.1998 den Gernhardtschen Text so als Klartext liest, daß sie mich gegen ihn verteidigen zu müssen meint: »Den Betrieb schwächen« durch Geldzurückweisung? Die Idee wäre ja selbst für eine durch und durch spirituelle Natur wie die meine allzu ätherisch, verschroben, ja bescheuert.

*

Daß aus kleinen, aber nicht sofort korrigierten Gerüchten mittleres Unheil, aber auch beträchtlicher Segen in der Subfolge erwachsen kann, bezeugt der folgende etwas kurvenreiche Kasus:

»Henscheid tanzt« betitelte »igl« seine FAZ-Feuilleton-Glosse vom 11.12.2004; thematisierend einerseits meine unfreundliche öffentliche Kommentierung des komplettement närrischen Jelinek-Nobelpreises, verliehen am Tag zuvor; andererseits meine Annahme des Italo-Svevo-Preises im gleichen Jahr; und dritterseits den offenbaren Widerspruch zu meiner eigenen und angeblich kanonischen Preisverweigerungsgrundsätzlichkeit.

Für welche »igl« aber wohl keinen weiteren Beleg hatte bzw. hätte als eben – den des vorhin gehandelten und nicht einmal halbrichtig mich zitierenden Gernhardt-Gedichts. Ansonsten hatte ich wohl hie und da, vor allem aber in einem großen Aufsatz von 1986, über die zunehmende »Obszönität von Literaturpreisen« reflektiert; aber meines Wissens niemals ein ausnahmslos gültiges Ge- oder Verbot draus abgeleitet.

Ehe ich dies hier alles noch einmal referiere und wägend begründe: Manchmal nimmt einem ein anderer die Arbeit ab und macht es womöglich sogar besser als man's selber vermocht hätte. In diesem Fall Martin Mosebach mit einem Leserbrief, den die FAZ am 22.12.04 abzudrucken sich gezwungen sah. Mir zum Weihnachtsgeschenk – es ist ein Text von selten schöner Lakonie und Genauigkeit:

»In der Glosse ›Henscheid tanzt‹ sind die Bedenken des Schriftstellers Eckhard Henscheid, einen Literaturpreis anzunehmen, dargestellt worden. Zugleich wurde darauf hingewiesen, daß Henscheid in diesem Jahr einen Literaturpreis angenommen habe. Es handelte sich um den Italo-Svevo-Preis, dessen Jury mir als einzigem Juror die Aufgabe übertragen hatte, den Preis zu vergeben. Dies Modell der Preisvergabe, das tatsächlich von jeder Art von ›Literatur-Proporz‹ denkbar weit entfernt ist, schien Henscheid so akzeptabel, daß er den von mir ihm angetragenen Preis annahm. Mit seiner Annahme ehrte Henscheid mich weit mehr als der Svevo-Preis ihn hätte ehren können, wobei er die Wahrscheinlichkeit eines allgemeinen Triumphierens über seine vermeintliche Inkonsequenz großzügig in Kauf nahm. Martin Mosebach, Frankfurt am Main.«

✳

Eine schmächtige bis mittelmächtige Arbeit über Samuel Beckett schwebte mir seit ca. 1985 allweil und immer wieder vor, über Beckett und seinen absonderlichen, nie ganz versickernden, aber auch nicht mehr gar zu lebendigen Nachruhm. Aus irgendwelchen Gründen blieb das allzeit liegen, es langte nur zu Notizzettelanläufen; deren Bestand sei hier als ungefähre Bilanz immerhin wiedergegeben:

1. Alles ist erlaubt zu attackieren, Goethe, Shakespeare, Nietzsche, sogar den splendiden Nobelpreisträger H. Böll (so teuer mir das vor dem Kammer- und Landgericht Berlin einst zu stehen gekommen ist; die Richter schienen aber irgendwie sogar meine Meinung zu teilen, daß man in Böll eine Pfeife sondergleichen zu sehen habe); im Notfall mit Kritik zu überziehen sind auch noch Joyce, Proust, gar Kafka. Ausgeklammert, der Kritik entzogen, entrückt, verboten, ein seltsam unausgesprochenes Tabu ist Beckett, ist jener, der (…)

2. Dabei sind Becketts dramatische Welterfolge, »Warten auf Godot« und »Endspiel« voran, auch was ihre komischen Potenzen anlangt, durchaus eines kritischen Blicks, einer Revision bedürftig. Arno Schmidt hatte nicht unrecht, als er die beiden, konträr zu ihrem Ruf, als wesentlich akademische, hölzerne Arbeiten begriff, als den Staub der fünfziger und sechziger Jahre auch, der da den annodunnemaligen Welterfolgen das Etikett des »Theaters des Absurden« verpaßte. Beizeiten hat dessen Erfinder, Martin Esslin, darüber Klage geführt, wie komplett unsinnig, verblendet dieser einstige Arbeitsbegriff (oder alternativ der des »absurden Theaters«, ist ja eh wurscht und ohnehin absurd) ist und allenthalben verwendet wird, als Passepartout für alles und jedes, für noch jeden theatralischen Stiefel und darüber weit hinaus (Camus! Sisyphos!), heruntergekommen und in seiner Muffigkeit sich selbst überlassen und Beckett in gleichem Zug erledigend; zugunsten am 8.5.1998 einer

TV-Vorschau in der »Hör zu«: »Niemand hat die Absurdi-
tät des Daseins in so erschreckend absurden Stücken auf
die Bühne gebracht wie der Ire (...) Dennoch fand sein
Werk den Weg in die Standard-Repertoires und behauptet
dort bis heute seinen Platz (...) labern sinnlos (...) starker
Tobak« (...)

3. Besser sieht es schon mit Becketts erzählerischen Arbeiten
aus, von den frühen forciert »absurden« Kurzromanen wie
»Murphy« und »Watt« bis zu der mit »Molloy« eröffneten
sog. Romantrilogie der Einsamkeit. Allerdings, es waren
diese Romane damals schon jenseits der akademischen und
der spezifischen Beckett-Adorantenkreise immer so gut
wie restlos unbekannt, anders als die am Ende noch fürs
Laienpfadfindertheater kompatiblen Kurzdramen und
Einakter – sie, die Romane, sind heute noch vollständiger
vergessen als selbst ein hingegebener Verleger-Aficionado
Unseld, müßte er es noch erleben, sich je hätte vorstellen
können (...)

4. Das seinerzeit lediglich von Arno Schmidt, nicht aber von
Adorno, Hildesheimer usw. nachgefragte selig vor sich hin
verdümmelnde Beckett-Einverständnis einstens aller mit
allen, ähnlich wie im Fall Kafka auch der Psychologen,
Menschheitserneuerer, Mystagogen, Sozialisten, Katholi-
ken, Psychopathen und selbstverständlich Existentialisten
samt ihren schwarzen Rollkragenpullovern – keine Brise
und keine Bresche von Aufmüpfigkeit störte seit spätestens 1960 den Consensus fast omnium, daß Beckett sozusagen weltweit unser aller Mann sei, weil (...)

5. Durch den bloßen Hinweis, daß man bei den ins pronon-
ciert Karge reduzierten Beckettschen Formen halt auch
poetisch schon gar zu wenig falsch machen könne, mit der

Folge, daß der Dichter schon deshalb noch »allemal« (Schirrmacher) den Beifall von der falschesten, der banausischsten Seite zu befürchten habe, bis hin eben zur Wort für Wort Stuß redenden »Hör zu« und darum (…)

6. Allerdings, so doll wie vor dreißig Jahren finde ich beim Wiederlesen auch die Radfahrer- und Elternkommunikationsmühen-Komik in »Molloy« längst nicht mehr. Könnte sein, daß mir da irgendein Ironisches oder Allegorisches oder irisch Katholisches entgeht, aber am lachhaftesten finde ich heute bei Beckett gerade das, was die betreffenden wohl am wenigsten gern lesen: »Wenn Frauen nicht mehr wissen, was sie tun sollen, ziehen sie sich aus« (Premier amour) und aber das (…)

7. Man möchte es kaum für möglich halten, daß ein derart bescheidenes Stückchen wie »Warten auf Godot« mit seinem spätestens seit Tschechow schwer abgedroschenen Warte-Motiv seit 60 Jahren ein offenbar schafsgeduldiges Publikum bei Laune hält, während sich die dazu berufenen Kritiker, Historiker usw. unsicht- und unhörbar gemacht haben. Aber: »Dieser Satz hat lange genug gedauert« heißt es in einem der frühen und partiell munteren Kurzromane Becketts (Premier amour) – und ich meine, das gilt auch für diese meine Notate-Sammlung und also

*

Wenn die Leute schon sonst nichts hatten, hatten sie wenigstens, so bei Dostojewski im »Jüngling« wie schon beim Hl. Jakobus, ihren zuständigen Mann, den sie »mein Peiniger« nannten. Und dem sie irgendwie demütig untertan waren.

Mein Peiniger war in den diversen Jahrzehnten meines

Lebens und jeweils ziemlich genau ein Jahrzehnt lang ein
Mensch, den ich wegen Unansehnlichkeit nicht sehen und
wegen Unannehmlichkeit auch schon gar nicht zum Ge-
sprächspartner annehmen wollte, den ich trotzdem immer
wieder zur Kenntnis nehmen mußte und der mir deshalb in
aller sehrenden Unstatthaftigkeit und in seiner ganzen gewappelten Schlumpfköpfigkeit jeweils starrsinnig und eben
deshalb so peinvollst über den Weg – –

Aber lassen wir das und vergessen wir den in wechselnder
Gestalt Auf- und nun wieder Abgetretenen. Sonst ging und
geht es mir ja recht gut.

*

»Denn alle Lust will Ewigkeit«, weiß Nietzsche, und Mahler
läßt es später sogar von einem Alt singen. »Kurz ist der
Schmerz, und ewig ist die Freude«, so dagegen Schiller.

Mir war schon immer die Ist-Form lieber als der Volonta-
tiv oder Optativ oder wie immer er heißen mag. Also Schiller.
Nietzsche ist ja insgesamt ein Unheil, und Mahler wird bald
eins. Nämlich spätestens mit dem doppelten Jubiläumsjahr
2010/11 noch restloser kulturindustrialisiert, daß Gott er-
barm; und überhaupt und andererseits wird er jetzt auch
schon gar zu massig überschätzt.

*

Das Wort habe neuerlich Jürgen Roth (Die Poesie des Biers,
2010, S. 48) – ich kann mich an den Fall nicht erinnern, aber er
könnte sich genau so zugetragen haben, wohl zum Ende
noch des letzten Jahrhunderts:

An einem Frankfurter Stehimbiß, an dem Eckhard Henscheid in unregelmäßigen Abständen zu einem Gemeinschaftssnack und zum anschließenden »Elendstrinken« lädt, wurde der Romancier, als er gerade einen Happen Schaschlik zum Mund führte, von einem Redakteur gefragt, ob er gedenke, demnächst wieder »einen großen Roman« zu schreiben.

»Nein«, versetzte Henscheid und kaute weiter.

*

1996. Bedauerlicherweise kann ich es dem zehn Jahre später verstorbenen Robert Gernhardt nicht mehr persönlich sagen. Aber seine damals aktuelle Reminiszenz an mich in Gedichtform (»Herz in Not«), genauer an die nach seiner Bypass-Operation entstandenen Verse »Post-Op«, ist schon wieder nicht sehr korrekt; wenn auch der Pointe willen als solche entschuldbar.

»Als ich den Freund,
der selber gern kränkelte,
anrief und ihm
en passant auch von meinem
Herzstillstand berichtete,
fragte der gekränkt:
›Was ist? Willst jetzt angeben?‹«

In Wahrheit war es so, daß ich von der lebensgefährlichen Herzoperation keinen Schimmer gehabt hatte noch vom Überstehen der Operation – und beides aber am Telefon überraschend schnell und hell begriff. Und erstaunlich gut reagierte. Nämlich statt rhetorisch und pathetisch zu werden, flink den mir passabler dünkenden leichten Ton anschlug.

Und keineswegs »gekränkt« war; sondern gewissermaßen stolz auf meine Geistesgegenwart.

So interferentiell geht's zu zwischen den Dichtern, zwischen poetischer und Lebenswahrheit.

Mein »Kränkeln« war im übrigen und allerdings ab Herbst 1987 und dann vor allem ab Frühjahr 1989 gleichfalls und ohne Hoffart ein sehr beachtliches. Es betraf eine schwer durchschaubare komplexe Halswirbel-Muskelkrankheit und hörte auf mehrere geheimnisvolle Namen wie »myotendinitisches Schmerzsyndrom« und dergleichen mehr. Mehr oder weniger in den Griff kriegte ich den im Prinzip unheilbaren Unfug im Herbst 1993 – wer genauere Kenntnis gewinnen will, der gewinne sie mit der Geschichte »Ein Schmerz« von 1996/97; die allerdings, wie Gernhardt, poetisch übertreibt und dramatisch zuspitzt.

*

Eigentlich hätte dem FAZ-Herausgeber und vormaligen Literaturblattleiter F. Schirrmacher meine etwas ausufernde Erzählung »10:9 für Stroh« sehr zusagen können, ja müssen, denn er wollte sie nach der Erstplanung des Prosastücks partout in der FAZ-Samstagsbeilage abdrucken, als sie freilich noch auf etwa 20 Buchseiten gehen sollte; er war im Juli 1991 auf der Hin- und Heimfahrt Frankfurt-Konstanz mit dabei, saß nach Gustav Seibts Rigorosum am Steuer des FAZ-Wagens; er war in statu nascendi der Erzählung an ihr beteiligt und von der Sache sogar Feuer und Flamme; und sein nach ca. sechs Jahren Unterbrechung zustande gekommenes novellistisches Alterego »Dr. Frank O. Schummetpeter« ist zwar eine ein wenig schwindelerregende Gestalt (wie der junge Schirr-

›273‹

macher im Umfeld seiner Kafka-Magisterarbeit usw. selber); aber immerhin keine trübe Tasse, sondern eine recht farbige, wenn auch leicht geistesgaunerhafte buchstäblich zentrale, steuernde Nebenfigur.

Allein, es erschien dann kein Vorabdruck – dazu war der Text inzwischen viel zu lang; noch erschien in der FAZ eine Rezension: »Schummetpeter« war's offenbar nicht recht zufrieden. Oder wollte den Autor abstrafen oder was auch immer Gehaltvolles.

Nicht zufrieden, wie zu vernehmen, waren auch allesamt die drei im Erzähltext mehr oder weniger portraitierten Professoren »Stroh«, »Bock« und »Stierl«, alle drei für Kenner leicht zu dechiffrieren. Ein ganzes Leben hatten sich alle drei mit Literatur befaßt und waren dabei aber offenbar nie auf den Einfall gekommen, eventuell selber Literatur zu sein oder zu werden. Erstaunlich allerdings das spätere Echo von »Prof. Strohs« Sohn mir gegenüber: Akkurat so sei sein Alter! Hundertprozentig! Wunderbar! Dabei hatte ich »Stroh« realiter doch bloß ca 3,5 Stunden lang erlebt. 1:0 für mich und mein Ahnungsvermögen!

Sozusagen mit zusammengebissenen Zähnen zufrieden war es »Greif«, der Doktorand, also Gustav Seibt. Er las die druckfertige Geschichte im Verein mit dem Verleger Alexander Fest als erster gegen und machte sogar Besserungsvorschläge, die ich wohl alle befolgte. Und schrieb dann über die vielfach rar kuriose Causa in der »Süddeutschen Zeitung« unter der Überschrift »Ich war Greif«.

Seibt hatte und hat recht. Die Causa war nicht nur rara, sondern wirklich nicht unheikel. Wie seit spätestens Goethes »Werther« alle Transferierung Wirklichkeit/Dichtung es ist.

*

Spätestens ab 1990, im Kern schon ab 1965 oder 1970, war es im Theater-/Opernfach immer so, daß jeweils unter 1000 bis 2000 Teilnehmern eines betr. Vorgangs – Mitwirkende und Publikum – der jeweils Dümmste die Regie machte; jener, der von der Sache am nachweislich wenigsten verstand. Jedenfalls fast immer. Eine im Prinzip gute Arbeitsteilung, denn der Dümmste muß ja auch was zu tun haben und von was leben. Eine Arbeitsteilung, die von den Mittuenden im wesentlichen auch voll anerkannt wurde, von der professionellen Kritik wie eben vom klügeren und gelehrteren Publikum. Und nur in ganz seltenen Ausnahmefällen trat beim Schlingensief und seinem Bayreuther »Parsifal« von 2004 mal der Tenor-Parsifal Endrik Wottrich wegen der Unzurechnungsfähigkeit der Sache auf und zurück. Und aber umgekehrt dankten jenem Dümmsten die bedürftigen Zweitdümmsten sein freilich meist unsichtbares Konzept, weil sie jetzt eindeutig nichts mehr kapieren mußten, indem sie statt dessen einhellig in irgendein Fernsehmikro gackerten: »Ich fand's spannend, echt, auch irgendwie authentisch, eben spannend« und damit ansonsten in der Wohligkeit ihrer mit sich selbst identischen Identität und Idiotie verbleiben durften; als in dem schon unverrückbaren Status quo ihrer imponderablen idiomatischen Inkommensurabilität oder was auch immer immerhin.

Selber traf mich nur einmal das Angebot, Regie zu machen, um das Jahr 2000 seitens des Opernhauses Nürnberg, Regie sogar für eins meiner Lieblingswerke, den »Bettelstudenten« von Carl Millöcker; welcher bei aller blindblödsinnigen Kanonisierung als oberster Operetten-Klassiker längst einer Rehabilitierung als seriöse musikdramatische Gigantengröße bedurft hätte. Es fiel mir damals leicht, ohne groß nachzudenken hier blank abzulehnen. Von anderen Gründen ganz abgesehen, hätte man von mir, in offenbar völliger Verkenntnis meiner musikalischen Schriften, etwas ganz Wildes, Ganzund-garrasendgewordenes erwartet und erhofft, den vermeintlich vergammelten Operettenschinken auf teufelkommraus aufzu-möbeln.

Auch trug mich das Gefühl und beförderte meinen ent-sprechend behutsamen Hinweis, ein »Bettelstudent« von mir würde vor Bravheit, ja Frommheit im Gegenteil nur so tre-molieren. Und so stellte am Ende eine Art Konsens sich wie-der her: Ich konnte schwerlich der rechte Mann für die Regie sein, wenn ich davon überzeugt bin, daß das Werk vor Wild-heit und Geniekraft aus sich selber heraus nur so strotzt; genialer als ca. siebenundzwanzig Regietheater-Wilde im Verein mit mir es könnten.

*

Anläßlich eines Fortbildungs-Seminarwochenendes der Fried-rich-Ebert-Stiftung ca. 1991 in Bad Münstereifel am Kamin im ersten Stock des ehemaligen Hotels; jenem Kamin, an dem in den hochdramatischen Tagen der Guillaume-Affaire 1974 die drei, Brandt, Schmidt und Wehner, den Kanzler-Rücktritt hin und her erwogen; wie man dort erfuhr.

An einem schäbigen Kamin, wie ihn sich 1974 kaum ein Prolet in seine Villa gemauert hätte, mit Sesselattrappen noch unterm damaligen Möbel-Hess-0815-Standard, wurde also das gemacht, was man für Weltpolitik hielt. Wehners Schreib-tisch stand im angrenzenden Zimmerchen, von dort aus konnte er – seine besondere Leidenschaft, wie man gleichfalls erfuhr – jedes die geschwungene Auffahrt heraufkommende Auto im Visier behalten und –

Aber eigentlich könnte ich, wenn man mir meine Mitarbeit am Hüttler-Attentat vom 20. Juli 1944 doch nicht abnehmen sollte und auch nicht mein seinerzeitiges Wirken im Kreisauer oder wenigstens Kressbronner Kreis nicht – könnte ich eines Tages, sobald die Verwirrung noch größer, von meinem Mitwirken an diesem Bad Münstereifeler Kamin berichten, als bisher geheimgehaltener Vierter im Bun –

Ach was. Anders als so manche ostpreußische Gräfin und weißrosige FDP-Spitzenpolitikerin und Widerstandskämpferin bin ich einfach zu unverbrüchlich der Wahrheit ergeben.

*

»Man ist alt geworden ... man hat, durch die plumpsten Beweihräucherungen zur Selbstverblendung getrieben, den Traum eines langen Ruhmes geträumt, und eines Tages stürzt alles zusammen, der Ruhm ist ein Haufen Schmutz, und man wird begraben, ehe man tot ist. Ich kenne kein abscheulicheres Alter.«

Was will er also, der Émile Zola von 1878, was wollte er? Daß er erst lang nach seinem Tod, daß er vielmehr schon vor seinem Tod samt Ruhm vergessen wird? Nichts da, wurde nichts draus, er ist noch heute berühmt, er lebt wie ein Fürst oder jedenfalls wie dessen Ruhm. Wenn auch, da ahnte er schon was Richtiges, als ein nun schon gänzlich und doppelt toter.

Mit diesem Doppelschlag, spätestens zur Jahrtausendwende, ist das Posthistoire wirklich ausgebrochen. Alles, noch jeder Unfug, wird archiviert, musealisiert; nichts mehr wirklich erinnert, geschweige denn lebendig.

Es ist dies aber nur, wie der Dichter sagt, so viel ich weiß, heischend sagt: Alles, was lebt, ist wert, daß es wieder vergeht, zugrunde geht.

Könnte es sein, daß jetzt auch nicht mehr so viel darüber gejammert wird?

*

Unschwer vorstellbar, daß und wie meine Bücher, die Trilogieromane voran, mir vielfach Freundschaften gestiftet haben, das, was man Lebensfreundschaften nennen könnte, in vorerst einem Fall sogar eine Ehe; auch wenn diese Bücher gerade in solchen stifterischen Fällen vielfach falsch, zumindest sehr eingleisig gelesen worden waren. Der eigentliche Kern, die Essenz, das Integral dieser Bücher, ihr überlagerndes Wertegefühl jenseits der Attraktionen z. B. der Figuren oder der Lachhaftigkeit romanlicher Abläufe – das blieb fast restlos und zeitweise schändlich auf der Strecke; leider und gerade in manchen Fällen von daraus resultierender Lebensfreundschaft.

Vertiefter, ausdrücklicher stellt sich das Problem oder auch Dilemma über die plane Falschlektüre hinaus dar mit der Beobachtung, wie nichts oder beinahe nichts von Buch und Werk in den Herzen und Hirnen der Leser Platz genommen hatte; nichts über die bei ihnen lang eingefahrenen Schemen von Erfolg und Konsum, von Prestige und christlichabendländischem Reflexdenken hinaus; nichts jenseits der platt hedonistischen Sinnerfüllung (Haus, Familie, Spitzenfahrzeuge, Kinderkarrieren usw.). Nichts hat dieses doch recht üppige Werk bewegt, nichts, was etwa zur Bewahrheitung des Rilke-Worts »Du mußt dein Leben ändern«, nämlich durch Worte, veranlaßt hätte. Nichts davon bewirkt offenbar, spätestens heute, Dichtung, Poesie. Nichts. Nicht den Hauch eines Pfiffs einer auch nur leis und gemessen züngelnden Idee.

Das erging vielleicht Tolstoi und Dostojewski nicht viel anders. Und auch nicht, sagen wir, dem Lyriker Benn mit seiner seltsam existentiell-hochhinauswollenden, in Wahrheit wohl doch wieder nur wertkonservativen, gar autoritärgeduckten Nachkriegsleserschaft bei all ihren prätendierten Neuronenneuanfangs- und Synapsenübersprüngen. Nein, auch Benn richtete da nicht viel aus, vom gesamtheitlich faustischen Goethe approximativ zu schweigen. Ob das Leben zu verändern halt einfach eine überzogene Erwartung ist, eine die armseligen Wörter überfordernde? Wenn ja, sollten wir nicht klein beigeben, sondern unseren Beruf auf. Hat denn meine Lektüre – mein Leben irgend verändert? Neinnein. Ich war immer schon mit den Kafkas, Goethes, Bernsteins, Jaegers, Agatha Christies und Ruth Rendells eins und handelseins. Und mein Leben wäre also ohne sie genau so, genau so prima und primissima gelaufen und verlaufen! Ja? Aber dann hätte ich ja ihre ganzen Schwarten nicht oder jedenfalls allenfalls kursorisch und –

Hm. Tscha. Oder auch tja. Nun ja, ich will über diese offenbar schwierige Materie ein andermal weiter nachdenken. Zeit hab ich ja. Vielleicht ein ganzes Jahrzehnt noch oder mehr, wenngleich der Gedanke an sagen wir Johannes Heesters (107 im Moment, damals) nun grad auch wieder nicht – – Schluß für heute.

*

Wiederholt und verschiedentlich habe ich schon da und dort meine und anderweitige Leser aufgefordert und inständig an sie appelliert, doch auch und gerade heute so fleißig wie möglich und unverächtlich genug ein, zwei, drei Dutzend Gedichte auswendig zu lernen und das Erlernte dann frischweg ein Leben lang mit sich herumzutragen als fast eingeborene, jedenfalls flotterdings unverzichtbare Lebens- und Überlebenshilfe gegen die Anfechtungen der Welt und ihr oftmals recht zwielichtiges, ja widerwärtiges Getümmel. Ich selber kann, so wahr ich hier sitze, heute immer noch vier, fünf, werweiß sieben Dutzend deutsche Gedichte auswendig, jeweils zehn bis zwanzig von Eichendorff, Gernhardt, Bernstein, der Rest verteilt auf Goethe, Heine, Hölderlin, Wolf und Busch – von mir selber vermag ich aber, über den Zwei- und bestenfalls Vierzeiler hinaus, keins vorzuweisen. Dafür kann das aber bei einem sogar sehr kunstreichen und schwierig einzuprägenden Gedicht der Leser und Freund Werner Schärdel, zuletzt bezeugt an seinem 60. Geburtstag am 22.1.2011 in Tübingen – nämlich mein in der barocken Manier des Gryphius fabriziertes Gedicht »Schlechtes Wetter« von 1992; bei dem ich selber klein beigeben muß:

»Trutz! Potz! Schwer Feuersglut!
Fahr hin, Treu! Treu und Gut!
Glaub auch! Blitz! Gott dazu, oh wie verflucht!
Satan, fahr drein!
Trotz! Hotz! Ach wie verrucht!
Hölle! Wei! Sackerment!
Wetter, zisch drein!
Und wie wollt' heute, ach,
Fröhlich ich sein!

Ausgießen sonnig mich, fahren zum Baden,
Graus und Pechschwefel!
Luzifersbraten!
Schatten des Todes, Sargschrein und Leichen!
Hund! Sau! Verwünscht! Oh oh!
Pest, Furz und Seuchen!
Denn was jetzt blick ich? Was, Augenbrut?
Wen, Gift und Galle? Was? Dreck und Fut!?
's schifft drauß.
Himmel wie Leichentuch. –
Dir Himmel fluch ich!
Fluch allem!
Fluchfluch!«

Schärdel hat beim gemeinsamen Kameraden Michael Gölling
eine grafisch verschönerte Postkartenversion des Poems her-
stellen lassen, nach der er besonders gern liest und die auch in
seinem Wohnzimmer an der Wand prangt, auf daß er jederzeit gegen die Unbilden und Zumutungsballungen und sonstigen Taumeligkeiten des Lebens gewappnet sei. Und um
sich zumal gegen das schlechte Wetter gehörig aufzubäumen.
Es genügt aber auch die Druckfassung in meinem lyrischen
Sammelwerk »An krummen Wegen« von 1994 – der Gruß
gelte bei dieser schönen Gelegenheit gleichfalls Frau Iris
Schärdel; und weil wir schon einmal dabei sind, ebenso den
Söhnen Florian und Thymian pardon: Julian; die, zwar
inzwischen erwachsen und sogar schon beruflich erfolgreich,
auch einmal in diese und jene trübselige Lebensschieflage
geraten könnten, in der ja allein ein so ein Gedicht halbwegs
weiterhilft.

   Und denen das Auswendiglernen und dann auch -können

im Sinne ihres darin vorbildlichen Vaters hier und hiermit also gleich auch noch ans Herz gelegt sei.

So wie das weitere Kaufen meiner Bücher. Wenn mal der Vater nicht mehr recht kann.

*

Bedauerlich, daß das Bedürfnis, über eigene Werke, Romane, Satiren usw. nachzugrübeln, samt dem Willen, darüber auch noch – rechtfertigend, korrigierend, aufklärend – zu schreiben, ein Bedürfnis, das, nicht nur bei mir, einst beinahe emsiger war als der Wille zum Buchschreiben selber, – schade, daß es nachläßt. Daß es langsam, vielleicht immer zügiger nachläßt. Aber auch wieder gut zu was. Ich würde hier sonst manchen Leser und guten Freund vielleicht doch allzu kraftvoll der Schwäche, der Leseunfähigkeit, der Banausie zeihen, der Amusität und des früher zu Recht sogenannten Kulturbolschewismus; würde ihn nolens und vor allem volens sogar beleidigen. Ihn am Leben verzagen lassen. Machen wir's hier also, Gerechtigkeit einigermaßen zu restaurieren, kurz und summarisch und ziellos: Diese Kretins! Diese Bildungsphilister! Diese ewig elendiglichen Mitquatscher und vollkommen unbefugten Bescheidwisser! Die schlaumeiernden Leimsieder, die! Diese, hah, vorlautfürwitzigen Nasehochträger und -rümpfer obendrein! Diese (um dem als Lachlieferanten eigentlich längst als taube Nuß abgelegten Thomas Bernhard doch noch einmal seine Chance zu geben) integralgemeinen kardinalinferioren Geistesbetrugsabschaumverbrecher, diese verheerend seinsdespotisch gehirnverschleißende und zugleich in aller kopflosen Lächerlichkeit und rundumruinierten Morschheit und

Verantwortungslosigkeit exzessiv extremst (wird jetzt beim Spaziergang fortgeführt)

*

Nicht vergessen sein mögen die schönsten Zeitungsüberschriften und Textformulierungen der letzten Jahre, auch wenn ihnen zu den Denkwürdigkeiten genaugenommen der Gedanke fehlt:
  – »Die Schweiz im Durcheinandertal« (Neue Zürcher Zeitung, 5.8.97)
  – »Was für eine Verarsche!« (Bild, 12.4.11)
  – »Die ganze Welt lacht« (Bild, 6.4.2000)
Möge die Erde sich auftun und sie dabei alsbald verschlingen!

*

Etliche zentrale Begriffe aus »Spex«, das, obwohl sonst bedrückend geistverlassen, wenigstens im März 1999 doch einmal zu Hochform auflief:
  – »Schröderdeutschland«
  – »patziger Menschenhaß«
  – »der ganze Kreuzigungsquatsch«
  – »diese total abgefuckte Zeit«
  – »dies verdackelte Land«
  – »Stellvertretergaudi«
  – »Staatsaffen-Trendokratie«
  – »Festhalten am gesampelten Loop!«
  – »postkoitale Heruntergekommenheit«
Ja, eben diese, diese letztere vor allem ist es wohl, die uns

das Herz jetzt immer so zusammenkrampfen heißt. Dochdoch. Da bin ich ganz sicher.

*

Prärogative. Wenigstens einmal in meinem Leben, meinen
Werken, spätestens in den »Denkwürdigkeiten«, möchte ich
dieses seltene, würdige, ja denkwürdige Wort doch noch niedergeschrieben haben.

Keine Ahnung, was es bedeuten könnte. Nein, Verhü-
tungsmittel oder Ähnliches bestimmt nicht.

*

»An etwas Schönes denken«, will Polts Präro – äh: Protagonist anläßlich von hochsommerlich paradiesischen Biergar-
tennächten bzw. der Erinnerung an sie; und fährt dann zur
Anschauung überraschend fort: »Zum Beispiel an Verdun!«

Im Januar 1991 war es wieder so weit. Im Zuge des zweiten
Golfkriegs blieben unsere zeitlosen Rentner wegen der meri-
dianen Zeitverschiebung gern und nächtelang auf und wach,
um gegen 3 Uhr früh voller gewissenloser Unaufhaltsamkeit
etwas derart Schönes zu sehen: Bomben, Raketen auf Bagdad
oder, ist ja wurscht, Israel – und das, anders als beim leider
vorzeitig passierten und verpaßten Verdun, TV-live. Damit
der Fortschritt weitergeht. Ob Willy Brandt und die Seinen
bei diesem Wahlwerbespruch von 1969 auch nur das Atom
eines Gedankens daran mitdachten?

Nein, sie wollten halt auch nur etwas Schönes denken,
irgendwas Schönes.

*

Ein ganz Großer, ein Riese, war fast unbemerkt von uns gegangen:

Im September 2007 war es wohl, da weilte ich zu einem gar nicht so üblen Literaturfest in der namentlich nicht gar so vielversprechenden, dafür aber um so freundlicher überraschenden kleinen Stadt Hall bei Innsbruck; und es war mir ebenda ein Anliegen und sogar eine Lust, die erschienenen Tiroler der Stadt und des Landes dahin zu belehren, daß auf dem lokalen Friedhof, wovon ich mich schon am Vormittag überzeugt hatte, einer der bedeutendsten Männer des Landes und zumindest seiner jüngeren Geschichte begraben liegt, einer der Welt- und Säkulargiganten der Komik oder wahlweise des Humors: Otto Grünmandl (1924 – 2000).

In seinem Genre ein ganz Großmächtiger, obwohl gerade dieses Genre bei ihm, wie bei etlichen verwandten Köpfen, sehr schwer auf den konsistenten Begriff zu bringen ist.

Ein Großer, dem Würdigung und Huldigung zeitlebens nicht gänzlich versagt blieben, dem jedoch die vergleichsweise höchste Anerkennung wie die bestmögliche Realisierung seines Talents eigentlich erst in seinem letzten Lebensstadium sowie postum zuteil wurden. Dank nämlich einer späten und sogar mehr zufälligen Begegnung mit dem kongenialen Gerhard Polt, und da eigentlich auch fast nur mit der BR-Serie und der daraus resultierenden Duett-CD »Die ganze Welt«; die Grünmandl in einer derartigen einstündigen Hochform an Sprech- und Improvisationspräsenz, an Präzision der Töne und Halbtöne und Phoneme und Modulationen, an Crescendos und Decrescendos zeigt, daß sogar ein Polt Mühe hat, adäquat mitzuhalten; daß, was bei Komikern ja nicht so oft vorkommt, es zum Weinen ist.

Ich selber traf Grünmandl nur einmal im Leben, nach einer

Aufführung von »München leuchtet« (oder war's »Tschurangrati«?) in den Kammerspielen – brachte ihn da aber beim Plaudern in durchaus untypischer Benebeltheit mit Qualtinger, Girardi, Giraudoux und vielleicht sogar mit Grünmandl selber derart durcheinander, daß der Hochselige es schon bittschön verzeihen muß. Und, weil der Ohrenzeuge Polt sicher zu faul ist, es aufzuschreiben, ende die Selig-, nein Heiligsprechung mit einem Grünmandlschen Diktum am Totenbett in Hall: »Noja, Gerhard, jetzt sterb i erst amal a bißl, dann schaun ma weiter ...«

Mit diesem berückenden Grünmandl-Diktum ist auch Goethes Mutter Aja mindestens egalisiert, von der berichtet wird (z. B. Robert König, 2. Band, S. 114), daß sie anläßlich einer Einladung im Jahr 1808 sich mit den Worten entschuldigen ließ, »sie müsse alleweil sterben«.

*

Mich manchmal den Medien verweigert
Dachte, das würde unheimlich wahrgenommen
Aber meine Freunde vor den Fernsehern
Die haben das überhaupt nicht mitbekommen.
Auch: Keine Frauen ins Bett gedichtet
Niemals rilkehaft abgesahnt
Freilich: Die also Verschonten
Haben ihr Glück nicht einmal geahnt.
Dann: Ziemlich viel Geld ausgeschlagen
Nicht peanuts – wirklich Summen
Hätte das vielleicht bekanntmachen sollen (...)
(Weiche Ziele, 1994)

Neinnein. Bzw. doch, Robert Gernhardt, wir haben's schon mitbekommen. Wenigstens geahnt. Allermindestens gehofft. Wir wissen es zu würdigen – auch wenn bei Dir zu Recht die Betonung auf »manchmal« liegt. Anders als, bei dieser schönen Gelegenheit, bei mir, wo es heißen muß: »fast immer«.

Daß Du nun aber die späte und halbwegs elegante Gelegenheit abgewartet, ja weidlich abgelauert hast, von Deiner kleinen bis mittleren Verweigerung erst via Gedicht und nicht schon am Stammtisch Mitteilung zu machen, das bringt mich wiederum auf die nicht minder schöne und aber gleichfalls heikle Problemlösung, all dies hier kommentierend noch offener zu legen; um so den ja schon zermürbend kniffligen Zirkel zu schließen.

*

Die allfällige Frage nach dem Überleben des oder der Fittesten auch und zumal im eigenen poetisch-literarischen Genre der Vergangenheit und Gegenwart wird weniger von den Wissenschaftlern und sonstigen Evolutionssoziologen als vielmehr nicht gar zu selten von den causa pecuniae et gloriae Eigenbetroffenen nur allzu gern gestellt; meist in der einigermaßen bekümmerten Version, warum sie es gerade nicht sind, nämlich die Fittesten.

Leider werden dabei, vor der ragenden Gesamtfrage, die Voraussetzungen nur immer noch diffuser, von Tag zu Tag trüber und rechtschaffen trübsinniger. Das muß nicht wundernehmen vor dem Hintergrund, daß ja sowieso alles Leben und in Sonderheit die Kultur darinnen ganz offenbarlich insgesamt und mit Stumpf und Stiel entropisch aus dem Leim geht, und mit ihm auch harmvoll der Gesamtbestand der

Kausalitäten. In meinem höchsteigenen Fall liegen die Dinge, schon um wie gewohnt notorisch das dümmliche Hauptschema zu unterlaufen, ganz offenbar so, daß meine Bücher, zumal in den siebziger Jahren, in der Blütezeit der Romantrilogie, eben deshalb zu den fittest-überlebensstärksten und aktuell auch auflagengewappeltsten zählten; obwohl diese Romane dafür eigentlich viel zu gut, viel zu diffizil waren, zu artifiziell auftraten. Ärgerlich. Eine echte Ränke, eine Ranküne der Kausalität wider die Empirie ihrer selbst.

Nicht sei hier allerdings über Gebühr gehadert. Denn offenbar noch weit außerhalb meiner sind auch andererseits bei den prima vista fittesten Autoren die fittesten Bücher keineswegs ihre stärksten, ihre kurz-, mittel- und langfristig überlebenskräftigsten. Bei den älteren sind die Gründe hierfür heute evident schon auch nicht mehr nachzuweisen und auszutüfteln, da spielt, ähnlich wie beim sogenannten Kanzlerbonus, der Codex des bereits Kanonisierten eo ipso und ex idiotia die Hauptrolle. Die Rolle des Verlags- und/oder Publikationszufalls ist dagegen bei wiederum den neueren Fitheiten kaum zu entschlüsseln oder gar säuberlich auseinanderzuklamüsern – anderes, noch Gravierenderes und noch Geheimnisvolleres tritt hinzu, ein Faktor X, dazu verdammt, ewig Faktor X zu bleiben. Warum also z. B. bei »Freund Hein« (Do. Sölle) Böll ein durchaus passabler Roman wie »Ende einer Dienstfahrt« stante pede, ja noch in statu nascendi in Vergessenheit versinkt, während vorher ein (aber mindestens!) dreifacher Stuß wie »Und sagte kein einziges Wort«, »Haus ohne Hüter« und »Das Brot der frühen Jahre« zur Freude des Sohnes René Böll sich für Jahrzehnte, wenn schon, so steht zu hoffen, nicht ganz für Jahrhunderte als tüchtig erweist (und bis tausend kann René eh noch nicht zählen): Manches erklärt sich bei H. Böll durch die offensichtlich blendend, fast genial gewählten Buchtitel, die in ihrer besonderen Nachkriegsedelkitschmelangenauratik vielfach redensartlich und vor allem für den Journaillebetrieb phrasenbildend hilfreich geworden sind; und wohl 51–67 Prozent (manche Gewährsleute schätzen sogar 76 Prozent) den ungeachtet aller Ungelesenheit dieser Bücher wunderbaren Selektionserfolg ausmachen oder partiell begründen helfen; ehe jene eines schönen und vielleicht schon nahen Tags dann doch noch klanglos in den Orkus donnernd zu verschwinden klaglos bestimmt sind. Klaglos jedenfalls von unserer Seite.

Wieder anders verhält es sich bei Martin Walser. Da ist sein zweitdickster Roman, »Lebenslauf der Liebe«, sein bester und aber sukzeßlosester; der dickste ist »Halbzeit« und wahrscheinlich sein mißratenster. Und gleichwohl mythosbildendster. Aber bei Walser macht den stets angepeilten Überlebenserfolg wohl eh die Masse, die Summe der Fit-Faktoren und -Treffer. Einfacher zugeht es schon wieder bei der früheren, zumal bei der ganzganz früheren Literatur. Bei Dante bewirkt es wie bei Böll der Titel, auf »Divina Commedia« muß man bei diesem langweiligen Schema Himmel-Hölle-Fegefeuer ja erst mal kommen. Beim Folgetäter Milton ist es im Kern akkurat so, »Das verlorene Paradies«: so was interessiert die Leute ja immer und bis auf den heutigen Tag, was aber nun – aufgepaßt! – nicht heißt, daß jeder dahergelaufene Dieter Lattmann (an ihn hier und heute wieder mal zu erinnern, ist mir eine ganz besondere und ausgepichte Pflicht) das aufgreifen und abkupfern sollte, das geht dann garantiert besonders schief. Bei Homer war es von Anfang an gleichfalls auch der Titel »Odyssee«, in dem sich odysseushafte Naturen ebenso wohlgefallend wiederfinden konnten und heute noch können, wie die gesammelten Oblomows in Gontscharows meisterlicher Charakterstudie. Während im Fall Kafkas ausgerechnet der offensichtlich Unfitteste lang- oder zumindest mittelfristig obsiegte, ausgerechnet er! Was tun?

Nun, insgesamt kann es uns ja wurscht sein, welche Romane und überhaupt Bücher überleben und nach welchem paradarwinischen Gesetzesstiefel das ablaufen könnte. Sagen wir so: 1. Spaß muß sein, sicher. 2. Was bleibet aber, stiften die Dichter. Und drittens: Hauptsache, daß der Club 2012 nicht absteigt! Nicht *schon wieder* absteigt!!

*

14.9.2001. Zum 60. Geburtstag passiert es und prompt, nämlich der kaum, nein, nicht mehr zu toppende Höhepunkt meines bisherigen Lebens und Daseins: Mit einem Hochglanz-Kalenderblatt »1941 – der Spitzenjahrgang« werde ich gefeiert wie noch nie, ja nämlich noch und noch, d. h.: Im Verein mit Faye Dunaway, Placido Domingo und Senta Berger! Bob Dylan! Und man denke: Bruno Ganz!

Okayokay, die Höchstfreude ist durch die gleichzeitige Abfeierung von Joan Baez etwas gemindert. Und die von Jesse Jackson, o yeah! Und, pfuiteufel, des bedauerlicherweise mit 60 noch immer hocherinnerlichen Regierabauken H. Neuenfels.

Die drei muß ich dann bis zum 70. Geburtstag noch hoffentlich hinter mich kriegen und abschütteln.

PS 2011: Hat dreimal nicht geklappt.

*

Wenn es so etwas wie einen Leit- und Lieblingssatz des Jahres gibt, dann war das für das Jahr 1995, vielleicht fürs Jahrzehnt, der Trost- und Beschwichtigungssatz, den in Jeremias Gotthelfs »Anne Bäbi Jowäger«-Roman von 1843 das herzige Strohblonderl Meieli gleich mehrfach an seinen späteren Bräutigam entrichtet:

»Zürn doch recht nüt!«

Dabei war Gotthelf trotzdem zu 33 Prozent ein Problemfall; ja ein rechtes Depperl.

*

Im gleichen Zeitraum, fünf Jahre vor der Jahrtausendwende, war mir freilich oftmals so recht nüt gut zumute. Sondern mehr imponderabel. Polyfaktorell? Oder doch mehr voller stigmativ insuffizienter Blümeranz? Nein: Multiplex metapsychotisch. Jedenfalls: »Wir erwehren uns der Welt durch unsere Begriffe« (Otto Weininger, Geschlecht und Charakter).

*

»Die intellektuelle Verwahrlosung ist nicht einmal einen Leserbrief wert«, schreibt im Januar 1994 auf meinen mehr bescheiden-biederen Artikel »Weltwachgeister« (Über Planstellen der deutschen Gegenwartsliteratur) hin der Dr. Eickhoff (Eichhoff?) aus 72076 Tübingen an die Feuilleton-Redaktion der Frankfurter Allgemeinen Zeitung. Schreibt ihn dann aber eben doch.

Im Sinne auch noch der wie in Tübingen jederzeit üblich logischen Verwahrlosung.

*

Am Berghang campierte die elegante Frau gegenüber hochgradig intimitätswilligen Jugoslawen, kurzum lausigen Minderheiten notgeiler Ostblockbewohner, pfeilgrad querbeet randalierender strategisch tückischer und vielfach widerwärtig xylophonlärmender Yuppie-Zombies. Olé!

*

2001—2011

Über die große Uninteressiertheit unserer Katzen am Fernsehen« hatte ich 1979 im grundlegenden Besinnungsaufsatz gehandelt. Spätestens seit November 2006 mit dem Eintritt der neuen Hauskatze Ramon aus Ernhüll ist schon alles nicht mehr wahr. Eine neue Generation durchaus fernsehfähiger und auch ganz unschicklich, ja unleidlich fernsehwilliger Katzen ist offenbar durch zivilisationsevolutionäre Mutationsmetamorphose herangereift, buchstäblich unversehens herangewachsen. Allerdings interessiert den erwähnten Ramon nicht alles gleichermaßen. Zum Beispiel besonders innig, wie im Farbfilm ein Luchs den Fuchs durch den Schnee jagt. Und fast immer das Fußballspiel, zumal dann, wenn der Ball heftig und häufig von links nach rechts, von rechts nach links fliegt und dann nocheinmal. Da fliegen Kopf und Auge mit.

*

Meine Pflicht hab ich getan zur Centenarfeier: Mit dem ziemlich grundlegenden Aufsatz »Der Nobelpreis und seine Leute – Oder: 100 Jahre Narrentreiben«; nämlich also seit 1901. Ein verheerend abrechnerischer Zeitschriftenaufsatz, gestützt auf durchaus gleichsinniges Material aus FAZ und »Zeit« und sogar aus dem Stockholmer Komitee; wiederabgedruckt in »Die Nackten und die Doofen« (2003) und dann in der Werkausgabe Band »Literaturkritik«.

Unselig ging die Geschichte natürlich indem weiter mit Preisverleihungen, die Fehlentscheidungen zu nennen auf schwerste Euphemismen hinausliefe. Es waren auch keine Kalamitäten; sondern unfehlbare Katastrophen. Und weiter ging immerhin auch die Zahl derer, die es merkten und, gleich mir, leis oder laut aufweinten. Als vorerst vorletzter Schnellspanner machte 2008 im deutschen Nachrichtenmagazin der auch sonst unermeßliche Matthias Matussek seine Aufwartung und davon Mitteilung, daß seiner Meinung nach hinsichtlich des Literaturnobelpreises ein Machtwort aus seinem Munde unverzichtbar sei: »Man sollte den Preis nicht mehr ernst nehmen.«

Jenen, den der neue Sekretär Peter Englund im Verein mit weiteren 18 Akademiestimmen z. B. gern an Dario Fo oder, schon betörend töricht, einen Pinsel namens Jean Marie Gustave Le Clézio (2008) verteilt; die gesamte z. B. amerikanische Belletristik aber, nachdem er ab Januar sie zu lesen begonnen hat, für nicht prädikabel findet.

Um den heillosen Fall hier also wirklich mehr pflichtschuldig zu runden: Natürlich meldeten sich, sogar etwas vermehrt, auch immer wieder mal die Stimmen, die, gleich mir, die Hände vors geblendete Auge schlugen, zuletzt etwa Thomas Brussig am 7.5.09 in der »Süddeutschen« im Vorfeld des Preises; nämlich in der besorgt-amüsierten, aber auch genervten Erwartung dessen, was die Akademie wohl diesmal wieder Bodenloses ausbrüte. Brussig aus Erfahrung: »Was sind das für Deppen, die solche Entscheidungen fällen?« Es kam dann ein paar Tage später noch schlimmer als sogar Brussig sich ausmalen konnte: Herta Müller gewann das Lotto; Merkel, Weizsäcker, Köhler, Cl. Roth und Wowereit jubelten gleichwohl und gleichzeitig unverdrossen auf – und einzig Reich-Ranicki, der schon fünf Jahre vorher im etwa gleich unglaublichen Fall Jelinek schwer (und ausnahmsweise leicht sogar aus den richtigen Gründen) aufgeseufzt hatte, stöhnte diesmal noch lauter, wenn auch (»ich will nicht über Herta Müller reden«) fast unhörbar über dies neue Verhängnis, das da uns alle überschattete, nein übertünchte. Sonst ist mir keine auch nur spürbar verblüffte Stimme im Gedächtnis, nach allenfalls leisem Staunen ging alles in die übliche Akklamation über – ja, so weit ist es gekommen, daß ich mich zum zweiten Male mit dem greisen Frankfurter Schreckensmann und seinerseits schwerst gelegenheitstaktierenden Kritikerfinsterling gemein machen muß; die zweitschwerste Niederlage meines sonst so lupenreinen Lebens.

Gottseidank lieferte ein Jahrzehnt vorher wenigstens der seltsamerweise dazu auch gefragte Habermas im Fall Grass eine so erwartbare wie gleichwohl verbal verblüffende Auskunft: Die Stockholmer Entscheidung für den schon älteren Blechtrommler sei erfreulich »antizyklisch«; und damit hatte zwar der auch schon wieder greise Großdenker nachgewiesen, daß er sich schwach an die alte marxistische kapitalistische bzw. antikapitalistische Zyklentheorie erinnere und also – –

Mein Gott, was ein Simpel. Dabei war das Stockholmer Würfelergebnis so platterdings zyklisch, wie ein alljährlicher Kinder- oder Regressivenauflauf eben nur ausfallen kann.

Dafür aber, daß eine spätexpressionistisch verzopfte und postfeministisch gelernte Widerbellerin (so die Erstübersetzung von Shakespeares Komödie) aus Mürzzuschlag i. J. d. H. 2004 ernstlich jenen Nobelpreis erringen durfte, während die wahrscheinlich beste Autorin aller bisher bekannt gewordenen Zeiten, Margaret Millar, nicht einmal im neuen Volks-

Brockhaus vorkommt, dafür wollen wir weniger die Schwedenlackel, sondern mehr die trotz all unserer fürsorglichen Nachholarbeit noch immer unverbrüchlich unbedarften Spezialisten aus der Brockhaus-Quelle Leipzig vors Weltgericht schleppen.

*

Etwas Gutes hat das neue resp. auch das zuende gegangene Jahrhundert/tausend jetzt doch schon und seit einiger Zeit. Der ganze, der gesammelte und verrammelte schwer aushaltbare Raun- und Deutungsquatsch rund um Kafka und vor diesem noch um Beckett hat – aufgehört; hat fast schlagartig, hat beinahe vollkommen aufgehört und ist – hurra! – zum gnädigen Erliegen gekommen. Noch wunderlicher und auch wunderbarer: Niemand vermißt ihn. Und, ein wenig unerklärlich, ja ein bißchen sogar ängstigend: Offenbar niemand hat das Aufhören öffentlich hörbar realisiert; singt darüber verbitterte Klage- oder halt, gescheiter, nicht Jubel-, aber doch Dankbarkeitsarien.

Diese in den beiden Fällen, Kafka und Beckett, seit rund fünfzig Jahren so unerquickliche wie scheint's oder scheinbar unverhinderbare emphatische Exegetenwirksamkeit von den Psychoanalytischen über die Jüdisch-Kabbalistischen und Bürokratiekritischen bis zu den Abendländischen und gar den bieder Christlich-Religiösen: wo wohl sind sie hier wie dort abgeblieben? An ihren verwahrlosten Kathedern und in sonstigen behaglichen Redaktionsstübchen? Rührte sich zu Kafka immerhin aus Datumsanlaß einmal (2009) noch kurz die FAZ und muckte auf mit einem kleinen pflichtgeschuldeten und halbironischen Rückblickwindchen; so zumal zu

›296‹

und um Beckett (und bald auch Joyce?) m. W. kein Pfiff, kein Hauch mehr.

Es ist fast zu schön, um wahr zu sein.

Etliche Erklärungsschemata bieten sich an, über meine vorgängigen Spekulationen hinaus. War das Ganze, der Negativzauber mit den Mülltonnen und den glücklichen Tagen in verlotterten Sandhaufen doch einfach zu unicolor düster, zu uncool, zu unreal und unglaubwürdig? Wenn schon, vom deutschen Beckett-Verleger Unseld angefangen – sie predigten Wasser und ließen sich's beim Wein gut sein –, alles ins akkurate Gegenteil inkliniert, in das jenseits von Beckett doch überaus wünschenswerte Lebensgefühl und Daseinsziel von Prunk und Glanz und Gloria; die immer brodelndere und zuletzt ganz unbefangene Gier danach, wie sie sich laut Gernhardt (Glück Glanz Ruhm S. 124) bei Unseld in dem auch gleich noch den verstorbenen Adorno mitkassierenden Satz platt niederschlug:

»Es gibt kein falsches Leben im richtigen« –

nämlich seinem und dem des Verlags; eine In- und Perversion, wie sie Adorno ja letztendlich auch gern mitgetragen und nachgeholt hätte.

Oder: Haben die Künste halt doch nur ihre natürliche Lebensdauer, und die Halbwertzeit für den allzu früh und schon zu Lebzeiten allzu heiliggesprochenen Samuel Beckett war eben zum Ausgleich besonders kurz, viel kürzer als sagen wir die Goethes, mit dem es jetzt aber wohl endgültig und definitiv auch sehr bergabgeht und rasch zuende brabbeln könnte?

Geht, über Goethe wie Beckett hinaus, alle Kunst fix zuende? Und flammt und flackert als dürftige Glut eines aber noch nicht ganz niederzukriegenden höheren Bedürfnisses nur immer wieder geschwind mal auf, um dann noch eiliger erneut zu verlöschen, um dem nächsten Shootingstar bzw. Bedürfnis danach hurtig Platz zu machen? Derart immerhin Marxens wie Adornos Bedürfnisindustrie als leitkulturellen Industriezweig des aktuell wesenden Weltgesindels ihrerseits um so eherner kanonisierend?

Eignete dem Beckett – eigentlich hier immer dem »Godot« und den Kurzdramen – zuzeiten nur besonders gut die Geeignetheit zum Verrätseltwerden; zur, noch jenseits von Kafka, andererseits Banaldeutung menschlich spätmenschlicher Religiosität vor dem dämmrigen Hintergrund des ohnediesigen zeitgenössischen und längst überfälligen Religionsverschwindens? Stand der Hl. Samuel für die betörte Selbstexkulpation der neohedonistischen und speziell neudeutschen Pseudozivilisiertheit, hinter der nicht allein für den (vielleicht allzu genehmen) Beckettdeuter Adorno, sondern offensichtlich fürs gesamtheitliche Kulturspießertum der altneuen Heiden ein heimelig heimlich geahntes Fortschritts-, ja Lebensgrauen grau in grau hervordüsterte?

Nachdem jetzt alle halbwegs vernünftigen oder imbezillen Interpretations- und Spielmöglichkeiten ausgeschöpft sind, bis hin zu »Warten auf Godot« exklusiv von und für Frauen: Hat ihn, Beckett, die Müdigkeitserschöpfung ereilt wie ungefähr gleichzeitig das Bedürfnis nach sagen wir jedes Wochenende Wackersdorf? Das wäre zu schön. Der ständige zeitgeistliche Fight Langlebigkeit vs. Kurzlebigkeit 0:1 oder auch schon bald 0:10? Allerdings, das Bedürfnis nach einer erneuerten Brokdorf-Simulationsprotestkultur trug im Herbst 2010 schon wieder beängstigende Früchte, im Verein mit den sogar vergleichsweise neuartigen Stuttgart-21-Kindereien – wäre also in einiger Bälde auch schon wieder mit einem –

alleluja! – Beckett-Comeback der furchtbarsten Art zu rechnen? Am verheerendsten im TV-3Sat-Kanal mit einer über alle Maße glaubwürdig ihre unwiderstehlichste Kulturdarstellerinnenschnute ziehenden Tina Mendelssohn als der letzten und schon wieder allerjüngsten Beckett-Protagonistinnenschnepfe –?

»O ja, große Gnaden, große Gnaden!« (Beckett, Glückliche Tage).

*

»Weg, ihr Spötter, mit Insektenwitz! Weg! Es ist ein Gott!« So Schiller im 23. Lebensjahre 1782 und noch gar zu naseweis; aber auch viel später und geläufiger, ja bereits belehrt: »Es liebt die Welt das Strahlende zu schwärzen.«

Die Welt liebt es schon gar nicht. Oder allenfalls sehr selten temporär und in kleinen Dosen. Und fast immer an der falschen Stelle. Sondern bestenfalls lieben es die Künstler selber. Sobald sie geschwärzt – viel Feind, viel Ehr – vulgo parodiert, travestiert werden. Aber auch das keineswegs immer und durchaus. Goethe war im wesentlichen dagegen und stellvertretend für ihn später auch Karl Kraus; gegen das Ungemach des Lästerns, gegen den Lästerer, den »Schmäher«, der bei Homer wie in der Bibel, im Alten wie im Neuen Testament, das ungeteilt und absolut Böse ist.

Spät nun aber ein einkömmliches Geschäft geworden war, ein zumeist etwas schmieriges und schon allzu einträgliches.

Das »faule Lästern«, das Varnhagen einst beklagte, wahrscheinlich vor zwei Jahrhunderten war es schon wirklich und doppelt faul. Schiller, siehe oben, verachtete es offensichtlich, das lästernde und deshalb wohl auch lasterhafte Spotten.

Richard Wagner ward so früh und häufig parodiert, gutmütig oder auch böswillig geschmäht und verspottet, häufig durchaus auch in der Linie seiner eigenen Beckmesser-Figur mit einer Mischung aus beidem, daß er sich's beizeiten mehr oder minder unverbissen gefallen lassen mußte. Was ihm immerhin in dem Maße leicht- oder schwergefallen sein dürfte, in dem sein eigenes Opernwerk bis hin zu den erhabenen Höhen und versunkensten Tiefen der »Götterdämmerung« selber schon zu 49 Prozent, vielleicht sogar 51 Prozent Parodie, Humor war.

Die Welt, das nationale und internationale Kulturvolk, aber liebt im Grunde das Spotten und Schwärzen nicht, hat es nie recht gemocht. Im Kulturvolk der »Hunnen« (Churchill) läuft Kultur, hohes Menschentum, allen Modifikationen und Lockerungen zutrotz, noch immer gleich mit Licht, Helligkeit, Klarheit, eben Höhe, ja Hoheit – mit der heutigentags gewaltigen Einschränkung allerdings: Obschon ca. 99,73 Prozent der Kulturanteilnehmer von Karl Rosenkranz' »Ästhetik des Häßlichen« aus dem Jahr 1853 niemals gehört und gelesen haben, von einer nachgeholten Dignisierung des im herkömmlichen Sinn wenig Schönen also: Die Botschaft als Quintessenz der harmvollen Revolution ist bei fast allen Verbitterten und Verängstigten und mißvergnügt Trostbedürftigen angekommen, die Gärung in den Köpfen weiter noch voranzutreiben und getrost sie zu vollenden: als eitler Schaum und gewissermaßen aber List der Unvernunft. Übers schnöd Ökonomische nämlich, das sich in Kulturbelangen zu approximativ 97,12 Prozent ausschließlich noch übers Häßliche, übers meist begriffslos und unreflektiert Häßliche und Garstige artikuliert. Und nämlich derart ihre professionellsten Teilnehmer, die internationale Regietheaterbagage voran, über Wasser zu halten vermag. Und sich, mit Wilhelm Buschs Doktor Hinterstich zu staunen, dabei gar nicht schlecht ernährt.

Die gegenwärtige und fast universelle und zutiefst verderbliche Verzauberung unserer Kultur durch Dreck und Müll und Spam und Schrott – sie rührt allerdings keineswegs aus der allseitigen und allenorts konstitutionellen Einsicht, daß unsere Welt selber aus den Fugen und wg. vor allem Auschwitz am Arsch sei. Sondern sie kommt und rührt aus: Linkischkeit. Aus einer Verlegenheit, die gleichwohl und gleichzeitig verschlagen, ja rotzfrech über alle Zivilisation und über deren Leichen schreitet. Verlegenheit der verantwortlichen und dabei restlos unverantwortlichen Täter; verbunden mit der nur allzu richtigen Erfahrung, daß sie's als Künstler oder Halbkünstler oder eben Edelgauner gar nicht anders und weniger unedel könnten, wenn sie dürften oder wollten oder sollten. Zeitverbunden mit der auch durchaus schlauen Erkenntnis, dem fixen Kapieren, daß diesem momentanen Weltzustand zu gehorchen ertragreicher und ungleich bequemer sei als im ähbäh Gegenteil. Und damit, rechnet man die zerebralen Möglichkeiten des kulturell abgesonderten und aber immerzu funwilligen Publikums mit hinzu, hat die Sache schon ihr für sämtliche Beteiligten Ausweghloses oder genauer: ihr Bewenden als unwiderstehlich Attraktives.

Und damit wohl vorerst Ewiges.

»Rattenhaft« folgen heutzutage wohl nicht mehr, wie Robert Gernhardt (Körper in Cafés, 1987) noch wähnte, die »Spaßer« dem »Ernstler« und dem »Ernstbold« (a. a. O.), diese beiden möglichst restlos auszubeuten, auszuschlachten. Sondern mittlerweile bucht man sie und die Häßlichkeitsfreunde hier legitim zusammen, die unentwegten Spaßer mit ihren auch schon spaßhabenden Vätern, um diese und sich selbst ewig unverdrossen weiter zu beerben.

»Der Insektenwitz der Spötter« – was aber könnte Schiller eigentlich genaugenommen damit gemeint haben? Gewiß, 87,44 Prozent der heute die Kultur Tragenden sind gebürtige und habituelle Wanzen und Zecken und Flöhe und bestenfalls Wespen, aber: Sind das wirklich witzige Tiere und nicht nur infame und intrigante? Zum Beispiel jene leidige Bremse, die mich hier in meinem Garten schon seit Stunden, ja vielleicht Minuten – –?

Im Namen dessen, der die Stunden spendet: O Herr, laß Abend werden! Und vertilge sie vorher noch allesamt, die Regietheater-Maler-Grafiker-Bande samt der mindestens gleichgesinnten vergammelten globalen Skulpturisten-Gang und – –

*

»Euer Herz betrübe sich nicht« (Joh. 14,1) allzu sehr, wenn Ihr, Leser, hier schon mehrfach lesen und zur Kenntnis nehmen mußtet, daß ich, der Autor und also Euer Ansprechpartner und Anführer, von ein paar frühbiografischen Versagungen und schulischen Widrigkeiten halbwegs abzusehen, mit meinen Urteilen und Meinungen, und zum allmählich am Horizont sich abmalenden »Lebensabend« oder doch Buchbeschluß muß ich es sagen dürfen, überhaupt oft, gewaltig oft, ja beinahe, tut mir leid, schon immer jederzeit recht hatte und noch habe; mindestens seitwärts von Arno Schmidt und wohl auch Lichtenberg, die beide ähnlich verwundert oder, sei's drum, hochgemut zu äußern sich berufen fühlten.

Recht hatte ich in den überwiegend schon in den »Sudelblättern« von 1986/87 geäußerten Einschätzungen der allesamt haushoch überbewerteten Figuren oder auch Krachnudeln Beuys, Fellini, Allen, Hamsun, Hüsch, Handke, Ingmar Bergmaus usw.; recht und nur allzu recht, wie mir heute aus Leserkreisen nur allzu willig und zum Teil reumütig bestätigt wird, mich als typische »Reuedeutsche« (Hannah Arendt) recht verspätet zu lohnen und mir zu schmeicheln und wohlzutun. Allein, die Sache hat den Haken, hat den durchaus vertrackten oder zumindest schmerzhaften Haken, daß mir als dem wenn nicht geringsten so doch ehernsten und unbeugsamsten der Brüder der eigene am Widerspruch sich hochrankende Mephisto, christlicher gesprochen: der den inneren Schweinehund überwindende Demutsgedanke bitter fehlt und mangelt und –

Gut, zwei Beispiele marginaler und vorübergehender Täuschung fallen mir ein: Der Wiener Sängerdichter Arik Brauer war und ist nicht das Gelbe vom Ei, das ich in ihm um 1972 zu erkennen vermeinte. Und warum der von mir als Komiker und »Kryptokomiker« erst entdeckte Thomas Bernhard dieser Jahre auch das nicht war, sondern nur der als Gesellschaftskritiker, ja Apokalyptiker kostümierte ewig fortan quengelnde Esel, als der er sich von heute aus durch die Bank offenbart, gleichwohl noch weiterhin sturheil verehrt von irgendwelchen Österreichern und Jelineks; obwohl doch spätestens seit dem »Korrektur«-Roman ein gut mit Bernhard-Kardinalschimpfvokabular gefütterter Schreibcomputer mehr und ästhetisch Belangvolleres zuwege gebracht hätte als der alternde und dabei immer formloser, einfallsärmer vor sich hin sudernde Dichter. Einzuräumen ist immerhin dieser mein Irrtum, der vielleicht einzige beträchtliche meines erwachsenen Le – –

Und trotzdem zwingte oder gar zwönge sich mir der Verdacht auf, ich sei womöglich doch einer der wenigen Hellseher, ja genau zu nehmen Gottähnlichen, ja wider Fausts und Ratzingers Hybrisverbot Gottgleichen – – läge mir hier nicht urplötzlich das Eingeständnis lastend auf der Seele, wie fehlerhaft, irrtümlich, verblendet ich, selbst ich Meister-Schlaumeier, noch vor einem knappen Dezennium die wahre Lage in meinem ureigenen Berufsgenre beurteilt hatte. Nämlich, daß mit dem Auftreten von Namen und Größen wie Polt, Jaeger, Waechter, Bernstein, Gernhardt, mir, Ror Wolf, Goldt, Oliver Schmitt, Oliver Welke, dem jüngeren Harald Schmidt und Hans Zippert gut ein halbes Jahrhundert nach Hüttler die Humorentwicklungsfähigkeit der Deutschen sich entscheidend gebessert hätte. Hat sie nicht im mindesten, man gebe sich keinen Täuschungen hin. »Ich hab jetzt keine Zahlen bei mir« (Franz Josef Strauß im Fernseh), aber sind all diese genannten Namen und Reichtümer und Errungenschaften irgend angekommen im uns so weit bekannten deutschen Volke? Eine der angeblich so geliebten Zeichnungen Waechters, die artistische Gesinnung eines Gernhardt-Gedichts im Volke, in seinem Alltag, in seinem Straßen- oder wenigstens Wirtshausleben? Nein. »Nichts kam zurück« (Heino Jaeger, Kriegserinnerungen). »Was tun«? (Stalin, halt, nein: Lenin) Nun, erst einmal diesen desperaten Gedankengang hier enden. Wenigstens vorübergehend.

*

Liebet eure Feinde und Widersacher? Wie überhaupt alle Nächsten, wie mich selbst? Tu ich ja. Weil doch noch die geringsten der schmierigen Brüder und – wie heißt wieder das andere? genau: – Schwestern Ebenbilder Gottes sind, dann halt in Gottes Namen auch die noch un – – ach was, stimmt doch gar nicht! Nein, nein, z. B. die komplett sklerotische Eitelkeitsexplosion Hamm-Brücher, die sähe ich schon lieber wo nicht in der Hölle, so doch unter den Händen des Schergen für besonders lautstarke Naziwiderständler. Unter dem sie ja nach ihrem eigenen Willen und ihrer persönlichen Einschätzung (Die 100 von Bonn, 1970, S. 97) doch im Grunde seinerzeit auch schon gefallen war. Und um ihr hier zumindest nachträglich noch diesen Gefallen zu tun.

*

Filme sind nun mal nicht mein Bier. Kunstfilme schon kaum gar nicht, und früher sog. Kulturfilme noch viel weniger. Mit einer Ausnahme seit 2007: »Der Fuchs und das Mädchen«. Obwohl dies kleine Mädchen eine Idee zu niedlich, zu sympathisch, auch schon gar zu sommersprossig ist. So oder so unwiderstehlicher: sein Fuchs. Am geradezu unheimlichsten im hohen Moment der Trennung beider, nach dem vermeintlich tödlichen und für den Fuchs gerade noch einmal überstandenen Unfall, dem blutigen Fenstersturz: Diese Augen, die da in einem einzigen knapp drei Sekunden während en Augenblick gleichzeitig innigste Liebe, Haß und die traurige Weisheit ausdrücken, daß Tier und Mensch nun mal keine Lebensgemeinschaft bilden, im Grunde eben nicht zusammengehören; welches tragische Wissen mit tiefster Wehmut der Fuchsaugen im gleichen Moment in des Mädchens und unseren, der Zuschauer, Herzenstaumel als wahrer Schmerzensfunke überspringt.

Diese wie auch immer (ich weiß es nicht) filmtechnisch

herstellbare physiognomische Gefühlsdichte rund um »das feine unsichtbare Band der Liebe« (Anette Ruttmann), diese ihrerseits feinste Polyvalenz – die soll dem Fuchs irgendsoeine hergelaufene Mona Lisa erst einmal vormachen.

*

Wenn ich 2002 ff. Martin Walser beizeiten in seinem reichlich bizarren Kampf mit und gegen FAZ/Schirrmacher – bzw. eigentlich ja noch gegen Reich-Ranicki bzw. noch seit dem Friedenspreis 1998 gegen Bubis – »beigestanden« habe (so steht's noch heute in einem Lexikon-Artikel), dann war das noch keine besondere Heldentat, zumal ich das Riskante daran noch kaum erahnte und erkannte, allenfalls den ja damit direkt oder indirekt verbundenen Leser- bzw. Auflagenverlust. Es fehlte also das zum zumal tragischen Heroen unabdingbare Bewußtsein. Heldenhafter schon, daß ich's, das Walser-Beistehen, vor allem in einem langen Gespräch mit der »Jungen Freiheit« tat; weil ich das Wochenblatt, das allenthalben als kriminell rechtsradikal galt, damals genaugenommen auch noch nicht so genau kannte – und die ganze, wie sich herausstellen sollte hochbrisante Affaire sich zuerst im Rahmen eines blitzartigen Telefongesprächs vollzog, im zweiten Teil im Zuge einer Zug-Dienstreise mit kuddelmuddelhaften Zügen. Immerhin hatte ich dabei das Glück, daß der journalistische Telefonpartner sehr sorgfältig und praktisch fehlerlos operierte und so verhinderte, daß ich Argloser dabei doppelt in den Orkus geritten wurde – eine etwas verrutschte Formulierung über meine persönlichen Judentabus geht wohl auf meine Kappe.

Allerdings mit einer gewissen Heldenhaftigkeit prunken

kann ich »guten Gewissens« (Heino Jaeger) bei den zu Beginn nicht im mindesten absehbaren Spätfolgen der Interview-Sache, mit der ich den gültigen Demokratenkonsens als nunmehr Ewiggestriger verlassen hatte. Nämlich 2003 und 04 in Gestalt zweier Lesungen in Hannover und einer in Nürnberg, die unter verdecktem Polizeischutz stattfanden; was durch Drohungsankündigung irgendwelcher kläglich verblendeter antifaschistischer »Autonomer« notwendig geworden war; und obwohl es bei den Lesungen einmal um eine Adorno-Würdigung zum 100. Geburtstag und zweimal um den Beginn meiner »Werkausgabe« mit einem Rückgriff auf die vollsozialistischen »Vollidioten« ging.

In kürzester Zeit war ich also vom Links- zum Rechtsradikalen mutiert, wenn ich's recht verstanden habe zum verfassungsschutzverdächtigen Staatsfeind. Na bitte. Man beherzige das fortan.

*

Was es, z. B. schon am 15.04.02, alles gibt: z. B. Buchtips von www amazon.de, versehen mit der zusätzlichen Information: »Kunden, die Bücher von Eckhard Henscheid gekauft haben, haben auch Bücher dieser Autoren gekauft«, nämlich:
Wiglaf Droste
Max Goldt
Klaus Bittermann
Alan Sokal
Günter Grass.
Ja mei, der Internet-Leser oder -User oder wie er grad heißen mag. Meine späte Ergänzungsinfo: drei der fünf Genannten sind mir genehm, aber die zwei anderen?!? Tztztz. Oder

drückt man das im Neu-Infantilensprech ganz anders aus? Höhöhö?

Triftiger schon, was auf der Rückseite des Ausdrucks steht: »Kunden, die dieses Buch« – von Eckhard Henscheid – »gekauft haben«, haben auch dieses gekauft:

»Die schärfsten Kritiker der Elche. Die Neue Frankfurter Schule in Wort und Bild. Von Oliver Schmitt«.

Hat mein probatum est. Zugeschickt hat mir die Information eben jener Oliver Maria Schmitt. Der dafür allerdings einen Verweis kriegt. Wenigstens eine Mahnung. Wegen zu viel Surferei vulgo: infantil-unsinniger Neugier.

Was allerdings die Koinzidenz mit Grass betrifft, da macht sich Daniel Arnet in der Schweizer Wochenzeitschrift »Facts« (5/07) soweit zu Recht lustig über diese »unmittelbare Nähe«: »Ausgerechnet Eckhard Henscheid!« Denn der halte doch die »Blechtrommel« für ziemlichen Mist. Dann aber zitiert der deshalb Löbliche meinen alten Aufsatz von 1982 ganz korrekt: Der Roman Grassens sei »ein Syntheseprodukt des wässrigsten Zeitgeistes«.

Im Trostlosen des tristest walkenden Betriebs sei hier immerhin halbwegs getrost festgehalten: Wo alles Gedächtnis perdu scheint, wo vor allem vermeintlich keine irgend vom Mainstream abweichende Meinung mehr einen Adressaten erreicht, da sind zumindest die Schweizer auch nach 25 Jahren noch hochgebildet zitatfest.

Und vielleicht nicht sie allein. Zu irgendeinem runden Böll-Geburtstag macht sich im Hamburger Boulevardblatt ein Quidam eine Seite lang verantwortungsvoll wichtig; das einzige, woran er sich aber, Böll betreffend, zumindest einigermaßen erinnert, das ist meine von ihm gleich eingangs aufgeführte verbotene Schmäh-Invektive von 1991.

Die List des Weltgeists sei abermals bekümmert eingeräumt. Bis auch dieses Fach dann bald ausgeräumt ist. Und
ich in der neuen »sz Bibliothek Humor« von 2011 mit einem
Roman direttissima neben Satiren jenes Böll positioniert bin.
Einfach so. Ohne List.

*

Ein Märtyrer für die Kunst, für die Literatur und vor allem
für die Geistesfreiheit, ein Märtyrer wie Hüsch, Zwerenz
oder z. B. auch Schorlemmer, ein Märtyrer war ich vermutlich nie, nein, war ich fast selten. Aber immerhin zweimal,
2003 und 2004, fanden, man darf es schon zweimal erwähnen, Lesungen mittel- und unmittelbar unter Polizeischutz
statt. In einem Fall, in Hannover, vor den Augen und Ohren
eines Beamten, der vorm Fenster des Buchladens stand und
irgendwelche (gegen mich gerichtete? von mir ausgelöste?)
Unruhen erwittern sollte; im andern Fall mehr im Vorfeld
einer Lesung und vorm Hintergrund geplanter, wenn nicht
Mord- so doch Protestaktionen gegen mich. Mich, der, wie
ich gelegentlich zu lesen kriegte, vordem sogar das Imago
eines prototypischen »Vorzeigelinken« (so die häufige Phrase)
an sich haften gehabt hatte, was ich immer sehr übertrieben
fand – und der nun also plötzlich ein Rechter, ein Rechtsradi-
kaler, zumindest für irgendsoeine belämmerte Gesinnungs-
polizei, für die jetzt allzeit und allüberall verbissen lauernden
Antifa-Correctheits-Kreise zum Volksfeind geworden war.
Und nämlich u. a. ausgerechnet im Zusammenhang einer
Adorno-Gedenkveranstaltung, zu der er einschlägige Lese-
stücke vortrug.

Derart bemäntelnd, daß ich etwa gleichzeitig durch jene

gewisse Deckungsarbeit für Walser bzw. seinen »Tod eines Kritikers«-Roman und sogar für Möllemann auffällig geworden war, mich dabei auch noch in einem hochverdächtigen Medium an dem damals schwer sakrosankten Bubis und dem edlen Friedman vergreifend.

Wie immer das damals noch genauer gewesen sein mag und vorm darüber allmählich schläfrig werdenden Weltgericht zu beurteilen ist: Dies, den Polizeischutz, und das heißt ja nichts anderes als das berufsgeopferte Mit-einem-Bein-unterm-Galgen-Stehen: das sollten all diese Hüsche und Wallraffs und Palästekriegserklärer und Büchnerpreisklassenkämpferhelden und das ganze dafür eigentlich zuständige Geraffel erst mal nachmachen und sehr zum Vorbild nehmen.

Und mich dazu.

∗

»Mit neuen antisemitischen Texten von Eckhard Henscheid«, so wirbt das von mir mitbegründete Hausblatt »Titanic«, Deutschlands Satirezeitschrift, durchaus witzig; die dahinterstehende Sache ist dennoch keineswegs nur lustig:

Die Unsinns-Zeile bezieht sich auf jene Fama, welche mich mit Beginn des neuen Jahrtausends gleichsam unversehens nicht allein zum mehr oder weniger rechten und rechtsradikalen, sondern gleich auch noch zum »antisemitischen Autor« machte, sozusagen über Nacht und in einer Art synoptischen Synthese, geschmiedet von allerlei sehr Verblendeten; nämlich von mehreren »konkret«-Kommentatoren und nachplappernden Leserbriefen; zum Antisemiten oder zumindest zu einem in der Nähe dieses allseits verachteten Berufs. Zum Teil funktionierte das bestens vor dem anschwärzenden Hin-

tergrund des damals besonders heftig florierenden und in
aller »weinerlichen Moralität« (Varnhagen, Denkwürdigkeiten) kräftigst verleumderischen Correctness-Wahns der
bereits zweiten Generation; z. T. noch simpler als blanker
Selbstläufer, dem kaum Einhalt zu gebieten war, auch nicht
mit juristischen Mitteln zu gebieten gewesen wäre. Ich war,
zumindest an einschlägiger Stelle, auf einmal der Bösewicht,
damit man einen hatte und halt ut aliquid fiat.

Selbstverständlich, ich muß es beteuern, habe ich in meinem ganzen Leben nicht den Hauch eines einzigen antisemitischen Satzes und Gedankens von mir gegeben. Und wenn
ich angesichts seiner dreifach seltsam schillernden Milliar-
därsvita den damaligen Zentralrats-Chef Ignaz Bubis einen
»Obergauner« genannt habe, dann wäre auch das noch lange
nicht antisemitisch, wenn ich, was nicht der Fall ist, damit
komplett unrecht hätte. Das bitte ich zu beherzigen und
möglichst sogar mit dem Kopf zu begreifen. Man muß es der
versammelten Aufpasser- und Denunziations-Linken offenbar wirklich schon sehr mühsam erklären, daß *dagegen* die
alternierende Aussage, alle oder viele oder die meisten Juden
seien Gauner, tatsächlich die Voraussetzung für den Anti-
semitismus-Anwurf wäre; sogar unterstellt, der Begriff oder
die Metapher des »Gauners« sei semantisch und juristisch
nicht allzu genau definiert und bedeute ohnehin mehr was
Lustiges und jedenfalls nicht viel.

*

März 2002: Luise Rinser ist tot. Da wurde es aber auch Zeit.

*

Glaubt und verläßt der junge Journalist/Schriftsteller sich darauf, daß durch seine Arbeit, durch sein Werk die Welt sich verändert oder zumindest nicht grundsätzlich unveränderlich ist; so glaubt er, sagen wir ich, das etwas später schon nicht mehr, aber vielleicht doch noch, daß er und seine Worte irgend wahrgenommen werden. Später verliert sich auch dieser Glaube, nein, nichts wird mehr wahrgenommen, nichts wenigstens kopfschüttelnd bestaunt und verlacht:

Zu Rom, Ende März 2005, der Papst Woityla war noch keineswegs verstorben, sondern lediglich seit Tagen todkrank, teilte einen halben Tag vor der späteren Todesstunde am 2. April irgendein Steften von Kardinalsprecher namens Angelo Comastri dem darauf lauernden Fernsehen und mithin uns irgendwie aufbauend oder die damals schon allseitig zitternde »Spannung« (TV-Volksmund) steigernd, mit: »Jetzt hat der Papst schon Gott berührt!«

Kein Gelächter irgendwelcher noch halbwegs Zurechnungsfähiger brach aus. Auch kein Groll theologisch-kritischer Kräfte; denn das ist ein doppelt frevlerischer Satz, erstens lebte der Papst noch, zweitens weiß man auch vom toten nicht so ganz genau, ob er da gleich Gott berührt, ob der ihn gleich an sich ranläßt; drittens ist das Ganze eh ein gottverdammter Schmarren.

Nein, vom Echo irgendeiner kritischen Stimme aus dem Revier der versammelten Journaille ward nichts hörbar. Noch ruchbar. Dabei war es ein verruchter Satz.

Die genannte, die katholische oder weniger katholische, Journaille wußte wohl auch schon prospektiv und aus Erfahrung, daß jede Kritik am, jeder Spott über den vatikanologischen Quatsch gar keine Chance hätte, die Schwelle etwelcher

Wahrnehmung zu erreichen. In moderner unio mystica sind die Ecclesia und die ihr dienende Entertainermedialkultur dem Aberglauben fugenlos unterworfen.

＊

Der sterbende Robert Gernhardt vermochte vierzehn Tage vor dem Ableben, auf seinem Totenbett, noch zu überraschen. Er, der zeitlebens, halb gespielt, halb im Ernst, nur zu gern in prunkenden Sälen auf prangenden Teppichen einhergeschritten war (bzw. zeitweise nur wäre), unentwegt behuldigt von greisen Kulturverwesern und blutjungen Kulturdämchen, – er bezeugte in unserem letzten und von der Todkrankheit kaum beeinträchtigten Gespräch stark stoisch-christliche Züge. »Ein schönes Leben« habe er geführt, und »keinen Grund zur Klage«; so er etwa wörtlich.

Angesichts der richtig bösartig fatalitätsmäßigen Abfolge von Gattinnenkrankheit und -tod, Schlaflosigkeit, Verlegermalaisen mit erheblichen Geldverlusten, Herzinfarkt und schließlich Krebs eine eindrückliche, eine wie mir scheint sehr gottgefällige Gesinnung.

＊

Als den »Boten aller Boten« begrüßt herzaufweichend sanft und im Verein mit zusätzlich sänftigenden Bläsern und Streichern Ariadne auf Naxos den vermeintlichen des Todes. Manchmal braucht es 49 Jahre, nach der Erstbegegnung von 1958, den Rang eines Kunstwerks zu erraffen. Oder wenigstens zu erahnen.

Nicht nur der Komposition. Auch der Librettist Hugo

›313‹

von Hofmannsthal dichtet zum Höchsten: »Laß meine
Schmerzen nicht verloren sein!«

*

Warum die wiederholte Frage von Anton Reisers Mutter hinsichtlich ihrer früh verstorbenen Tochter
　　»Wo mag jetzt wohl Julchen sein?«
nicht nur ihr und Anton, sondern 220 Jahre später auch
mir noch zu jeder Zeit und ohne daß ich den nicht einmal
besonders guten Roman wieder lesen müßte, Tränen der
ungehemmten Wehmut in die Augen zu jagen vermag, das:
gehört auch zu den Rätseln der – Literatur? Wehmut? Liebe?
Es könnte, es wird wohl sogar auch an dem herzigen Namen
»Julchen« liegen.

*

Daß das bei der fast kongruenten und volkstümlich berühm-
teren Frage aus Carl Zellers »Vogelhändler«-Operette
　　»Wo mag jetzt des Reserl sei'?«
aus fast kongruenten Gründen fast ebenso oft und sicher
geschieht, wird selbst die weniger herzensgebildeten Interessierten unter meinen Lesern dann aber kaum mehr verwun-
dern. Nicht falsch die Vermutung, daß hier noch ein überaus
zart geschwungener, noch dazu zitherbegleiteter Melodien-
bogen dazukommt; annähernd zu schweigen von dem nachdenklichen und doch beinahe dramatisch fragenden Quint-
Intervallsprung.

*

›314‹

Robert Gernhardt verschied am 30. Juni 2006; mein kleiner Nachruf in der »Titanic« gelang mir mit Anstand gar nicht schlecht:

»Natürlich war ich es wieder mal, der mit enormem Scharfblick schon früh alles gewußt hat. Der bereits 1973 im Roman ›Die Vollidioten‹ den mir damals persönlich noch fast unbekannten Robert Gernhardt als den ›vielleicht klügsten von uns‹ (S. 127) erkannt und bezeichnet hat. Nun weiß ich natürlich auch, z. B. aus Gernhardts Roman ›Ich Ich Ich‹ von 1982, daß zwischen mir und dem Erzähler-Ich eine gewisse Differenz sein kann. Allein ich hatte und hab halt trotzdem recht, frappant recht, nur zu recht. Und, sub specie mortis sei es präzisiert: Die Betonung liegt selbstverständlich nicht, wie so manche meinen möchten, auf ›vielleicht‹; sondern vielleicht doch noch mehr auf ›klügsten‹. Nicht nur ›von uns‹.«

*

Aus »Leben« des Freiherrn vom Stein (1856):

»Er verfiel in die Lust des Alleswissens und Alles-Leiten-Wollens, welche Freunde und Fremde als Fäden eines künstlichen Gewebes zu benutzen strebt, und dadurch nicht selten sehr belästigt.«

Nichts Neues unter der Sonne. War alles schon mal da, auch der Worldwebwide-Internetvernetzungs-Wahn.

Ich hingegen werde langsam, ja zügig wahrlich autonom, ja, anders als der Herr v. Stein, richtig autark. Ich weiß nämlich weder, was Facebook ist noch was iPad noch iPod noch iTunes noch E-Book noch auch nur Chat und Chatrooms; die beiden letzteren aber, wittere ich, sollen eh schon wieder am Hinschwinden sein.

Gott jedenfalls wird am jüngsten Tag nicht verfehlen, mich so unverblichen wie unbehelligt und sogar unverderblich hervorzuheben aus meiner kernhaft sehr frommen, jesusnahen, gottseligen Unwissenheit und Aus-allem-Heraushaltung, mit manchen anderen Herzensguten und Wohlanständigen wird er mich emporheben und emportragen ins Empyreum und feierlich und wunderbarlich züchtigen, nein, halt, stop: vielmehr väterlich ans Herz drücken und wg. Tapferkeit wider den bösen Feind und allg. Widersacher prompt im Sinne der göttlichen Gerechtigkeit ohne Unterlaß besingen. Bzw. entlöhnen. Oder jedenfalls entlohnen. Dies sei euch, ja zumal euch, inmitten dieses meines gegenwärtigen »Seins-zur-Rente« (Michael Klonovsky) hin schon mal mitgeteilt und ausgemacht. »Denn der Herr ist freundlich, und seine Gnade währet ewiglich und seine Wahrheit für und für« (Psalm Nr. 100). Wer es verstehe, verstehe es und folge mir nach.

*

Halten zu Gnaden, bittschön, aber diese meine allgemeine und soweit bekannte Technologie- und Fortschrittsaversion entband mich zumal und spätestens nach der Jahrtausendwende nicht der Einsicht, daß das Staats- ja womöglich Menschheitswohl des »gemeinen Besten« (Wehler I, S. 234) letztlich in der Spätfolge von Adam Smiths Lehre im Verein mit einer praktischen allg. Demokratisierung nur und ausschließlich über jene einst von der Kritischen Theorie befehdete oder sei's als Grille belächelte oder auch mitunter verunglimpfte Schiene sozialer Befriedung, ja Befriedigung führen könne, ja glimpflich genug führen müsse. Man bedenke, daß mein Kind Elfriede, von mir zuweilen zärtlich auch »Ferdl« genannt, inzwischen auch schon 28jährig in Paris an der Sorbonne und später auch in Harvard erfolgreich Kybernetik und Eventmanagement studierte und sodann mit dem Diplom »summa cum laude« promovierte und heute schlauerdings beste Chancen hat, an einer nordfränkischen Universität eine Professorinnen-Karriere in den gewissermaßen dioskurischen Gabelungsfächern Business-Culture-Coaching sowie Verfassungswirklichkeit und Verfassungsschutz zu starten.

Soviel dazu. Daß vor dem Hintergrund meiner eigenen essentiell ideologiekritischen Grundzurüstung die in Rede stehende Causa in einem Circulus kulminieren könnte, kümmert nicht. Oder halt kaum.

*

Was ich selber gern geworden oder wenigstens gewesen wäre: »erbuntertänig« (Wehler, 1987, S. 172), was immer das sein und gewesen sein mag.

Aber, es hat nicht sollen sein.

*

Die vielleicht genuin-genialste und zugleich populärste Melodie, melodisch-rhythmische Eingebung, des gesamten 19. Jahrhunderts habe keinen allseits bekannten und geläufigen und entsprechend gefeierten Erfinder? Nein? Also gut, haben Sie schon mal von Sebastian Iradier (auch: Yradier) gehört? Geboren 1809, gestorben 1865?

Nein? Dann erforschen Sie zu Ihrer Strafe und zu ihrem Heil wenigstens den Titel der betr. Weise!

Ich habe sie übrigens schon als 9jähriger auf dem Akkordeon geboten, rhythmisch passabel und die Terzketten auch nicht schlecht; ich biete sie heute zuweilen noch; z. B. zusammen mit meinem Freund Michel Gölling (Waldhornsimulation) beim Mühlenwiedereinweihungsfest 2007 in Öd. Weitab von Havanna.

*

Der ununterbrochen und unentwegt verkniffene, der dabei sogar wie absichtsvoll unermüdlich verkniffen dreinschauende Edm. Stoiber, fraglos eine der absonderlichsten Ideen Gottes in der Geschichte, wurde, ehe es dann 2008 zu seiner definitiven Entfernung aus dem Amte kam, von seinem Volk wegen seiner Neujahrsfrohbotschaft im Hinblick auf die Relativität der Zeit insbesondere auf den Rapidschnellstrekken Münchner Hauptbahnhof-Franzjosefstraußflughafen und überhaupt dann ganz Bayerns ex negatione richtiggehend noch geliebt, annähernd schon verehrt. Beinahe noch eindrücklicher aber, was der Ministerpräsident bei ähnlicher Gelegenheit über die »flodernden Luden« und »gludernden Loden« o. ä. zusammenseierte. Und noch ausdrucksvoller, was er, ein wahrlich Sonderlicher vor anderen, kurz vor seinem Bayernführer-Hinschied bei Gelegenheit einer Art Pressekonferenz über die spätestens jetzt nachzukorrigierende Ausländerproblematik speziell der »Kindernachzugsalterabsenkung« ins Rennen schickte und ins Mikrofon zu befördern wußte.

Ich sah ihn, Stoiber, einmal ganz nah, aus zwei Metern Entfernung, im Dienstwagen nach einer Aufführung des »Tannhäuser« vorm Bayreuther Festspielhaus; als er, der Schluß-

›318‹

beifall war noch kaum »verraucht« (Stoiber) oder jedenfalls verrauscht, und Karin zupfte leidenschaftlich an seiner Festfliege herum, die Nase schon wieder fest und unverhinderlich in irgendwelchen Akten o. dgl. hatte. Wahrscheinlich ging es da an diesem Tag und späten Abend unverdrossen um das ganz besonders unverschiebbare Problem der – weil's so schön war, noch einmal – : »Kindernachzugsalterabsenkung«.

Oder hat er nicht doch »Nachzugsalterkinderabsenkung« gesagt?

*

Flaubert machte sich irgendwo für die poetologische Instanz des mot juste stark; des lange gesuchten rechten und einzigen Worts; vor allem in seinen eigenen Romanen.

In meinem jüngsten Werk »Aus der Kümmerniß«, aber auch vorher schon bei der romanlichen Phrasen-Apotheose »Auweia« und vor allem in der Beerdigungsfeuilletons-Sammlung »Wir standen an offenen Gräbern« von 1988, besteht der halbe Reiz, mir wohl bei der Abfassung nur zu zwei Dritteln bewußt, in den verschlungen falschen Satzbauten und vor allem in den präzis gewählten falschen Wörtern; der, damit die uns auch noch übergestülpt wird, Kultur der mots non-justes, ihrer Poetik, ihrer Poesie. Ein Beispiel unter Milliarden, na sagen wir vielen Dutzenden:

»Im 84. Lebensjahr wurde die gebürtige Frau Kriegsdienst vom Herrn heimgeholt. Sie wurde im Zentralfriedhof von einem von der Fahne ›Aurikel‹ entbotenen Trauerzuge zu Grabe geschickt. Stadtpfarrer Durst rief ihr das herzliche Beileid zu. Er entbot der Schwester sehr herzliche Teilnahme und wünschte ihr einen gleich ruhigen Tod.«

Und, weil's so ewigkeitlich duftet, noch eins; ein noch metaphysiknäheres:

»Aus Dünklingen stammte die ehemalige Hebamme Frau Fränzi Meier, die das Alter von rüstigen 80 Jahren erreichen durfte. Nun ging sie in das bessere Jenseits hinüber und hoffte dort, ihren Lohn zu empfangen. Bei gutem Wetter wurde die sehr tapfere Frau beerdigt. Der Friedhof ist ihr nun Wohnung.«

»Hoffte, dort ihren Lohn« ist zwar etwas richtiger, aber »hoffte dort, ihren Lohn« viel schöner und vielspektraler. Und auch gottnäher. Freilich, es hat das Katholische schon noch seinen versteckten theologischen Sinn. Oder, mit Alfred Leobold zu sprechen: Fehler (im ersten Fall ca. 7, im zweiten gutding 9) sind dazu da, daß sie gemacht werden.

Bernstein/Gernhardt/Waechters »Welt im Spiegel« lebt gleichfalls ein bißchen von der Umkehrung des mot juste, auch von daher ist die Allerwelts-Subsumierung »Nonsens« so unbefriedigend wie im Falle von Heino Jaeger, der die non-juste-Technik und Poesiegesinnung auch kennt. Nicht undenkbar, daß eines fernen Tages die Poesiegeschichte umgeschrieben und neu katalogisiert wird nach den Gattungsvertretern juste/non-juste.

Heino Jaeger: »Wer schwimmen will und wer sich mit der See, dem eigentlichen Wasser, vertraut machen will, muß einmal unterscheiden können (…) im Thermalbereich zwischen Saugwellen, also echten Saugern, und Kurzschlußreaktionen beim Baden. Schon einmal aus Tradition heraus, zum anderen aus Sport« (Bademeister und Schwimmlehrer Frehse).

Bei Heino Jaeger gelingt es auch einem Polizisten, daß ihm auf einer Kreuzung zwei Verkehrstote »in die Hände fallen«.

Ur- und Vorbild fürs wundersam falsche Wort könnte aber
sein der Kurzdialog:

Liesl Karlstadt: »Gute Nacht!«

Karl Valentin: »Ja, is schon recht!«

Und noch ein Exempel aus meinen »Offenen Gräbern«:

»Nun ging seine Hülle ein ins Reich.«

Die Hülle gerade nicht, in welches Reich auch immer, es sei
denn das hier aber nicht gemeinte Erdreich. Das alte Prinzip
Ist-eh-alles-eins (Hen kai pan): Wahrlich, ich sage euch, es
erweist sich noch einmal als fruchtbar für die neueste roman-
tisch-progressive Poesie.

*

Wenn ich mir jetzt auch noch merken muß, daß der einst sehr
geschätzte Dichter Max von Schenkendorf eigentlich Gott-
lob Ferdinand Maximilian Gottfried von Schenkendorf hieß
und nur durch seine übermäßige Begeisterung für Schillers
Max Piccolomini im »Wallenstein« zu der Namensänderung
veranlaßt worden war, dann geht mir – nein, nicht der Hut
hoch, aber doch dafür wahrscheinlich, sehr wahrscheinlich,
ein anderer wichtiger Gedanke verloren.

Der – Euklid? Die Unschärferelation? Nein, die doch nicht.
Die niemals. Also dann halt in Gottesnamen der Euklid. Von
a^2 plus $b^2 = c^2$ hab ich eh nie viel gehalten.

*

Volle 54 Jahre hat es gebraucht, ehe mir die äußerst schöne,
sinnige, überaus schlüssig anmutende Parallelfügung auffiel:
Die ähnliche und doch abweichende textliche und komposi-

torische Gestaltung der jeweiligen Todesdementi im 2. und im 4. Akt der »Aida«. »Vive! Ah, grazie, o Numi!« jubiliert ungescheut die Titelgestalt nach der Auflösung von Amneris' Finte, Radames sei tot, samt der Korrektur: nein, er lebe. »Vive!« hält sich eine Stunde später Radames in mittlerer Lage vornehm zurück, wie beseligt aber – um erst etwas später zu einer kleinen samtenen Kantilene anzusetzen. Ein glattes 1:1 also zwischen diesen beiden äußerst einnehmenden Personen.

Andererseits hat es in Debussys »Images« im 2. Satz (Les parfums de la nuit) eine Passage, die befremdlich, diese vorwegnehmend, an die Titelmelodie von »Der Wind hat mir ein Lied erzählt« gemahnt.

Solche starken Beobachtungen zu machen ist das unverbriefte, aber auch unverhoffte Vorrecht von uns nicht erbuntertänigen 69jährigen.

*

Zu den unausgeführten, liegengebliebenen Groß- und Kleinthemen meines emsigen Autorenlebens zählt an bedauerlicher, wenn auch nicht allzu unglücklicher Stelle ein grundlegender Essay über die Eifersucht, dargestellt vornehmlich an Verdis »Otello«-Oper. Otellos »Eifersucht« wird, so weit ich sehe und höre, allzeit als unhinterfragte, vollendete Tatsache genommen; der Held als ehern tragischer Charakter eines ehedem im Grunde Edlen – nichts davon steht bei Verdi und nichts eventuell auch schon bei Shakespeare. Des eigentlich recht widerwärtigen – und darum nur eingeschränkt bemitleidenswerten – Mohren Liebe besteht, wie offenbar auch sein ganzes restliches Leben, aus nichts als aus Machtausübung, aus Aggression. Auffallend und verblüffend ähnlich hier dem scheint's so kontroversen Jago ist es die Freude am Nichts, an der vollständigen Zerstörung von allem und jedem, inklusive Desdemona und sogar Otello selber: »O gioia!« heißt es nicht zufällig am Schluß des großen Monologs im 3. Akt; Freude übers sich abzeichnende Inferno ist es, was Otello, wie Jago im Credo, vorwärtstreibt, als sadomasochistische Aggression l'art pour l'artig bei Laune hält.

Und beim endgültigen Absturz des »Leone« zum Finale des 3. Akts in gewisser Weise die Klimax dieses Lebens erklimmt: Schlimmer kann es nun zur offensichtlichen Befriedigung des seltsamen Helden nicht mehr werden – die Vernichtung Desdemonas ein paar Stunden später ist schon mehr der sturen Pflichterfüllung in diesem Wirrwarrkopf geschuldet.

Ähnlich verhält es sich schon vom 2. Akt an mit jenem kreuzdämlichen Taschentuch, welches die Handlung initiiert, das der Vogelwildgewordene ja aber nur zum Vorwand nimmt, sich auszutoben und an seinem eigenen Toben zu weiden und –

Aber ich muß aufpassen, daß hier nicht doch noch ein richtiger Großessay herauskommt. Das möchte ich aber schon deshalb nicht, weil das feuilletonistische Gebrabbel über die Verdi-Oper und ihren funesten Mohren in aller schulfunkmäßigen Gedankenlosigkeit eh weiterschwafeln wird; in der sie offenbar in alle Ewigkeit fortwalken soll. Warum auch nicht. Ich aber werfe meine Perlen nicht gern vor die Mondkälber und höre also schleunigst auf. Und höre und lese auch sowieso nicht mehr hin.

Ob Verdi im Grunde und ggf. unbewußt in meinem Sinn komponierte, entzieht sich meiner sonst so untrüglichen

Kenntnis. Jedenfalls, nachdem Eifersucht-Gelosia ja ohnedies ein höchst unklarer Fall, eine paradox widersprüchliche und auch selbsttäuscherische Passion ist wie ja seinerseits der Begriff der Eifersucht überhaupt ein überaus unklarer, ungeklärter, und deshalb – – Schluß jetzt!

*

Der ehedem berühmte, dann vergessene, seit geraumer Zeit ununterbrochen wiederentdeckte Eduard Hanslick hörte bei der Uraufführung aus Bruckners Achter nur »traumverwirrten Katzenjammerstil« heraus. Bruckner selbst soll über die gleiche Sinfonie, namentlich den Adagio-Satz, gesagt haben: »Da hab ich einem Mädel zu tief in die Augen geschaut.«

Also, ich höre bei diesem Satz, einem der größten und schönsten der Musikgeschichte, tatsächlich allezeit und allenthalben nur das heraus, was einerseits etwas altmodische Konzertführer und Feuilletonisten immerzu aus Bruckner heraushörten: Natur, Weihe, Andacht, Romantik, Religiosität, »das stille Wallen der Gottheit« (Joseph Schalk).

Mit 15, spätestens mit der Gründung meines Musikzirkels im Alter von 18, glaubte ich das Wesen der Musik im wesentlichen zu verstehen. Es ist aber offenbar gar nicht zu verstehen.

*

Auffallend ist, jedenfalls mir selber oder auch »mir persönlich« (G. Polt), daß und wie seit ca. exakt 2009 wenig Literarisches mir mehr ähnlich zusagt wie die Tier-Kurzviten in der von mir abonnierten Vierteljahrsschrift »mensch und tier«. Versehen mit jeweils ansprechenden Farbfotos werben da

Hunde, Katzen, auch Pferde und Ziegen, wohnhaft in den diversen deutschen Tierheimen, manchmal in Ich-Form, um neue Herrchen oder zumindest wünschenswerte Patenschaften, um so ihr Leid zu lindern, um sich und den Tierkollegen das Leben, meist den Lebensabend, angenehmer, passabler, lauschiger zu gestalten, als das bisherige Dasein in Not und Elend und vor allem in Osteuropa es meist zuließ.

Versehen mit zwei zuneigungheischenden Fotos hat es da z. B. im Sommer 2010 die Such-Annonce des Tierschutzinitiators Odenwald e. V.:

Sürmeli und *Karakiz*. Sürmeli (auf Deutsch: Augenbraue, Rüde, braun), 8 J., und »Karakiz« (schwarzes Mädchen), 7 J., lebten zusammen mit weit über 3000 anderen Hunden in einem riesigen türkischen Tierheim. Dort sah eine Tierschützerin zunächst Sürmeli, der sich nur auf seinen zwei Vorderbeinen bewegte und alles andere nach sich zog, seine gelähmten und verstümmelten Gliedmaßen waren verkotet und blutig. Sein Blick aber war zufrieden und erwartungsvoll. Seit sechs Jahren schon lebte Sürmeli, der mit seinen Verstümmelungen zur Welt kam, in diesem Tierheim. Es war der sehnlichste Wunsch der Tierheimleiterin, für ihn ein neues Zuhause zu finden – wenn irgend möglich zusammen mit seiner langjährigen Freundin Karakiz, einer völlig ausgemergelten Hündin, die schon sehr viele Hundebabys zur Welt bringen musste. Ihr Gesäuge hing fast bis zur Erde. Durch den sichtbaren Muskelschwund konnte sie sich nicht richtig erheben. Alle Impfungen der beiden Hunde waren vorhanden, und die für eine Auslandsreise notwendigen Papiere lagen bereit. Kurz entschlossen nahm die Tierschützerin die beiden mit in ihre kleine private Hundeherberge, wo sie sich rasch erholten. Karakiz ist nicht mehr wiederzuerkennen. Etwas

schwach auf den Hinterbeinen wird sie wohl immer blei-
ben, aber in dem Rudel auf dem Gnadenhof, wo jedes der
Tiere sein Handicap hat, stört das keinen, am allerwenigsten
Karakiz selbst. Auch Sürmeli hat sich zu einem fröhlichen,
verspielten Gesellen entwickelt, der auf zwei Beinen mit
den anderen Hunden um die Wette läuft. Für diese beiden
Hunde suchen wir dringend liebe Paten, die sich an den
Tierarzt- und Futterkosten beteiligen wollen.

Oder, im gleichen Heft, ein Katzen-Hilferuf aus Frankfurt
an der Oder:

Aron, ca. 2 J., wurde in einem Ortsteil von Frankfurt
(Oder) in einem Straßengraben gefunden. Anscheinend wur-
den ihm bei einem Autounfall beide Beine gebrochen. Da
Aron ein sehr liebes Tier ist, haben wir uns spontan zu einer
Sammlung entschieden, um die erste Operation zu bezahlen.
Der Bruch im linken Bein wurde mit einer Platte gestützt.
Mit dem rechten Bein wurde zunächst nichts weiter gemacht.
Aron kann es unter Schmerzmitteln belasten und es soll erst
einmal abgewartet werden, wie er damit zurechtkommt.
Bitte unterstützen Sie Arons weitere Behandlung und Gene-
sung durch eine Patenschaft.

Aber auch die Ziege ist oftmals in großer Not und braucht
unsere Zuwendung:

Beppo, Anton und *Hexe*. Die drei Ziegen wurden aus einer
katastrophalen Haltung heraus beschlagnahmt. Behelfsmäßig
auf einem Pferdehof untergebracht, suchte unser Kooperations-
tionspartner aktion tier schnellstmöglich eine neue Bleibe.
Kurzerhand bauten wir eine ungenutzte Hütte zum Ziegen-
stall um, und nun genießen unsere Gäste ihren riesigen Aus-
lauf und sind bereits sehr zutraulich. Sie sollen bei uns bleiben
dürfen. Helfen Sie?

Und nochmals eine tigergestreifte Katze, die sich bestrikkend geschlitzten, nur leicht geöffneten Auges wg. sich und eines Angehörigen an uns wendet:

Dolly, EHK, 3 J., kastr., ist eine Fundkatze, die mit ihrem Sohn Lars auf einem Bauernhof gefunden wurde. Sie ist schon etwas zutraulicher geworden, Lars noch nicht. Dolly sucht ein Zuhause, in das sie mit ihrem Sohn einziehen darf.

Die klassisch gewordenen Tiergeschichten von Kleist, Ebner-Eschenbach, Fouqué usw. sind ja auch nicht schlecht und z. T. mächtig anrührend. Mehr noch aber gefallen mir – ob wahr oder nur journalistisch gut erfunden – Zeitungskurzmeldungen von zäh wandernden Katzen, heroischen Rindern und bis buchstäblich in den Tod getreuen Hunden und Kühen, wie ich sie 1997 zusammen mit poetischen Texten in meine Sammlung »Sentimentale Tiergeschichten« aufgenommen hatte. Daß mir Such- und Bewerbungsanzeigen in der Fachpresse fast noch besser zusagen, seit Jahren mehr als jeder Roman, die eigenen inklusive: Liegt's an der Authentizität?

Oder doch mehr daran, daß ich seit besagtem Zeitraum zuerst klammheimlich, dann immer entschlossener regrediere?

*

Hat man so was schon gehört? Gelesen immerhin hier:

»Kurt Drawert ist eine der wichtigsten und unbestechlichsten Stimmen im Lande«, schreibt Joachim Sartorius über diesen Autor irgendwann um die Jahrtausendwende in die Süddeutsche Zeitung hinein – aber, von der inhaltlichen Gehaltlichkeit einmal fast wegzusehen: »bestechlich« läßt sich vielleicht und zur Not steigern – aber »unbestechlich«? Ist diese sowieso seltene Eigenschaft noch steigerbar, und sei's verteilt auf (»eine der«) einige? »Einige Unbestechlichste«? Ja, wirklich?

Erneut Fragen über Fangfragen. Wir sollten sie und uns nicht überstrapazieren. Denn gemeint hat der Sartorius ja sowieso »bestechendsten«. Das ist zwar auch ein unsinniger Superlativ. Vor allem im Verein mit der Stimme Drawert. Aber dafür ist auch der Name Sartorius kaum mehr steigerbar, wie er da vor uns hin petert und im Verbund mit dem ganzen Satzquatsch (falls das Zitat nicht eh erlogen ist) eine der süddeutschesten Edelstzeitungen vollrohr wichtigtuerischt auffüllt.

*

Robert Gernhardts Tod im Sommer 2006 fiel sozusagen mitten in die Zeit seiner wenn nicht größten Popularität, so seiner höchsten »öffentlichen« Präsenz, seines kaum mehr höher zu hebenden – aber was heißt das? – Prestiges, Renommees.

Ich hatte mich in den Jahren davor mit ihm als dem vormals ragenden Leitbild und zugleich vergleichbarsten Kollegen einigermaßen auseinandergelebt und seit 2001 nominell separiert, aus diversen, sich die Hand reichenden Gründen; sei's, daß er halt ohne jeden Bedarf und m. E. allzu wahllos jede Art und Menge Preise abgriff (nur nicht den von ihm sehnlich angepeilten und erhofften sogenannten »angesehensten« des deutschen Literaturauftriebs); sei's, daß er Privatbriefe in Blocksatz verschickte – meint: Du kriegst eine Kopie dessen, was eh schon mal nach Marbach geht oder ging; sei es, daß er widerwärtige Großgeburtstagsaufläufe des widerwärtigsten deutschen Literaturkritiksimulators hechelnd mitabsolvierte.

Mag sein, daß der späte Gernhardt ein wenig gar sehr dem Ehrgeiz, der Eitelkeit, der Sehnsucht nach »Glück Glanz Ruhm« im Sinne eines vorher noch halbironisch aber auch schon zaunpfahlwinkend affirmativ ernstlich gemeinten Buchtitels von 1983 nachhing. Sein mag auch, daß diese von ihm im Grunde nie geleugnete Prägung, die auf Erfolg und die Folgen ausging, durch die ihn seit ca. 1981 verfolgenden Schicksalsprügel sich nochmals verstärkter geltend machte. Nicht abgesehen sei aber darüber von einem zuletzt recht vergessenen und vorne schon gewürdigten Gernhardt. Fast war ich nach seinem Tod selber davon überrascht, daß es auch den gab oder gegeben hatte, als ich von ihm frühe Briefe von 1971 ff. fürs Marbacher Archiv aufbereitete und wiederlas. Wie verblüffend kollegial, ja altruistisch, empathisch, brüderlich, herzlich bis leidenschaftlich teilnehmend er sich für die frühen Sachen des Jüngeren stark machte, den vorgeburtlichen »Vollidioten«-Roman zumal – als wär's ein Stück Debutprosa von ihm selber! Und überhaupt kein Konkurrent! Nachlesen kann man das schon partiell in Gernhardts älterem Sammelband »Was gibt's denn da zu lachen?« und, vollständiger, eben zu Marbach am Neckar – nicht nachlesen möchte ich dort oder im öffentlicheren Buch seine tagebuchartigen »Brunnenhefte«, nein, ein sehr sicherer Instinkt sagt mir, das muß dann doch mehr Thomas Mann als Gernhardt sein.

Wenn auch ein etwas klügerer Thomas Mann.

*

Oktober 2010. Schön ist, wenn doch immer wieder mal Neues vom allzeit gigantischen Heino Jaeger (1938–97) in Erscheinung tritt. Allein, ob es wirklich sein mußte, daß sein Züricher Verlag anläßlich der neuen CD »Sie brauchen gar nicht so zu gucken« die glorreiche 10-Minuten-Sketchnummer »Die Kündigung«, anstatt diesen irgendwie übriggebliebenen Dreck einfach wegzuschnipseln, von einem nur allzu bekannten Satiriker und Jaeger-Promotor »anmoderieren« läßt; obwohl der Quadratdreck selbst für die Verhältnisse jenes Satirikers schon um 1970 ein überbordender war und jetzt halt nochmals ist:

(Klingel) »Das kann nur Professor Heino Jaeger sein. Ich wollte rasch noch ein paar Worte zu Heino Jaeger sagen. Es ist ja eine Ironie dritten bis vierten Grades bei ihm. Und ich halte ihn eigentlich für den exaktesten Ohrenzeugen unserer Zeit, auch wenn die Pointen manchmal so sehr zwischen den Zeilen liegen. Und was er uns jetzt vorspielen wird, ist Folgendes: Können Sie sich vielleicht für ein paar Minuten vorstellen, daß Sie alle ›Kaiser‹ heißen und in den nächsten Minuten fristlos gekündigt werden?« (folgt Jaegers Auftritt)

Das Ganze währt eine runde halbe Minute – und es hat damit Folgendes auf sich:

1. Das mit der Schlußaufforderung, sich vorzustellen, daß man – noch dazu kollektiv – »Kaiser« heißt, ist natürlich Blödsinn. Der unsicht- und unhörbare Jaegersche Monolog-Adressat heißt halt zufällig so.

2. Blödsinn, Unfug ist aber auch schon das einleitende Wort »Professor«. Wenn überhaupt, dann trat Jaeger in einer speziellen Folge immer als »Dr. Jaeger« auf.

3. Aber selbst dieser Doktor hätte in der fraglichen Szene nichts zu suchen.

›330‹

4. Genau so wenig wie der Professor. Hier ist Jaeger alles andere als Professor, sondern Personalchef bzw. dessen Büroleiter.

5. Heino Jaeger kann man ohne Kopfzerbrechen viele Etikette zuschreiben: Komik, Humor, Lachhaftigkeit, auch Nonsens, sogar mitunter Satire. Nur niemals: Ironie.

6. Und in dieser Nummer schon gar nicht.

7. Der »Anmoderator« hat also keine Ahnung, was Ironie ist oder wenigstens sein könnte.

8. Noch weniger freilich, was es mit »Ironie dritten bis vierten Grades« auf sich haben soll. Mit beiden hatte Jaeger nie zu tun – anders als der Anmoderator, dem aber wohl mehr irgendwas mit Einstein und der unerkannten vierten Dimension durch den praktisch haarlosen Kopf schwefelt.

9. »Ohrenzeuge« ist eine gehaltlose Phrase, bestenfalls Platitüde.

10. »Ihn eigentlich für den exaktesten Ohrenzeugen« ist zudem falsche Wortstellung. Gemeint ist eher »ihn für den eigentlich exaktesten« – wenn überhaupt was.

11. Auch dann aber ist das »eigentlich« eigentlich überflüssig. Wenn nicht schon noch eigentlicher geistverlassen.

12. »Pointen zwischen den Zeilen«? Ja, wo denn sonst? »Auf«? »Über«? Geht ja nicht.

13. »Liegen« tun sie wohl auch nicht. Sondern vielleicht – sitzen?

Schwitzen?

Genug, 13 Denkschwächen innerhalb einer halben Minute sind selbst für einen sich als Satiriker mißverstehenden lärmigen Hanswursten (seinen Namen verrate ich hier nicht, er fängt aber mit »Hü« an) schon sehr überzeugend. Mit solchen Promotoren und Anmoderatoren hatte Jaeger zu allem Unterfluß halt auch noch zu leben. Für seine 13 Einbrüche aber hat der seit einiger Zeit Verstorbene die abermalige Jenseitsbastonnade von 13 Hieben verdient – Jaeger jedoch allein schon mit der »Kündigung« die ewige Seligkeit.

*

Im Jahr 2006 kam ein neuer, dreibändiger (und noch gedruckter) Brockhaus heraus, in dem Person und Werk von Vladimir Nabokov auf 2,4 Zeilen abgefackelt wurden, die von Gustav Mahler sogar auf 3,5 Zeilen, fast so viel wie Lutz Rathenow, der es auf 6 bringt. Na also, so geht's doch auch.

*

Daß der nämliche Brockhaus drei der gewaltigsten Sprach-Denk-Genies des Jahrhunderts, F. W. Bernstein, Hermann Gremliza und Heino Jaeger, nicht einmal kennt und offenbar noch nicht mitgekriegt hat, das sei ihm unter diesen Umständen schon wieder hoch angerechnet. Chapeau!

*

Warum aber das Sprach-Genie Gremliza gleichwohl nicht sich erbarmt, sondern auch noch im Jahr 2011 unentwegt im Hausblatt von »Scheißdeutschland« schreibt, zuletzt im Juli 2011 »dieses bedeutende Scheißland«, das freilich ist eine ganz andere Frage. Bzw. offenbar gleichfalls unzureichend zurechnungsfähig.

*

›332‹

Ein Franz Josef Strauß an Geldraffgier (s. Wilhelm Schlötterer, Macht und Machtmißbrauch, 2009) war gewiß keiner von uns aus dem engeren Zirkel der Neuen Frankfurter Schule. Vom abscheulichen Beispiel Strauß oder auch MAN-Esser lernten wir immerhin: Es mag zwar einen kleinen Unterschied ausmachen, ob eins mit 100 000 Mark Euro oder mit 1 Million oder auch mit 5 Millionen ins sowieso ungesegnete Altenteil vordringt bzw. dann doch in die Grube fährt. Allerdings, ob eins mit fünf Millionen oder mit (im Fall Strauß) 450 weitgehend unklaren Millionen Mark oder Euro, ist ja hier doppelt eh gleich: Es muß schon einer grundtöricht und zudem meist so »ungemein betrunken« (Robert Schumann 24.5.1829 im Brief an die Mutter) gewesen sein wie der bayerische Ministerpräsident und CSU-Vorsitzer, um hier bei dieser wahrlich petite différence noch erheblichere Leidenschaften zu entfackeln.

Und weil ihm jedoch die angepeilte Milliarde versagt blieb, starb er ja ohnehin sehr ungetröstet.

Aber, es gab und gibt doch noch Unterschiede, ja Klüfte zwischen den Genannten der Neufrankfurter Schule. Auch was Geldpreise und allgemeine Ehrpusseligkeit angeht. Vorbildlicher als sein langjähriger Hauptgesell Gernhardt verhielt sich diesbetrefflich allzeit der vom Göppinger zum Göttinger und später Berliner mutierte Fritz Weigle (F. W. Bernstein), der hier wie vielfach auch sonst seinem ohnehin glanzvollen Treiben und Trachten die Krone aufs eh schon glorreiche Haupt setzte, indem er die allg. Idiotie der Zeit zu einer Art negativen Theologie ausschlagen ließ. Um nämlich, seine Bescheidenheit als virtuose Sichkleinmacherei zur Transzendenz reifen zu lassen, heute nach fast 50 Jahren genialen Wirkens unbekannter zu sein als der aktuell dümmste aller Schlingensiefe nach 1 dünnen Büchlein oder Filmchen.

Selbstverständlich bleiben hier in der Folge auch viele Anbeter, die den Bernstein verdient hätten, auf der Strecke, weil sie jenen oftmals Gottnahen gar nicht kennen können. Doch abermals bewahrheitet sich Adornos Merksatz: »Alle Kultur ist Müll«, der nämlich noch die eigenen Juwelen unter sich begräbt.

*

Noch einmal entleihe sich das Wort der Kamerad und Kollege Jürgen Roth, der in seinem erwähnten Führer »Die Poesie des Biers« vollkommen wahrheitsgemäß auch dieses mitteilt; der frappante Vorgang müßte sich Anfang des dritten Jahrtausends vor dem Frankfurter Postamt Hügelstraße abgespielt haben:

»Tatsächlich? Mit der Flasche?« Ja, er bitte ihn darum, mit der Bierflasche auf den Anlasser zu hauen, eigentlich genüge auch ein Klopfen, um den Wagen zu starten. Nur weil der Anlasser hinüber sei, liege diese Bierflasche überhaupt hier im Auto herum.

»Ach so«, sagte Eckhard Henscheid und stieg mit der Bierflasche in der Hand aus, ging um den Wagen herum, öffnete die Motorhaube, beugte sich über den Motorblock und begann, mit der Bierflasche auf den Anlasser einzuschlagen. Der Mann hinterm Steuer drehte den Zündschlüssel um, und schon lief der Motor.

»Das wäre ein Romananfang«, sagte Henscheid, als er wieder auf dem Beifahrersitz Platz genommen hatte. »Eine interessante Szene.«

Die Bierflasche war unversehrt geblieben.

Die biografische Nachdenkwürdigkeit hat ihre Nichtswürdigkeit, aber auch übergeordnete Geschichtsmächtigkeit, ja Größe darin, daß ich den Roman noch heute wenn nicht gern schriebe, so doch sehr gern läse. Am liebsten, wenn sich der Vorgang nächtens abspielt, in einer noch viel einsameren Gegend und bei Schneetreiben.

Und von einem F. K. Waechterschen Polizisten mißtrauisch beäugt wird. Der weiß aber, ähnlich wie auf dem Geldräuber-Bildchen, nicht recht, ob er eingreifen soll, ja muß.

*

April 1851.

»Allein, sehr allein! Und wenn allein, dann noch am besten! Dann bin ich, wenn auch traurig, doch meist ruhig, betrachtungsvoll, und bisweilen ganz behaglich, ja stillvergnügt! –

Die Menschen gefallen mir jetzt schwer. Mein Geschmack ist ernster und strenger geworden; mich beleidigt vieles, was ich sonst nicht beachtete, und der endliche Überdruß des wiederholten Schlimmen ist weit schärfer als der des wiederholten Guten. Die Andern haben meist keine Ahndung davon, wie tief sie mich beleidigen, abstoßen, welchen Ekel sie mir erregen, aber ich fühl' es, und fühle dazu, wie ungerecht ich wäre, wollt' ich sie es entgelten lassen, auf sie zurückwirken. Ich muß es also ertragen, und noch obenein tun, als ob alles ganz hübsch so wäre. Da kann nur Zurückziehung helfen, Einsamkeit; oder völlig gleichgültige Menschen, zu denen ich kein Verhältnis habe.«

An melancholischer Grundverfassung können meine es mit den Karl August Varnhagenschen »Denkwürdigkeiten« nicht aufnehmen; ein wenig ähnelt sie, die Melancholie, jener aber doch. Seit sagen wir 2008 macht sich jenseits von Pessimismus oder gar leibseelischer Depression ein Lebensgefühl geltend, das nicht allzu schön, aber auch nicht leicht auf den Begriff zu bringen ist. Vielleicht hat es mit der vitalen Erstickungstendenz zu tun, die uns Tag für Tag noch bedrückender, ja erpresserischer auf den Pelz rückt, uns mit ihrem nachtmahrischen, töricht bis zum Vergehen dröhnenden Quatsch zu überziehen; dem Quatsch und Müll, der auf die Namen Internet, Digitalkultur und neue Kommunikationsmedien usw., aber auch Europa, Euro, Rettungsschirm usw. hört – aber nein, es liegt auch an den alten, sagen wir an den nach wie vor afterdummdreist herumkrähenden und gellenden, dabei doch längst totgesagten sog. Printmedien. Es gibt Tage, da bietet die herkömmliche Heimatpresse jenseits FAZ und »Bild« Ausgaben, in denen nicht allein jeder Artikel falsch, daneben, geschluderter Blödsinn ist, sondern manchmal auch fast jedes Wort in jeder Überschrift, jede Bildunterschrift, jede Metapher, jedes Foto – es ist alles, mit Varnhagen zu ächzen, beleidigender, abstoßender, ekelhafter Schwachsinn – Dreck und Widersetzlichkeit inzwischen noch weit jenseits des »Dummdeutsch«-Unrats von 1985/92.

Als ob sie's mir zum Fleiße täten.

*

Von 2006 bis 2010 bin ich tot. Bzw. war ich tot. Gestorben zumindest für den »Harenberg Literaturkalender«. Eine evidente Verwechslung mit dem 2006 tatsächlich verstorbenen

Kollegen Gernhardt. Aber immerhin: einmal im Leben tot. 2008 wird das aus Leserfeder reklamiert und zu korrigieren versucht – eine Wiederbelebung kann vom Verlag aber erst für 2011 versprochen werden, bis 2010 ist schon alles unkorrigierbar gedruckt.

O Informationszeitalter! Mark Twain, als die Zeitungen ihn tot meldeten, konnte noch elegant parieren: »Die Nachrichten von meinem Tod sind übertrieben.« Innerhalb eines Tags war alles wieder im Lot. Heute geht alles weniger schnell, dafür tiefer. Schaut jemand für mich nach, ob meine Erweckung inzwischen, 2011 oder wenigstens 2012, auch wirklich erfolgreich war?

Im übrigen war ich für die Kollegen von »Harenberg Chronik« allzeit und all die Jahre über quietschlebendig. Im Informationszeitalter lesen die Informanten ganz offenbar sich selber am allerwenigsten. Ach, Paul Virilio! O Beschleunigungskultur!

*

November 2009: Eine langfristig vereinbarte Lesung im Münchner Gasteig wird kurzfristig aufgekündigt und abgesagt. Angeblich wegen extrem geringen Kartenvorverkaufs. Das glaube ich aber nicht. Sondern vielmehr, daß ich irgendwie, obwohl eigentlich wohlproportionierter Linker, neuerdings auch in die unnachsichtige Optik irgendeiner unbestechlichen und sowieso antifaschistischen münchenstämmigen »Aktion Widerstand gegen Rechts« auch im Veranstaltungs-Kartenverkaufs-Bereich gefallen bin. Ja, es ist mir gelungen, selbst mir ist selbst das noch gelungen. Daß ich geächtet bin, daß ich zum »Mob« (Gremliza inzwischen

bei jeder Gelegenheit) gehöre, praktisch zum Staub geworden. Daß, wenn ich schon nicht 1941 ff. Hüttler verhindert
habe, ich selber der neue Hüttler bin. Zumindest kurzfristig.
O Deppenkultur!

*

Wenn dem deutschen Volke, im Jahr 2009, schon mal was
sehr Sinniges und zugleich vollkommen Überraschendes gelingt, nämlich das seltene und altmodische und durchaus
schöne Wort »Habseligkeiten« zu seinem umfrageerhärtet
kollektiven Lieblingswort zu küren, dann wäre es auch sinnig, dann wäre es nur allzu einleuchtend gewesen, wäre 2010
das nämliche Wort unter anderen vorgeblich obsoleten aus
dem Duden gestrichen worden.
Wir warten noch ein Jahr drauf und heißen euch hoffen.

*

Schön ist, dem Gerücht der Banausen und Meinungsauto-
maten zuwider, das Bayreuther Festspielhaus, in das ich,
nach längerer Abstinenz, im Jahr 2001 zur Besprechung der
Eröffnungsvorstellung der »Meistersinger von Nürnberg«
zurückfand; schön und stilvoll und alles andere als kaiser-
reichswilhelminisch oder gar im Stil präfaschistisch, wie es
irgendwelche Ignoranz freilich nach wie vor immer wieder
mal wissen will; sondern im Gegenteil; und in die oberfrän-
kische Hügellandschaft so sanft eingebettet wie es von der
nahen Autobahn her zart, aber doch dringlich grüßt.
Im Sinne einer Wagner-Revokation, als Imagination der
einstigen Wagner-Präsenz, aber fast noch erhebender ist mir

das zum Lustgarten gehörige Hotel »Fantaisie« im bayreuth-
nahen Donndorf; jenes, in dem Wagner während des »Wahn-
fried«-Baus ab 1872 Quartier bezogen hatte und in dem er –
Hut ab, meine Damen und Herren! – am 23.11.1874 die letzten
Des-Dur-Takte der »Götterdämmerung« niederschrieb und
damit die jahrzehntelange Fronarbeit am »Ring des Nibelungen« beendete, dem zumindest gewaltigsten Werk der soweit
bekannten musikdramatischen Weltliteratur.

Und in dem es heute, hat man den Parkbesuch hinter sich,
zur Andachtssteigerung sehr gute Forellen und Karpfen zu
verdrücken gibt; darauf versteht sich das ja doch insgesamt
sehr manierliche Volk der Franken.

Aber, um ganz aufrichtig zu sein, fast noch mehr als die
Wagner-Vergegenwärtigung zu Donndorf behagt mir ein
Reisebericht, der sich außer in Bayreuth im gleichfalls nahen
Sophienberg gründet: Ludwig Tiecks und Wilhelm Heinrich
Wackenroders »Fränkische Reise« von 1793 mit deren Höhepunkt: einer gloriosen Passage nämlich, die davon Kunde
gibt, wie die beiden nach einem ausgedehnten Frankenwein-
Frühschoppen und im Zuge ebenso »ausgedehnter Gesprä-
che über Mineralien und Bergbau« immer munterer wurden,
Tieck namentlich »wie ein toller Mensch herumsprang und
seinem Gelüste völlige Freiheit ließ« und also »Wackenroder
prügelte«; worauf man, »um sich recht lustig zu machen«,
nochmals »Franzwein darauf« goß und endlich, Wagner noch
nicht erahnend, nach Fantaisie ritt, ja »sprengte«; wobei
Tiecks Pferd »mehrfach stürzte«.

Das arme Tier. Aber ein grundlegender Vorgang und Text
der speziell deutschen Romantik war das alles in allem sicherlich kaum minder als die »Götterdämmerung«.

✻

Mit dem vorigen und winzigen Impromptu zu Wagner, Bayreuth, Fantaisie usw. ist, so spüre ich, das Thema hier noch nicht abgetan; dafür spielte das Wagnersche Werk seit meinem Eintritt ins Wagnerianertum 1957 und seit meinem Bayreuth-Debut 1959 eine zu machtvolle Rolle. Tatsächlich kam im Lauf des schreibenden Lebens ein gutes Dutzend größerer Einlassungen zu diesem Werk und diesem Manne zustande, niedergelegt und leicht nachzulesen in meinen Musik-Büchern oder auch in der »Kulturgeschichte der Mißverständnisse« und im »Jahrhundert der Obszönität«: Texte zu den Opern ebenso sehr wie zu den affinen Problemen des älteren und neueren Opernregietheaters, von dem die Werke dieses Genies immer besonders betroffen waren, fast immer zu ihrem Unheil.

Der folgende Text, ein fiktiver »offener« Brief an den längst toten Komponisten, war der bisher letzte der Reihe; er fand sich abgedruckt im August 2010 im »Focus«, dort leider aus einer Reihe von Imponderabilien nicht in optimaler Gestalt, sondern im näher begründenden Mittelteil stark gestutzt. Schon von daher liegt ein ungekürzter Wiederabdruck in dieser Chronik der Denkwürdigkeiten nahe:

Sehr verehrter Herr Opernkompositeur Richard Wagner, haben Sie's auch im Radio gehört und in der Presse nachgelesen? Das »Buhgewitter« (Süddeutsche Zeitung), das am 25. Juli die »Lohengrin«-Premiere zum Start der Bayreuther Festspiele 2010 eindeckte? Jene als »Skandal«-Hype vorab verkaufte Untat, mit welcher der deutsche Regie-Altesel Hans Neuenfels endlich und mit gut 40 Jahren Verspätung sein Bayreuth-Debut anzettelte, als die schätzungsweise 87ste »Lohengrin«-Hirnverwüstung seines schaffensreichen Lebens, diesmal zufällig mit Ratten anstatt Rittern – und für welches immerhin halbwegs reinigende Buhgewitter der seit einem halben Jahrhundert über deutschsprachige Theater- und Opernbühnen rasende und krachschlagende Windbeutel sich wiederum revanchierte, indem er Bayreuth im Nachgang als ein »Kaff«, eine »Pfütze von Stadt« und (angesichts seiner Lohengrin-Besudelungen sogar zu Recht) als »absoluten Sudelort« beschmähte – ja freilich, Musikdramatiker Wagner, auch solche Publikums-Gegen-Schimpfereien gehören zum modernen Musikdrama, und zumal und spätestens seit seiner grandios depperten, mit Brathähnchen werfenden Frankfurter »Aida« von 1981 zumal zu H. Neuenfelsens Routinearbeiten.

Besudelt und Bayreuth eigentlich und endgültig für alle Zeit entwürdigt hatten, hochverehrter Richard Wagner, in den letzten Jahren freilich auch schon und kaum übertrefflich andere sog. Regisseure. Christoph Marthaler mit seiner vom Premierenpublikum gleichfalls zu 99 Prozent weggebuhten »Tristan und Isolde«-Frevelei; ein Jahr später der Opernnovize und andere Christoph, Schlingensief, mit einem wüsten und mehr ethnoafrikanischen »Parsifal«-Bühnenweihespiel; sowie, noch nicht ganz zu vergessen, gleich drauf Ihre Urenkelin Katharina Wagner im Zuge einer saudummen Schuhe-Schmeißerei als Höhepunkt Ihrer, Uropa Wagner, »Meistersinger von Nürnberg«; beim Bayreuther Regieeinstand Katharinas, der zweifellos verwerflichen, halt: genialen Tochter Ihres unlängst verstorbenen Enkels Wolfgang, die da als Hoffnungsträgerin für eine ganzganz große Zukunft im Verein mit dem Sponsor Siemens und im Verbund mit ihrer Halbschwester Eva Wagner-Pasquier die Neuest-Bayreuther Geschäfte zu führen sich jetzt angeschickt hat.

Höchstverehrter Richard Wagner, wo er recht hat, hat zwar nach wie vor sogar Ihr alter Leib-Feindfreund Friedrich

Nietzsche recht, wenn er als früher Festspiel-Pilger darauf besteht: »Irgendwann sitzen wir alle in Bayreuth zusammen und begreifen gar nicht mehr, wie man es anderswo aushalten konnte« – und im Kern gilt das heute immer noch, 134 Jahre nach der von Ihnen, Wagner, erwirkten Errichtung jener Festspiele 1876; zumal in diesen meist schon gar zu glutheißen Hundstagen zwischen dem 25. Juli und dem 25. August, wo man es als zweitbeste Lösung höchstens noch in einem (Nietzsche allerdings verhaßten) Biergarten z. B. gleich hinterm Festspielhaus aushalten kann –

– allein, ewigverehrter Bayreuther Meister Wagner, muß das nun wirklich alles sein, diese noch über die neueren Untaten namens Marthaler-Schlingensief-Katharina-Neuenfels hinaus und weit zurück weisenden Opernregie-Unholdereien der letzten fast 60 Jahre? Mußte es? Soll es so enden nach der Wiedereröffnung 1951 mit den ja spätestens seit Hitler immer besonders verdächtigen Wagner-Spielen? Mit dieser, Festspielerfinder Wagner, ganzen Hohlheit, Obskurität und Afterkreativität, mit deren leider auch hinsichtlich Ihnen, Wagner, herrschenden Ahnungslosigkeit und Kunstferne bei gleichzeitigem und fortschreitendem Opportunismus als der räudigen Überanpassung an allerlei trübseligen Zeitgeist?

Gut, es gab da 1951 ff. nach den Gründer- und den Nazijahren die sog. »werktreuen« Neudeutungen im sog. »Neu-Bayreuth« – es gab einen abstraktionsseligen Wieland Wagnerischen »Ring des Nibelungen« und seine szenisch minimalistischen, gänzlich butzenscheibenfrei fliederduftsüchtigen »Meistersinger« – alles würdige bis passable Dinge, auch wenn Wielands typische Lichtdome gar nicht so modernrevolutionär waren, sondern auf die Ästhetik der Reichspar-

teitage Albert Speers im Verein mit der des wielandfördern-
den Hitler zurückgriffen.

Und immerhin, es hatte ab 1976 Patrice Chéreaus spek-
takelhaft umdünstete »Ring«-Neudeutung, eine sympathi-
sche, nur leicht verwirrte und überkandidelte und allzu
beflissen überschätzte Regiegat; die, zu Ihrer Nach-Informa-
tion, Wagner, keineswegs von Morddrohungen tückischer
und aber mehr chimärischer Alt-Wagnerianer begleitet war;
sondern in einer Art sich fortzeugenden Selbstheiligspre-
chung durch ein schieres Wort-Mißverständnis bis heute
zum offenbar ewig maßstabbildenden »Jahrhundert-Ring«
hochgeschwätzt wurde, wo eigentlich bloß das Gedenk-
Ereignis eines »Centenar-Rings« (1876/1976) gemeint war.
»Die Züge des Wahnsinns«, welche Sie, Wagner, in Ihrer
Großschrift »Oper und Drama« 1852 vor allem mit der
modernen ersteren Kunstgattung zu erwittern meinten: womöglich kamen sie jetzt erst mählich und über moderate
Narreteien von Götz Friedrich und Harry Kupfer bis Claus
Guth so recht auf den Punkt. Und grundierten den Schlaf
der Gerechten, der Festspielverantwortlichen und mit dem
Wachtwechsel Wolfgang-Katharina immer Unverantwort-
licheren; zum meist allzu leisen Zorn und Gram der überdurchschnittlich kundigen und doch mit langsam schwin-
dender Bedarftheit antretenden und unter all dem geduldig
seufzenden Bayreuthianer –

Und nun also zuletzt der entgeisterte und seinerseits ent-
geisternde Stiefel der Schlawiner Marthaler-Schlingensief-
Neuenfels, der immer wahlloser operierende Deutungs-Stuß
vonwegen Parsifals Voodoo-Kulten mit Nahtoderfahrungen
sowie Elsas bösen hominidischen Nagetieren, vom Regisseur
endlich visionär erschaut und weit böser als Ihr Lindwurm

Fafner. Möglicherweise, Wagner, müssen wir Ihnen hier zu Ihrer Unterrichtung ein bißchen was über das Ihnen, zu Ihrer Zeit, noch völlig unbekannte, ja unverstellbare sogenannte (Opern-)Regietheater erzählen.

Zumal sogar ein aktueller und gewiegter Profi, der resignierte Wiener Staatsopernintendant Ioan Holender, seiner soeben erschienenen Autobiografie nach zu schließen, nicht so ganz genau weiß, was das ist – wie übrigens die meisten Kritiker und Befürworter und sonstigen Mitquakler auch nicht. Es hat dies Regietheater wenig mit dem schon um ca. 50 Jahre älteren abstrahierenden, politisch aktualisierenden, »entmythologisierenden« usw. Operntheater zu tun; sondern so um die Jahrtausendwende herum hat das Ganze definitiv Sargnägel mit Köpfen gekriegt: Jetzt ist alles völlig autonom und frei und von den Sinnschichten des Werks ad libitum fern und beliebig – Regie macht mit den Werken grad, was sie will, braucht sie allerdings noch als Folie und nämlich Publikumseinfänger. Wenn aber nun der Opernfunktionär Holender dies Regietheater vorsichtig zurückweist, weil es nur die (Werk-) Kenner bediene und die Neueinsteiger aber ratlos zurücklasse, dann irrt er sich um genau 100 Prozent: Kenner (in Ihrem Fall Wagnerianer oder Wagner-Aficionados) sind allzeit kopfschüttelnd desperat – die Greenhorns aber in ihrer Linkischheit begeistert, weil sie jetzt nichts mehr Genaueres wissen, weil sie ab sofort nur noch »spannend!« krähen müssen; weil nämlich das Opernregietheater bloß unentwegt die heute allseits ackernde Ahnungslosigkeit des akuten Fun-Event-Publikums heiligspricht. Daß diesem damit sinniger Zugang zu den Großkunstwerken ein für allemal und lebenslang versperrt, vermüllt, versaut bleibt – für die heute weltweit walkenden staubigen Brüder und Spitzbuben Regiemacher umso besser, denn diese Abstauberbagage ist meist, alles was recht ist, annähernd genau so ahnungslos – und die Herzchen im Festspielhaus, wenn sie die Erbaulichkeiten an Neu- und Nonsens, den kläglichen Regisseurseinfallsquatsch, den z. B. im Fall Neuenfels immerzu richtig betäubenden Sinnramsch über sich ergehen lassen, selten ahnen sie, welche »Welthirnjauche« (Karl Kraus) sie da gegen hohe Bezahlung einsaugen. Wenn im nicht allein Bayreuther Regietheater Hans Sachs eben kein braver Nürnberger Schuhmacherpoet mehr ist, sondern z. B. Hitler. Oder Obama. Oder, ist ja gleich, Bin Laden. Oder halt vielleicht Beckenbauer. Und im »Tristan«, wie stets bei Marthaler, irgendwelche Verdammte egalweg die Schiffswände hochkrabbeln, und keine Menschenseele weiß, warum – Opernbesucher aber sind zu derlei und mit Ihren, Wagners, Worten zu reden heute offenbar »auf ewig verdammt« (Tannhäuser, 3. Akt).

»Wehe, wehe« (Rheingold, 1. Bild), »wehe der Schmach« (Siegfried, 3. Akt)! Was, Wagner, könnte diesem »Wahn, Wahn« (Meistersinger) noch wehren, des »Weltenwahns Umnachten« (Parsifal) werweiß doch noch kurz vor Mitternacht zu enden, ehe eine Siemens-Audi-Deutsche Bank-Promotions-GmbH unterm Panier Katharinas in Bayreuth noch vollends alles an sich reißt, als Werkeverwerter und Werteverwichser jenen Wahn froh weiterzuwuchten? Was, Wagner, hören wir da brummen und brodeln aus Wahnfrieds weihlicher Walhallgruft? All dies, dies Alt-Neubayreuther grauslichgaukelnde Geckentum jucke Ihn so oder so schon lang nicht mehr, ebenso wenig wie ein all die Wehsal überwindender neuer Wonnemond? Wie der »Walküre«-Wotan wünschte Er sich ja jetzt hinsichtlich des Grünen Hügels und

›345‹

seines Geweses und Gemaches und Gegammles nur noch das
Eine: »Das Ende, das Ende!«

Ja dann.

Willig und wehrlich wabern wir's weiter.

*

»Stets Gewohntes nur magst du verstehn«, weist Wotan im
zweiten »Walküre«-Akt die konservative Fricka-Gattin zu-
recht, »not tut ein Held!« – und der aber sollte, eingedeckt
zudem mit dem dauerzitierten scheineinschlägigen Wagner-
Passepartout »Kinder, macht Neues!«, akkurat der tote
Schlingensief oder wahlweise der schon jahrzehntelang halb-
tote Neuenfels sein oder gewesen sein? Ein Held, der da ledig
und schutzlos wie der gemeinte Siegmund oder wahlweise
Siegfried Bayreuths Grünen Hügel zum aberdutzendsten
Male neu ergrünen lassen möchte wie demnächst, was man so
las, weil's wurscht ist, evtl. u. U. jetzt Wim Wenders oder
neuerdings sogar Frank Castorf unterm Protektorat der beiden Urenkelinnen? Nein, wenn einer dazu getaugt hätte,
dann der vor etlichen Jahren für den neuen »Ring«-Zyklus
schon fest gebuchte Filmregisseur Lars von Trier, der da mit
nur kleiner Verspätung bei einer sogenannten Pressekonferenz am 18. Mai 2011 in Cannes seine Wagner-Tüchtigkeit im
Sinne der Überwindung des stets Gewohnten verkündete,
indem ihm dies heldisch Neue weit übers übliche Regiethea-
tergegurke hinaus zu der ungewohnt mondsüchtigen Erkenntnis gerann:

»Okay, ich bin Nazi!« – jawohl, dieses überzeugende Re-
tour zur wahrhaft wagnerischen Natur hätte uns womöglich
gefrommt, dieser harmvollste aller Geisteshelden hätte uns

mit Neuest-Bayreuth wieder versöhnt. Nachdem das dortige Management aber irgendwie grob versagt und geschlafen hat und sich von Lars einen Korb hat überbraten lassen, danke auch ich ab heute, 21. Mai 2011, wiewohl seit 54 Jahren unverbrüchlicher Anhänger dieser »Bomben-Musik« (Werner Vasek, 27.10.2011), gleichermaßen renitent als Bayreuth-Besucher ein für allemal ab. Und weil ich schon dabei bin, verzichte ich ab der Zwangseinführung der Digitalisierung zum 1. Mai 2012 auch ein für allezeit aufs Fernsehen; und möglichst auch noch möglichst große Teile der Tages- und Wochenpresse; schon um nicht doch noch in Versuchung zu geraten, dort über das nachtrierische Bayreuth mich nochmals lesend oder schreibend ein- und auszulassen. Lo giuro!

Und falls ich aber meinen Schwur nicht halten muß, weil das von irgendwoher gesteuerte Wunder passiert, daß in Bayreuth alles wieder besser, ja gut wird, so soll es mich auch freuen. Weil dann mein Freund und Gastroenterologe und Wagnerianer Dr. Eberhard Meier im festspielhausnahen Bürgersreuther Hof erneut drei Flaschen Wein auf einmal in Bestellung geben wird. Nimmer aus Schmerz, sondern, wie schon mal so schön, aus unverwässert hemmungsloswagnerianischer Freude. Jaaawohl!

*

Nicht ohne Reiz andererseits ist, sich vorzustellen, wie Giacomo Puccini mitsamt seinem bayerischen Baronesse-Gspusi auf der im neuen Jahrhundert schon fertiggestellten Pegnitz-Eisenbahnstrecke nach Bayreuth zu den dortigen Festspielen gebrummt war. Schöner, sich zu vergegenwärtigen, wie der fraglos fähigste aller Wagner- und zumal »Meistersinger«-

Adepten dabei von Nürnberg über (etwas seitwärts) Altdorf und Etzelwang-Neidstein bis Bayreuth praktisch ununterbrochen durch »Meistersinger«-Landschaften ratterte. Am schönsten aber, oberhalb der Pegnitz-Bahnstrecke im Haus des spätmeistersingerlichen »Hersbrucker Drucker«-Chefs Michael Gölling und seiner Frau Gertraud zu sitzen und Pegnitz-Forellen zu verspeisen – solche, die Puccini inmitten seines Reisestresses gerade *nicht* zur Verfügung hatte! Sondern nur als Opfer seines eigenen Fraueneroberungswahns die seltsamliche Baronesse.

*

»Übrigens waren sie alle etwas unsicher in der Beurteilung ihrer Macht: und ob ihnen denn jetzt auch wirklich alles oder nur manches erlaubt war.«

Das von mir in Roman und Essay mehrfach zitierte, schöne und den bekannten Nietzsche-Volksmund vergenauernde Wort aus Dostojewskis »Der Idiot« hatte in jüngerer Zeit seine aktuell veritable Ausprägung, ja Epiphanie nicht allein in gewissen hinterbayerischen Teppichbodenhändler-Szenerien. Bei der CSU unter Strauß stellte sich die gleiche hybrishafte Gesinnung oft, zumal um 1975 ff. herum und auch noch später, kraftvoll ad infinitum aus, ja frech und freudig zur Schau. Heute, nach der nicht allzu konturierten Zäsur der Jahrtausendwende, tritt sie auf als nur noch geringfügig gehemmte Beutelfüllerei bei Manager- wie auch nur Intendantengehältern und anderen Gehaltlosigkeiten. Und sie begleitet als leise Bangigkeit, als ein letzter leiser Zweifel das gleich hemmungslose Treiben unsrer Herren Regietheateresel (Frauen, mit Ausnahme von Berghaus, halten sich erstaun-

lich zurück – vorerst noch?) bei ihrem jetzt weltweiten und
verheerenden, ja gottlosen Schauspiel- und vor allem Opern-
gemache und -gegrabsche und -gegrunze. Ich kenne den beklagenswerten Zustand nun seit 1966, habe den Herren lange
genug zugeschaut und mich auch im Prinzip damit abgefun-
den, daß es da kein Zurück, sondern nur noch ein besinnungs-
freies Über-Gräber-Vorwärts gibt – andererseits halte ich
doch noch immer dafür, daß es für die verantwortlichen Haderlumpen wenn schon nicht wegen Unzurechnungsfähigkeit
schweren Kerker, so doch eine eindringliche Prügelstrafe
setzt. Und aber im Oktober 2009 war ich jenseits aller vertrauensvoll prätendierten Gerechtigkeit inner- wie außer-
weltlicher Art doch nah dran, anläßlich eines bestialischen,
nein, eines pestilenzialischen »Lohengrin« im Münchner Na-
tionaltheater nach dem Schlußvorhang ein scharfgestochenes
»Scheißdreck!« zur Rampe hoch zu plärren. War's Feigheit,
die mich abhielt? Nein. Sondern natürlich Correctness gegenüber Wagner, der das ja mißverstehen könnte; Contenance
mir gegenüber; und Courtoisie gegenüber jenen hunderten
dämmernden alten Operndamen, die man beim Hätscheln
ihres Lieblingstenors Kaufmann doch weder stören noch mit
der allfälligen Folge von Gewissensbissen brüskieren durfte.

So geht auf der Welt nie was vorwärts. Weder mit einer
befreiteren Politik; noch wenigstens mit der Oper.

*

Ein gewisser Ernst Grobsch, teilt H. Böll in seinem letzten
Romane »Frauen vor Flußlandschaft« mit, »weint, wenn er
ihn (Beethoven) hört«. Aber es gibt auch vertrauenswürdigere
Musikbeweiner. Adorno, im Beethovenbuch und anderswo,

hielt dafür und stand mit der ganzen Kraft seiner meist mehr verborgenen Emotionalität dafür ein, daß er/man bei gewissen Schuberttakten, -phrasen, -perioden auch ohne textlich-inhaltliche Vermittlung losweinen dürfe, ja müsse. Eine gewagte These, bei mir selber sind die meisten Weinanlässe so gut wie immer durch den Textzusammenhang mitbegründet. Hier meine für alle Leser samt und sonders verbindliche Liste von 1961–2011 (mittelfristige Änderungen vorbehalten, aber nicht häufig zu erwarten):

– Beim wortlosen Schubert empföhle ich an gut ausgeschlafenen Tagen und zumal im sonnigen Frühjahr die Schluß-modulation c-moll/C-dur des ersten Klavier-Impromptu op. 90. Fallen Wort und Gesang zusammen, gesteigert durch Klavier und Horn, dann wähle man Schubert mit dem (wohl wegen der Besetzung) skandalös selten, ja nie zu hörenden Strophenlied »Auf dem Strom« D 943, ein Lied mit einem unerheblichen, deshalb sozusagen unhörbaren Text (von Rellstab): Das rauschhaft Stimmenverschlungene im Verein mit dem eh Hornunwiderstehlichen ist hier wohl das Rührende, Tränenerzwingende.

– Wenn es schon (wahrscheinlich kannte Böll keinen anderen) Beethoven sein muß, dann am besten die wehen, schon ihrerseits gewissermaßen weinerlichen Reprisentriller der späten Violinsonate op. 96 in G-dur. Oder eben, auch nicht uneben, bei guten Interpreten konträr tränenfreudig die »Namenlose Freude« aus dem »Fidelio«.

– Einiges in Betracht kommt bei Carl Maria von Weber. Man wähle hier zwischen manchen Zähren treibenden Passagen aus der großen Agathen-Arie des »Freischütz« und der letzten Fis-dur-Modulationsorgie der »Oberon«-Ouvertüre. Auch zur »Euryanthe« weint sich's vielfach gut.

– Mendelssohn? Hat nicht gar zu viel Weinträchtiges. Am ehesten wohl noch die letzte Komposition, das »Nachtlied« mit dem Text von Eichendorff, bei welchem der Komponist selber »zusammenschauerte«: »Hu, das klingt traurig!« Erlaubt ist dabei jedoch natürlich auch das zuständige Gefühl aus dem 5. Kapitel von Eichendorffs Roman »Ahnung und Gegenwart«: »Die Tränen brechen hierbei aus den Augen« – vor allem bei der finalen Mendelssohnschen Aufhellung nach der vorher unendlichen Traurigkeit und Betrübnis, ja Kümmerniß.

– Gershwin: aus »Porgy and Bess« die Trauerekstase »My man's gone – Since my man is dead« – aber am besten in der Trompetenversion von Miles Davis.

– Grieg: Solveigs Wiegenlied. Schon die nach wenigen wortlosen Vorspieltakten erpreßten Wehmutswallungen sind »unbezahlbar« (M. Bangemann).

– Von Puccini bietet sich – unter zahlreichen Möglichkeiten – an vor allem die Überleitungsmusik 2./3 Akt »Madama Butterfly«, die windelwehen Terzakkord-Kettenballungen samt dem Summchor; dieser auch schon in der Pizzicato-Version der vorhergehenden Butterfly-Sharpless-Bimbo-Szene. Akkordierend dazu die schöne Wahr-Anekdote aus dem Wiener Opernleben von ca. 1900: Ein kleines Mäderl springt kurzfristig für den erkrankten Knaben-Bimbo der Butterfly ein; vergißt aber in der Aufregung, daß auf des Gouverneurs Frage, wie es heiße, die Mutter mit »Dolore« bzw. »Kummer« zu antworten hat; und läßt sich selber mit einem eifrigst hervorgestoßenen »Mitzi!« vernehmen.

– Der sicherste Weiner – zur Entlastung des sehr verwandten Mondlieds aus der »Rusalka« – steht inmitten von Anton

Dvořáks Frauenduetten »Mährische Klänge« op. 31; vorzüglich im Lied »Wasser und Weinen« – in der unweigerlich unwiderstehlichen Botschaft des namen-, des hemmungslos traurigen Mädchens:

»Keiner hier verkehret,
keiner mich begehret,
alle meiden mich.«

Was die äußerst sparsame Musik, die zurückgenommene melodische Floskel dem Text da noch hinzufügt, ist freilich wiederum auch schwer zu sagen. Der Eindruck täuscht, aber es kommt einem vor, als hätten die todtraurigen Einsamkeitsworte sich selber wie nebenbei nur noch ein paar Töne gesucht.

»Nicht die Welt mich quälet,
doch die Freude fehlet,
weinen möcht' ich gleich.«

Und auch wir mögen uns da der Tränen nicht länger erwehren.

Oberflächlich ist es so, daß Mitleid uns anrührt wegen des von allen verlassenen Dorfmenschleins. Genauer besehen und gehört, besteht das Tränentreibende aber in der himmelschreienden Diskrepanz, im Unverständlichen, daß ausgerechnet ein so hinreißendes und hinreißend artikulierendes Mägdlein derart allein auf der Welt sein soll, auf der so rappelvollen. Wäre es nicht gar so allein, verlöre es womöglich sein Unwiderstehliches, Bezwingendes – und vielleicht weiß es das, nicht unkokett, sogar. Dieser Zwiespalt rührt, sogar noch unreflektiert, seinerseits zu Tränen. Und das tut er über die Tragödien-Mitleidstheorie von Aristoteles bis Schiller hinaus, die diesen Weingrund beide noch nicht kennen.

Aber nein, ein bißchen tut Dvořáks Nachsinnigkeits-Ritardando in der Pointenzeile »Alle meiden mich« schon auch noch dazu.

✳

Ob ich wirklich immer so oft und sehr recht habe und allzeit hatte, wie ich nicht nur weiß, sondern in letzter Zeit ja auch schon beinahe allzu oft höre? Sowie auch andererseits letztlich jenes sehr sanfte Gemüt war, das, dem prima-vista-Schein von Werken wie den »Erledigten Fällen« zuwider, ich tatsächlich war und bin, dem Grundmotiv der »Kulturgeschichte der Mißverständnisse« auch im Fall meiner Person gehorchend – was ich in letzter Zeit aber auch schon fast gar zu oft zu verstehen kriege? Ob es nicht trotzdem hinter diesen unleugbaren Kernbeständen von Klugheit und Gutmütigkeit und Zartheit eine Dimension des absolut Doofen in mir gibt, des überaus Problematischen, ja des wahrlich Nichtsoganzzurechnungsfähigen?

Aber, der Leser ahnt es schon, ich will darüber ggf. auch nicht so gern nachdenken und gar schreiben; weil ich werde, mit dem Dichter (welchem?) zu reden, mir nicht nur immer uninteressanter.

Sondern war es mir wohl immer schon.

✳

›353‹

Lieblingsfeinde
Eine Bilanz 1976–2011

Bereits der Vorreiter Karl Kraus mußte sich mehrfach des Verdachts bzw. Vorwurfs erwehren, er schlage gar zu häufig bzw. sich wiederholend und also ein bißchen überflüssig auf seine »Lieblingsfeinde« ein, also auf Kerr und Harden und später vor allem auf den österreich-ungarischen Journaille-Berserker Imre Békessy; und er tat es auch mit ehernen Worten. Ähnlich sah sich später der jüngere Hermann Gremliza anläßlich seiner frühen »konkret-express«-Polemiken genötigt, seinen Lesern auseinanderzulegen, warum gar so penetrant und einsinnig er sich immer wieder den »Zeit«-Chefredakteur und leading Schmarrkopf Ted (»Theo«) Sommer vornehme; es stünden doch auch noch zahlreiche andere und vielleicht noch gefährlichere und auch dööfere Kandidaten zur Wahl. Gremliza im Oktober 1981 belehrend: »Warum also immer wieder Theo? Weil jeder andere Beispiel für vieles ist, er aber das Beispiel für alles (...) In Theos Sprache drückt sich mir alles aus, was er in seiner Sprache nie auszudrücken vermöchte.«

Der Sprache des, Gremliza zusammengefaßt, gebildeten Gymnasialtrottels und des Parvenüs, des Aufsteigers und des Ranwanzers, des Wissenssimulanten und Opportunisten, des stellvertretenden Weltpolitikers und der doch unverrückbar mit sich selbst identischen schwäbischen Provinzmaus.

Ein spezieller Fall von Initiation, sicherlich, es gibt andere Gründe für den feindschaftlichen Coup de foudre. Abgesehen davon, daß auch Gremliza ja damals nicht allein »Theo« präferierte und sorglich traktierte, sondern gleichzeitig auch noch Raddatz, Zadek, Zwerenz, Wallraff und die unsägliche

Gräfin: Nicht recht recht hatte einst z. B. auch Ulrich Holbein, als er, am 4.4.1992, mir anläßlich eines Essays zu meinen »Sudelblättern« in der Frankfurter Rundschau nachrühmte oder auch nachschmähte (das war nicht so ganz klar), wie gefräßig, ja vielfraßmäßig so ein Satiriker nach immer neuen Opfern schnappe, nimmersatt und ewig rach- und abstrafdurstig. Nun sind die »Sudelblätter« so wenig primär satirische Paradigmata wie Holbeins Satirebegriff kaum mit meinem koinzidiert. Aber immerhin befinden wir uns hier, mit diesen drei angerissenen Fällen, so oder so schon mitten im angekündigten Thema:

»Meine Lieblingsfeinde«, sagen wir zwischen 1979 (da hatte es meine erste leserbriefliche Einlassung zu Reich-Ranicki) und 2011 (da meine letzte winzige zur Großgaunerin Rinser) – es waren dies wohl in chronologisch ungeordneter Folge also vor allem der sog. Kabarettist und Satiriker Hüsch, der katholische Theologe H. Küng, die Alttörin Hildegard Hamm-Brücher (momentan 90), der genannte sog. Literaturkritiker Reich-Ranicki, der etwas gespensterhafte Spitzenpolitiker Björn Engholm, die immerhin in aller Verblasenheit sehr reelle Autorin Luise Rinser (es war nicht schwer, damals schon recht zu behalten – zu ihrem 100. hat nun das Gesamtfeuilleton diese meine Sicht übernommen); sodann der schon überreelle G. Grass, der vollkommen verkommene Schriftsteller Gerh. Zwerenz, das ebenso vergammelte wie belustigende Zwischenfach Pfarrer Sommerauer (TV-Christentum, überkonfessionell) – die meisten von ihnen bereits fast kanonisch versammelt in der »Titanic«-Serie der »Erledigten Fälle« von 1984 ff. und in den z. T. analogen Textchen der »Sudelblätter«; von heute aus zu ergänzen etwa durch die Megapeinlichkeit und -verlogenheit einer Ex-Bischöfin Margot Käßmann – bei ihr darf ich mit einem gewissen traurigen Stolz sogar Erstlingsrecht vermelden, weil ich sie nachweislich und gleichfalls in der »Titanic« (7/2004) überaus zeitig vorführte und dabei auch schon im Kern restlos durchschaute.

Wie z. B. auch, was mich sogar selber ein bißchen verwunderte, bereits 1987, also sieben Jahre vor seinem schleswigholsteinischen politischen Hinschied, den Supergutmenschen und Oberschlawiner Engholm: ein mir nun wirklich – anders als Reich-Ranicki, Raddatz oder auch der frühe Joachim Kaiser, die ja auf ihre reichlich verwahrloste Art immerhin schneidige Persönlichkeiten waren und partiell noch sind – bloß widerwärtiger, verhaßter Mensch; der, nicht ganz zu vergessen, 1994 ff. ums Arschlecken beinahe unser aller neuer SPD-Kanzler geworden wäre und vielleicht heute noch sein möchte, wenn ihn sein eigenes Gutmenschentremolo, sein allzeit artistisch eingesetzter persönlicher Wallungswert nicht doch noch hinweggerafft hätte. »Was ist eigentlich der Herr Engholm für einer?« lautete mein vormaliger Essay- und Buchtitel, der es später bis hin zur FAZ zum annähernd geflügelten Wort brachte und übrigens auf das Ahnungsvermögen meiner Frau Gattin zurückgeht; die, als im September '87 sich alles nur über Pfeiffer, Barschel und über beider Absturz belustigte, mit exakt dieser so an mich gerichteten Frage den dazumaligen und späteren Seelenfänger und Schönbabbler auch schon restlos erraffte. Und ich mich dem nur noch anzufügen hatte.

Was lernen wir bisher daraus?

Nicht so sehr, daß, wie der besagte FR-Aufsatz über mich und die Satire unscharf wähnt, der Kritiker-Satiriker-Polemiker ein genuin-habitueller Gourmand, ein halbwegs unziviler Vielfraß wäre und sein müßte. Nein, es schmeckt ja auch meistens nicht gar zu gut, was er da zu verzehren hätte – und dabei hätte ich eine besonders unappetitliche Lieblingsfeindin oder doch nur Spielzeugfigur noch gar nicht angebissen, die inzwischen 93jährige und von irgendwelcher sich in Gedankenlosigkeit selbstfortzeugender medialen Öffentlichkeit immer noch sogenannte Grande Dame der deutschen Psychoanalyse, Margarete Mitscherlich-Nielsen also, die da ihren Alexander bis 2012 cosimagleich überlebt und übertüncht hat, hätte ich sie doch ums Haar in dieser eklen Brühe glatt vergessen.

Nein, Gusto ist es selten – sondern schon mehr und ohne viel Übertreibung: Soziale Verantwortung; einer muß es halt machen. Stellvertreterverantwortung, Purifikationsauftrag im sozialhygienisch eingetrübten und desolaten Geistes- oder auch vielmehr Gaunergenre, was den dazu befugten Schriftstellerkritiker trägt, zur Bissigkeit oder auch gottstellvertreterlich pontifikalen Attitüde treibt – und, zugegeben, zum Eigennutz auch einigermaßen bei Laune hält. Die von Richard Wagner und vielen anderen ins Feld geführte und legitimierte »geifernde Lust« (Rheingold, 4. Bild), die Lust am wenn schon nicht Untergang, so doch am Vorführen der noch in ihrem eigenen Untergang hemmungslos Triumphalen, dieser vielen Unsäglichen und dabei glanzvoll erhobenen Haupts durchs öffentliche Leben Marschierenden –: das ist es, was den Giftbecher dieser dissoluten Unerquicklichen wenigstens etwas versüßt.

Untergang? Nein, der traf keinen. Ich wüßte keinen unter meinen Lieblingsfeinden und Chargen in all den Jahren, den ich zum Hartz-IV-Empfänger gemacht, den ich und sei's zum postumen Untergang manövriert hätte. Nicht mal den 1985

und 1990 von mir vollends verantwortungslos angegriffenen
Böll, den ich auch nicht durchwegs zu meinen Feinden rechnen möchte. Der fast mal eine Art Vorbild, Leitbild war und
manchmal auch beinahe was Gutes zuwege gebracht hätte.
Und der jedenfalls, wenn auch leicht geschwächt, meine
Attacken ohne allzu viele Blessuren als Toter überlebte, auf
der Grundlage der allg. kulturnationellen Torheit, der literarischen Geschmacklosigkeit, des Dünkels und der Unkorri-
gierbarkeit von gewachsenen und sodann blindlings kanonisierten Meinungen.

Und sein Sohn, mein Prozeßgegner (1991–93) René Böll,
der war oder ist mir als Feind und Widersacher einfach zu
doof, zu wenig satisfaktionsfähig.

Wäre es also so etwas wie eine Variante des Gottfried
Bennschen »Gegenglücks (des) Geistes«, das dem Reinlich-
keits- und Säuberungswillen dessen jederzeit zur Seite steht,
der sich unterm windigen Diktat des Geldverdienens oder
aber wie in luxuriöser Völlerei Lieblingsfeinde hält, sie entdeckt, sie unbeugsam großzieht und starkmacht, um sie dann
wenigstens virtuell-spirituell abzuschlachten? Ganz gegen
die von Jesus empfohlene Feindesliebe – vielmehr, um im
Christusfach zu bleiben, sie aus dem Tempel des Lebens
raushauen muß. Oder wenigstens möchte. Sie, die schon
ganz besonders lästigen, verdrießlichen, lebensverleidenden
»Mitbürger« (W. Brandt) oder sonstigen menschenähnli-
chen Lebewesen; die, wie es im Nachwort der Buchfassung
der »Erledigten Fälle« heißt, »man wenn schon nicht aus der
Welt schaffen, denn die Welt wäre öder ohne sie, so sie doch
als Zumutungen, die uns schon viel zu lange und hoffärtig
auf den Geist gegangen sind, angewidert ad acta legen
möchte«.

Wenn ich heute sine ira et möglichst sine größere Selbst-belügung mit mir zu Rate gehe, dann bleibt im Fall der erledigten und gleichwohl überlebenden Lieblingsfeinde wenig Leidenschaft, wenig Kampflust zurück; auch kaum ein Gefühl von nachvöllerischer Befriedigung; das sich aber immerhin dann kurzzeitig einstellt, wenn, wie erwähnt, das sz-»Streiflicht« fast 26 Jahre nach meiner definitiven Erledigung dieses ganz besonders schauderhaften Falls sich meines Hüsch-Pasquills von 1985 erinnert und daran erfreut und es wohl nur gern noch eine Idee schärfer gehabt hätte, was diesen »Scheiß-Henscheid-Artikel« (H. D. Hüsch noch am 23.4.91 in der Südwestpresse) angeht. Und gefreut habe ich mich immer auch, wenn einer wie der damals noch sehr wehrhafte Marcel Reich-Ranicki den Spieß versuchsweise umdreht und auf meine »Titanic«-Attacke hin im »Wiener« nicht schlecht pariert, meine Erledigungen machten ihn nur noch immer berühmter. Das hatte der damals noch nötig und saugte nur zu gern an diesem Nektar. Und in der FAZ-Literaturredaktion, die meine Bosheiten natürlich auch nur allzu freudig las, in schon fast virtuoser Vorwärtsverteidigung herumdröhnte: »Gar nicht dumm, gar nicht dumm der Artikel, was der junge Mann über mich schreibt, Eckehard Henscheid!« – ich war damals satte 44, und mein Opfer machte sich ostentativ nicht mal die Mühe, den Namen seines Peinigers korrekt zu benennen; ja, doch, auf derlei Ranküne und Späße verstand er sich ja immer, unser manchmal beinahe sympathischer Lautester.

Weniger schön, was der kreuzdümmliche Kabarettist (oder was immer er genau sein mag) Scheibner von sich gab, indem er für seinen vorgeführten Kollegen Hüsch in die Bresche tappte und mich deshalb zum »Stalinisten« ernannte. Wo ich doch eindeutig als Leninist ausgewiesen bin. Wenig bedacht noch gar einsichtig selbstverständlich auch Hüschens eigener »Scheiß«-Befund; wo ich ihn, Hanns Dieter, doch im Text selber mit »Scheiße, Scheiße, große Scheiße« schon auf die zuständige Metapher gebracht hatte.

Zugegeben, mit diesem immer noch sehr beliebten Wort sollte der Kritiker-Satiriker-Feindbeackerer, also ich, sorglich umgehen. Und es höchstens dreimal in seinem Berufsleben verwenden. Na, sagen wir siebenmal.

»Reue?« Mit meinem besonders langjährigen Opfer Luise Rinser (1985) kann ich die Frage nur stracks verneinen. Nein, auch ich »muß das Gesetz, nach dem ich angetreten, erfüllen, koste es, was es wolle« (a. a. O.) – ich hab es getragen inzwischen approximativ 37 Jahr' – und wenn ich da und dort im Ton nicht restlos adäquat operierte und ein-zweimal meine Opfer überinterpretierte und überforderte: Häufiger fehlte mir die intime Hintergrundskenntnis, um noch präziser und hammerhafter dreinzuwuchten. Leider. Aber wirklich leid tut mir das heute auch nicht mehr. Denn siehe, am Ende liefe sub specie aeternitatis et mortis sonst es und überhaupt alles doch gar zu sehr und flink und wundermild auf die Hölderlinsche Hyperion-Versöhnung mitten im Streite hinaus; oder auch auf den Schluß von Hermann Brochs Romantrilogie: von wegen man möge einander kein Leid tun, wir sind ja alle noch da o. s. ä.; was ein Unfug und pseudohumanistischparachristlicher Gutmenschenqua – –

Wer? Was ist? Wer fehlt hier noch? Das hohe Tübinger Ehepaar Inge und Walter Jens in unverdrossen »Fontanescher Heiterkeit und Gelassenheit« (so die beiden nach 1988 ca. jeden dritten Tag)? Dem ortsansässigen heroischen Renegaten King-Kong-Küng sein Sub-Kaspar und Knülch und

Ex-Kofferträger, der auf den Namen Karl-Josef Kuschel hört? –

Der gesamte zutiefst verworfene Großkomplex Strauß-Stoiber-Zwick-Wiesheu usw.? Nein. Gar zu tot, das G'schwörl. Meine abendländisch besinnungslose Prozeßgegnerin Gertrud (»American Express«) Höhler? Ach was. Mir einfach viel zu erhaben. Aber – wenn sich der späte Nachfahr zu Guttenberg trotz allem weiter so bewährt, z. B. mit seinem mir überaus erwünschten Comeback? Sehe ich Chancen für ihn, beste Chancen. Doch. Trotz aller momentanen Formkrise. Das walte Gott der Dicke.

Zuletzt aber seien alle Lieblingsfeinde nochmals bedankt. Denn nicht anders als diejenigen von Franz Josef Strauß, dessen Frau Marianne dafür aber nicht ganz ohne Grund nochmals und umgekehrt Geld abgreifen wollte, setzten sie ja auch mich unterm Strich sehr gut ins Brot. Doch.

*

Wohlan denn, um den gar nicht seltenen Fehldeutungen und Falschmeinungen aus interessierten Leserkreisen hier gerade noch rechtzeitig zu begegnen bzw. ihnen für die da und dort vielleicht doch noch brav nachwachsende Generation zuvorzukommen:

Meine Feind- und bisweilen bedrohlicherweise auch fast Freundschaft mit dem noch immer nicht ganz vergessenen Literaturkritiksimulanten M. Reich-Ranicki wurde begründet mit einem scharfgestochenen Leserbrief an die FAZ, meiner Erinnerung nach im Jahr 1979. Dort hatte der Literaturblattleiter zuvor eine ebenso gewaltsame, überwiegend taktisch-lärmschlagende und bösartige, von heute aus gesehen nicht mal durchwegs unbegründete Abrechnung mit Karl Kraus veröffentlicht; mit Kraus, dem von ihm, Reich, später häufig als Vorläufer mit schon gar zu beklemmendem Unrecht reklamierten Wiener Kritiker, dem in beinahe jeglicher Hinsicht Gegenbild und Antitypus Ranickis. Ich wähnte leserbrieflich rhetorisch eine Art Selbstparodie des Nachläufers als Kritiker – das war vielleicht zu hoch gegriffen: Reich-Ranicki war immer nur ein schierer und platter Geistesschluri und operierte in dieser Eigenschaft immerzu nur taktisch und im engeren und weiteren Sinn erbärmlich intrigantisch: »Die Bosheit war sein Hauptpläsir« (Wilhelm Busch) – er wollte immer nur ärgern und aufstacheln und sogestalt erfreut auffallen.

Keineswegs, weil ich, wie viele ältere Kollegen von Koeppen über Walser bis Gernhardt, insgeheim nur darauf hoffte, von ihm gefördert und rezensiert und sei's verrissen zu werden, sondern mit einer dichten Mischung aus aufrechtem Abscheu und Belustigtheit veröffentlichte ich ab ca. 1980 eine Reihe kleiner und größerer Attacken und Abrechnungen gegen und mit dem da nur noch sekundär der FAZ zugehörigen »deutschen Kritikerpapst«, scheint's allseits gefürchteten Vernichter und oder mindestens Zerberus-Darsteller; u. a. die ihn mit vielen wörtlichen Zitaten parodierende und vorführende »Herrmann Burrger«-Satire: auf die Reich-Ranicki in einem Fernsehfilmchen, wie ich aber erst viel später erfuhr, halb gereizt, halb wohl auch geschmeichelt dahingehend reagierte, daß er, etwas feig ohne Namensnennung, mich zum Deppen ernannte; wie schon ausgeführt.

Ansonsten ließ Reich-Ranicki ab 1980, einige Ausnahmen beiseite, von willigen Leibeigenen bestellte Verrisse und abgefeimte Erledigungen, bestensfalls halbherzig freundliche

Rezensionen über meine Bücher schreiben. Um ein Haar wäre es dann noch später, 1989, kurz vor des Literaturpapsts FAZ-Verabschiedung, passiert, daß sein willigster Vasall und Nachfolgekandidat, der Tübinger Rhetorikprofessor und Jens-Erbe Gert Ueding die Novelle »Maria Schnee« für die FAZ besprochen hätte, mit, wie gewünscht, dem allzeit und sogar unausgesprochen fälligen Verriß: Allzu locker-flockig-hybrisfroh aber ließ der Rezensent am Telefon den inzwischen als FAZ-Nachfolger im Amt installierten Frank Schirrmacher wissen, er habe zwar das Buch noch nicht gelesen, aber der Verriß verstehe sich ja von selber; für Schirrmacher nach meiner Erinnerung willkommener Anlaß, den ohnehin nicht genehmen sozusagen fernsituierten FAZ-Rivalen vor die Tür zu setzen. Eine schöne, unbeabsichtigte Tat gewissermaßen der »Maria Schnee«-Novelle – mir meinerseits ward damit sozusagen im letzten Moment die überaus schmeichelnde Rezension Gustav Seibts zuteil. Daß mit ihr der später vielbequakelte »Schwenk des deutschen Feuilletons« zu meinen Gunsten erfolgt sei, ist also im Sinn von Aktion bestenfalls halbwahr. Und mehr dem zufälligen Zufall zu danken. Was, die vielen Kausalitätsgläubigen und Berufsdeuter unserer Branche zu belehren, hiermit immerhin festgehalten sei.

Der vorerwähnte Reich-Ranickische »Idiot« von ca. 1986 – er war mir dann ganz recht zu hören. Denn inzwischen, seit 1987, war der noch nicht ganz aufs FAZ-Altenteil geschickte Großkritikdarsteller in Frankfurt mein Reviernachbar geworden, er hatte mich, drei Tage nach meinem Umzug, recht überraschend (woher wußte er?) brieflich zur Kontaktaufnahme aufgefordert, nämlich seinetwegen zu jeder Tages- und Nachtzeit – und dies natürlich wieder nicht ohne die übliche Ranküne. Denn hätte ich pariert, er hätte mich selbstverständlich und nicht einmal ganz zu Unrecht als jene Wanze vorgeführt, die ihn zuerst piesacke und dann aber schändlich-demütig vor ihm zu Kreuze krabbele. Über mehrere kaum mehr verhinderbare Abwicklungen und z. T. recht amüsante Nachbarschaftsberührungen war aber dann im Lauf der nächsten Monate, nein, Jahre persönliche Bekanntschaft kaum mehr zu umschiffen – wie die Katze um den heißen Brei kroch der inzwischen überwiegend im Fernsehfach tätige Papst und Großmogul um den heißen Typen, mich: mich im Zuge mehrerer kleiner Spaziergänge im Frankfurter Dichterviertel zur Räson zu zwingen und zur Renegation zu veranlassen.

Das Ganze drohte damals wirklich unentrinnbar zu einer Art skurrilen Halb-Freundschaft auszuarten und in gewisser Weise war der Strolch ja tatsächlich zu meinem Augapfel und, wenn er den falben Mund aufriß, zu meinem Ohrenschmaus geworden. Unterhaltsam, zugegeben, war er auch immer. Da war mir der verspätete Hinweis auf den schon lang zurückliegenden »Idioten« recht nützlich und genehm und verhütete schließlich Ärgeres an Aberrationen.

Beinahe eilig machte ich Nägel mit Köpfen und schrieb dem Prof. Marcel Reich-Ranicki am 17.2.96 einen (an zwei Stellen in meinen Büchern) veröffentlichten Brief, in dem ich ihn, wie erwähnt, vor der Wiederholung des »Idioten« warnte; und ihm, erkennbar humoristisch, im Weigerungsfall androhte, ich würde ihn verklagen oder wahlweise »verhauen«; und ich möchte auch keine weitere Begegnung, auch keinen Gruß mehr auf der Straße.

Natürlich war dieser Brief, wie in unseren Veröffentlicherkreisen üblich, schon als öffentlicher gemeint, für den Druck vorgesehen. So deutete ihn fraglos auch der Nachbar und

Großkritiker, insofern der Nichtswürdige via seinen Verlag
für einen anstehenden Geburtstagshuldigungsband zum 80.
um Nachdruckserlaubnis nachsuchte. Das aber ging mir nun
doch zu weit bzw. war selbstverständlich erneut tückisch
geplant. Zwar hatte ich fünf Jahre vorher gleichfalls für ein
Geburtstagsbuch, der unterschwelligen Bosheit des Herausgebers Peter Wapnewski zu willfahren, mein Placet für einen
Nachdruck des »Herrmann Burrger«-Texts erteilt, jenen, der
den Reich-Ranicki inzwischen wohl selber wurmenden »Idioten« hervorgerufen hatte. Hier aber verstand ich zwar des
Jubilars flehentliche Intention, der entsetzlichen Langeweile
der alljährlichen Geburtstagshuldigungen wenigstens eine
einzige witzige Applikation darwiderzusetzen. Erfahrung
lehrte mich indessen, daß wie so vieles in unserem eigentlich
schlichten Gewerbe dieser Brief nur allzu leicht mißdeutet
würde; daß ich nämlich einen alten Mann und zudem scho-
nungsbedürftigen Juden vermöbeln wolle. Oder beinahe
gewollt hätte. Und außerdem war mir danach, dem sich so
erneut anbahnenden Spiel den Ernst der wirklichen und tief-
greifenden Distanz zu dem Garstigen entgegenzusetzen.

Es gab ein paar erheiternde Nachhall-Vorgänge. Der alte
Herr fürchtete wohl, seiner besorgten Miene nach zu schließen, bei etlichen Straßen-Streifbegegnungen tatsächlich, von
mir bzw. meinem zufälligen und sehr bodyguardmäßigen
Begleiter mit blauen Flecken bedacht zu werden. Abgesehen
davon aber endeten hier ultimativ die sporadischen Interes-
senverflechtungen zwischen ihm und mir. Er war mir, trotz
vieler gemeinsamer Aversionen oder auch Vorlieben vor allem auf musikalischem Gebiet (davon verstand er tatsächlich
viel und hatte Geschmack!), letztlich doch sehr fremd – und
ich ihm nicht gewachsen. Und er war eventuell ja wirklich

leidergottes, was einst Frisch und Böll schon übereinstimmend zum Ausdruck gebracht hatten und was Reich-Ranicki bei jeder Gelegenheit jedem als Anekdote erstaunlich bereitwillig, ja stolz mitteilte: »Ein Arschloch«.

Wenn nicht, ziehen wir seine noch immer vollends unerforschte polnische Nachkriegsvergangenheit in Betracht, Löchrigeres.

*

Wann ich mich, noch einmal, als öffentlicher Kommentator oder sei's als Privatmann, denn nun am vehementesten getäuscht hätte? Nachweislich geirrt?

Selten. Aber offensichtlich zur Zeit der »Raketennachrüstungsdebatte« im »Heißen Herbst« 1983. Als es mir nämlich im Satire-Hausblatt unterlief, den damaligen Grünen-Spitzenpolitiker und späteren sog. Außenminister Jockel Fischer als »sehr ausgeruhten und gewitzten Kopf« fehlzutaxieren.

Er war immer nur Taxifahrer. Er war in Wahrheit zeitlebens überhaupt niemals etwas anderes als ein ungebildeter, vulgärer, ordinärer, aufmischerischer, krachanzettelnder, rabatzmachender und dabei hemmungslos opportunistischer Flegel und Dummkopf. Den Taxifahrer nehme ich zurück.

Aber, nachdem wir schon mal bei dem leidigen Anlaß sind: Daß auch O. Schily gegen meine mehr atmosphärisch gutgesinnte Einlassung in den »Sudelblättern« (1987) ein nicht ganz Einwandfreier sei, das hätte ich auch schon seit seinem vom TV übermittelten Bundestagsredengruß ans Töchterlein Anna wissen können, ja müssen.

Ein ganz und gar Unerquicklicher, ja Unerträglicher. Wie in seiner damaligen Grünen-Partei höchstens noch Vollmer,

Cl. Roth, Lukas Beckmann, J. Schmierer, P. Kelly, General Bastian, Gunda Röstel, Rezzo Schlauch, Frau Reetz und natürlich Künast. Sowieso. Sowie fast alle.

Und heute ganz besonders Kretschmann. O ja, besonders: Kretschmann. Und, auch wenn ich mich langsam unbeliebt damit machen sollte, ich irre mich halt praktisch nie. Das ist nun mal der alten Rechthaber Art. Und mein schwer zu tragendes Schicksal. Und Amt. Ja Los.

*

Warum ich nie ein Kinderbuch geschrieben habe? Nämlich anders als Peter Härtling oder Peter Bichsel oder Lewis Carroll oder Bernd Eilert oder F. K. Waechter oder F. W. Bernstein oder mehrmals gewissermaßen auch Robert Gernhardt?

Die Frage trifft mich a) sozusagen auf dem falschen Fuß, denn allzu gründlich habe ich in mir noch nicht recherchiert; ich könnte sie b) aber ziemlich akademisch abfackeln, indem ich auf die Nichtkonkordanz, ja Inkompatibilität kindlicher Welt- und Worterfahrung mit speziell humoristischen, also besonders stark reflektiert-gebrochenen Schreibweisen insistiere; ich könnte c) und etwas simpler das Wesen Kind einfach beleidigen und nämlich als inadäquat oder zumindest literarisch minderbemittelt vorstellen; oder ich könnte d) auf eine Güterabwägung zwischen meinen mehr infantilen oder mehr adulten Kräften verweisen; oder e) einfach auf Zeitmangel; aber f) fällt mir gerade ein, daß ich doch schon mal ein Kinderbuch versucht habe, als Autor aber gescheitert bin, nämlich für ein Opus mit Michael Sowa-Bättern sollte ich eine Art Kinderbuch-Neuversion von Mozarts »Zauberflöte« basteln, brachte es aber am Ende doch nur zu einem auch etwas arg kindgerechten Nachwort und weiß g) aber jetzt plötzlich doch ganz genau, warum aus mir als Kinderbuch-Autor nie nichts wird: Weil mir das Niveau von Karl Mays »Winnetou«-Todesszene oder gar der unsterblichen Zwei-Mäuse-lebten-herrlich-zusammen-Geschichte aus meinem Lesebuch 2. Klasse halt einfach als Verfasser einer solchen poetischen Pracht leider nicht zu Gebote steht!

Und ich verzichte also weiterhin, mit einem Hauch von Tragik freilich, freiwillig.

*

Die raschen, die vielleicht allzu rasch und zügig sich verlaufenden Ehen des Loddamaddäus, Desperate Housewives, die Einzelfälle Maybrit I., Fl. Silbereisen, Seal, Schlingensief unselig beiseite: Mag sein, daß die, alles was recht ist, verblüffenden Verbrechen der Nazis knapp vor denen Stalins und anderer erbittert Konkurrierender menschheitsgeschichtlich kaum mehr zu steigern waren und sind. Gleichfalls nicht mehr zu forcieren ist jetzt, 2010 ff., zumindest in Deutschland und zumal nach dem zuletzt, seit ca. 2009, stattgehabten Siegeszug des inzwischen richtig störrisch omnipräsent-multifunktionalen »okay« (gespr. meist »okee«, »oukey«, »okai« o. ä.), auch die Vulgarität, die Ordinarität, ach was, die Okee-haftigkeit des Menschengeschlechts insgesamt; die Frauen knapp vorndran.

Wobei das Teufelsdreckswort, anders als in meiner Spätkindheit um 1950, auch ein Multifunktionswort zu sein scheint; ein Passepartout für fast alles und jedes. Nicht allein für »geht in Ordnung«, »sowieso«, »genau«, »prima«, wie 1972/74 virtuos bei Alfred Leobold; sondern z. B. auch für

»aha«, »rede weiter«, »gut so«, »mach schneller« oder eben »okäh«. Und das Ganze pro Minute, bei schnellquakenden Frauen, bis zu – von mir – gezählten – siebenmal! Nein: elfmal!

Leute, ich sag's euch, zieht euch warm an!

*

Aufgegebene Projekte: Ein Puppentheater in Regensburg (1969); ein Kaffeeführer durch Deutschland (zusammen mit Bernd Rosema, 1971); ein in Südfrankreich spielender Krimi (1977); ein ARD-«Tatort« nach einem schon abgesegneten Exposé (1979); ein schon erörterter weiterer Krimi, diesmal im Arno Schmidt-Bargfeld Milieu, zu dem aber nur wenige Skizzen und noch weniger Einfälle existierten.

Noch nicht ganz aufgegeben: eine Wochen- oder Monatsschrift »Christ und Hund«.

Unfreiwillig aufgegeben: Die Vollendung meiner Werkausgabe mit dem 11. Band (»Kleine Prosa«), der, schon zur Hälfte gesetzt, vom unter neuer Leitung operierenden Verlag aus ökonomischen Krisengründen plötzlich wieder abgepfiffen wurde.

In Rohfassung abgeschlossen ist seit 2005 ein »Papstroman« von ca. 100 Druckseiten – aber nicht mehr für eine Buchveröffentlichung vorgesehen. Sinn und Reiz dieses entfernt »auweia«-romanähnlichen Elaborats wäre gewesen, noch zu K. Woitylas Amtszeiten zu erscheinen und für Humor und Rumor zu sorgen. Ratzinger z. B. fungiert im Text noch als eine Art kardinalsmäßige Chefadjutanz des Pontifex mit Namen »Rattenhuber«; neben einem gewissen und recht obskuren Kardinal »Mosebach«.

Wäre der Roman rechtzeitig oder gar zufällig während des Polen römischen Todeskampfes herausgekommen, die Folgen wären einigermaßen unabsehbar gewesen. Und jedenfalls unschön. Im zweiten Fall hätte er vor dem Hintergrund der noch immer herrschenden Verheucheltheitskulturen und Verlogenheitsprotuberanzen der jetzt vor allem medial waltenden »Würdewelt« (G. Benn) sicherlich großen Skandal gezeitigt – einen mir in diesem Fall wirklich sehr unerwünschten.

Unverrückbar Neugierige seien auf das in Marbach liegende und einsehbare Manuskript verwiesen.

*

Niedergeschrieben und z. T. entstanden sind übrigens just all die Erinnerungs-Notate dieses Buchs im Haus Lederergasse 12 jenes Amberger Mannes, der sowohl in »Maria Schnee« (1988) als in »Mein Grattler« (1987) als ebensolcher sein ungutes Wesen treibt.

So geht's zu auf der Welt.

*

Meine ehedem (2001) 756 Exemplare umfassende Doppelmoppelkulturwörterliste (von Altbier- bis Zynismuskultur) hat nun zum Frühlingsbeginn am 21.3.2011 die 1200er-Marke überschritten. Letzte Prachtstücke waren »Abwiegelungskultur«, »Neofolk-Kultur«, »Angstkultur«, »Handykultur«, »Wegschließenskultur«, »innerparteiliche Mißtrauenskultur« (die letzten drei aus der taz) und schließlich, allesamt Guttenberg a. D. betrefflich, »Stipendiumskultur«, »Zitierkultur«, »Denunziationskultur«, »Betrugskultur«.

›370‹

Die ganz besonders eine ist. So wie auch die allermeisten anderen selbst mit einem weitestgefaßten obsoleten Kulturbegriff absolut nichts zu tun haben. Dieser Hinweis, diese zerknirschte Korrekturkultur, wird aber abermals nichts nützen, denn siehe: Einmal mehr »riecht es nach Weltuntergang« (Christine Lavant). Mitten in aller Kultur.

Die vorhin niedergeschriebene »Verheucheltheitskultur« stammt von mir selber. Vermutlich. Ich will auch mal.

*

»Um der Leserschaft mein Bestes zu geben« (P. G. Wodehouse), möchte ich hiermit mitteilen, daß ich am 7.3.2011 gegen 19.10 Uhr einen neuen Roman begonnen habe:

»Wiewohl unkund der allgemeinen gfl. Landessitten und in nuce wie in extenso wenig froh dessen, vielmehr, wie Spötter unkten, weichmütig gestimmt bis hin zur vollkommenen Beklommenheit und nahebei bis zum perhorreszendativ schauernmachenden Exzeß, der häufig solchen Extremsituationen bei aller wünschenswert unverbrüchlichen Herzensreinlichkeit wohlig gleitend einhergeht, durchaus nichts Arges wähnend, gleichwohl so spähend wie lauschend sein Löwenhaupt liftend, ja erhebend, gelangte Ralphi, eingedenk auch der durch dreißig Engel von Nazareth nach Loretto beförderten ehemaligen Heimstatt Mariae, jener, in der Unser Herr J. Christos seine Kindheit und Jugend verbracht, indessen Ralphi bei aller – sit venia verbo – wünschenswerten (dessen sei versichert, o Leser) Digitalisierung seines durchaus auch mündelsicheren Seins in Anwartschaft seines Anwerts auf Anweisung seines Anwalts im Anwesen A. antworterteilend«

Nein. Wird wohl nix. Und damit – mit gleichem Datum, 19.27 Uhr – ist die Sache auch schon wieder mal ausgeschwitzt sowie gepflegt gescheitert. Kluge Leser haben's spätestens bei der Namensgebung des Protagonisten Ralphi gewußt. Ich darf mich für heute verabschieden und grüße Sie hiermit »in unentwegter Anhänglichkeit« (Gustav Mahler am 29.5.1896 an Cosima).

*

Schön wäre, wenn auch noch (der von mir persönlich weiter nicht sehr beachtete) Lauritz Lauritzen in diesem meinem Erinnerungsbuch vorkäme. Und schon kommt er.

*

Ein gewisser Neid auf die drei dicken Enten am und im Fluß vor dem Haus. Was sonst nur die Mystiker und eventuell die frühen Dichter vermochten: Stunden-, ja taglang am Wasser zu hocken und vom vorbeiströmenden Fluß vollkommen befriedigt zu sein, von seinen Kullergeräuschen, seinem ständig sich hüpfend ändernden und gleichbleibenden rieseligen Glitzerlicht, seinen grünlich dunklen Wellensträhnen –
Kühl bis ans Herz hinan, wachen Augs, offenen Ohrs, ausgeglichenen Gemüts, träumend fort und fort in einer Tour – was ein bärenstarkes Leben!

*

Ein gerüttelt Maß Torheit bzw. genau zu nehmen Verstimmung resp. Erschütterung über sie überrieselte, nein, schüttelte mich schon, als ich am Abend des 14. November 2010, der Tag war ohnehin trüber als von Heine erlaubt, müber und dämlicher als Gott es gewollt haben konnte, plötzlich und mehr zufällig realisierte, daß und wie innert von gut und ungern 25 Minuten im Fernsehen insgesamtlich drei Sportmoderatoren/innen wie in übergroßer oder auch schon überirdischer Drangsal der »gestiegenen Erwartungshaltung« Erwähnung taten, obwohl es die doch nachweislich gar nicht gibt, weil das rein physikalisch nicht geht, und dies, obwohl ich es bereits 1985 ff. in »Dummdeutsch« als schändlich, ja gottlos verboten hatte. Und wie um die »Party« (ebd.) vollzumachen, wurde etwa gleichzeitig und im Lauf des Abends siebenmal die »Aufholjagd« (a. a. O.) des FC Bayern München thematisiert, und nun kann man zwar fragen, ob ich Sonntagnachmittag bis -spätabend nichts Gescheiteres zu schaffen hatte, als mir diesen schuftigen Unratbatzen anzutun, aber bestehen kann ich darauf, daß ich mich da immerhin auf Moorkur in Bad Alexandersbad im Fichtelgebirge befand, und wer einmal eine Moorkur im November im Fichtelgebirge zu bewältigen hatte, der weiß, was an bräsig gepflegter Ödnis und abgefeimter Leere als innere Saumseligkeit er ja da doch (Fragment)

*

Schriftstellerkollegen, welche in letzter Instanz keineswegs an ihre Bücher und/oder ein insgesamtlich passables Lebenswerk, sondern immerzu und jede Sekunde oder doch Minute unweigerlich bloß an Geld und/oder Orden und vor allem Preise zu denken vermögen, können meinen Beifall unmöglich finden. Dann schon eher am 15. November 2010 jene Kol-

legin und Spitzenkraft Charlotte (»Feuchtgebiete«) Roche,
die da dem gleichfalls völlig verratzten früheren sogenannten
Nachrichtenmagazin »Spiegel« eröffnet, sie täte mit dem
neuen Bundespräsidenten Wulff sofort »ins Bett« gehen,
wenn dieser diese und jene Unterschrift unter ein Gesetz
leiste oder verweigere – sie, Roche, habe das auch schon mit
ihrem Mann abgesprochen und dessen Billigung erlangt.
Wonach dpa die Glanzidee der Hundsföttin an die »Feuilletons« von 356 deutschen Provinzzeitungen bis hin zum Bad
Alexandersbader »Sechsämterboten« weitergibt, die daran
allesamt – nil admirari – auch sehr interessiert bis davon begeistert sind.

So avantgardemäßig Rochens Vorpreschen und so vorbildlich schäbig ihre Gesinnung: Scheitern mußte wohl dann
doch alles daran, daß der vergatterte, aber keineswegs verdat-
terte Wulff, wie ich an seiner Stelle übrigens auch, im Zwei-
felsfalle halt schon seine Zweitgattin präferierte – weit vor
diesem feuchten Kehricht.

*

Gameboy, Horror-Computerspiele, Internet-Zugang, Kin-
der-Chatroom, Lexibook, Megapixel, Spiderman, Barbie-
Display, X-Mas-Tisch-Air-Hockey, iPhone, E-Mail-Kin-
derschänder-Connection, sms-Night and Day –

Mag ja sein, daß wir schon irreversibel auf eine neue Kin-
der- und Jugendspezies von Futuristischen oder je nachdem
Regredierten zusteuern oder längst bei ihnen angelangt sind.
Aber sobald man dann realisiert, wie z. B. am 10. Dezember
2010 auf der Weißwiese bei Eglsee sieben Kinder nach Schul-
schluß bei glitzerndem Sonnenschein im tiefen Pulverschnee

mit ihren Schlitten herumwackeln und -kugeln, nicht anders als im Jahr 1550 auf den Bildern von Pieter Breughel und dann wieder 1840 auf den Federzeichnungen von Ludwig Richter sowie 1950 bei mir, in meiner Kindheit, dann – dann wird vielleicht doch noch alles, alles wieder gut.

*

Irgendwo in den »Minima Moralia« erklärt sich Adorno, etwas übertrieben, die damals modernen amerikanischen Flachbauten-Bungalow-Chalet-Häuser mit der habituell faschistoiden Hirnstruktur ihrer Bewohner, jederzeit abrufbereit auf dem Sprung sein zu wollen. Dies Prinzip der »jederzeitigen Erreichbarkeit« (Klaus Gasseleder) hat aber erst in Handy, Fax und E-Mail seine pervertiert selbstfesslerische Erfüllung gefunden. Natürlich besitze ich deshalb nichts dergleichen und werde nie besitzen.

Internet-Zugang, Facebook, Chatroom, Google, Homepage, Smart Phone, iPad etc.:

Nein, dann halt doch lieber aktives Mitglied im »Dachverband der Ewiggestrigen« (Welt im Spiegel 1/1975), Arbeitsgruppe der vorne schon gewürdigte »Kampfbund für entschiedenes Muckertum«.

*

Anno Domini 2010: Die Freude an apokrypher, an konfuser, an im Grunde unverständlicher Literatur nimmt nochmals zu. R. P. Goffine, Christkatholisches Unterrichts-Erbauungs-Buch, Regensburg-New York-Cincinnati 1884, S. 505:

»O Gott, der Du den heiligen Matthias Deinen Aposteln

beigesellet hast, wir bitten Dich, verleihe, daß wir durch seine Fürbitte Deine innigste Vaterliebe gegen uns allzeit erfahren, durch Jesu Christum.«

Also, wie war das nochmals? Man bittet Dich, o Gott, den heiligen neuernannten und beigesellten Apostel Matthias zu ersuchen bzw. zu ermächtigen, daß dieser wiederum Fürbitte für uns bei Dir und Deiner innigsten Vaterliebe einlegt; was aber als tertium nur wieder über Deinen Sohn geht.

Mit anderen Worten: Gutding fünf chimärisch-fiktionale bzw. ätherische Spiritualitäten auf 3,5 Zeilen. Sehr gutes Einspielergebnis.

*

»Als Maria, die Mutter Jesu, mit Joseph vermählt war, fand sich's, ehe sie zusammenkamen, daß sie empfangen hatte vom heiligen Geiste« (Matth. 1,18., zit. nach Goffine, a. a. O., S. 510).

Das »fand sich's« ist schon sehr präzis, fast dichterisch. Aber auch die etwas wirren Tempusrelationen haben es, find ich's, in sich's.

*

Zum 1.1.11 in ihrer Fernsehneujahrsansprache pries die Kanzlerin Merkel das deutsche Volk, weil es immer so »früh pünktlich aufzustehen« nach wie vor bereit sei.

Wahrlich, ich aber stecke euch, in Deutschland, in diesem »glanzreichen Land« (Madame de Staël, Über Deutschland, 1814) als dem »Vaterland des Denkens« (ebd.) ist einiges jetzt erst zur Erfüllung gekommen. In der Fülle seiner ganzen

Frechheit. Rechnet man hierher auch noch das von Madame zitierte Jean Paul-Wort, Deutschland sei das »Gebiet der Luft«, dann – stimmt's ja aber doch wieder, und wahr bleibt für uns bis ans Ende aller Tage, was R. Heß bereits im Jahre 1938 aller Welt zu verstehen gab: »Der Herrgott hat unser Volk ausgezeichnet vor anderen Völkern«, genau.

*

Hingegen nun wiederum der berühmte Kolumnist Jan Fleischhauer am 31.1.2011 via »Spiegel Online«:
»Das Kriegshandwerk ist mit der Käßmann-Kultur, in der man vorzugsweise mit dem Herzen denkt und anderen mit ganz viel Verständnis begegnet, nur bedingt kompatibel« –
Usw. Aber so flott der neueste Seich unseres momentan flexibel-kompatibelsten Sprücheklopfers auftrumpft, er hat wie immer unrecht. Und sein sowieso gedankenlos hinausgehauenes Wort wird niemals Fleisch ansetzen. Weil die der grausen Exbischöfin kann nun mal ex definitione keine Kultur sein. Und kommt deshalb nicht einmal in meine inzwischen auf gut 1300 Exemplare ausgedehnte Kulturen-Sammlung.

*

Zwar, es bangt mir ja vermutlich nicht mal allzu heftig vorm werweiß nicht mehr gar zu fernen Ableben und Hinscheiden; und auch, obwohl das Heldenmütige kaum meine wesentliche Begabung sein dürfte, überrieselt mich noch keine Angst vor Krankheit und Sterben. Aber ein Anderes und bisher von der Todeswissenschaft wohl noch zu wenig, ja gar

nicht gewürdigtes und beackertes Feld setzt mir zu, bekümmert, ja bedrückt mich beinahe schon und macht mir Herze-
leid: In der Stunde meines Todes werde ich keineswegs, wie
einer meiner Romanhelden vor dem erinnerten Hintergrund
des Kinderreligionsunterrichts es will, klüger sein; sondern
absehbarerweise viel dümmer; nämlich einen solchen Unfug
zusammenreden oder still zusammensinnieren, daß in einer
einzigen Stunde oder Minute alle Bildung, alle Lektüre, alle
Hirn- und Gemütskultivationen in sich zusammensinken
und sacken werden. Vorstellen könnte ich mir etwa dieses:

»Ei schneck Koko viel viel Gutes in der sakrament dop-
peltgepolsterte Ledertür mit dem ledergepolsterten Doppl-
ereffekt dank Bischof Bimbo sine cura nisi etiam als Willy
Loderhose gleichsam unterm Sternennebel allen – Ohimé! –
facile à vivre (O. Bismarck d. Ä.) vorgeschrieben, jetzt baldig
wie im Überdruß erledigten Seins und Theaters oder auch
Theaterns als qurgl üpps dessen Sinns ...«

Ist es nicht artig?

＊

»Ja, also, wenn der Eichendorff heut' noch leben tät'«, frug
mich meine Mutter Maria anläßlich eines von ihr gegenge-
lesenen Geburtstagsartikels von mir 1988 in der Schweizer
Wochenzeitung, »dann wär' er wohl dein Freund, oder?«

Die hier richtig vermutete tiefe und damals insgesamt schon
fast fünfzig Jahre andauernde Freundschaft erfuhr ihre vertie-
fende Konklusion und letzthinnige Erfüllung erst 21 Jahre
später. Als sich nämlich herausstellte, daß der seit spätestens
2009 führende Freund und Held meiner (mir sonst recht ergebenen) Frau Regina, der Generalfeldmarschall Neidhardt von

Gneisenau, nun konterreflexiv und fast unbekannterweise ein Bekannter, beinahe ein Freund Eichendorffs gewesen war.

Nämlich nach einem ersten Kontakt 1813 in Breslau war Eichendorff 1815 auf Empfehlung Gneisenaus Sekretär beim Oberkriegskommissariat in Berlin geworden und hatte zuvor zusammen mit dem General an der Verfolgung der bei Waterloo geschlagenen napoleonischen Armee teilgenommen. Der Einzug in Paris sah Eichendorff eine Zeitlang als Offizier im Stabe des »herrlichen Gneisenau« (Brief vom 25.3.1815); zeitgleich übrigens mit dem 1815 erfolgten Ersterscheinen des Romans »Ahnung und Gegenwart«. Der seinerseits in meiner Heimat, im nahen Regensburg, beginnt.

Während bei mir wiederum im Jahre 1983 der mir ansonsten soweit ganz unbekannte Gneisenau als dämmerige Hintergrundsfigur schon im Roman »Dolce Madonna Bionda« vorkommt, im Friedhofskapitel des 5. Teils. Womit meine Frau (genannt: Gattin) nun aber wieder glänzend in ihre angestammten Grenzen verwiesen war; wie es sich gehört.

*

Weil sie nämlich 1983 von ihrem Gneisenau noch nie nix gehört hatte.

Indessen meine Mutter Maria ihren Ehemann Johann – und in der Folge später mich – 1936 im Spanischen Bürgerkrieg kennengelernt hatte. Bzw. in Amberg als Seitenfolge dieses Bürgerkriegs. Nämlich in der Stadtpfarrkirche St. Georg, wo ein anderer Militär, ein gewisser Johann Henscheid, sie mutig ansprach, ja anmachte – wie Stolzing seine Braut Eva in meiner Lieblingsoper in der Nürnberger Katharinenkirche. Da wo ich im Jahr 2000 in ihren zum Vortragssaal erneuerten Ruinen einmal über eben diese »Meistersinger« dozierte. Und zweimal über die große Vergangenheit des Club. Im Zeichen wo nicht Gneisenaus, so doch des großen Torwarts Edi Schaffer.

*

»Glückselig, die da wandeln im Gesetze des Herrn« (Psalm 118). Das habe ich mein ganzes nun schon recht lange währendes Leben glückseligerweise getan und mich gefällig dran gehalten, um den Herrn für mich einzunehmen; was ich mir allerdings nun zum Vollglück und zur Entlohnung am 70. Geburtstag, dem 14.9.2011, in aller Bescheidung von ihm noch wünsche:

1. Käßmann wird irgendwann irgendwas wie eine Ökumenisch-ethische Weltpräsidentin; mit Jockel zuweilen auch genannt Joschka (»Nie wieder Auschwitz«) Fischer als ihrem loyalen, ihr untertänigst ergebenen geschäftsführenden Staatssekretär
2. Weiterhin Gesundheit und vor allem »Gebirgsfähigkeit« (F. J. Strauß)
3. Einen Zwetschgendatschi am ländlich-treuherzig gedeckten Kaffeetisch von Theresa und Theo Wißmüller, fabriziert nach den ewigen Gesetzen des obengenannten Herrn von Psalm 118 z. Hd. der Mutter Wißmüller.

*

Über die Wahl Ratzingers zum Papst am 19.4.2005 schrieb ich für ein Berliner Blatt aus Termindruckgründen während eines gleichzeitigen Konzerts der Anna Netrebko in der Alten Frankfurter Oper und hatte deshalb leider nicht ausreichend Zeit und Gelegenheit, der russischen, damals gerade auf dem Siedepunkt ihrer Charismatik strahlenden Sopranistin meine Aufwartung zu machen und meine Galanterien zukommen zu lassen. In dem Artikel verbreitete ich u. a. weiter, was mir ein heimatlicher CSU-Stadtrat vorher mehr zufällig gesteckt hatte: daß der nagelneue Benedikt XVI. während der Sedisvakanz bzw. der letzten Tage K. Woitylas auf Einladung seines Freunds und Schüler-Stadtpfarrers in der Amberger Biergarten-Gaststätte Bruckmüller gesessen und Bier getrunken habe. Nachdem der Artikel auch noch mit dem Foto eines den goldgelben Weizenbierkelch hebenden Papsts verschönert war, mahnte alles sehr glaubwürdig und überzeugend – es war auch nicht ganz falsch, nur war es das Foto bzw. vielleicht die Fotomontage für eine Brauereiwerbung, von Ratzinger aus Goodwill- oder sonstigen Schleichgründen gestattet; und das mit Ratzingers Heimsuchung der Bruckmüller-Gaststätte war schon eine gute Weile vorher in seinen späten Tagen als Kardinal und römischer Glaubenschef passiert.

Gleichviel wollte nun bald darauf der Wirt der Gaststätte von mir wissen, wo genau der Ratzinger gesessen habe, er wollte da nämlich ein Schild »Papst-Eckl« o. dgl. anbringen – das wiegelte ich ab, wissend gleichwohl, daß es wegen Ratzingers Verweilen im Münchner Bierparadies »Schneiderweiße« im Tal schon ein »Vatikan-Eckl« hatte und noch hat; an dem Ratzinger zeit seines Wirkens als München-Freisinger Kardinal nämlich mehrfach aufhältig gewesen war und allerdings (Zeugin: Kellnerin Frau Filser) nie Bier, sondern immer nur Libella getrunken habe; auch nicht, wie in Ludwig Thomas Filserbriefen mitgeteilt, als späterer Papst liebend gern Schmalzler-Schnupftabak aus Bayern bestellt habe. Und aber in welchem Vatikan-Eckl mein Freund und Ministerialdirigent Toni Schmid und ich schon häufig zu Arbeitsessen rumgehockt waren; in das Schmid kurz vorher auch gern Anna Netrebko geschleppt hätte, hätte er diese im Zuge ihrer ersten Münchner »Traviata« nicht vielmehr im nahen »Hackerhaus« kultusministeriumsmäßig betreuen müssen; zu meinem tiefen Gram; und Leid und Neid.

So ist die Welt rund und klein und endet doch alles in Tratsch und Frieden.

*

Eine auf 10 bis 15 Bände taxierte Werkausgabe meiner bis dahin schon ziemlich gesammelten Schriften begann ab 2003 ihr Erscheinen und brachte es bis 2008 auf frappante zehn Bände mit insgesamt 7079 Seiten; dann aber hakte es, wie erwähnt, und der schon gesetzte und abschließende 11. Band (»Kleine Prosa«) blieb liegen und erreichte in jugendlicher Schöne das Licht des Tages nicht mehr: Weil ausgerechnet in diesem Jubiläumsjahr 2008 ereilte den Verlag im Zuge eines Besitzer- und anderweitiger mißliebiger Paradigmenwechsel eine schwere Krise samt ungünstigem inhaltlichem Rollback und ideologischem global warming als Feedback oder jedenfalls so ähnlich.

Sei's drum. Antikisch versiert und ein für allemal christlich geprägt, mußte ich das zu dieser Zeit kaum mehr erwartete Elend sogar insgeheim und muß es jetzt öffentlich begrüßen. Allzu große Ähnlichkeit mit Midas/Polykrates und »der Götter Neid« (ebd.) trachtete ich ja mehr oder weniger intuitiv jederzeit zu vermeiden, die schon mal tangierte »Kultur der Niederlage« (Wolfgang Schivelbusch, 2001) suchte ich ja allzeit und allerorten und ohne Grausen eifriger auf als jene Gefilde der Seligen, die da doch nur – – aber schade ist es trotzdem schon, – denn es wären in Band 11 auch noch etliche hochwertige in Buchform unveröffentlichte Texte zu stehen gekommen –: Unverdrossen immerhin vermache ich einen kleineren Teil dieses noch verborgenen Schatzes den »Denkwürdigkeiten«, indem ich ihn so insgeheim wie klandestin oder jedenfalls klammen Herzens in sie hineinschustere.

*

Den Kollegen Dichter Homer gab es zwar eigentlich gar nicht, aber er konnte wenigstens noch mit einer immerhin 2700 Jahre langen Präsenz resp. Rezeptionsgeschichte rechnen. Nicht viel schlechter erging es Shakespeare und Goethe – und sogar ein so schwaches Lichtlein wie Th. Mann durfte noch von einem langen, ja fast ewigen Th. Mann-Gedenken vor sich hinträumen in seiner Badewanne in Zürich-Kilchberg. Für heutige Dichter hat sich's ausgeträumt. Es wurde verschiedentlich beobachtet und auch beschrieben, daß selbst höchstästimiert-bestdotierten Werken keinerlei Chance mehr eingeräumt wird, z. B. in irgendeinen der vielen und unentwegt neufabrizierten Kanons von goetheschem Urväter-Hausrat ein- und nachzurücken; auch nur neu in den Büchmann hineinzugeraten; sei's wegen der Trägheit der Masse oder der des Geistes oder auch nur etwelcher Büchmann-Neubearbeiter und -Redaktoren; ist praktisch ausgeschlossen – wehe, wehe, wehe, das Schicksal der Literatur wird ein zerknirscht zu beklagendes sein (gar nicht wahr) –

Ausgenommen natürlich: ich. Mit mir, tut mir leid, beginnt und begründet neu sich die Geistesära der Postposthistoire, mit mir wird ewig sein und zu rechnen sein immerdar, und ein immerwährendes (Fragment)

*

Ein Mann entdeckt 2001 in einem halbvergilbten »Playboy« von 1972 ein Playmate, so schön wie er noch keins gesehen, nackt, aber zugleich wie züchtig im Négligé, aber das war und ist schon fast zweitrangig bei dieser Kristine Winder – jedenfalls mußte sie, wenn sie damals ca. 22 war, jetzt also 51 sein, und wohl noch immer schön, aber nicht mehr ganz so, vielleicht ja auch völlig niedergekommen und verwahrlost. Nachforschungen von Deutschland aus, etwa über die nationale »Playboy«-Redaktion, scheinen von vornherein sinnlos, also macht sich der Mann auf, um auf gut Glück am vermutbaren Orte selber, in den Vereinigten Staaten, nach der heutigen Kristine Winder zu forschen und zu fahnden, er beginnt in Ohio, aber bereits in Cincinnati (370 000 Einwohner) und endlich in »Cleveland, City of Light« (Randy Newman) und vor allem dann in Massachusetts (einmal im Leben will auch dieser indianische Name niedergeschrieben sein) wird er seines logisch-wahrscheinlichkeitsrechnerisch irrelevanten und ohnehin intentional unklaren Treibens (will er sie heiraten? nur fotografieren? Kaffee trinken?) ziemlich, ja schon restlos müde und –

Sicher ein schönes Romanprojekt, das vielleicht aparteste unter den ca. fünf nicht ausgeführten. Allerdings, ich fürchte, ich hätte da wirklich, zur Gewinnung von Stimmung-Atmosphäre-Dichte, nach Massachusetts (also schon zweimal!),

Kalifornien, Corpus Christi, Hackensack, Bleeding Hearts (Ohio) oder weißgottwohin noch reisen müssen und wäre noch erledigter, amerikamüder zurückgekommen als 1833 der (zuvor und nachher genau gleichermaßen) fehlgesteuerte Nikolaus Lenau – ja, gewiß, auch das, die tendenziell vollkommene Fehlorientierung (Kentucky? Indianapolis! oder gleich Chattanooga!?) mit Kaputtheitsfolge hätte ja zum Romanthema gehört, aber, auch wenn heute meine Blutwerte samt den Blutdruckwerten beneidenswert optimal sind, sie würden sich dabei ja nur unverhinderbar verschlechtern, und so viel ist mir die Literatur nun auch wieder nicht wert, es sei denn, ein Verleger oder sonstiger Agent überzeugte mich davon, daß ja dieses Romanthema/Sujet um eine wohl eh nur als Pseudonym existente Kristine Winder noch viel reizvoller als reines Kopfprojekt an der heimischen Schreibmaschine genau so schön und sogar noch sinniger als im Zuge einer sowieso schon am Flughafen (Schiff? wäre eine geradezu verzwickte Steigerung!) an einem Herzinfarkt o. ä. scheitern täten würde und –

Schluß!

✻

Aber, ein verwandter Typus in der Reihe »Gescheiterte Romane« könnte realistischer sein als das »Playboy«/Kristine Winder-Projekt; es könnte »An Silvia« heißen und so gehen und stehen:

Zwar, E. kannte nicht alle Lieder Schuberts, 600 oder 700 sollen es sein, aber doch ziemlich viele, wohl 300 davon, er hatte da natürlich, wie jedermann, seine Favoriten, seine seit 30, 40, ja 50 Jahren festen Favoriten, populäre Ohrwürmer wie verborgenste Unbekanntheiten, unbekannte Schönheiten; aber erst seit 1999 und dann vor allem 2002 schob sich langsam, aber doch zügig ein vorher überhörtes Lied in den Vordergrund, langsam erst, dann schubweise, ab 2002 bereits auf den zweiten Platz hinter das scheint's ehern ewigkeitlich führende Lied »Im Frühling« – und mit dem Frühling 2004 war es dann so weit, daß »An Silvia« Platz 1 besetzte; obwohl nicht so figurenreich kunstvoll variierend wie der bisherige Spitzenreiter oder das auch gefährlich konkurrierende »Auf dem Strom«, das da mit seiner raren und berauschenden Besetzung Sopran/Klavier/Horn aufwarten konnte –

– aber schon Ende 2002 war E. auch klar, daß jene Silvia, ungeachtet ihres schwer verständlichen, Shakespeare schlecht übersetzenden Texts von Meierhofer, zwar auch erst mal wie gewohnt Text und Musik war, vor allem aber – Schreiten; Schreiten, Ausschreiten, das mädchenhaft-frauliche Ausschreiten, Ausschreiten unterm oder jedenfalls im Rock natürlich, unterm leichten, aber mehr langen Rock, keineswegs in Bluejeans, obwohl Silvia auch in diesen bella figura machen und entschlossen-elegant ausschreiten täte. Und aber bereits im Frühjahr 2005 wußte E., daß er diese Silvia ja auch wirklich kennenlernen, beim Schreiten begleiten o. ä. wollte. Schlecht standen die Aussichten in der Frankfurter Fußgängerzone, unter all diesen allzu seelenlosen Schnepfen und haspeligen Hühnern war sicher, war ganz bestimmt keine schwungvoll schreitende Silvia darunter – und also machte E. zuerst halbherzig, dann entschlossen sich auf den Weg nach München und bereitete sich, in der Leopold- oder Maximilianstraße standen die Chancen schon viel besser, auch wegen der an der Isar ja auch wohl viel höher situierten Schubertlieder-Kultur und –

Wie es E. in München ergehen und weitergehen könnte? Weiß noch nicht recht. Fast allzu zahlreiche Spielmöglichkeiten böten sich hier an, bis hin zu einer Begegnung mit Waltraud Meier und/oder Anna Netrebko. Oder wenigstens Joachim Kaiser – ahaaaaber: So oder so kein reizloses Thema, oder?

Und auch kein gar zu verschrobenes und gestelztes!

Eine gewisse Ähnlichkeit mit dem ausgeführten Roman »Dolce Madonna Bionda« von 1983 ist bei beiden Romanideen nicht von der Hand zu weisen. Ja, es möchte eine Art (nur epische?) Lebensmelodie die dahinterstehende sein: Frauensuchen als aussichtsloses, nein, als *fast* aussichtsloses Unterfangen. Hm. Aber jetzt – bin ich wohl für das Projekt, und gar seine Ausführung, zu alt, zu reif, nicht mehr kindisch genug. Und also *froh*, daß das im Prinzip schon einmal abgefackelt *ist*.

*

Alles über die Deutschen. Wenn den deutschen Schriftstellern schon gar nichts mehr einfällt, nicht mal ein Silvia-Epos, dann schreiben sie ein Buch oder mindestens einen Zeitungsriemen »Über die Deutschen«. Von Heine bis Thomas Mann, von Gustav Freytag über Horst Vetten und Willi Winkler bis (es mußte sein) Gerh. Zwerenz schreiben sie über »die Deutschen« oder »Deutschland«, und auch mir sind ja beide längst ein Dorn im Auge und schreien nach meiner kritischen Einlassung, und warum soll also nicht auch ich dürfen, und das Ganze könnte mit Tacitus oder Caesar o. dgl. angehen und loslegen, dann aber rasch auf den endlich, evviva, geschafften ersten grünen Ministerpräsidenten in »BaWü« (Ute Vogt, SPD) oder doch gleich besser, wenn auch reichlich grobschlächtig, auf Jockel Fischers Doppelformel »Nie wieder Auschwitz, nie wieder Krieg« pro und contra kommen, vielleicht auch auf Sepp Herberger als das noch väterlichere Seitenprachtstück von Adenauer, später auf Walter Benjamins »Deutsche Menschen«, sodann natürlich auf Paul Celans Tod als Weltmeister aus Deutschland sowie, nie zu vergessen, Caspar David Friedrichs »Wider den undeutschen Geist« (Sepp Goebbels 1933) einschreitenden Wanderer über dem Nebelmeer, jetzt nach dutzendfachem Einsatz als Buch-Cover und »Spiegel«-/ »Focus«-Titel auch endlich als Briefmarke erhältlich.

Gebannt, ja besessen von mir selber werde ich das Blaue vom Himmel herunterfaseln und mich über mich selber und vor allem mein unverbrüchliches, aber kritisches Deutschtum inmitten von diesem »Deutschland, heiliges Vaterland« (Ernst Moritz Arndt) wundern, und wenn mir ab ca. S. 274 gar nichts mehr einfällt, werde ich einfach was abkupfern, z. B. aus diesem hoffentlich nicht mehr allzu bekannten Werk einer Madame de S.: »In Deutschland reicht der philosophische Geist viel weiter als in irgendeinem andern Land. Nichts hält ihn auf. Es gibt in Deutschland unter den Studierenden Unabhängigkeits-Sinn und selbst militärischen Geist und« –

Usw., der letzte Unfug, ich werde lügen und schwadronieren, was das Schreibzeug hält, und abfeilen, daß die Wände wackeln – merkt eh keiner mehr bei der von mir a. a. O. gleichfalls verdammten pisamäßig manifesten Unbildung trotz aller getoppten Elite- und sogar Excelsior-Optimalbildung mit Evaluierungsabitur-Effectivity, oder wird dabei dann auch mich die bösböse Google-Suchmaschine entlarven?

*

Der Journalismus, Karl Kraus hat einen jeglichen Tag aufs neue tausendfach recht, ist schon eine böse Krankheit, und es ist nicht zu besorgen, daß das jemals groß anders wird, auch nicht in der Frankfurter Allgemeinen Zeitung; die zwar phasenweise der Wahrheit näher rückte, indem sie den angeblich auf den Namen »Joschka Fischer« hörenden Außenminister eine Weile korrekt mit »Joseph Fischer« benannte, ehe sie dann doch dem leichtgläubigen Volksmund wieder nachgab und der Legende und im angeblich freien Spiel der marktwirtschaftlichen Kräfte doch wieder dem »Joschka« vertraute, statt dem von mir seit 1998 gewählten und korrekten »Jockel« den Vorzug oder zumindest eine Chance zu geben, präventiv einräumend die Möglichkeit einer Rüge des davon leicht überforderten Presserats. So daß also weiterhin gilt: »Die Preßfreiheit (ist) der Würgengel der Freiheit« (Kraus, Die Fackel, Nr. 712, S. 99, 1926), sowieso.

Aber noch ist nicht aller Engel Endsieg:

Meines Wissens, meiner Erinnerungs nach 1972, im Jahr meines Romandebuts mit den »Vollidioten«, kam in Frankfurter Kameradenkreisen die Idee auf und wurde zum erstenmal vorstellig einer Zeitschrift »Christ und Hund« – und kam als Idee und Projekt auch in den folgenden Jahren und Jahrzehnten nie ganz zum Stillstand. Realisiert wurde sie leider nie. Dabei, welch eine Erlösung, am Kiosk zwischen all dem Quatsch von »Bunte« und »Elle« und »Spiegel« und »Focus« und »konkret« und »Zeit« und »Iris« und »Spex« und »Perplex« und gar den Trillionen Computermagazinen eben diesen Titel zu erspähen, was immer drinstehen mag im ca. 72 Seiten starken Monatsblättchen!

Jetzt ist es zu spät. Ewig schade. Oder – doch nicht? Wer packt's voll Gleichmut und Leidenschaft an und bringt das

Heil im letzten Augenblick doch noch über unsere Kindeskinder und eventuell sogar noch ein bißchen uns?

Untertitel wäre – mein Vorschlag: »Die Zeitschrift für die zweite Garnitur«. Topp?

＊

Und hier ein nachgelassener Aphorismus aus meiner Geheimwerkstatt:

Das Karzinom ist der Karzer unserer Zeit. Und Moderne. Also praktisch ein Gefängnis, in dem und in dessen Falle wir auf jeden Fall wie in einem Karzer gefangen sein tun. Woll.

＊

»Nestor und Nesthocker«? Nein, besser: »Nestor und Nesthäkchen«!

Sehr gut. Ein nagelneues Wortspiel. Jetzt müaßt bloß noch a Artikel, oder gar a Roman dazua her. Oda daß dös vielleicht a Alternativtitel für dös Büachl do waar? Hah?

＊

»Fakt ist« (Loddamaddäus), daß »sich der Ist-Zustand nicht geändert hat« (a. a. O.), und das gilt vornehmlich auch für mein inzwischen 70jähriges Leben und diese seine Biografie, nämlich bis heute und also unverbrüchlich »in Echtzeit« (Jockel Fischer, 2004), weil die den »Duft von Heiligkeit« (Ratzinger über Woitylas Seligsprechung am 1.5.2011) zumindest »ein Stück weit« (Bj. Engholm, 1987–94) als »Philosophie am Stück« (ebd.) bewahrt oder jedenfalls abgesondert hat – ja, ist es nicht wirklich phantastisch, welche Witzfiguren mir zwar nicht als Papst und Libero und Außenminister aber *wenn auch nur ganz knapp* als Kanzler Engholm erspart geblieben sind?

✻

Langt allerdings auch schon, mit welchen Edikten ab 2005 eine wirkliche Kanzlerin dies geduldige Leben unbarmherzig begleitete. Etwa an der Holocaust-Gedenkstätte Yad Vashem:

»Ich bin beeindruckt und auch im Namen Deutschlands mit tiefer Scham erfüllt. Diese Beziehungen werden immer besondere Beziehungen in Erinnerung an die einzigartigen Vorgänge bleiben.«

Denn:

»Wir sollten das Auto nicht zum Buhmann der Nation machen.«

Weil:

»In der Mitte sind wir und nur wir. Wir sind die Mitte. Wo wir sind, ist die Mitte.«

Wehe dem Volk und Geschlecht, das da – ach was.

✻

Die Goebbelssche »Stunde der Idiotie« (18.2.1943) ereignet sich also nicht allein bei Berliner Sportpalastkameradschaftstreffen. Der spezifisch Merkelschen ist für den Berichtszeitraum kein zum Suspens und Ausgleich schönes Wort entgegenzusetzen, es sei denn zum Schmerzausgleich das von Regina Henscheid über einen entsprechend schön veranlagten und nur allzu geläufigen Kompositeur:

›391‹

»Also, der Schubert, wenn der noch mal auf die Welt kommen täte, müßt' man ihm sofort zehn Mark geben, damit er weiß, daß er mit nichts auf der Welt zu bezahlen ist.«

Es stammt freilich schon aus dem Jahr 1985, ist aber nach 26 Jahren noch immer bildsauber und gleichfalls mit nichts auf der Welt zu bezahlen. Hier lag die Gesamtleitung wieder in den bewährten Händen von Roland Adler.

*

»Der Mensch wird frei geboren, und überall liegt er in Ketten.« Die endliche und gedeihliche Auflösung der schon weit vorn im Buch von mir zitierten Dichotomie, Antinomie, Paradoxie liefert erst im Dezember 2010 ein »Base«-Reklameplakat, placiert in deutsche Bahnhöfe: »Welche Flats zu uns passen, bestimmen wir«, sagt eine Mutter zum aufmerksam lauschenden und aber der Miene nach zu schließen schon zustimmenden Kleinkind – und damit sind die Rousseauschen Ketten im Zuge der hegelisch passenden Selbstbestimmung »ruckizucki« (G. Polt) endgültig abgestreift, ja zerrissen. Oder aber, ein Wort Adornos abzuwandeln:

Bei den meisten Menschen ist es schon eine Frechheit, wenn sie gar zu leichtfertig »wir« und »bestimmen« gackern.

*

Wenn wir schon in höchsten Nöten sein, kommt aber doch wenigstens immer noch eine höhere und aberhöchste hinzu. Etwa die, daß Merkel sich freut, wenn Osama bin Laden am 1.5.2011 erschossen, genaugenommen wohl ermordet wird: »Ich freue mich darüber, daß es gelungen ist, bin Laden zu töten«; was uns immerhin nochmals bestätigt, daß diese Kanzlerin zehn Jahre vorher und in Anbetracht desselben Osama am 11.9.2001 »ein Stück weit fassungslos« geworden und dann auch gewesen war.

Diesmal mußte sie sich eilig für ihr dummes Gerede entschuldigen; damals hat außer mir (Frankfurter Rundschau 11.10.2001) niemand etwas zu wundern oder wenigstens zu meckern gehabt.

*

Drei Tage später teilen 28 Prozent der Deutschen im Rahmen einer Umfrage mit, daß sie diese »Freude« der Kanzlerin über den gewaltsamen Tod des lästerlichen El-Kaida-Chefs teilen. 64 Prozent aber teilen nicht. Erstmals sind also die Deutschen teilweise ein bißchen weniger töricht als ihre Kanzlerin.

*

Den Glauben an den Menschen geben, seltsam genug, am besten Tiere und bekannte oder weniger bekannte Tiergeschichten wieder:

Eisbären, die erschossen und schon sterbend nochmals ihre auch bereits toten Jungen schlecken (H. v. Kleist); persische Kühe, die aus Kummer über ihre ertrunkenen Besitzer sofort mit Herzschlag tot umsinken; Elefantenkühe, die tagelang ihr totes Kalb mit sich herumtragen und zum Fressen ablegen und wiederaufnehmen, unterstützt dabei von Mitgliedern der Herde, die auch um das Kleine trauern und die Freundin unterstützen möchten –

Warum uns Menschen das aufrichtet und sogar ein bißchen

den Glauben an die Menschheit wiedergibt? Darum: Wenn wir schon nicht so grandios und edel sind wie die Tiere, zumindest manche Tiere, so vermögen wir deren Größe doch immerhin bewundernd und gerührt wohl zu begreifen.

Dies mein vermutlich beträchtlichster Gedanke im sich rundenden 70. Lebensjahr.

*

»Da sich jeder Dichter eine Poetik nach seinem Talente bildet« (Madame de Staël, Über Deutschland), entschied sich der fast immer hell und schnell denkende Robert Gernhardt früh für die nachher von ihm und Gefolgsleuten bis zum Überdruß zitierte und reklamierte der »Helligkeit und Schnelligkeit« (Morgenstern); und damit aber waren naturgemäß seinem Verständnis *meiner* mehr dunklen und langsamen Hauptwerke von der »Mätresse« über »Madonna Bionda« und »Maria Schnee« bis zum theologischen Tierbuch natürliche und erstaunlich enge Grenzen gesetzt, ein so verläßlicher Leser der sonst Treffliche insgesamt auch immer gewesen sein mag.

Um ihm auch an Verständnisgrenzen in nichts nachzugeben, tue ich mich zum Ausgleich weniger mit seinen hellen und schnellen Produkten als mit den späten sozusagen gedankenlyrischen Gebilden härter. Die aber nun seit der Jahrtausendwende von der, soweit das überhaupt noch stattfindet, kanonbildenden Germanistik/Feuilletonistik und anderen Professorenprimeln für seine erheblichsten, ja einzig erheblichen erachtet werden. Indessen in diesen immerfort hartköpfigen Kreisen allerhöchste Artefakte Gernhardts wie »Der unwürdige Inquisitor« oder »Hochwürden, ja, mein Kind, was ist« kaum mehr (oder: schon) zur Kenntnis genommen, im Grunde noch immer als unwürdig erachtet werden.

»Nein, nein! Es ist kein Gott« (Grabbe).

*

»Wieschon der allg. Landessitten wenig froh, bisweilen sogar unfroh, ja unfrohgemut in extenso und bis zum Abwinken und beinahe schon zum schauernmachenden Exzeß, dazu dann auch noch rechtschaffen müde, gleichwohl doch allzeit unverdrossen und nichts allzu Arges wähnend, sondern seiner ihm ja wohl von oben vorgesponnenen Schicksalsfäden eingedenk, so zögerlich wie lasterhaft inne und sogar gewissermaßen gehorsam, ja hörig, erhob Capt'n Alwin II lauschend und zugleich etwas unstet sein mit lüsterner Miene spähendes markiges, ja massives Löwenhaupt, um aber schon im nächsten Nu so beklommen wie unsererseits beklemmend mit verfänglich fahriger Gebärde, ungeachtet aller Verbissen- wie Verschlagenheit, letztlich unbehelligt sowie gebieterisch genug jenen Rat zu beherzigen, dessen (so steht jetzt zu befürchten) Quintessenz wohl darauf hinauslief, daß er, ja er, Alwin II, in Kenner- und Angeheiratetenkreisen heiterst genannt auch lediglich »Al«, in durchaus mündelsicherer Digitalisierung nicht allein seines langjährig vertrauten Fernsehers, sondern, so dachte er zu jener Stunde unanfechtbar, wiewohl oder auch (nanu) wenngleich überaus bekümmert, nahebei aller seiner, ja sämtlicher seiner Lebensumstände und gg. Weltverhältnisse unter verbitterter Expectorierung sehr anderweitiger lebhafter Besorgnisse« –

Ich möchte meiner inzwischen werweiß bereits betretenen, ja breitgetretenen Leserschaft davon gefl. Mitteilung machen, daß ich am 7.3.2011 nun doch schon auch mal wieder einen neuen Roman begonnen und couragiert angeleiert habe. Der allerdings zu meinem Besten, ehe ich mich hier um Kopf und Kragen verzettele und verzetere, damit wg. allzu früh erkennbarer Versehrtheit auch schon wieder gescheitert ist, versungen und vertan und gänzlich abgetan, ja abgetanst.

*

Berlin, 28. Mai 2011. »Indem er auf das Holocaust-Mahnmal urinierte, ruinierte er es zwar nicht, aber offensichtlich seinen Ruf als politisch korrekter Deutscher.

Und festigte damit aber immerhin seinen guten anagrammatischen.«

*

Man beachte leserseitlich oder jedenfalls leserlicherseits jedoch sehr wohl:

»Wo deutsche Treue wie Glas zerbricht« (E. Geibel), da kann unseres Bleibens oder auch Verweilens nicht oder kaum sein. Oder doch sehr wohl ja.

Denn: »schicksallos« sind für Immanuel berichtige: Fritz Hölderlin die Himmlischen, die seligen Genien, die Götter, »wie der schlafende Säugling« schön und aberschön und keineswegs »von der Wiege an unterdrückt« (Anton Reiser), wie ich, E. H., ja am allerwenigsten. Allein, was frommt, was taugt, was nützt uns ausgerechnet das? Das ausgerechnet! Denn man beachte fernerhin:

Der Gurre-Lieder als »der Erde flüchtige Sommerträume«

als da ihrerseits nun wieder »Abglanz der Gottesträume«
(ebd.) maßen nämlich auch Gott sehr wohl zu schlafen und
mithin zu träu
Aufhören!

*

12./13.6.2011. An Pfingsten sind nicht nur, da ist Brecht bei-
zupflichten, die Geschenke am geringsten; gering ist da auch
und zumal »an der Spree« (W. Schärdel) nach den weiterhin
stur durchgezogenen Ostergegenatommärschen und den bei
den anderen Ärschen bewährten 1. Mai-Revolutionen der
nötige lästige Krawall-Lust-Koeffizient zur zweitägigen und
meist ja auch schon einladend sommernächtigen Niederkunft des Heiligen Geistes; nein, ein fad-folkloristischer »Tag
der Kulturen« mit allerlei Schwarzen und Gelben wie zuletzt ist da ja nun wirklich kein soziotopisch hinreichendes
Krach-Tertium.

So unschwer wie schleunigst Abhilfe schaffen sollte, auch
für uns von ferne zuschauenden TV-Kaspern, ein sogenannter
»Pfingstrabatz«. Bei dem also niemand anderer als die langgedienten Alt-Chaoten und sonstigen möglichst himmel-
herrgottsakrament paramilitärischen Senior-Punker noch
einmal, ein drittesmal im Jahr, ihr Bestes geben, von Samstag
bis Montagnachmittag die S-Bahn lahmlegen und zumindest
symbolisch wieder einmal den Reichstag ankokeln oder
jedenfalls wenigstens nackt um ihn herumtanzen oder sonstwie den doofen Verfassungsschutz verhöhnen und so der
runderneuerten Infrastruktur der Hauptstadt für sagen wir
49 Stunden das mondäne Gepräge geben.

Angedacht sein könnte ferner eine Kreuz-und-Quer-Got-

teslästerung aller zuhandenen Kruzifixe in Kreuzberg durch
eine gemischte Kommission aus den Autonomen Wowereit
und Künast und Überraschungsgast Thierse (die es aber
nachher alle drei wieder nicht gewesen sein wollen); eine her-
absetzende Verlachung der Holocaustopfer oder zumindest
der Mahnmalsbesucher und Passanten; sowie sodann ein
konzentriertes Wannseevollkotzen zum guten Beschluß und
unter noch besserer Augenzudrückerei der Polizeigewerk-
schaft samt der Versicherung, daß man den Pfingstrabatz im
Jahr drauf noch nachdenklicher und gehaltvoller und aber
auch noch schonungsloser, ja gottloser zu gestalten gedenke.
Höhepunkt schon am Pfingstsonntag: Durch einen Hörfeh-
ler bzw. wg. der allg. Blödianität könnte Fritz Jott Raddatz
vor dem Schöneberger Rathaus einen Aufruf zu noch mehr
Krawall und Krakeelerei und Radau und Rabatz im Sinne der
von seinem alten Kumpel Tucholsky erträumten Fun-Fu-
ture-Gesellschaft erstatten oder ablassen oder was auch immer; wird aber abstruserdings dennoch vom regierenden
Chefchaoten Ralfi xxL Dummnick vom Rednerpult runter-
gezerrt, erschossen und in den Landwehrkanal geworfen.
Noch bleibt ein Jahr Zeit für Idee und Ausführung. Nicht
noch einmal zefixalleluja vergessen sei die Überlebensab-
sicherungsträchtigkeit der Botschaft: Schluß mit der stickig
unerträglichen »Tranquilität« (G. Polt), Schluß vor allem zu
Pfingsten in der allerdings sowieso schon swinging saudummen Kulturwelthauptstadt *Berlin*!

*

Die Wochenzeitschrift des Bayerischen Rundfunks zu einer
TV-Sendung in BR-alpha am 18.6.2011:

»Sakradi! Gerhard Polt. Einer der ganz Großen der Kabarettszene seit 30 Jahren ist Gerhard Polt auf Bühnen, in Bierzelten, im Fernsehen und Kino präsent. Er schaut dem Volk so gnadenlos ›aufs Maul‹, dass seinem Publikum mitunter das Lachen im Halse stecken bleibt.«

Sieben Idiotien also auf 6,5 Zeilen; wenn nicht noch mehr. Von hinten her beginnend mit dem im Lachen steckengebliebenen Halse oder umgekehrt. Was es bei Polt aber, ganz abgesehen von der Gemeinplätzigkeit, nicht nur »mitunter« nicht, sondern fast überhaupt nie nicht gibt. Desgleichen nicht oder nur selten die von der auch schon gedankenlosen Lutherschen Phrase besinnungslos übernommenen Oberphrase von dem aufs Maul geschauten Volk: In 98 Prozent aller Fälle hört – nicht schaut – Polt, wenn überhaupt, gnadenreich aufs Gegenteil, nämlich auf überwiegend ferngesteuerte und ungeschlachte, wiewohl eigentlich zu schlachtende, Individuen, individuelle Sprechautomaten, Larven und Lemuren des Landes. In Bierzelten tritt der Polt schon fast gar niemals auf, nicht einmal oftmals mitunter – zur »Kabarettszene« gehört er gleich doppelt nicht, weder zum Kabarett noch zur Szene. Und anstatt »Sakradi« müßte der Filmtitel resp. die Artikelüberschrift genauer wohl »Juppheidi« oder wenigstens »Juvivallera« heißen.

»Im Namen dessen, der für uns am Kreuz verblich« (Hebbel) kann man da dem BR-Schrieb nur gegenhalten:

An Oasch.

*

»Ein Leben ohne Mops ist möglich. Aber sinnlos.«

Wenn man aber erwägt, welche Unzahl von sinnlosen Sätzen über die Sinnlosigkeit des Lebens seit 3000, vielleicht auch 10 000 Jahren schon in die Welt gestemmt worden ist, dann erstrahlt der von Loriot anläßlich seines Todes am 23.8.2011 vom ARD-Fernsehen nochmals ausgestrahlte in einer Strahleleuchtkraft, welche alle insinuierte Sinnlosigkeit des Lebens gleich noch einmal, den Mops dabei sogar kurz beiseite, für sinnlos erklärt, der Sinnlosigkeit überführt.

*

Das Rheingold raubte Alberich einst. Falb fallen die Blätter, dürr darbt der Baum. Milch des Mondes fällt aufs Kraut, uhui, Spinnweb ist mit Blut betaut, uhui! Gelinde hauset Nächtiges. Schwarz steht der Wald und knarrend. Die Schwerkraft der Schwarzwurzel überwintert werwolfartig selbst noch die Alraune der sehr fetten Rapunzel. Fahl niederträchtig west's im Westen. Der düstern Rauhnacht Schwungrad gefällt inmitten Bilsenkraut und Rüben sehr wohl dem grauen Wildschwein, was da im Fadenschein des Schwaumellichts wollüstig sich traun feister rundum wälzelt, nicht fern der düstern Wolfsschlucht. Der Nießwurz Nutznießkraft läßt selbst die Bleiwurz brummeln. Sowie die ohnehin so kummervollen Köpfe widerwärtigst brutzeln. Allerlei Wichteln, Zauseln und Feuchteln sind derweil am steten Grummeln und dem Bärwurz auch viel mehr geneigt als tunlich. Das durchaus zermürbend tütelige Tun der Knotenanbläserinnen inmitten stockfinstrer wogend wilder Nacht schon um Walpurgis herum währet an, bis Samiel ihmselbst erscheint und so des Zaubers Hirngebein – Hussa! Horrido!

*

Wenn und sofern und sobald mir übrigens irgendein Verleger in Anlehnung an die Witwe Dutschke einen Buchtitel aufgepreßt und abgefordert hätte der Art und des Tenors, ich hätte ein wahnsinnig tolles Leben geführt: ich hätte ihn totgeschossen.

Obwohl, unter uns, es schon wirklich toll war. Ich meine, meins, nicht dem andern seins.

*

»Das eigentümlich verträumte Personal, das in einer für diese Jahre verblüffenden Politikabgewandtheit in einem Limbus absurditätsgetränkter Zeitlosigkeit herumruderte« – als das würdigt in seinem Glückwunschartikel zum 70. Geburtstag Martin Mosebach das der »Vollidioten« von 1973; und bestätigt damit meinen vorne artikulierten Verdacht; bzw. meine Verwunderung darüber, daß die politisch wild-spektakulären zumal Frankfurter siebziger Jahre in meinem Werk und Leben ganz offenbar keine allzu vitale und bewußtseinsbildende Rolle spielten.

Weil ich das politische Treiben von damals, die große und pathetische Gebärde und die daraus resultierenden Selbstbeschwörungen, meinerseits als mehr absurditätsgetränkt wahrnahm und empfand?

*

Nichts als Blut, Mühsal, Tränen und Schweiß war mein bisheriges Leben nicht. Sondern alles ging im Prinzip glatt, schweißfrei und nach verhaltenem Beginn sehr flott voran. 1941: Geburt und Mutter kennengelernt. 1943: Bier kennengelernt. 1945: Ludwig Lehner im Kindergarten angetroffen; 1948: Verheiratung mit der Kusine Christa geplant. 1953: Wechsel von DJK Amberg zum TV Amberg. 1959: Pianisten-laufbahn beendet und mit Schreiberaspiranz getauscht. 20.7.1960: Abitur, genannt auch Absolvia, damals sogar noch Matura. 1982: Allmähliches Umdenken von Bier auf Wein. 1.7.1986: Beginn der Zigaretten-Rauchentwöhnung, abge-schlossen 14.1.1989. 29.12.1998: Durch Geschicklichkeit und Zähigkeit erwirkter Gartenerwerb. 2010: 65 Jahre Bekannt-schaft mit Ludwig Lehner. 2011: Sehr gute Blut- und getestete bestesteste Asbest- ähä: Blutdruckwerte.

*

Es gibt sicher zwei Dutzend bedeutendere Opern. Und auch unter meinen kaum mehr wechselnden Dauerfavoriten ist sie objektiv nicht die erste. Sie ist wohl wegen des Fehlens einer brauchbaren, einer wirklichen Handlung eine der verges-sensten, unbekanntesten, selbst in Italien nicht mehr gespiel-ten. Aber sie ist mir näher noch als selbst das künstlerisch-kompositorisch überlegene Puccinische »Trittico«. Pietro Mascagnis »L'amico Fritz« von 1891, ist, und das mit von Mal zu Mal noch steigender Tendenz, spätestens vom 2. Akt an Ton für Ton wie für mich geschrieben, für meine dabei con amore anschwellende Seele. Das wundert mich sogar selber.

*

»Doch wer«, so Viktor von Scheffel in der fünften Strophe seines schwerlich sterblichen Frankenlieds, »bei schöner Schnitt'rin steht, dem mag man lange winken!«

Schon mit zwölf war ich zum erstenmal in der betreffenden Gegend westlich und nördlich von Bamberg, im Grabfeldgau und beim Staffelstein, aber eine solche Schnitt'rin sah ich leider nie. Weder stehen noch mähen. Neulich, im Juni 2011, bin ich extra wieder hingefahren, eine stehen zu sehen. Wieder nichts. Dabei ist eine, noch besser im Juli oder August, in der schwer glastigen Sonnenglut eines halbabgemähten Felds stehende schöne und möglichst mit Sommersprossen bestückte Schnitt'rin in geblümtem Schnitt'rinnenkleid sicherlich das Allererotischste, was es überhaupt gibt.

Vor allem wegen des bildschönen, unwiderstehlichen Apostroph's.

✻

»Wer wollte also zweifeln, daß der Erzengel Michael von Gott seit Anbeginn der Weltschöpfung hochgeehrt gewesen?« (Goffine, a. a. O., S. 503)

»Ja niemand, niemand« (K. Valentin).

✻

Es ist wirklich auch heute noch sehr viel verlangt, sich auszumalen, daß Gott seit (aber mindestens) einer Ewigkeit im Himmel wohnt und seinem Nebengott, dem Hl. Geist, eines schönen Tags befiehlt, eine 20jährige Jungfrau aus Galiläa zu bedringen und mit ihr einen Sohn, Gottes Sohn, zu zeugen, der 33 Jahre später wieder sein Menschsein verliert und zum Gott wird und zu diesem Zweck »zum Vater auffährt«.

Einen entscheidenden Schritt weiter geht aber noch 1903 der Domkapitular Jos. Hug, St. Gallen, der in seiner einschlägigen, mit nicht wenigen oberhirtlichen Empfehlungen versehenen Schrift es so dartut:

»Gott der Vater sprach zu seinem Sohne: ›Siehe, diese Jungfrau schön! Siehe, die Fülle der Zeit ist gekommen, wo du als Menschensohn auf der Welt erscheinen sollst, um die Menschheit zu erlösen; diese Jungfrau soll deine Mutter sein, daß du durch die Ueberschattung des Hl. Geistes aus und in ihr Mensch werdest.‹«

Und so geschah's denn auch. Der Trialog im Himmel geht aber erst mal noch eine Weile gottselig so weiter, vor allem, unterbrochen von deren Rückfragen, als Unterweisung des Sohnes und des Hl. Geistes, wie das mit der jungfräulichen Ueberschattung zu verstehen und zu bewerkstelligen sei; während der eigentlich schon ausgereifte Sohn vom Vater erfährt, daß er jetzt seine vorübergehende Wiederkleinwerdung zu gewärtigen habe und in der Folge vorübergehend nicht ihm, dem Vater, sondern dem hl. Josef zu gehorchen habe und ihm unterworfen sei; ehe er dann nach einer geraumen Weile (den Leidensweg zum Kreuz verschweigt hier der Himmelvater so geschickt wie verständlich) wieder in den angestammten Himmel zurückkehre.

Und wissen Sie, was das Schönste daran ist? Daß mir dgl. taumelige Gedankenakrobatik immer mehr zusagt, immer mehr gefaellt. Wenn es jetzt aber auch noch wirklich alles stimmt und wahr ist, dann, so Robert Franz Arnold c/o a. a. O. Arnold Schönberg, »mag Gott sich selber gnaden«.

*

›404‹

Nachdem ich, um nach dem Geburtstag vom 14.9.1941 wiederum ein Palindrom zu erhalten, den Todestag ja wohl oder übel auf den 14.02.2041 festzusetzen mich gezwungen sehe, frägt sich nur noch, *wo* es denn sein soll, daß ich von hinnen fahre: Mimbach? Mehlmeisel? Tabernackel? Sunzendorf? Reichenunholden? Mausdorf?

Wurmrausch?

Wurmrausch!

Jawohl, mit 99,5 zwar vollkommen zerblödet, ja von Blödheit förmlich zerblendet; aber in Wurmrausch.

So. Das wär's dann gewesen. Genau.

✻

Zum Beschluß

So. D. h. dieses Schlußwort hier möchte noch einmal, ehe es zu spät ist, ein bißchen au fond gehen, ins Grundsätzliche, ins Titelthematische, in die historischen Zusammenhänge, in die korrespondierenden, die korrespondativen Bezugssysteme; nämlich:

»Sokratische Denkwürdigkeiten«, so benennt 1759, nachdem er im Jahr zuvor noch »Gedanken über meinen Lebenslauf« verlautbart hatte, Johann Georg Hamann sein damals berühmtes halbbiografisches Werk, hinter dem Goethe (in »Dichtung und Wahrheit«) einen »würdigen«, einen »tiefdenkenden gründlichen Mann« erkannte, der schon deshalb »sich mit dem blendenden Zeitgeist nicht vertragen konnte«. Das »Sokratische« meinte da bei Hamann wohl auch die bekannte sokratische Hebammenkunst, das philosophische Heben und heuristische Aufspüren der Wahrheit, das sich wechselseitig befragende Gegeneinander der Dinge und Argumente; das, wie es wiederum Goethe ausdrückt, »aus sämtlichen vereinigten Kräften Entsprungene«; welches der Idee und der aus ihr folgenden möglichst denkwürdigen Wahrheit zur gedeihlichen Geburt verhilft.

Für dieses mein hier tapfer vorgelegtes Buch möchte ich, auch wenn ich in Angelegenheiten des Sokrates immer Dilettant, fast schon Ignorant war und bin, eine ähnliche Intention nicht ausschließen. Der früher manchmal sogenannte Fragmentist Hamann könnte zumindest für diese Schrift und

Literaturform ein naher Verwandter gewesen sein. Und beim »Denkwürdigen« meinen wir beide gewiß das denkbar akkurat Gleiche.

»Denkwürdigkeiten« waren im gesamten 19. Jahrhundert wohl beinahe eine feste Literaturgattung und vor allem ein häufiger und beliebter Buchtitel. »Denkwürdigkeiten« nennen Heinrich und Amalie v. Beguelin ihr Gemeinschaftswerk aus den Jahren 1807–15; »Denkwürdigkeiten des eigenen Lebens« berichtete Karl Varnhagen von Ense (posthum 1853); »Denkwürdigkeiten und Erinnerungen« verfaßt Hermann von Boyen, ein Militär um 1800; »Denkwürdigkeiten« um 1850 Klemens Reichsgraf Metternich. Von Maximilian Joseph Graf von Montgelas erscheinen 1887 »Denkwürdigkeiten des bayerischen Staatsministers«. Und ähnlich treten an und vor die Welt »Denkwürdigkeiten« von und über General Eickemeyer, Fürst Chlodwig zu Hohenlohe-Schillingsfürst, Graf Waldersee, Prinz Friedrich Karl von Preußen sowie, nicht zu vergessen, Generalfeldmarschall Edwin Freiherr v. Manteuffel an der Wende zum 20. Jahrhundert.

Und zumindest für drei Sekunden aus dem Grabe heraus wiederum in Erinnerung gerufen seien die »Denkwürdigkeiten«, welche Mathilde Quednow 1877 aus dem Leben des unvergessenen Infanteriegenerals von Hüser vorzutragen hatte.

Kein Vergleich alles in allem jedenfalls mit nachmaligen autobiografischen Titelsaloppheiten wie »Als wär's ein Stück von mir«, »Neunzig und kein bißchen weise« oder gar »Dem Wolf ins Maul schauen« und dergleichen mehr.

Mag sein, daß, Hamann und Beguelin beiseite, den »Denkwürdigkeiten« vornehmlich etwas suggestiv vornehm Hoheitlich-Staatliches, Halbstaatliches, ja Militärpolitisches eignete

und, mir durchaus genehm und willkommen, wortatmosphä-
risch anhaftete und heute noch haftet. Scheinen will mir, es
könnte bei dem zwischenzeitlich stark aus der Mode gekom-
menen Wort und Buchtitelwort auch immer etwas anderes
mitgemeint gewesen sein: die durchaus gründlichere, bedach-
tere, wohl auch weniger flagrant eitle Form von Selbstbiografie; eitel jedenfalls nicht mehr als rechtschaffen und tunlich.
Denn eigentlich, jenseits der mitunter etwas schematisch
genutzten Begriffstradition, sagt das Wort nicht mehr und
nicht weniger aus als recht verschwiegen, daß eben keineswegs alles in so einem Leben, und sei's im glanzvollsten, bedeutend sei. Sondern, zumindest im nachhinein, nur manches: denkwürdig. Mit bedeutender Gebärde besteht das
Wort auf einer entsprechenden Selektion.

Und so möge es auch in meinem eigenen Erinnerungsbuch
lang nach Hamann, Varnhagen und dem unverzichtbaren
Generalfeldmarschall v. Manteuffel gemeint sein: Im Prinzip
bescheiden. Bescheiden und beschaulich.

Nun also meinerseits selbstbiografische »Denkwürdigkeiten«: Aufzeichnungen aus genau 70 Lebensjahren, niedergeschrieben fast allesamt erst in den Jahren 2010/11. Dem
Bildungswillen schon – der Leserneugier, so wenig sie ja
grundsätzlich verboten ist und so sehr sie uns alle letztlich
umtreibt, wurde aber in diesem Buch nur eingeschränkt ge-
willfahrt. Wie plausibel, im gehörigen Verein mit anderweitigen Lektüregründen, sie manchmal auch sein mag. Immerhin: Interessante ältere Plänkeleien und Streitsachen, auch
juristische, wie sie seinerzeit durch die Medien walkten,
manchmal recht seltsamlich und mißverständlich-mißver-
standen walkten, finden sich hier nochmals zusammenge-
rafft; vieles war allerdings auch schon in früheren Büchern

und anderen Publikationen hinreichend und manchmal etwas mürrisch bekannt gemacht worden, zum Beispiel in den Editorischen Notizen meiner zehn Bände umfassenden Werkausgabe. Anderes wurde, neu und genauer bedacht, hier nochmals vorgetragen; im Sinne des zweiten Wortteils, der »Würde«, diese nämlich im Verbund mit Friedrich Schillers Begriff der Würde und des Erhabenen als dem »Ausgang aus der sinnlichen Welt« vom Jahre 1801; hinein in eine entschieden spirituelle, eben – denkerische. Denn selbstverständlich, man soll nach sieben Lebensjahrzehnten auch nicht mehr andauernd unchristlich zu geifern und raufen bzw. gegen – z. T. wehrlose – Tote nachzutrumpfen trachten.

»Denkwürdigkeiten«: Meint, noch einmal, das alte und auratisch so gemütvolle und behagliche und sogar etwas betuliche Wort gewissermaßen unterschwellig, unbewußt begriffsimmanent, daß manche Dinge des Nachdenkens über sie würdig seien, die anderen und meisten jedoch nicht? Oder ist, wie vielleicht Goethe und noch vielleichter Graf Kessler behaupteten, doch mehr alles und jedes denkwürdig, im Sinne der und vor allem unserer eigenen »Selbstvergewisserung« (F. J. Raddatz oder wer halt)? Welche letztere gewißlich in unserem Buch ohnehin eine große, eine bedeutende und beständig tragende Rolle spielte, sowieso. Auch diese Frage wollten wir im Zuge unseres Buchs keineswegs von uns stoßen; sondern schub-, ja genauer stoßweise im Auge behalten. Dies wiederum neu und vertieft bedacht; ja möglichst noch viel vertiefter!

Das Leben lebe im Grunde nicht mehr, argwöhnten hintereinander und fast unisono Ferdinand Kürnberger, Karl Kraus und Adorno; währenddessen das Leben so unentwegt wie unbehelligt weiter vor sich hin plätscherte. Das Ganze, das Paradox, hat im Kern, vermutlich in seiner fraktalen Struktur etwas durchaus Fadenscheiniges, Blümerantes, beinahe Obszönes. Vielleicht ist es so, weil die denkwürdigsten Dinge, Ansichten, Augenblicke des Lebens ungeachtet ihrer Denkwürdigkeit selten festgehalten werden, festzuhalten sind. Festgehalten am wenigsten in Buchstaben. Kleist tut es auch nicht als ein Teil seiner Erinnerungen, sondern bei Gelegenheit seiner Betrachtung von Caspar David Friedrichs Mönch am Meer, wenn er da nämlich den Eindruck gewinnt, »daß man alles zum Leben vermißt, und die Stimme des Lebens dennoch im Rauschen der Fluth, im Wehen der Luft, im Ziehen der Wolken, dem einsamen Geschrei der Vögel vernimmt«. Mehr ist werweiß im Leben nicht drin, Mehreres und Kernhafteres, und insofern auch kaum Denkwürdigeres. Aber auch dies Abgesonderte, das wie dem Meer Caspar David Friedrichs auch den biederen Buchstaben am Schreibtisch eigen ist, könnte wohl nach sieben durchschrittenen und vertilgten Jahrzehnten nochmals und ein letztes Mal jene Stimmen und die ihnen vermählten Bilder »vor unsere Seele gaukeln« (J. v. Eichendorff), welche das plätschernde Gaukeln schon seit ebenso vielen Dekaden so unermüdlich und womöglich ewig gleich schön betreiben, oder sich jedenfalls dergestalt um uns bemühen, mal mit mehr, mal mit weniger Gewinn usw.; doch wie auch immer:

»Die Zeit unseres Lebens währt insgesamt siebzig Jahre«, so hat es der Psalmist (90,10) dekretiert. Das muß nicht sein. Achtzig, neunzig sind heute auch vom Papst erlaubt. Aber zumindest sollte man nach sieben Jahrzehnten, solange die Zwetschgen noch ordentlich beieinander sind, schickliche Rückschau auf ihre Denkwürdigkeiten schon mal halten dürfen. Ehe man, ein mißvergnügter Schatten seiner selbst, hinten schon gar nicht mehr hochkommt. Wie einst Jean Paul mit seiner »Lebensselbstbeschreibung«, die nämlich immer sehr lahmte und schlußendlich schmählich scheiterte; ehe bald darauf auch ihr vorgesehener Autor restlos zuschanden ging.

»Jeden Tag schreibt irgendein Schwachkopf die Biografie irgendeines Schwachkopfs. Das ist jetzt Mode« (Agatha Christie, Der ballspielende Hund). Besser schon, es unverdrossen ohne Säumen selber zu machen. Auch wenn das nun gleichfalls keine Mode werden soll. Wenigstens nicht innerhalb der Riege der minderen Köpfe.

Liber scriptus proferetur – und treu darin ist eingetragen jede Schändlichkeit und jedwede Schuld aus Erdentagen? Nein, das nicht. Nur bei den, im Gegenteil, Verdiensten, da habe ich hoffentlich nichts vergessen.

Schön, ja erhebend aber, daß, wie ich gerade noch und kurz nach Redaktionsschluß ersehe, gleichfalls die unverzichtbare Helmina von Chézy, geborene v. Klencke, nicht verfehlte, ein Buch zu verantworten, welches sich »Unvergessene Denkwürdigkeiten aus dem Leben der Helmina von Chézy. Von ihr selbst erzählt« (2 Bände Leipzig 1858) nannte; kein Wunder, nachdem sie vorher mehrfach energisch und denkwürdigst in die deutsche Geistesgeschichte eingegriffen und sich derart berühmt gemacht und ihre Spuren hinterlassen hatte: Mit dem Text des Mittelteils des Schubert-Lieds »Der Hirt auf dem Felsen«; mit dem gescheiterten Schauspiel »Rosamunde, Fürstin von Zypern«, zu dem ebenfalls Schubert wenn auch vergeblich die Schauspielmusik beigetragen hatte; mit dem noch grauenreicher danebengegangenen Libretto von C. M. v. Webers deshalb bis heute schmählich erfolgloser wiewohl genialer »Euryanthe«-Oper. Ohne Erfolg

›412‹

versuchte Helmina von Chézy dann auch den erwähnten Jean Paul zur Ehe zu gewinnen, nachdem ihr schon als 16jährige eine Ehe mit dem Grafen Hastfer mit 17 wieder zerspellt war, und sie aber schon mit 14 den Vorsatz gehabt hatte, einen Roman in jeanpaulischer Manier zu schreiben; der freilich das Scheitern auch nicht verfehlte, ja das Kainsmal notwendigen Scheiterns erkennbar von Anbeginn an schon in sich trug.

So viel noch dazu. Sie scheiterte, und sei es genial, halt dauernd. Das freilich kann mir – kann uns – kein Vorbild sein. Das denn dann doch – kaum.

Nachschrift 2012:

Wegen gewisser lektoratlicher Mißhelligkeiten samt der Kalamität eines Verlagswechsels erscheint dies Buch erst mit einem Jahr Verspätung. Unverändert. Zu schließen ist daraus u.U., daß 2012, ein ganzes Jahr lang, mit dem Autor nichts mehr los war.

Bildnachweise

Baby mit kompletter Familie (1942)
Foto: Eckhard Henscheid privat

Baby mit Tier, einem späteren Titelbild (1941)
Foto: Eckhard Henscheid privat

Der Pianist und der Jung-Wagnerianer (1957)
Foto: Eckhard Henscheid privat

Der Schulfreund und Berater Hermann Sittner (1959)
Foto: Eckhard Henscheid privat

Ein Verlagswerbefoto, aufgenommen in der Wohnung
von Robert Gernhardt, das zu nachfolgender Ehe führt (1979)
Foto: Eckhard Henscheid privat

Die Folgen des Werbefotos: Regina Henscheid,
vormals Angenend (1981)
Foto: Eckhard Henscheid privat

Der Autor in seiner Heimatstadt Amberg (1986)
Foto: © Horst Hanske

Mit Romanfigur »Hans Duschke« alias »Ferenc Knitter« (1987)
Foto: Eckhard Henscheid privat

Mit Lektor-Berater Bernd Eilert und Verleger Gerd Haffmans (1983)
Foto: Eckhard Henscheid privat

Mit Verleger Michel Gölling (»Hersbrucker Werkstätte«) (1990)
Foto: Eckhard Henscheid privat

Besinnlich am Heimatfluß (1983)
Foto: © Isolde Ohlbaum

Mit Ehefrau und »Kerzenhändler Lattern« (1983)
Foto: Eckhard Henscheid privat

Mit Sopranistin Rita Streich (1969)
Foto: Eckhard Henscheid privat

Mit Lieblingstenor Carlo Bergonzi (1977)
Foto: Eckhard Henscheid privat

Mit Wagner-Sängerin Waltraud Meier (1997)
Foto: Eckhard Henscheid privat

Interview samt Streit mit Herbert Wehner (1969)
Foto: Eckhard Henscheid privat

Auf Wolgafahrt mit Egon Bahr (2004)
Foto: Eckhard Henscheid privat

Maria Schnee-Kirche mit ihrem Ausdeuter (1988)
Foto: Eckhard Henscheid privat

Mit Freund und Berater Robert Gernhardt (1978)
Foto: © Inge Werth

Mit F.W. Bernstein beim gemeinsamen Goetheforschen (1982)
Foto: Eckhard Henscheid privat

Mit Gerhard Polt (mehrfach gemeinsam seit 2005)
Foto: Eckhard Henscheid privat

Die momentan waltende Hauskatze Ramon-Mohrle (2006 ff.)
Foto: Eckhard Henscheid privat

Mit Sportfreund Theo Wißmüller und Ehefrau
der Zukunft entgegen (2006)
Foto: Eckhard Henscheid privat

Wir danken allen Fotografen für die freundliche Genehmigung zum Abdruck.
In einigen Fällen ist es uns trotz intensiver Nachforschungen nicht gelungen, die
heutigen Rechteinhaber zu ermitteln. Wir bitten diese, sich mit dem Verlag in
Verbindung zu setzen.